辽宁省“十二五”普通高等教育本科省级规划教材

21世纪国际经济与贸易专业系列教材

CHINA'S FOREIGN TRADE

Fifth Edition

U0884125

第五版

中国对外贸易

王绍媛　孙玉红　主编

东北财经大学出版社
Dongbei University of Finance & Economics Press
大连

图书在版编目（CIP）数据

中国对外贸易 / 王绍媛，孙玉红主编．—5版．—大连：东北财经大学出版社，2022.5
（21世纪国际经济与贸易专业系列教材）
ISBN 978-7-5654-4417-3

Ⅰ．中…　Ⅱ．①王…②孙…　Ⅲ．对外贸易-中国-教材　Ⅳ．F752

中国版本图书馆CIP数据核字（2022）第022450号

东北财经大学出版社出版
（大连市黑石礁尖山街217号　邮政编码　116025）
网　址：http：//www.dufep.cn
读者信箱：dufep@dufe.edu.cn
大连东泰彩印技术开发有限公司印刷　东北财经大学出版社发行

幅面尺寸：170mm×240mm　字数：394千字　印张：19.25　插页：1
2022年5月第5版　2022年5月第1次印刷

责任编辑：李　彬　王芃南　责任校对：珉　琪
封面设计：冀贵收　版式设计：原　皓

定价：45.00元

教学支持　售后服务　联系电话：（0411）84710309

如有印装质量问题，请联系营销部：（0411）84710711

总序

国际经贸活动是在原始社会末期和奴隶社会初期随着阶级和国家的出现而产生的，直至资本主义生产方式确立后才获得了广泛的发展，才真正具有了世界性。对国际经贸活动的系统研究始于15世纪的重商主义学派，至今已形成涉及领域广泛、结构完整的学科知识体系。

与一国国内经济不同，国际经贸活动要涉及两个或两个以上国家（或地区）的当事人，而全球范围内又不存在一个超国家的权力机构对这些活动进行规范和管理，因此国际经贸活动的习惯做法及各种规则往往是先发国家国内做法和规则的延伸，由此决定了先发国家和后发国家在国际经贸人才培养方面的差异：先发国家由于国内外经贸活动的做法和规则差异不大，因此很少专门设立国际经贸类专业，而是将其内容分散在相关专业的课程中进行介绍；后发国家由于国内外经贸活动的做法和规则差异很大，因此往往专门设立国际经贸类专业。

中华人民共和国成立后，在计划经济体制下，国际经贸本科层次人才的培养主要集中在少数几个财经类院校。改革开放以后，国内各类高校在本科层次纷纷设立了名称各异的外经贸相关专业或方向，包括对外贸易、国际贸易、国际经济、世界经济、国际经济合作、工业外贸等。1993年，国家教委印发了《普通高等学校本科专业目录》，将国际经贸本科层次专业规范为3个，即经济学学科门类下的“国际经济”专业和“国际贸易”专业、工学学科门类下的“工业外贸”专业。2012年《普通高等学校本科专业目录》中，“国际经济与贸易”专业没有调整，是经济学学科门类下的“经济与贸易类”专业之一。

最先在国家（或地区）之间发生的经贸活动是货物贸易，至今仍是国际经贸领域的重要内容。关于国际货物贸易的教学与研究起步早、成果多、课程体系完整，主要包括理论、实务与惯例、专业外语3类课程。随着国际经贸活动领域的不断拓展，国际经贸类专业的课程体系也随之完善，增加了诸如“国际技术贸易”“国际经济合作”“国际投资”“国际服务贸易”“国际物流”等课程，国内部分院校还基于这些领域设立了专业方向，细化了课程体系。

21世纪是一个催人奋进的时代，科技革命迅猛发展，知识更替日新月异，国际竞争日趋激烈。从国际经济环境看，跨国投资飞速发展，世界各国和地区间的经济依赖程度不断加深，经济全球化和区域经济一体化趋势不断增强，国际经济协调日显重要，经济集团内部以及经济集团之间的合作与竞争日益成为关注的焦点。

从国内经济环境看，社会主义市场经济体制的建立与不断完善改善了我国企业参与国际竞争的条件，加入世界贸易组织承诺的逐步履行、我国产业结构和贸易结构的调整也为我国企业参与国际竞争提供了机遇和挑战。

为了培养熟悉国际经济运行规则、符合市场经济建设需要的人才，优化人才的知识结构，我们组织国际经济贸易学院的专业骨干教师编写了21世纪国际经济与贸易专业系列教材。这套教材在保留原有教材体系优点的同时，结合教师多年教学的经验，尽可能地反映本学科领域最新的研究成果和最新的发展趋势。

我们深知，教材从出版的那一天起就已经“过时”了，这就需要教师在讲授过程中不断充实、调整有关授课内容，我们也将根据国内外经济环境的变化适时修订本系列教材。为了便于读者深入理解相关知识和在教材更新期间及时更新信息，我们在部分教材（尤其是理论类教材）中设计了“延伸阅读”栏目，提供相关章节的主要数据来源和建议阅读的书目。

本系列教材是专门为国际经济与贸易专业本科生课程编写的，同时也适用于其他经济类专业和有兴趣学习、更新国际经济与贸易知识的人士使用。

由于作者学识和资料所限，本系列教材难免有不足之处，敬请广大读者批评指正。

21世纪国际经济与贸易专业系列教材编委会

第五版前言

《中国对外贸易》编者多年从事教学管理和教学实践，积累了丰富的教学管理经验和教学经验，非常熟悉本学科的人才培养目标和教学体系。本教材自2002年5月出版以来经过4次修订，2002年第一版获得大连市社科优秀专著二等奖；2007年第二版获得大连市科学著作奖一等奖；2010年第三版获评辽宁省“十二五”普通高等教育本科省级规划教材；2017年第四版获评东北财经大学一级教材。

本教材的结构是编者多年教学经验的总结，整体框架包括3个部分。第一部分由第1章和第2章构成，主要介绍我国对外贸易的基本情况、基本理论、基本政策，对外贸易微观经营体制和对外贸易宏观管理体制；第二部分由第3章、第4章、第5章构成，主要介绍我国的货物贸易、服务贸易、资本流动的发展；第三部分由第6章构成，主要介绍我国的对外经贸关系。

本教材符合本课程教学内容的要求，符合认知规律，有以下特点：第一，持续性与新颖性。教材以社会主义市场经济理论为基础，以中国的对外开放进程为引领，重点论述和研究对外贸易发展的理论和实际问题；在保留本学科知识全面性的基础上，对同类教材中普遍缺乏的内容作了大量补充，并结合我国相关政策的调整及时更新内容。第二，完整性与启发性。从微观和宏观两个视阈论述中国对外贸易的经营体制与管理体制，从货物、服务、资本3个维度阐述中国对外贸易的发展脉络，从主要经济体和多双边角度介绍中国的对外经贸关系，系统融合了本学科的专业知识，突破了传统教材单一陈旧的框架体例，富有启发性、特色与创新。第三，实用性与融通性。教材取材合适、深度适宜、分量适中、专栏内容恰当丰富，注意理论联系实际，便于读者提高运用所学知识解决实际问题的能力。章节知识设置合理，内在逻辑联系紧密，便于自主学习，便于教学的前后贯通，引导学生深入掌握本学科专业知识。

本教材由王绍媛、孙玉红任主编，李倩、秦煜浛、杨础瑞编写了部分章节，吕春生提供了大量专业数据。在编写过程中，编者学习和参考了近年来国内出版的有关著作、教材和论文等，并引用了其中许多观点和资料，限于篇幅，谅不能一一注明出处。由于编者水平所限，疏漏和不足在所难免，敬请读者批评指正，以便进一步修正。

编　者

2022年2月

目 录

第1章/中国外贸体制改革与对外开放

学习目标

了解中国贸易思想的发展、改革开放后关于国际贸易理论的探讨、对外贸易体制的改革；掌握中国发展对外贸易的理论基础、中国对外开放政策的内涵、对外贸易发展战略、对外贸易体制改革的基本经验；重点掌握和分析开放型经济体制下对外贸易战略的选择、开放型经济的发展。

1.1 对外贸易理论的发展

在中华人民共和国的历史上，以党的十一届三中全会为标志启动的改革开放，是社会主义制度得到巩固和完善的伟大革命。通过开放打开国门，参与国际经济合作与竞争，大幅度提升了我国的综合国力和国际地位。在取得改革开放和社会主义现代化建设举世瞩目成就的同时，创造和积累了丰富的实践经验，继承并创新性地推动国际贸易理论的发展。

1.1.1 新中国贸易思想发展的总体描述

总体上说，与历史上的许多时期相比，新中国贸易思想的发展达到了一个全新的高度，但发展极不平衡。1949—1965年为新中国贸易思想初步发展时期，1966—1978年为新中国贸易思想停滞发展时期，1979年以来为新中国贸易思想全面发展时期。三个时期在研究内容和发展水平上各不相同，但从时序结构看，又是贸易思想曲折发展相互联系的三个组成部分。其中第一时期和第二时期同属于计划经济时期，也可统称为改革开放前时期；第三时期是开始进行社会主义市场经济探索直至在理论上确立社会主义市场经济时期，也称为改革开放以来的理论发展时期。以邓小平南方谈话为界，第三时期又可细分为两个阶段。

1）改革开放前贸易思想的变化

（1）贸易思想初步发展时期（1949—1965）

1949—1965年是我国社会主义经济制度确立和着手进行社会主义建设的时期，这一时期贸易思想的发展状况主要表现在以下几个方面：

第一，中华人民共和国成立初期，我国贸易经济研究的理论基础很薄弱，既对马克思主义贸易理论缺乏深入系统的研究和认识，也对西方贸易理论缺乏充分的介绍和分析。

第二，这一时期的贸易思想在很大程度上受到苏联贸易理论的影响，许多贸易理论著作，特别是大专院校教材的体系设计，基本是以苏联有关教科书为蓝本的。其中较为突出的如有关社会主义国内商品交换的认识，大多数学者认为在社会主义社会全民所有制企业之间的交换虽然具有某些商品交换的特点，但已不属于商品交换范畴。

第三，我国经济理论工作者对贸易理论和实践中许多问题开始了初步研究，内容涉及社会主义价格形成的基础、工农业之间的交换关系、商品流通渠道、物价方针、农产品购销、生产资料购销等诸多方面，并提出了一些对后来的贸易理论和实践产生重大影响的观点，如对外经济贸易活动以“自力更生为主，争取外援为辅；国内市场为主，对外贸易为辅”的总方针；有关社会主义统一市场的论述等。

第四，从贸易经济学学科的建设来看，在引进苏联有关教学和理论体系的基础上，许多学者开始了我国国内贸易或商业经济理论体系的建设工作，逐步建立了“商业经济学”和“商业组织与技术”两门国内贸易经济领域的核心学科，逐步完成了国内贸易经济理论体系的构建工作。其中值得一提的是1962年由中国人民大学贸易经济教研室编写的《社会主义商业经济》一书，是国内最早公开出版的社会主义商业经济学著作之一，其结构、体系乃至观点对此后20多年我国国内贸易经济学理论和学科的建立和发展产生了广泛的影响。

第五，这一时期的前期，理论研究具有学术气氛活跃、学术争论活跃的特点。当时国内主要的经济理论刊物《经济研究》登载了多篇有关贸易理论和实践的争鸣性文章。这种探索和争鸣对于深化研究贸易思想起到了很好的促进作用。但是从20世纪50年代末期起的随后几年内，由于过于强调阶级斗争、急于实现“大跃进”等一系列指导思想上的错误，学术研究的科学性、严肃性受到很大冲击，学术探讨的活跃局面也逐渐消失了。

第六，国内贸易与国际贸易相分离。从20世纪50年代初开始，我国的经济体制几乎全盘接受苏联模式，建立了集中的部门式体制，国内外贸易管理机构分设；与此同时，贸易人才的培养也逐步转为分开培养，由不同专业乃至不同院校承担内外贸人才的培养任务，理论研究队伍也逐步分为相互独立、很少交流的两支队伍。直到20世纪80年代末90年代初，才有学者明确指出这种做法的弊端，认为国内贸易和国际贸易有着广泛的一致性和共通性。无论在国内还是在国外，贸易发生的基本原理是一致的，贸易活动中的若干规律也是存在共性的。有些院校开始尝试打通贸易人才培养上的“内”与“外”，实行贸易人才的通才培养。

（2）贸易思想停滞时期（1966—1978）

“文化大革命”期间，与社会生活的其他领域一样，我国贸易经济研究也受到了极大的摧残，非但没有进一步深入发展，反而受到了极左思潮的影响，否定贸易理论研究中已经取得的成果，倡导某些极端错误的观点，如批判“流通决定论”，限制商品交换中的“资产阶级法权”，全盘否定国际分工，认为社会主义对外贸易是一种完全新型的对外贸易，应当与国际商品经济关系“对着干”等，导致人们思想认识上的严重混乱，理论研究处于停滞乃至倒退的状况，这种停滞状况一直延续到20世纪70年代末。

2）改革开放后贸易思想的发展

1978年年底，党的十一届三中全会召开，随着人们思想认识上的解放，我国贸易经济研究进入了全面发展的时期。我国贸易经济理论工作者开始全面介绍西方贸易理论，引发了关于西方贸易理论的大探讨，逐步澄清了人们的思想认识，促进了我国贸易理论和实践的发展。

（1）贸易经济研究全面发展的主要表现

第一，改革开放的发展造就了贸易经济研究的新局面。我国进入改革开放新时期后，实践的发展迫切要求新的理论指导，而丰富的实践也为理论的发展提供了良好的条件。在批判、反思“文化大革命”期间的错误认识的同时，对贸易经济各个领域问题的研究全面而又迅速地展开，一大批专业经济刊物的创刊，如《财贸经济》《商业经济研究》《国际贸易问题》《价格理论与实践》等，为我国贸易理论的发展提供了良好的条件。

第二，理论研究的深度和广度不断开拓。20世纪80年代以来我国贸易经济研究摆脱了过去研究主要囿于对国家领导人的有关见解和政策加以解释的状况，涉及了过去被视为禁区的各个领域，研究的视角更多地投向经济活动的内在规律，出现很多认识上的突破，如对社会主义市场经济体制的认识，对社会主义社会流通体制改革的认识，对对外贸易体制改革的认识，对社会主义社会发展期货市场问题的认识，对价格运动规律的认识等。关于贸易经济活动的内在规律的认识，从一个方面对我国改革开放的顺利推进，起到了很好的指导作用。

第三，以科学的态度对待外国贸易经济研究的成果。在中华人民共和国成立初期至“文化大革命”前，我国理论界较为注重对苏联有关论著的翻译介绍。“文化大革命”期间则由于批判崇洋媚外而极少引进国外研究成果。改革开放后，我国贸易理论界再度放眼国外，通过引进国外有关研究成果，深化我国贸易理论和实务工作者对有关问题的认识。但与20世纪50年代和60年代初不同的是，这一时期改变了过去主要从苏联引进的做法，转向更为注重引进西方国家的贸易经济研究成果，介绍资本主义国家贸易实务部门的成功经验；同时改变了过去对苏联理论界的有关成果全盘接受而对西方理论的有关成果一概排斥乃至全盘否定的做法，能以辩证客观的态度分析各国的研究成果，吸取其精华之处，为丰富我国的贸易理论、指导我国的贸易实践而服务。

第四，不断进行研究方法上的革新。改革开放以来，我国贸易理论界在继续运用传统的定性分析方法深化研究贸易理论和实践问题的同时，不断引入一些新的研究方法，如定量分析、边际分析、投入产出分析等。这些研究方法在贸易理论和实践问题研究中的运用，深化了人们对有关问题的认识，对推进理论发展、促进改革开放起到了很好的作用。

第五，这一时期也是我国贸易经济学科快速发展的时期。在原来的商业经济、商业组织与技术等学科的基础上，通过引进国外有关成果，从原学科中分化出若干分支学科，并建立了一些新的学科，如商业企业管理、市场营销学、公共关系学、国际贸易实务、价格学、商品储运学、市场调查与预测、流通经济学、工商行政管理学、商品期货交易等。这些学科的建立大大丰富了我国贸易经济的学科体系。

第六，从贸易思想发展轨迹来看，这一时期正是由传统的高度集中的计划经济体制下的贸易思想体系向现代社会主义市场经济体制下的贸易思想体系转变，直至社会主义市场经济体制在理论上得以确立以及在实践上逐步建立的重要时期。先是从反思传统计划经济体制起步，经过整个20世纪80年代认识的不断深化，为90年代社会主义市场经济体制下的贸易思想体系的构建提供了重要的基础。1992年邓小平南方谈话极大地解放了人们的思想，党的十四大则明确提出应建立社会主义市场经济体制。许多认识上的突破，对推进我国的对外开放和经济建设，起到了十分重要的作用。

（2）关于比较优势理论的探讨

比较优势理论是英国古典学派经济学家大卫·李嘉图在19世纪初创建的国际贸易理论，围绕这一理论的世界性争论经久不衰。西方的争论主要是如何补充、修正和发展它；苏联、东欧国家的争论焦点在于这一理论的合理性、可利用性；发达国家与发展中国家之间的争论集中于是否损害发展中国家利益。“文化大革命”前，我国对比较优势理论持全盘否定态度，斥之为伪科学、反动理论。党的十一届三中全会后，对外开放的社会主义实践要以经济利益为中心来发展对外贸易、利用国际市场，对比较优势理论的重新认识问题被提了出来，引起了经济和贸易理论研究者的重视。

袁文祺、戴伦彰、王林生在发表于《中国社会科学》创刊号（1980年）上的论文《国际分工与我国的对外经济关系》中，首先明确提出，李嘉图的比较优势理论有其“合理内核”，而且认为“社会主义国家必须充分利用国际分工”，不应该把对外贸易只作为调剂国民经济“填空补缺”的手段。这篇文章在全国对外经济贸易理论界引起了广泛的反响，使关于比较优势理论的探讨很快成为我国发展对外经济关系的基础理论研究的重要方面，揭开对此及国际价值、国际分工等相关问题的热烈而持久的学术争鸣的序幕。这是新中国成立以来第一次就有关我国对外经济关系问题展开的大规模学术讨论。对比较优势理论的研究，既是一个学术问题，又有很强的现实意义，它对于深入了解问题、推动学术进步、开展对外经济活动具有重大意义。

关于比较优势理论的大讨论，大致可以分成三个阶段：20世纪80年代前期为第一阶段，争论的焦点集中于比较优势理论是否具有合理的内核、合理内核是什么、能否作为我国发展对外贸易的指导理论。80年代中后期至90年代初为第二阶段，讨论的核心问题是对外贸易能否节约社会劳动；与前一阶段相比，这一阶段的讨论要冷清得多，只有一些分散、零星的观点，但依然反映了我国学者结合国际经济发展的新特点，围绕改革开放的现实，对这一问题的继续探讨。90年代以后为第三阶段，有关比较优势理论的讨论不像80年代前期那样热烈，围绕我国经济、贸易发展的现实，继续讨论与比较优势理论相关的问题，如比较成本概念的外延、比较优势理论在经济体制转变过程中的作用等。

李嘉图的比较优势理论把国际贸易仅仅归结为商品生产中所费劳动的差异过于绝对化；俄林在李嘉图模型的基础上增加了一个要素——资本，在解释不同类型国家间贸易、同类型国家不同行业间贸易方面具有较强的说服力，但在讨论日益增长的同类型国家同行业内贸易方面，显得无能为力；其根源在于他们的静态假设和静态分析，忽略了生产函数的动态变化。技术进步、信息已成为现代经济发展不可忽视的要素，以自然禀赋为基础的传统的比较优势理论将不再完全适用，应该建立一个以可自生和再生资源——知识为基础的新的比较优势学说。在我国的对外贸易中，比较优势理论则确定了我国大致的贸易格局，但是比较优势并不能保证产品具有国际竞争力。一国的竞争力决定了其产品是否能够在国际市场上站住脚并获得贸易利益，以提高经济效益为中心的经济增长方式的转变将有利于提高我国出口产品的国际竞争力，且能够发挥我国潜在的比较优势，所以，我们重点应该放在提高我国具有比较优势的一些资本和技术比较密集的产品的竞争力上，通过经济发展方式的转变，提高我国出口贸易的效益，促进我国出口贸易的进一步发展。

（3）关于国际价值与国际价格的争论

对国际商品交换中的价值和价格问题的研究，是与比较优势理论的讨论密切联系的、我国对外贸易理论研究的另一重要课题。比较优势理论争鸣的序幕在20世纪80年代初一拉开，国际价值领域的讨论很快就成为论战的另一主要战场。争论的焦点集中在是否存在国际价值、如何计量国际价值、是否存在国际生产价格、国际贸易中按照国际价值交换是否等价、国际贸易能否增加一国价值这几个问题上。理论界一致认为，研究国际价值，是从马克思主义价值论方面为我国对外开放的经济政策和平等互利的方针提供科学依据，对我国发展对外贸易关系以及推进改革国际经济秩序的斗争有着重要的现实意义。

关于国际价值是否是一个客观存在的范畴，我国理论界对此问题的两种回答截然对立，但有趣的是双方都力图从马克思的《资本论》及相关论著中寻求论据。一种观点是“国际价值虚构论”，认为国际价值并不是客观存在的，马克思在《资本论》中所说的“世界劳动的平均单位”并不是指“世界必要劳动时间”，因此，劳动价值论只适用于国内简单的情况，在国际复杂情况下就不灵了。另一种观点与之相反，认为国家间资本、劳动力能否自由流动，只影响到国际市场价格是否客观存在，而不影响国际价值的存在。国际价值与国内价值一样都是劳动创造的，它是一个理论上的抽象，能否计量并不能决定它是否存在。

关于如何计量国际价值，第一种观点认为，根据马克思提出的社会必要劳动时间的概念，国际价值由世界劳动的平均时间单位计量。第二种观点认为，由于各国经济的差异性和独立性，无法取得世界必要劳动时间的平均水平，也就无法得到世界统一的国际价值；一种商品往往有多种国际价值，不同的供求状况下，国际市场价格可能围绕其中的一个国际价值波动。第三种观点认为，决定国际价值的劳动时间是在国际正常生产条件下、国际平均劳动熟练程度和劳动强度下，制造某种使用价值所耗费的劳动时间；但劳动时间是指在现有的生产条件下，因生产某种使用价值的绝大多数而起决定作用的国家的社会必要劳动时。第四种观点认为，国际市场上的商品价值由国内价值与国际价值共同决定，国际市场价格是该产品的国际平均成本，加上国际平均利润而形成的。

是否存在国际生产价格问题争论的分歧主要在于，作为国际生产价格形成的前提条件的资本与劳动力的自由流动的实现程度。一种意见认为，在国际范围内，资本、劳动力、技术不能自由转移，从而不能形成平均利润率，也就无法形成生产价格，因而在国际商品交换中，一种商品既没有一个国际价值，也没有一个国际生产价格。相反的意见认为，随着国内价值转化为国内生产价格以及交换关系的国际化，国际价值转化为国际生产价格，即国际生产成本加上国际平均利润。介于两者意见之间的看法是，国际生产价格是一种必然趋势，但目前尚不具备条件，因为关税和非关税壁垒阻碍了世界资本和劳动力的自由流动，限制了国际生产价格的形成。但在局部地区，例如欧洲联盟，已经形成了平均利润率和国际生产价格；在其他地区，利润率的平均化还只是一种趋势。

对外贸易是对贸易双方都有利，还是仅仅有利于一方而有损于另一方？按照国际价值交换是否等价？这是国内外争论热烈的问题，观点各异。西方古典学派和新古典学派从比较优势理论出发，认为国际贸易对交易双方都是有利的，国际贸易中没有剥削，没有价值的国际转移。照此理论，发展中国家应该积极地参加国际分工和国际贸易。以埃及著名经济学家阿明为代表的第三世界国家以及其他国家的左翼经济学者和激进派经济学者反对上述看法，认为国际交换不平等，因技术进步而带来的生产率增长的果实，始终保留在发达国家，发展中国家由于不利的国际分工地位只受到榨取，而得不到任何利益，因而发展中国家应该尽力走自给自足和集体自力更生的道路。我国理论界对在当代发达国家与发展中国家的国际贸易中，不等价交换大量存在的现象有共识，但对国际不等价交换的含义是什么及其产生的根源等问题有不同的解释。

国际贸易能否增加一国价值？持否定态度的学者认为，承认对外贸易增加价值，就等于承认商品交换创造价值，这显然有悖于马克思关于流通或商品交换不创造价值的观点；各国通过国际贸易获得的“比较利益”，是国际分工带来的特殊利益，并非对外贸易增加的国际价值，因为以国际价值为标准的等价交换不能增加价值。持肯定态度的学者认为，“创造价值”与“增加价值”并不是一个概念，前者是指在生产中投入了新的劳动而新创造的价值，后者是指通过对外贸易实现或得到更多的价值分配；对外贸易增加价值是指在一定的条件下，参加贸易的国家通过对外贸易可以实现或得到更多的价值，从而增加一国的价值量。

1.1.2　发展对外贸易的理论依据

1）马克思主义的国际分工理论

国际分工是世界各国或地区之间的社会劳动分工，是各个国家生产力发展到一定阶段的结果，是生产力发展的第一因素——科学技术作用的客观经济范畴，世界经济发展的历史充分证明了这一立论。

16世纪至18世纪是西欧各国进行资本原始积累时期。在这一时期，由于各国生产力的发展水平和生产社会化程度还比较低，以手工业和工场手工业生产为基础的国际分工和国际贸易尚未动摇自然经济的统治地位，世界市场上流通的商品主要是殖民地的热带亚热带土特产品或奢侈品以及欧洲的手工业品，较落后的运输手段仍严重地限制了大宗商品进入国际交换领域，国际分工处于萌芽状态。

从18世纪60年代起，随着英国等国家大机器工业的建立，资本主义社会化大生产逐步形成。以机器技术为先导的机械化大生产不断发展，促进了生产率的迅速提高和生产规模的扩大，从而使商品生产和商品交换超越国界或区界，打破了几千年来以国家或民族为范围的自给自足的封建自然经济市场，把各种经济发展类型的国家卷入到新的世界经济大潮流之中，国际分工和生产国际化开始形成。

19世纪70年代出现了第二次科技革命，以电力为动力的应用，如发电机、电动机、内燃机、远距离输电网等的使用，使各种产业逐步实现了电气化，从而促进了诸如化学、石油、汽车、冶金、采煤、机械制造业等工业部门的兴起和发展。到19世纪中期，欧洲各国建立起大机器工业生产，改善了交通工具，完成了产业革命，这些工业国家的工业生产各有侧重，形成了以经济部门为主的国际分工。原来是资本主义国家的食品和原料供应地的殖民地和附属国，由于科技进步以及新的生产部门的出现，工业国对殖民地的原料和产品产生了新的需求，它们还发展了燃料和其他矿产品的采掘工业。由于生产力的进一步发展，科学技术水平的提高，加速了资本的积聚和集中，资本输出成为主要的经济特征之一，促使国际分工进一步发展，工业产品生产国与农产品、矿产品生产国之间的分工日益深化，逐步形成了国际分工体系。国际分工体系的形成加强了世界各国经济之间的相互依赖关系，强化了各国再生产的顺利进行对国际分工的依赖性，打破了以往各个国家和民族自给自足的封建自然经济的格局。

第二次世界大战后，特别是20世纪70年代以来，随着电子计算机应用和空间科学技术的发展，出现了第三次科技革命。这次科技革命在20世纪50年代由美国开始，逐步扩展到西欧和日本等国家或地区，70年代以后取得了较大的发展，特别是80年代以来出现了新高潮。新科技革命的浪潮正冲击着整个世界，极大地影响着国际分工和国际贸易的发展，主要表现在以下几个方面：

第一，发达国家的产业结构由物质生产转向知识生产。微电子和信息工业的迅速发展，属于技术、信息和智能领域的所谓“软件”已成为一种新型的商品。发达国家之间的软件贸易的比重不断上升，传统商品贸易的比重不断下降。

第二，发达国家与发展中国家间分工结构和贸易结构发生变化。发达国家的劳动力加速集中于技术与知识密集型的产业和服务业，而把一些传统工业转移到发展中国家，从而引起发达国家与发展中国家在国际分工和贸易结构上的变化。同时，某些劳动密集型产业通过使用新技术（如智能机器人）而不再需要花费大量劳动力，从而使“劳动密集型”的概念发生变化，发展中国家拥有廉价劳动力多的优势逐渐丧失。

第三，产业结构和消费结构发生急剧变化。微电子和新型材料的发展和广泛使用，进一步缩短产品生命周期，新产品不断涌现，产业结构、产品结构和消费结构都在发生急剧的变化。微电子使自动化生产向小批量、多品种、多规格、系列化发展，以满足人们生活多样化的需要，商品在国际市场上的竞争力取决于凝聚在产品中的智能与技术含量。

第四，传统能源在国际贸易中的地位下降。发达国家正以极大的人力、物力和财力，投入节约能源和替代能源的研制工作，核能、太阳能等新能源得到大规模利用，以代替石油和煤炭。新兴产业大都不是需要大量消耗能源的产业，因此，传统能源石油和煤炭在国际交换中的地位必将逐步降低。

第五，各种新型材料逐渐替代传统的原材料和紧缺的稀有金属。随着科学技术的发展进步，各种新型材料不断研制成功并广泛采用，以代替传统的原材料和紧缺的稀有金属。有的专家预言，若干年后，超级市场上的绝大部分金属和玻璃制品将被塑料制品代替。国际市场对传统原材料如钢铁、天然橡胶、铜、铅等需求将会相对减少，而以人造品代替。

第六，对世界粮食、食品以及与农业生产有关的化肥、农药、农业机械的贸易产生巨大而深远的影响。以生物工程为标志的生命科学的发展，从根本上改变了农业的生产技术，还将从本质上改变农业的生态环境系统。加上微电子和新材料的综合利用，将使农业全面实行工业化、现代化。农业亦将由劳动密集型产业变为知识技术密集型产业，不仅将使农业产量大幅度增加，同时将大大改善食品的质量和构成。

2）马克思主义的社会再生产理论

马克思的社会再生产理论认为，社会再生产的顺利发展，客观上要求各部类之间必须保持适当的比例关系，即生产生产资料的部类和生产消费资料的两大部类之间，农业、轻工业和重工业之间，农业生产内部，工业生产内部都必须保持一定的平衡比例关系。这种协调平衡的比例关系不仅在实物形态上，而且在价值形态上也要求保持适当的比例关系。但是，由于各国的生产水平、经济结构、科技条件、地理环境、资源及气候等因素的影响，各国社会总产品的实物构成，往往与扩大再生产的需要有差距。这就必然需要通过对外贸易同别国实现实物形态的转换，即可以把生产资料转换为生活资料，把生活资料转换为生产资料，或者生产资料和生活资料内部实现转换，实现互通有无，调剂余缺，这是国内贸易所无法做到的。从这个意义上说，对外贸易是国民经济的一个特殊部门。

为了简明地了解上述原理，我们可以用图1-1来说明。

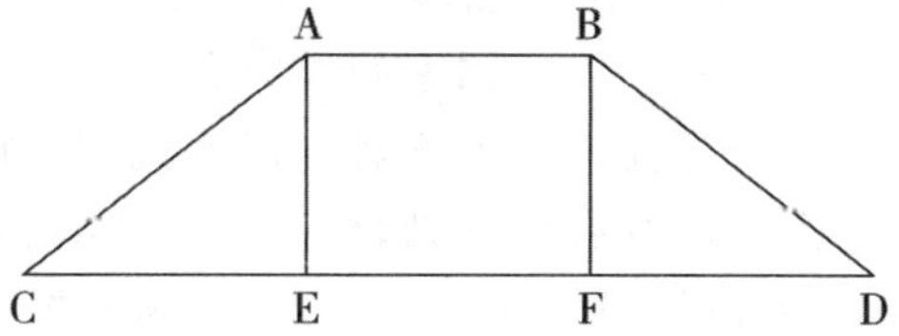

图1-1　马克思主义的社会再生产理论图示（1）

在图1-1中，AB代表最短线经济部门产品为1等份，CD代表最长线经济部门产品为3等份，在AB与CD之间是由短线经济部门产品、次短线经济部门产品、较短线经济部门产品……较长线经济部门产品、次长线经济部门产品、长线经济部门产品的实物形态所构成。根据社会再生产原理的要求，各部类以及每个部类的内部之间必须保持一定的比例关系，假设一国社会再生产协调平衡发展的客观要求是长线经济部门产品与短线经济部门产品的比例关系为1∶1，那么，图1-1中社会再生产的发展态势就会出现以下几种状况：

第一，不发展进出口贸易，国民经济的运行以短线经济部门为基础。在图1-1中以AB最短线生产的产品为基础，依据AB∶EF=1∶1的规模进行社会再生产。显然这时的社会再生产规模是最小的，而且ACE、BFD范围的实物得不到有效的利用，造成实物的浪费或积压、资金的占用或闲置。可见，这种社会再生产的综合平衡模式，是封闭经济的自我循环、自我平衡的国民经济模式，不能形成规模经济，这必然阻碍社会再生产的发展。

第二，发展进出口贸易，实现实物形态的转换，以长线产品调换短线产品，达到社会再生产比例关系的协调。以图1-2来说明这种情况，可以以国内所有的ACE长线产品出口调换BDH短线产品进口，实现再生产比例关系的协调，使社会再生产能够顺利进行，在图1-2中就表现为在EFD∶ABH的规模下进行，即EFD∶ABH=2∶2的再生产规模。此种情况正如前所述：通过以我所有换我所无、互通有无的贸易，可以建立一种中等水平的国民经济综合平衡，使本国的内在生产要素基本上能进入社会再生产活动，从而可以扩大再生产的规模，取得较好的国民经济效益。显然，进行这样的互通有无的对外贸易，比封闭式经济有很大的进步。但是我们要认识到，在现代化大生产时代，以进定出，出口仅仅是为了进口，进口是为了填补国内再生产需求的空缺，这还不能充分参与和利用国际分工，发挥对外贸易作为"经济增长发动机"的效应，实现生产要素优化配置，扩大社会再生产合理规模，提高国民经济发展质量和规模效益。

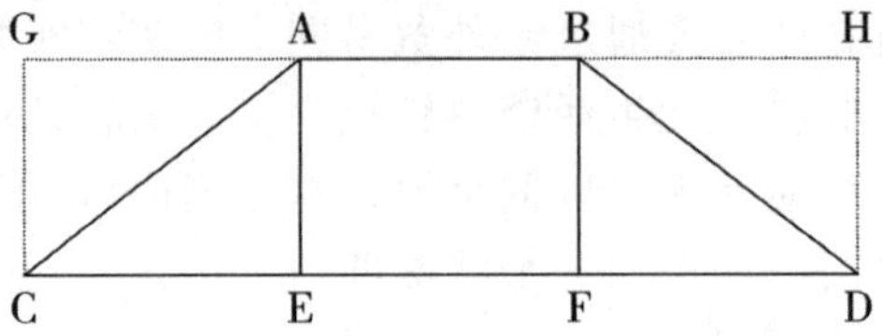

图1-2　马克思主义的社会再生产理论图示（2）

第三，在当代科学技术飞跃发展，国家间经济合作进一步加强的大环境下，为了更有效地利用本国资源，充分发挥本国优势，以实现扩大社会再生产规模，客观地要求把国内外资源和国内外市场有机地结合起来，建立高起点的国民经济综合平衡，从而取得最佳的经济规模效益。如图1-2所示，为发挥本国经济优势，以达最佳规模经济效益之目的，可以以CD长线产品为基础进行扩大再生产。但是前面已阐述过，用ACE实物换取国外的BDH实物，这样GCEA部分已是空缺了，不可能以CD长线产品为基础进行扩大再生产，那么，怎么才能实现以CD长线产品为基础扩大再生产呢？有效的途径就是利用国外的资本，借用国外资本购置GCEA所需要的实物或科学技术，这样就实现了GCDH再生产规模，达到了发挥本国优势与有效地利用国外生产要素的有机结合。从扩大社会再生产原理看，CD：GH=3：3，即社会再生产比例关系是平衡协调的，但显而易见，社会再生产规模扩大了，建立起高级的国民经济综合平衡，从而取得最佳的经济发展规模和最优的经济效益。

3）马克思主义的国际价值理论

马克思在继承和发展古典国际贸易学说科学内核的基础上，应用劳动价值论去考察世界市场、分析国际贸易的运作时，创立了"国际价值"的科学理论，为各国发展对外贸易奠定了重要的理论依据。

国际价值理论指出：价值规律是商品生产和商品交换的基本规律，只要存在商品生产和商品交换，价值规律就必然存在并发生作用。商品的价值不取决于商品生产者的个别劳动时间，而是取决于商品生产的社会必要劳动时间。当各国产品投向国际市场时，商品交换的国际价值就取决于国际社会必要劳动时间。这样，在国际市场上，同一种商品就具有国内价值和国际价值两种根本不同的价值标准，而在国际交换时，则是以国际价值作为衡量标准。在这两种不同的价值标准之间存在着"比较差异"，即国际市场上劳动生产率高的国家可以以一天的劳动产品换取劳动生产率低的国家多于一天的劳动产品，这是价值规律在国际市场上发生不同作用的结果。在平等的贸易条件下，国际交换的双方都可能得到贸易利益，实现以较少的劳动耗费获得较多的劳动产品。双方获得贸易利益的表现有以下几种情况：第一，交换的两国各有一种商品的国内价值低于国际价值，即各有一种商品占优势，这样，各国生产本国占优势的商品，就可以实现以较少的社会必要劳动换取较多的国际社会必要劳动，从而得到各自的直接贸易利益。第二，交换双方中一国的两种商品的国内价值都低于国际价值，但低的程度不同；在这种情况下，该国生产最占优势的产品，可以得到更多的贸易利益。第三，交换双方中一国的两种商品的国内价值都高于国际价值，但高的程度不同；在这种情况下，该国如生产两种劣势产品中有相对优势的产品，也可以获取一定的相对贸易利益，即获得间接利益。正如马克思所说的，即使经济技术比较落后、劳动生产率比较低的国家，在国际交换中，它们“所付出的实物形态的物化劳动多于它所得到的，但是它由此得到的商品比它自己所能生产的更便宜”，从而节约社会劳动，获得经济利益。这就是说，经济技术落后、劳动生产率低的国家，在对外贸易中，它所出口的商品是亏损的，但是，通过出口获得外汇，再进口比自己生产更有利的产品，或者自己根本没有的产品和技术设备，这同样可以节约社会劳动。用这种节约下来的劳动，在国内安排其他产品的生产，从而获得新产品，就可以增加使用价值量，同时也可以增加价值量。这就是马克思从社会再生产过程中生产、分配、交换、消费的相互关系中，来论述国际交换增加一国价值总量的问题。马克思说：“我可以用新价值创造新劳动，从而创造新价值，我一次一次地再生产价值，再用来和新价值交换。我可以把本来没有价值的东西，当作交换对象，从而增殖价值。”显然，马克思在这里说的是通过国际交换，节约社会劳动，获得更多的新价值。一国只要参加国际分工和国际交换，就能够发挥本国的绝对优势或相对优势，从而使本国的社会劳动更有效地发挥作用，使一国由此所节约的社会劳动创造出追加的价值。因此，在这种情况下同样存在着对交换双方互利的条件和可能性。

4）建设中国特色社会主义的理论

建设中国特色社会主义的理论是以邓小平同志为代表的中国共产党人，坚持把马克思主义基本原理同中国具体实践相结合，逐步形成和发展起来的，其内容十分丰富。根据邓小平同志的一系列重要论述以及我国建设和改革的实践经验，党的十三大、十三届七中全会和江泽民同志在中国共产党成立七十周年大会上的讲话，曾从不同角度做过阐述和概括。十四大报告在阐述过去的基础上，从建设中国特色社会主义理论的基本组成方面，即从社会主义发展道路、发展阶段、根本任务、发展动力、外部条件、政治保证、战略步骤、领导力量和依靠力量、祖国统一等方面进行了新的更高的概括。

和平与发展是当代世界的主旋律，这为我国发展社会主义对外贸易提供了极好的机遇，我们必须坚持独立自主的和平外交政策，为我国现代化建设争取有利的国际环境。同时，在这个世界主旋律下，国际竞争的实质就是以经济和科技实力为基础的综合国力的较量；在这种形势下，必然要求我们实行对外开放，扩大对外贸易，取人之长，补己之短，加速发展社会主义。

在社会主义发展阶段的问题上，我国还处在社会主义初级阶段，这是对我国国情的正确估计，也就是说，我国的社会主义是一种尚未成熟的制度，在经济、道德和精神方面还带有它所脱胎出来的那个半殖民地半封建社会的痕迹。这就必然要求我们逐步摆脱贫穷、摆脱落后的状态，要由农业人口占多数的手工劳动为基础的农业国逐步变为非农业人口占多数的现代化工业国；由自然经济、半封建经济占很大比重变为商品经济高度发达的社会。在我国人口多、底子薄，生产力发展水平低，科技水平不高的实际情况下，我们必须要发展国内外两个市场，利用国内外两种资源，大力发展对外贸易；必须要通过改革和探索，建立和发展充满活力的社会主义市场经济体制和对外贸易体制，解放生产力，发展生产力，实现中华民族的振兴。

1.2 对外贸易的发展战略

第二次世界大战结束后，发达国家面临的最迫切的任务是尽快从战争的阴影中走出来，重建家园，实现经济增长。而广大发展中国家的任务则更艰巨，它们所要解决的不仅是经济增长的问题，更重要的还在于实现社会的全面进步，即经济发展。像西方发达国家一样实现现代化被认为是经济发展的重要标志，而工业化是现代化的核心内容，实现工业化的主要措施是制定适宜的贸易战略。它们之间的关系可以概括为：

贸易战略（手段）—工业化（核心）—现代化（标志）—经济增长（结果）—经济发展（目标）

发展中国家对外贸易战略的分类比较复杂。实际上，在发展经济学里，贸易战略等同于工业化战略。尽管各自的出发点和分析方法、角度不同，但一般都包括“进口替代战略”和“出口导向战略”两类。进口替代战略和出口导向战略分别需要不同的政策系统。

1.2.1 对外贸易战略的演变

我国对外贸易战略的演变基本上可以分为两大阶段，改革开放前的对外贸易战略和改革开放后的对外贸易战略。

从与对外贸易政府管理行为密切相关的经济发展战略来看，中华人民共和国成立以来，我国基本上实行的是进口替代贸易战略，把对外贸易仅仅看作流通领域里互通有无、调剂余缺的事情，忽视了对外贸易在整个国民经济发展中的促进作用。在这种战略指导下，政府通过关税以及对外汇、进出口的统一管理，有时甚至融管理与经营为一体，或以指令性计划和行政命令来限制工业制成品的进口，保护国内工业生产，扶植国内工业体系的建立。20世纪50年代，我国效仿苏联、东欧模式，优先发展重工业，以初级产品的出口从苏联、东欧换回一批机器和成套设备，引进项目共400多个，建立起了一个以重工业为中心、密切联系国防工业的体系，同时也建立了一些一般消费品工业，实现了早期的初级工业化。这一时期我国的进口替代越过了劳动密集型产业，直接发展资本密集型的机械加工工业。20世纪60年代，我国的三线建设，兴建了一些三线工业并进一步加大了以国防工业为主导的机械加工工业。但这一时期的引进项目减少，一共只有84项，用汇2.8亿美元。20世纪七八十年代初，引进项目增多，进口替代型工业建设速度也加快了，一些基础原材料工业如化纤工业和耐用消费品工业得到了较为迅猛的发展。这一时期，我国的出口及贸易收汇主要依赖农副产品及矿产品。出口的目的主要是支付基本的进口所需外汇，而进口则主要是为了“建立独立自主的工业基础”。由于改革开放前特殊的历史、社会、政策环境，我国的进口替代贸易战略可以说是走到了极端。

改革开放后，我国究竟实施的是什么样的对外贸易战略，应该实施什么样的对外贸易战略一直未有定论，普遍认可的观点是从极端的进口替代贸易战略逐渐向出口导向贸易战略转变。

1.2.2　对外贸易战略选择的争论

20世纪80年代，特别是80年代中期，许多学者对我国实施进口替代贸易战略提出了批评，认为实施这一战略使我国不能充分利用国际分工的好处，不能充分利用国外的资源和市场，不能在国际竞争中迅速推进企业和国民经济的技术改造和产品结构的优化，对落后的企业和产品起了保护伞的作用，使得我国劳动生产率长期较低，经营管理长期落后，产品质量长期较差。如果继续实施这一战略，以初级产品和粗加工制成品交换国外的技术和设备来发展我国工业，而工业则面向国内市场，满足于民族经济的自我循环，我国经济的现代化将难以实现。因此，围绕我国对外贸易战略的选择展开了讨论，大致形成了三种观点。

1）实施进口替代战略

坚持我国对外贸易的发展战略应以进口替代战略为主的理由有两点。

从国内情况看，第一，我国是一个社会主义发展中国家，实行独立自主的对外政策，采取进口替代战略相对可以较少受到国际政治、经济的影响，有利于安定，适合国情；第二，我国国内市场极大，采取进口替代战略，可继续实行贸易保护政策，促进民族工业的发展，完善工业化体系；第三，在现有的生产水平下，推行出口导向战略有困难；第四，中华人民共和国成立以来，我国在保护贸易政策指导下，实行进口替代为主的战略，通过引进一大批工业项目，建立了国民工业体系，积累了经验，为继续推行进口替代战略奠定了基础。

从国际市场情况看，第一，一般来说，资源自给率较高的国家较适合采用进口替代战略；第二，实施出口导向战略必须以国际贸易中自由贸易为背景，但贸易保护主义抬头正是目前国际贸易的重要特点；第三，发达国家的贸易保护主义从客观上阻碍了产业结构在世界范围内的调整，不可过于乐观地估计我国在世界第三次产业结构调整中的机遇。

2）实施出口导向战略

坚持我国对外贸易的发展战略应以出口导向战略为主的理由有三点。

第一，进口替代战略的缺陷在国际经济新形势下日趋明显，例如，采用进口替代战略难以加快出口商品结构的转变，严重影响出口增长速度；难以促进本国市场技术和管理水平的提高，最终制约本国产品的国际竞争力；往往不能发挥本国优势，尤其是劳动力优势，影响经济效益的提高。

第二，出口导向战略是发展中国家工业化有了一定基础后普遍采用的发展模式，其特点是用制成品出口替代传统的初级产品出口，用技术层次高、附加值高和加工层次深的产品出口替代技术、加工层次低的产品出口，故而要求整个国民经济以出口工业为动力来推动其他工业部门的发展，要求整个国民经济更加深入、广泛地加入到国际分工中去，积极引进和利用国外资金、技术和市场，集中精力和优势生产在国际上具有竞争力的工业制成品，促进国内工业生产的升级换代。

第三，从长远来看，要想最终跨入先进工业化国家的行列，非采取以出口导向战略为主的发展模式不可。现在经济生活国际化加深，我国如果不主动采取进攻性发展战略，就难以在世界市场立足。出口导向战略有利于提高企业素质，在国际竞争压力下促进国内市场机制的形成与发展，促进我国正在进行的经济体制改革，还有利于改善我国的国际收支状况，为对外开放和其他方面提供必要的前提条件和坚实的基础。

3）实施综合型贸易战略

兼用互补的综合型贸易战略是把进口替代战略和出口导向战略各自有效政策的部分组合起来，兼容并蓄，最大限度地促进经济发展。有效的政策部分主要包括进口替代战略中的面向国内市场的独立自主的工业化政策、改进后的政府干预和保护政策，出口导向战略中的出口鼓励政策等。

赞成此战略的理由是战略的选择应该首先适应我国幅员辽阔、人口众多、经济发展不平衡的具体国情；沿海地区和轻纺工业部门等经济相对发达的地区和行业可采取出口导向为主的发展战略，直接参与国际竞争，而内地、边远省份和一部分幼稚工业部门可采取进口替代为主的发展战略，以国内市场为主，经过一段时间后再向出口导向战略过渡，互补性发展模式兼容两者长处，避免各自短处，进可攻、退可守。

反对此战略的人认为进口替代战略和出口导向战略各自所奉行的贸易政策在作用和方向上基本是相反的，贸易保护政策会通过经济关联的过程形成对出口行业的转嫁，使出口产业实际上也等于被征税，从而难以真正发展起来。转嫁的过程是进口替代战略的贸易政策提高了可进口商品的相对价格，也可能提高了不可贸易商品的相对价格，其可能性取决于与可进口商品的替代性。这样，可出口商品的相对价格下降，而进口的投入品和国内的投入品相对于出口商品的价格来说都上涨，这种格局等于是对出口品征税。所以，如果对一些部门实行保护，一般来说同时也会使其他部门的处境恶化。如果同时实行出口鼓励政策，这种政策的作用首先需要抵消进口保护所产生的间接抑制作用。简而言之，保护政策的这种“反出口倾向”决定了出口导向战略与进口替代战略是不可能相结合的。对20世纪六七十年代的研究表明进口保护对出口发展实际形成了不利影响，在一些国家，进口关税的转嫁系数低者达到0.43，高者达到0.95。

实际上，改革开放后，我国先后实施了贸易补贴、外汇留成、减免关税、出口退税等鼓励出口的措施，这些措施极大地促进了我国出口贸易的发展；进口替代战略所依赖的名义高关税在大幅度下降，高估的汇率政策也在部分地得以矫正，特别是1994年汇率并轨后较长时间内保持了基本稳定。可以说，我国的贸易战略随着改革开放的不断深化而逐步从进口替代战略转向了出口导向战略。但进口替代战略依然存在，只是两者相比较，出口导向战略在不断地增强。事实上，没有任何一个发展中国家实行过纯粹的一种贸易战略而完全排斥另一种贸易战略。

1.2.3　全面开放时期的对外贸易战略

邓小平同志的南方谈话和党的十四大对市场经济地位的确定，标志着我国经济改革进入了全面开放时期。为深化改革、扩大开放、促进发展，结合对外经贸发展的实际，1994年外经贸部正式提出了大经贸战略，即以进出口贸易为基础，商品、资金、技术、劳务合作和交流相互渗透、协调发展，外经贸、生产、科技、金融等部门共同参与，各种所有制企业齐头并进。

1）大经贸战略的内涵

大经贸战略的内涵包括大开放、大融合、大转变。

大开放的内涵是通过进一步拓展对外经贸的深度和广度，形成对内对外开放全方位、多领域、多渠道的开放格局；开拓以亚太、周边国家为重点，发达国家和发展中国家合理分布的多元化市场，提高我国的整体开放度；按照国际贸易规范和国际惯例的要求，加快转换企业经营机制，加快国内经济与世界经济接轨，奠定我国开放型经济体系的基本格局，最大限度地获取参与国际分工的好处。

大融合的内涵一是加快实现外经贸各项业务主要是对外贸易、利用外资、对外投资和对外经济技术合作业务的大融合，实现商品贸易、技术贸易和服务贸易的一体化协调发展；二是在竭力维护全球多边贸易体制的前提下，努力实现多边经贸合作、区域经贸合作、双边经贸合作的有机结合，维护我国应有的经济利益；三是协调推进贸易、生产、科技、金融等部门的密切合作，提高企业的竞争力；四是伴随着汇率、税收、关税等经济杠杆的理顺，外经贸稳定和维护国际收支平衡将成为国家宏观调控的直接目标，对外经贸的宏观调节与国民经济的宏观调控将更好地结合起来。

大转变的内涵是外经贸功能的大转变。在扩大外经贸规模，提高对国民经济增长的贡献度的同时，要着力发挥外经贸促进产业结构调整、加快技术密集型产业发展步伐、提高经济效益的作用；作为沟通国内市场与国际市场的重要渠道，要发挥对国民经济的全面向导功能，提供多方面的综合服务。

2）大经贸战略的成效

20世纪90年代中后期，随着大经贸战略的逐步实施，效果越来越显著，突出表现在外经贸经营主体日益多元化格局加快形成，外贸公司垄断经营进出口贸易的状况彻底改变。

大经贸战略既是对外贸易发展战略，也是外贸体制改革战略，触及了体制层面许多深层的矛盾和问题。通过推行大经贸战略，越来越多的生产企业成为内外贸结合的新主体，一些大型生产企业和集团以名牌产品为龙头，在开展国内外市场综合运筹、内外贸业务一体化经营方面取得了积极成效；大经贸战略也带动了地县外贸企业的贸、工、农一体化发展，形成了生产、加工、销售一条龙，贸工农一体化的新型产业结合，使国有外贸公司与农户的个体经济结成了相互依存、相互促进、长期稳定的新型合作关系。大经贸战略的实施，进一步打破了国内、国际市场之间存在的隔层以及企业之间、地方之间的界限，加强了竞争，促进了专业化的协作和联合，推动了贸、工、农、技、商、金融等各企业在微观层次上的联合，为企业实现集团化、国际化经营和增强国际竞争实力创造了条件。

1.2.4 开放型经济体制下对外贸易战略的选择

对外贸易发展战略的种类屈指可数，但一国选择适宜的贸易战略却非常困难，它受到多方面因素的制约。从宏观角度看，主要是国内经济的改革和发展以及世界经济的发展和变化这两大因素。随着我国对外开放力度的不断加大，参与国际经济贸易规则制定的话语权不断提升，国际因素对我国贸易战略选择的制约越来越强。

1）贸易战略选择的一般制约因素

综合国内外学者的观点，一国在选择贸易战略时，应充分考虑以下的制约因素。

第一，经济发展类型。按照总供给与总需求的相互关系，经济发展的类型可以划分为内需型、外需型、平衡型。内需型国家一般以进口替代战略为初始战略，通过进口替代战略的努力，建立起国内产业体系；外需型国家一般以出口导向战略为基本战略，通过出口导向战略的努力，以具有较强国际竞争力的出口导向产业为核心，迅速提高出口产品的国际市场占有率，并以此带动经济的高速发展；平衡型国家一般采取综合发展战略，既重视出口，也不轻视进口，力图建立一个平衡发展的开放经济。

第二，经济发展结构。按照三大产业的相对比重、重工业和轻工业的相对比重以及产业结构所处的阶段将经济发展结构划分为低级、中级、高级三个阶段。经济发展处于低级阶段的国家一般采用进口替代战略；经济发展处于中级阶段的国家一般在进口替代战略的基础上逐步引入出口导向战略，即逐步实施综合发展战略；经济发展处于高级阶段的国家一般实行出口导向战略。

第三，经济发展水平。经济发展水平主要指一国经济发展所处的工业化阶段和该国经济在世界经济中的地位。一般来说，经济发展水平较高的国家，其出口的主要是资本、技术密集型产品，进口的主要是资源、劳动密集型产品，它的贸易战略不可能是进口替代型的；经济发展水平较低的国家，其工业化水平处于较低阶段，这些国家没有也不可能建立有国际竞争力的出口导向产业，其贸易战略不可能是出口导向型的。

第四，经济增长方式。根据技术进步对经济增长的贡献度、经济效益、资源配置效率、经济运行质量将经济增长方式划分为集约型增长和粗放型增长。一国经济增长方式与其经济发展水平相对应。

第五，国内资源和要素禀赋。从客观上讲，国内资源和要素禀赋状况是影响一国贸易战略的基础性因素。一般而言，自然资源和生产要素比较丰裕的国家，在经济发展初期，往往实行进口替代战略，然后逐步转为实施综合发展战略，再根据实际情况决定是否转入和何时转入出口导向战略；而自然资源和生产要素相对稀缺的国家，在经济发展初期，进口替代是其初始战略，但在基本完成进口产品替代之后，一般都迅速转为实施出口导向战略。

第六，国际环境。国际环境是制约一国贸易战略选择的外在因素，每种贸易战略的实施都需要相应的国际环境。

2）我国对外贸易战略选择的主要影响因素

（1）经济发展方式

经济增长方式的内容比较明确，一般是指通过生产要素变化包括数量增加、结构变化、质量改善等，实现经济增长的方法和模式。经济发展方式的内容和体系结构尚待研究，但可以明确的是，除了包括经济增长方式的内容，还包括产业结构、收入分配、居民生活以及城乡结构、区域结构、资源利用、生态环境等方面的内容。转变经济发展方式，既要求从粗放型增长转变为集约型增长，又要求从通常的增长转变为全面、协调、可持续的发展。

我国改革开放以来，坚持以经济建设为中心，十分重视转变经济增长方式问题，也十分重视转变经济发展方式问题。党的十二大提出把全部经济工作转到以提高经济效益为中心的轨道上来；党的十三大提出要从粗放经营为主逐步转向集约经营为主的轨道；党的十四大提出努力提高科技进步在经济增长中的含量，促使整个经济由粗放经营向集约经营转变；党的十五大把完善分配结构和分配方式、调整和优化产业结构、不断改善人民生活作为经济发展的重要内容；党的十六大提出全面建设小康社会，使经济更加发展、民主更加健全、科教更加进步、文化更加繁荣、社会更加和谐、人民生活更加殷实。

经济发展方式的转变需要激发各类市场主体发展新活力，增强创新驱动发展新动力，构建现代产业发展新体系，培育开放型经济发展新优势，使经济发展更多地依靠内需特别是消费需求拉动，依靠现代服务业和战略性新兴产业带动，依靠科技进步、劳动者素质提高、管理创新驱动，依靠节约资源和循环经济推动，依靠城乡区域发展协调互动，不断增强长期发展后劲。

党的十七大明确提出转变经济发展方式，在需求结构上，促进经济增长由主要依靠投资、出口拉动向依靠消费、投资、出口协调拉动转变；在产业结构上，促进经济增长由主要依靠第二产业带动向依靠第一、第二、第三产业协同带动转变；在要素投入上，促进经济增长由主要依靠增加物质资源消耗向主要依靠科技进步、劳动力素质提高、管理创新转变。

党的十八大明确科学发展观是党必须长期坚持的指导思想，并写入党章；坚持中国特色自主创新道路，以全球视野谋划和推动创新，提高原始创新、集成创新、引进消化吸收再创新能力，更加注重协同创新，提高社会生产力和综合国力的战略支撑；以改善需求结构、优化产业结构、促进区域协调发展、推进城镇化为重点，着力解决制约经济持续健康发展的重大结构性问题，推进经济结构战略性调整；创新开放模式，坚持出口与进口并重，提高利用外资综合优势和总体效益，加快走出去步伐，统筹双边、多边、区域次区域开放合作，全面提高开放型经济水平。

党的十九大明确坚持和发展中国特色社会主义，在全面建成小康社会的基础上，分两步走在21世纪中叶建成富强、民主、文明、和谐、美丽的社会主义现代化强国；我国经济已由高速增长阶段转向高质量发展阶段，正处于转变发展方式、优化经济结构、转换增长动力的攻关期，贯彻创新、协调、绿色、开放、共享的新发展理念、建设现代化经济体系是跨越关口的迫切要求和发展的战略目标。

（2）经济的全球化与信息化

经济全球化与信息化是当今世界经济发展的显著特点和趋势，二者互为因果，互相促进，呈现出发展趋势的一致性。经济全球化的实质和核心是资本寻求在全球范围内的不断增值和扩张。伴随着资本走出国门，各国经济生活先后被卷入世界市场，各国社会化生产的诸要素开始在世界范围内运作，各国经济相互依赖，呈现出整体化的发展趋势。资本在推动经济全球化发展过程中，不仅需要动力革命和交通革命来开拓道路，也需要信息革命来支撑经济全球化的发展。

第一，信息化促使信息产业领域快速扩张和发展，形成新的产业群和经济增长点。信息工业正在由单一制造业向硬件制造、软件生产和信息服务诸业并举的方向发展；信息技术应用渗透到各行各业，形成大量新的产业群，推动经济结构和产业结构的调整、转换；互联网络在经济和社会各领域的应用和发展，正在形成巨大的信息产业；信息化突破市场的地域限制，扩大市场规模，信息产业从业人员大幅度增长。总之，信息产业正在成为新的、重要的经济增长点，促进各国国民经济总量的增长。

第二，信息化促进产业结构的优化和升级。通过信息技术的渗透作用，促进整个产业结构的优化升级，提高国民经济的整体素质，推动经济发展方式的转变，促进国民经济持续、快速、健康发展。

第三，信息化促进经济规则全球化的发展。高速传播的信息传送穿越时空的障碍，加强了世界各国和各民族的联系，促进了经济全球化的发展；经济全球化的发展带来了各国经济、政治、军事、文化利益的联动性，使得原本属于国内的经济问题正在变成全球性的经济问题，使得原本是一国独有的经济权力日益变为国际社会共同拥有的权力。经济全球化催生了经济规则的全球化，各国的经济活动必须越来越多地遵循国际经济法则和国际惯例。

1.3　对外贸易经营体制改革

我国对外贸易体制是在新民主主义经济制度过渡到社会主义经济制度的发展过程中逐步建立起来的，是在产品经济和单一计划经济的基础上建立和发展起来的。中华人民共和国成立后，人民政权立即取消帝国主义在华的各种特权，没收官僚资本，逐步改造民族资本的对外贸易企业，新建国营对外贸易企业，从而建立起了单一全民所有制的对外贸易企业。同时，中央人民政府设立了对外贸易部，归口领导和管理全国对外贸易的一切活动。

1978年12月，邓小平同志在中央工作会议上提出，现在我国的经济管理体制权力过于集中，应该有计划地大胆下放，否则不利于充分发挥国家、地方、企业和劳动者个人四个方面的积极性，也不利于实现现代化的经济管理和提高劳动生产率。有必要在统一认识、统一政策、统一计划、统一指挥、统一行动之下，在经济计划和财政、对外贸易等方面给予更多的自主权。党的十一届三中全会后，在改革开放总方针的指引下，我国历史上开始了经济体制、外贸体制改革的新篇章。

1.3.1　对外贸易国家统制

1）对外贸易国家统制的基本内涵

对外贸易国家统制是指对外贸易由国家统一领导、统一计划、统一经营和统一管理，以保护国家和人民的利益。国家通过制定政策、法令，设立专门经营管理机构，编制对外贸易计划，规定进出口货物品种和数量，采用各种严密的管理措施，对对外贸易活动进行领导、控制和调节。

统一领导是指全国对外贸易业务均由对外贸易部直接领导；统一计划是指对外贸易进出口商品全部纳入国家计划管理的范围，国营对外贸易专业总公司及其分支机构完全按照国家指令性计划开展进出口活动；统一经营是指全部进出口经营业务只有对外贸易部所属专业进出口公司才能经营，其他任何部门、单位、个人都不能经营；统一管理是指对外贸易管理职能实行高度集中统一的直接计划管理，行政管理职能与业务经营合为一体，计划管理与行政命令成为国家管理和控制全部对外贸易的手段，海关、商检、外汇部门都由对外贸易部管理。

对外贸易国家统制使对外贸易部实际成了一个独揽全国对外贸易的大企业，既掌握全国对外贸易的行政管理权，又占有对外贸易企业的所有权和经营权。后来虽作过一些调整，下放了一些权力，如国务院有关生产主管部门设立出口供应公司，负责对外交货或向对外贸易部门供货；国务院第一机械工业部成立产销结合的机械设备出口公司；内地省、自治区对外贸易专业公司经对外贸易专业总公司批准，也可以经营远洋贸易；除西藏外，内地其他省、自治区都可以对港澳直接发运、交货、结汇等。但这些局部性的调整，尚未触及高度集中、独家经营的对外贸易国家统制的基本框架和运行机制。这种机制一直持续到1978年年底。

2）对外贸易国家统制的演变

我国实行对外贸易国家统制是依据马克思关于经济基础与上层建筑相互关系的原理实行的一项国家对对外贸易进行干预、管理和控制的政策，是当时社会主义对外贸易的基本组织原则和根本制度。但是，根据各个不同时期国内外形势的变化，对外贸易国家统制在其演变过程中，也有不同的特点和做法。

（1）中华人民共和国建立初期至完成对私营进出口商社会主义改造时期（1949—1956）

1949年9月29日通过的《中国人民政治协商会议共同纲领》规定：实行对外贸易的管制，并采用保护贸易政策。据此，1950年12月中央人民政府政务院第62次会议通过并颁布了《对外贸易管理暂行条例》，中央人民政府贸易部颁布了《对外贸易管理暂行条例实施细则》。根据《对外贸易管理暂行条例》的精神，国家通过制定和贯彻执行对外贸易的方针、政策、法规和计划，设立对外贸易管理机构，对经营进出口业务的厂商和外商进行登记管理，对所有进出口商品全面实行许可证制度。与此同时，中央人民政府贸易部加强对各口岸对外贸易管理局的领导，各口岸对外贸易管理局的主要任务是根据中央人民政府贸易部的命令和决定，对对外贸易实行管理和监督。其主要职责范围是：实施进出口管理制度，审批签发进出口许可证；审核出口商品价格，参照国外市场情况，拟定最低限价；负责召集所管辖地区的各国营进出口专业公司联席会议；督促和检查各国营进出口公司的季度和年度进出口计划及任务的完成情况；负责办理所在地经营进出口贸易的企业申请登记、审查核准、发放执照的工作。

这一时期对外贸易管理的主要特点是：第一，管理目的明确。中华人民共和国成立之初，国家明确指出，管理对外贸易的目的是保护和发展国内工业，增加出口，按需进口，合理使用外汇。第二，管理方法简单。主要方法是制定保护性税则、税率；对进出口商品全面实行许可证制度和分类管理；实行外汇的统一管理；统一制定商检政策，统一领导、管理全国进出口商品检验工作；设立海关，实行监管等。第三，管理措施严格。中华人民共和国成立后，面临着帝国主义对华实行“封锁、禁运”的局面，同时还存在着经营进出口贸易的私商和外商，中国政府对对外贸易采取了严格的管理措施，全面实行进出口许可证制度，将进出口商品分为四类进行管理。第一类是准许进出口类商品，各类对外贸易企业，包括私营企业都可以经营，但必须申领进出口许可证。第二类是国家统购统销的进出口类商品，私营企业不能经营。第三类是禁止进出口类商品，必须经中央财经委员会批准才能经营。第四类是特许进出口类商品，需经中央人民政府贸易部特别许可才能进出口。

（2）完成对私营进出口商社会主义改造至“文化大革命”前的时期（1957—1966）

1956年，我国基本上完成了对私营进出口商的社会主义改造，国家的对外贸易业务开始全部由国营进出口公司经营。同时，我国高度集中的计划经济体制亦已形成，进出口贸易全部纳入了国家的计划管理中，国营对外贸易专业总公司及其分支机构完全按照国家的指令性计划开展进出口业务。1957年1月，对外贸易部公布的《进出口货物许可证签发办法》规定，尽量简化申领进出口许可证的手续，减少和放宽对国营进出口贸易的行政管理。1959年2月21日，对外贸易部发布《关于简化对本部各进出口专业公司进出口货物许可证签发手续的指示》，简化了各对外贸易专业总公司申领许可证的手续。同年10月14日，对外贸易部又发布了《关于执行进出口货物许可证签发办法的综合指示》，明确规定：各进出口总公司及其分支机构进出口的货物，凭对外贸易部下达的货单或通知为进出口许可证。实际上基本取消了进出口许可证制度，而代之以国家进出口计划管理制度，只是在其他部门进口少量急需物资时才偶尔使用进口许可证，对外贸易的管理职能与进出口业务经营融为一体。

这一时期对外贸易的管理保持了相对的稳定，其主要特点是：第一，对外贸易管理的目的转向保证国家进出口计划的完成。第二，对外贸易管理的方法由进出口许可证管理逐步被对外贸易部下达的货单或通知所代替，各对外贸易专业公司凭货单或通知开展进出口业务，计划管理和行政命令成为国家管理和控制对外贸易的主要手段。

（3）“文化大革命”至改革开放前时期（1967—1977）

“文化大革命”期间，我国的对外贸易管理遭到了严重的干扰和冲击，各项管理规章制度都被视为“管、卡、压”而受到批判和全面否定。但总体上说，我国的进出口贸易仍然在国家的集中安排下，继续根据国家计划的要求进行。

3）对外贸易国家统制的主要内容

在对外经营体制方面，实行国家对外贸易总公司统一经营，即进出口经营权完全授予各对外贸易专业总公司及其所属口岸分公司，由各对外贸易专业总公司和分公司按经营分工统一负责进出口贸易的对外谈判、签约、履约等业务活动，其他任何机构或企业都无权经营进出口业务。内地省、市对外贸易分、支公司仅负责出口货源的组织、收购、调拨、运输等对内经营活动。据不完全统计，到1978年年底，包括内地省、市对外贸易分、支公司在内，全国对外贸易专业公司只有130多家。

在对内经营体制方面，国家实行严格的出口收购制和进口拨交制。对外贸易公司在对外洽谈出口贸易前，预先向供货部门或生产单位以买断方式购进出口商品，生产单位对出口商品的适销性、价格、盈亏、质量不承担责任。对外贸易公司在进口贸易中，按照国家计委、对外贸易部下达的货单完成订货、承付、托运、验收等对外业务后，调拨转交给用货部门，用货部门可派人参加技术性谈判，但同外商不发生合同关系，不承担进口质量和效益的责任。出口收购制和进口拨交制人为地割断了国际市场和国内市场的经济联系，隔断了生产和销售的内在关系。所有对外贸易公司的经营活动都受到多方面的限制和约束，特别是受到行政管理机构的频繁干预和制约，形成政企不分的企业经营体制。

在管理体制方面，行政命令成为对外贸易统制的主要手段。1957年1月，对外贸易部发布《进出口货物许可证签发办法》，尽量简化申领进出口许可证的手续。1959年10月，对外贸易部又发布了《关于执行进出口许可证签发办法的综合指标》，明确规定：各进出口总公司及其分支机构进出口的货物，凭对外贸易部下达的货单或通知为进出口许可证。由于对外贸易专业总公司及其分支机构凭对外贸易部下达的货单或通知开展进出口业务，从而行政命令成为国家管理和控制对外贸易的主要手段。

在计划体制方面，对外贸易全部由国营对外贸易公司集中经营后，在全国实行单一的直接计划管理体制，包括对外贸易收购、调拨、出口、进口、外汇收支以及其他各项计划的编制、下达和执行。出口计划的编制实行行政系统和企业系统双轨制，采取自上而下、自下而上的程序进行。进口计划以国家计委为主，对外贸易部门参与编制。对外贸易专业公司的进出口业务完全按照批准的计划进行，国家对外贸易计划是指令性的，不能随意变动，如需修改要逐级上报，由国务院核批。这种集中的、单一的指令性计划体制是原有对外贸易体制的核心，它既成为集中调节对外贸易经营活动的唯一杠杆，又成为代行进出口许可和配额限制等职能的集中管理的主要手段。

在财务体制方面，各对外贸易专业总公司负责核算和平衡本公司系统的进出口盈亏，其盈亏上报对外贸易部统一核算和平衡后，再上报中央财政。盈利一律上缴财政部，亏损也由财政部负责解决；对外贸易公司不自负盈亏，生产供货单位和使用进口物资的单位也不负责盈亏。此外，财政部统一核拨对外贸易专业公司的流动资金。这种高度集中、由对外贸易部统一核算并由财政部统收统支、统负盈亏的财务体制是原有对外贸易体制赖以维持和运转的基本支柱。

在外汇分配方面，对外贸易公司的出口收汇统一解缴国家；所有与进出口有关的外汇业务由国家指定的外汇专业银行——中国银行统一经营；进出口需要用汇，由各级政府层层上报国家计委平衡后，下达进口用汇计划统一拨付。

4）对外贸易国家统制的必要性与作用

（1）对外贸易国家统制的必要性

第一，中华人民共和国成立前的历史教训。中国人民过去遭受帝国主义的长期侵略和压迫，它们在中国划分势力范围，干涉内政，支持反动统治当局镇压中国人民的革命斗争，策动军阀混战，控制着中国的海关、金融、邮政、铁路、航运，垄断控制着中国的经济命脉，肆意掠夺中国资源，侵犯中国主权，残酷剥削和压迫中国人民，使中国国民经济遭到严重破坏，工业、农业极其落后，连一般生活必需品也要仰赖进口。当时的海关、对外贸易完全掌握在帝国主义及其走狗——洋行、买办手里，中国人民在政治、经济上均处于完全无权的地位。在这种情况下，给了我们一个重要的启示，要独立自主，要维护国家主权，要保证政治独立和经济独立，就必须实行对外贸易国家统制。

第二，中华人民共和国成立后的经验教训。中华人民共和国成立后，结束了帝国主义干涉、控制、欺负中国人民的历史，但是，要保证国家在政治上、经济上的真正独立自主，还必须建立独立的、完整的工业体系，变落后的农业国为具有现代工业、农业、国防和科学技术的国家。但是，帝国主义、霸权主义是不愿意中国强大的，它们不断采取封锁、禁运、颠覆、破坏等手段，企图从经济上、政治上扼杀中国。在这种情况下，如果中国不实行对外贸易国家统制、垄断或专营，而只是采取关税保护的手段，显然是无济于事的。正如列宁在俄国十月革命胜利后所指出的：在帝国主义时代，除了对外贸易垄断制外，任何真正的关税政策都谈不上。任何关税政策都不能生效。任何一个富有的工业国都能够把这种关税保护完全摧毁。要做到这一点，它只要在我们征收高额关税的那些货物输入俄国的时候给予出口奖金就行了。工业无产阶级如果没有工业保护是绝对不可能恢复俄国的工业，使俄国成为工业国的。他还说：我们的边境与其说靠关税保护或边防军保护的，不如说是靠存在着对外贸易垄断制而守住的。中华人民共和国成立后的很长一段时期也正是这样。

第三，国际贸易客观形势的需要。资本主义已从自由竞争走向垄断，世界各国都采取关税壁垒和非关税壁垒的贸易保护主义手段，以保护自己，应对别人的垄断；都对进出口贸易实行干预和管制，特别是通过跨国公司进行渗透、控制和经济扩张。如美国的对外贸易历来控制在大财团手中；日本的九大综合商社控制了日本对外贸易的一半以上；加拿大、澳大利亚出口的小麦，分别由各国小麦局垄断；国际垄断组织在不断扩大和变强。在这种情况下，我国实行对外贸易国家统制，也可以说是与国际资本主义垄断势力进行斗争的有力武器。

（2）对外贸易国家统制的作用

第一，通过对外贸易国家统制，使国家能掌握对外贸易的主权，保证国家在对外经济技术交流方面的直接领导，更有利于统一对外贸易活动的步调，并保护民族工业的恢复和发展，防止资本主义世界经济危机对我国的影响，使国内经济和人民生活保持稳定。

第二，根据我国民族资本进出口企业的特点，在中华人民共和国成立初期允许其存在，并参与对资本主义国家的贸易。但它同整个私营工商业一样，既有有利于国计民生的积极的一面，又有不利于国计民生的消极的一面。实行对外贸易国家统制，就可限制其不利的一面，利用其有利的一面，即克服其盲目经营，严禁其非法活动，使其接受社会主义改造，逐步纳入国家计划轨道，发挥其经营对外贸易的业务知识和能力，促进我国对外贸易的发展。

第三，实行对外贸易国家统制，坚持独立自主、自力更生地发展国民经济的方针，平等互利、友好往来的原则对外进行商品交换，进口我国发展经济建设所需的技术设备和其他物资，能保证我国民族工业的发展，使工农业生产得到显著的提高。

第四，实行对外贸易国家统制，抵御了帝国主义、霸权主义的经济侵袭，粉碎了它们的封锁、禁运、贸易歧视和敌视政策。中华人民共和国成立后，帝国主义、霸权主义不甘心失败，妄图卷土重来，操纵我国市场，使我国永远成为它们的附庸和殖民地，采用各种手段，妄图阻挠和破坏我国国民经济的发展，干扰我国同世界上一切国家的贸易和友好往来。实行对外贸易国家统制使其上述图谋彻底破产。

第五，实行对外贸易国家统制，通过国内外市场价格割断等政策措施，不仅免除或减轻了世界资本主义经济危机对我国经济的影响，而且利用世界性的经济危机，更好地发展我国社会主义经济建设事业。这就是说，可以利用资本主义国家在经济危机中的过剩资本和技术设备，来弥补、改变我国建设资金不足和技术设备落后的状况。

5）对外贸易国家统制的弊端

在评价对外贸易国家统制的必要性和重大作用时，也要看到它存在的一些问题。随着第三次世界科技革命浪潮的兴起、世界经济和国际市场的发展变化，以及我国国民经济和对外贸易的发展、对外开放政策的实施，对外贸易国家统制的弊端就日益显露出来了。

第一，独家经营，不利于调动各方面的积极性。国家通过对外贸易专业公司统一经营，贸易渠道和经营形式单一，影响了各地、各部门发展对外贸易的主动性和积极性，造成工贸脱节、产销脱节，生产企业不能面向国际市场，不能生产适销对路和优质的出口产品，难以提高对外竞争能力。

第二，统得过死，不利于对外贸易企业发挥自主经营的能力。国家通过指令性计划，对企业限制过多，统得过死，造成政企职责不分，对外贸易企业难以积极主动地参与国际市场竞争。

第三，国家统负盈亏，不利于对外贸易企业走上自主经营、自负盈亏、自我发展、自我约束的企业发展道路；而且没有兼顾国家、企业、个人三者的利益，造成企业吃国家的“大锅饭”，个人吃企业的“大锅饭”的局面，不利于调动各方面的积极性，也不利于加强经济核算和改善经营管理。

1.3.2 对外贸易体制改革

1）1979—1987年的对外贸易体制改革

1979—1987年，在党中央和国务院的直接领导和部署下，在进行经济体制改革的同时，也逐步对对外贸易体制进行了探索性的改革。

（1）下放对外贸易经营权，打破独家经营的局面

全国按行业和地区成立了一批工贸公司和对外贸易公司。国务院有关部委经批准成立了一批进出口公司（工贸公司），如中国机械设备进出口总公司、中国航空技术进出口总公司等，将原来属于对外贸易部的专业公司经营的一些进出口商品分散到有关部委所属的进出口公司经营。这些公司一般在各地设有经营性的分支机构，并大部分在国外派驻机构和创办独资、合资企业，扩大了贸易渠道，增强了产销结合。还成立了一些综合性贸易公司，其经营范围较广，除系统内的进出口业务外，兼营某些商品和代理国内单位的进出口业务，如中国国际信托投资公司、光大实业公司等。此外，科技、教育、文化、卫生、体育等部门以及有关学会、协会、团体等也成立了经营某些类别商品进出口业务的公司和从事对外广告、展览、咨询等服务性业务的公司。

对外贸易专业总公司也逐步下放经营权，扩大地方的对外贸易经营权，实行总公司与地方分公司的脱离。国务院决定在广东、福建的对外经济活动中实行特殊政策、灵活措施，相应扩大这两省的对外贸易经营权，其产品除个别品种外，全部由省公司自营出口；北京、天津、上海、辽宁、福建等省市分别成立了对外贸易总公司，主要经营本地区自产的部分商品出口和地方生产、建设所需的物资及技术引进等业务；成立了一批经济技术开发公司，负责经营本地区的技术引进和开发新技术、新产品的出口业务；陆续批准一些大中型生产企业经营本企业产品的出口业务和生产所需的进口业务；中外合资经营、中外合作经营、外商独资经营的生产企业也拥有本企业产品出口和有关原材料进口的经营权。

据统计，自1979年下半年至1987年，全国共批准设立各类对外贸易公司2 200多家，比1979年增加了11倍多，完全打破了对外贸易专业总公司独家经营的垄断局面。

（2）实行出口商品分级管理和分类经营

为了适应对外贸易事业发展的需要，扩大地方经营权，确定对出口商品实行分级管理、分类经营。

中央管理的一类出口商品，由对外经济贸易部所属各对外贸易专业公司经营；经国务院批准，某些商品也可由有关部门经营出口。这些一类商品均是少数大宗的、重要的、国际市场竞争激烈的出口商品和有特殊加工、整理、配套、出运要求的商品。

对各地区、各部门交叉经营，国际市场竞争比较激烈，对我国商品进口有配额或限额限制的二类出口商品，在对外贸易专业总公司组织协调下分别由各省、自治区、直辖市自行对外成交，出口任务归各地区；尚不能自营出口的省、自治区、直辖市仍维持原来的调拨办法。

地方管理的三类出口商品，凡是有条件的地区，由省、自治区、直辖市经营

出口。

（3）开展工贸结合的试点

工贸结合就是工业企业和对外贸易企业的结合，由工业企业和对外贸易企业共同投资，共同派人，联合组建，共同经营。在进出口方面密切配合，互相协作，合理分工，各有侧重，充分发挥工贸双方各自的优势。也就是说，工贸要在经济实体上结合，工业企业抓生产，对外贸易企业抓商务，共同为提高出口商品质量、提高在国际市场上的竞争力、提高经济效益、进一步发展对外贸易而努力。

针对长期以来工贸分家、产销脱节造成的一系列问题，我国开展了多种形式的工贸结合的试点。

对外贸易公司与工业企业专业对口，实行“四联合、两公开”，即联合办公、联合安排生产、联合对外洽谈、联合派小组出国考察，对外贸易的出口商品价格对工业企业公开、工业企业生产成本对对外贸易公司公开。这是工贸结合的初级形式，最初由上海提出，其特点是工贸双方的机构、人员、任务、财务、供销等方面都不做变动，简便易行。

工贸联合公司，即工业企业和对外贸易企业共同出资出人，直接结合，共同经营，如上海玩具公司、北京抽纱公司、北京地毯公司等。

全国性的工贸联合公司，如1982年5月成立的中国船舶工业总公司，是机械行业中第一个打破部门和地区界限，按行业实行改组和联合的专业公司。

地方性的工贸联合公司，如1982年4月成立的青岛纺织品联合进出口总公司，由青岛市9家国营纺织厂联合建立，从纺织、印染到针织、服装实行生产“一条龙”，工贸结合，进出口结合。

生产同类产品的企业和企业联合作为经营实体的对外贸易公司，直接对外经营进出口业务，如机械工业部所属的中国轴承、磨具磨料、电线电缆、电瓷等出口联营公司。

（4）建立海外贸易机构，走出去做生意

为了大力组织商品对外销售，对外贸易专业总公司积极地走出去做生意，在主要国外市场设立常驻贸易机构。

1980年对外贸易部在日本东京、英国伦敦、法国巴黎、联邦德国汉堡设立了中国进出口公司代表处，各代表处的常驻代表由各有关对外贸易专业总公司派出的业务人员组成，成为对外贸易专业总公司驻国外的联合办事机构。各公司代表在业务上由各派出公司直接领导，接受国内各派出公司交办的各项任务。

1982年12月对外经济贸易部在美国纽约、阿联酋迪拜分别设立了纽约中国贸易中心和迪拜长城贸易中心；1984年8月在巴拿马设立了拉美中国贸易中心；1985年2月在联邦德国汉堡设立了西欧中国贸易中心。这四个贸易中心是由对外经济贸易部直接投资和领导，由各对外贸易专业总公司、工贸总公司和地方贸易公司联合组织的有限责任公司。贸易中心成立后，国内有55个公司和单位先后加入，设立了各自的商品部和地方部，它们在法律上是贸易中心的一个部，在业务上自主经营，在财务上单独核算，自负盈亏。

此外，我国在海外还设立了各种贸易公司，主要开展对外推销、进口订货、市场调研、建立与客户的联系等工作。

（5）实行政企分开

实行政企分开，并不是简单地理解为仅仅是给企业“放权”，更不是放任不管、顺其自然，而是更要强化政府部门的宏观管理职能，使政府部门从企业的日常经营活动中超脱出来。为强化政府部门的宏观管理职能，我国各级对外贸易主管部门着重抓领导、统筹、协调、服务、监督、制定政策、规划等工作，促进对外贸易事业的发展。对外经济贸易部是代表政府统一领导、归口管理全国对外贸易工作和各类对外贸易企业的主管机关，充分行使国家管理对外贸易工作的职能，做到既发挥各方面的积极性，又联合统一对外，有效地运用行政手段、法律手段、经济手段，促进对外贸易的发展。

实行政企分开后，对外经济贸易部和各省、自治区、直辖市对外经济贸易厅（委）专司对外经济贸易的行政管理，并重新设立各口岸的特派员办事处机构，逐步建立对设立对外贸易企业的管理，重新恢复对部分进出口商品的许可证制度，实行配额管理，建立对外国企业在中国设立常驻代表机构的管理，对出口商品商标的协调管理，以及进一步加强对海关、商检、外汇的管理。对外贸易企业则从原来所属的行政部门独立出来，独立核算，自负盈亏，成为经济实体，有条件地向实业化、集团化、国际化方向发展。这些企业认真贯彻执行我国对外贸易的方针政策和有关的法规，接受对外经济贸易部统一的行政管理，承担国家规定的进出口等各项任务，建立责、权、利一致的经济责任制，自主经营进出口业务。各级行政部门不得干预对外贸易企业的内部事务，给企业以充分的自主权。企业之间按照自愿原则，建立相应的关系。

对外贸易工作实行政企分开之后，行政管理的加强使企业的经营活动更加符合宏观的要求，同时企业的活力也大大增强，这更有利于对外贸易持续、稳定地发展。

（6）简化对外贸易计划内容

随着对外贸易经营权下放，我国规定，凡经批准经营进出口业务的单位和企业，都要承担国家出口计划任务，改变对外贸易计划全部由对外贸易专业总公司承担的局面。

自1984年起，对部分中心城市的对外贸易计划在国家计划中实行单列，视同省一级计划单位，享有省级对外贸易管理权限。

自1985年起，对外经济贸易部不再编制、下达对外贸易收购计划和调拨计划，缩小指令性计划范围，扩大指导性计划范围，注意发挥市场调节的作用。在出口计划方面，国家只下达出口总额指标和属于计划列名管理的主要商品出口数量指标，前者是指导性计划，后者是指令性计划；其余出口商品，除了履行政府间贸易协定必须保证交货外，都由生产企业和对外贸易企业根据国内市场情况自行确定。在进口计划方面，由中央外汇进口的少数几种关系国计民生的大宗商品、大型成套设备和技术引进项目，以及同协定国家的贸易，由对外经济贸易部根据国家计划按商品（项目）下达指令性计划，并指定公司经营；其余进口均不再下达分商品的进口计划。

（7）改革对外贸易财务体制

改革对外贸易传统的财务体制，使企业在财务上与其主管部门脱钩。出口盈利较大的商品，由国家征收出口调节税；出口不亏不盈或利润在7.5%以下的商品不再征税；退出口税后仍有差额的商品，国家给予定额扶助。进口盈利的商品，除国家批准免税的，一律照章征收关税、工商税；少数盈利大的商品，提高关税税率。

国务院批转了财政部关于试行企业基金的规定。凡属独立核算的对外贸易企业，全面完成销售额、进货额、利润额、费用水平和资金周转次数等5项计划指标，按照全年工资总额的5%提取企业基金，没有全面完成的相应适当扣减。由于把企业提取基金与企业对国家的贡献大小、经营好坏直接挂钩，掀起了企业大抓经济效益的热潮。

1984—1986年，实行了核定出口成本、增盈分成、减亏自理的办法，增盈资金的60%用于企业，40%用于职工福利和奖金。自1987年起改为实行出口奖励。该办法规定，外资企业出口，每收汇1美元给予人民币2分和外汇额度1美分的奖励；考核指标为出口收汇、综合出口成本和利润总额3项计划指标，并分别考核给奖；哪一项指标完不成，按照规定比例减提资金；企业所得出口奖励金的70%用于企业，30%用于职工福利和奖金；外汇额度奖励除按照规定使用外，如有节余可以按规定进入调剂市场。出口奖励金的提取对企业扩大出口、提高效益起到了积极作用。

（8）对外贸易专业总公司试行出口承包经营责任制

1987年，对外经济贸易部对所属对外贸易专业总公司实行出口承包经营责任制。承包的内容是出口总额、出口商品换汇成本、出口盈亏总额等3项指标，实行超亏不补，减亏留用，增盈对半分成，并按3项指标完成情况兑现出口奖励。承包的方式是由对外经济贸易部发包，对外贸易专业总公司总承包后再按公司系统逐级分包到分公司、子公司；各类对外贸易公司内部的处、科、室，也试行各种形式的责任制，把公司的经营好坏同公司的发展和职工的利益紧密挂钩。同时适当扩大承包的对外贸易专业总公司的经营自主权和业务范围，允许它们引进技术和关键设备；开展进料加工、来料加工、补偿贸易，在生产领域举办中外合资经营企业；向出口商品生产企业参股、联营；开展期货贸易、对销贸易、租赁、咨询等业务。

上述对外贸易体制的探索性改革，取得了一些成效，主要是改变了对外贸易由对外贸易部门独家经营的局面，扩大了经营渠道，调动了地方、部门发展对外贸易的积极性；探索了一些工贸结合、产销挂钩的途径，使生产和贸易两方面的优势结合起来，更好地引进技术，促进产品升级换代，提高质量，扩大出口；缩小了对外贸易指令性计划的范围，扩大了指导性计划的范围；改革了对外贸易财务体制，注意发挥了市场调节的作用，从而克服了统得过死的状况，增强了对外贸易企业自主经营的活力，使其积极主动地参与国际市场竞争。

2）1988—1990年的对外贸易体制改革

从总体上看，我国对外贸易制度经过一段时间的探索性改革后，对外贸易制度中一些根本性的问题尚未解决，改革还未取得突破性的进展，主要表现在：尚未彻底改变实行了几十年的统收统支财务体制；政企形式上已分离，但职责还有待分清；对外贸易公司尚未真正实行企业化管理，缺乏有效的措施和自我约束机制，造成各类对外贸易企业的盲目竞争；宏观管理仍以直接控制为主，经济调节体系还很薄弱；工（农、技）贸结合的问题在体制上也尚未真正解决。

1987年10月，中国共产党第十三次全国代表大会的报告中指出：为了更好地扩大对外贸易，必须按照有利于促进对外贸易企业自负盈亏、放开经营、工贸结合，推行代理制的方向，坚决地、有步骤地改革对外贸易体制。这就为深化对外贸易体制改革指明了方向。1988年2月，国务院发出了《关于加快和深化对外贸易体制改革若干问题的规定》，对加快和深化对外贸易体制改革做了认真的部署，其中心内容是全面推行对外贸易承包经营责任制，从而推动了对外贸易体制的进一步改革。1988—1990年，对外贸易体制改革的基本内容和主要措施有：

（1）全面推行对外贸易承包经营责任制

对外贸易承包经营责任制是指各省、自治区、直辖市、计划单列市人民政府，各对外贸易专业总公司、各工贸总公司3个渠道分别向中央承包出口收汇、上缴外汇额度和经济效益指标，承包指标制定后3年不变；各对外贸易专业总公司和部分工贸总公司的地方分支机构与总公司财务脱钩，同时与地方财政挂钩，把承包落实到对外贸易经营企业和出口生产企业；盈亏由各承包单位自负；完成承包指标以内的外汇收入大部分上缴国家，小部分留给地方和企业，其留成比例，由于地区不同、行业不同、商品不同而有所差别；超过承包指标的外汇收入，一般商品的外汇大部分留给地方和企业，其留成比例基本上拉齐，以利于对外贸易企业的平等竞争，小部分上缴国家，机电产品的外汇实行全额留成。

（2）对轻工业品、工艺品、服装行业的对外贸易企业实行自负盈亏的试点改革

轻工业品、工艺品、服装3个行业的对外贸易出口收汇，大部分留成给对外贸易企业、生产企业和地方，小部分上缴国家，对外贸易企业实行完全的自负盈亏。3个行业的试点改革，在各地方承包的前提下自行组织实施。

（3）深化改革对外贸易机构

对外经济贸易部按照转变职能、下放权力、调整机构、精简人员的原则，对机构进行适当调整，强化宏观管理机构，减少微观管理机构。各对外贸易专业总公司

在各地方的分支公司、地方对外贸易公司和所属生产企业，除保留统一经营的分支机构，都在计划、财务、机构、编制和劳动工资等方面与总公司脱钩，下放地方作为独立的经济法人，按照国家统一政策进行管理。对外贸易专业总公司逐步转变职能，由管理型转变为经营型，实行企业化经营，朝着综合型、集团型、多功能、国际化企业的方向发展，集中更多的精力开拓国际市场，为扩大进出口贸易服务。

（4）深化改革进口经营体制

对少数关系国计民生的、大宗的、敏感性的重要进口商品，由国家指定的对外贸易总公司及其直属的分公司统一经营；对少数国际市场集中、价格敏感的大宗进口商品，由有该类商品进口经营权的各类对外贸易公司联合成交；其他绝大部分进口商品，由各类对外贸易公司放开经营。无论哪一类进口商品，凡实行进口许可证管理的，均按进口许可证管理制度执行。加速推行进口代理制，即由对外贸易企业提供各种服务，代理订货部门办理进口业务，对外贸易企业收取手续费，盈亏由进口商品用户自负。实行进口代理制后，除指定对外贸易专业总公司统一订货的进口商品外，其他绝大多数商品，用户都可以根据公司经营范围自行选择，自由委托。价格与国际市场挂钩，可以促进经济核算，鼓励用户使用国内产品，有利于节约外汇和保护国内生产。

（5）深化改革出口经营体制

对少数关系国计民生的、大宗的、资源性的重要出口商品，实行指令性计划，由国家指定的一家或几家对外贸易公司统一经营；对少数国际市场上容量有限、有配额限制、市场竞争激烈的比较重要的出口商品，实行指导性计划，由部分有该类商品经营权的各类对外贸易公司放开经营。无论哪一类出口商品，凡实行出口配额和出口许可证管理的，均按出口配额和出口许可证管理制度执行。进一步加强工贸结合，推行出口代理制，即由对外贸易企业提供各种服务，代理生产部门办理出口业务，对外贸易企业收取手续费，盈亏由出口商品生产企业自负。实行出口代理制后，除指定对外贸易专业总公司统一经营的重要出口商品外，其他商品可由地方分支公司、有对外贸易经营权的公司或者组成的联营公司代理出口，对外贸易专业总公司也可以代理出口。

（6）深化改革对外贸易管理体制

我国对外贸易的行政管理实行归口管理和分级管理的原则。对外经济贸易部根据国务院授权，行使全国对外贸易行政归口管理的职能，各地方对外经济贸易厅（委、局）行使本地方的对外贸易行政归口管理的职能。对外经济贸易部逐步转变职能，在对外贸易管理方面由直接控制为主转向间接控制为主，综合运用法律手段、经济手段、必要的行政手段，调节市场关系，引导企业行为，以集中更多的精力对对外贸易进行宏观管理，主要负责研究制定并组织实施我国对外贸易的发展战略、方针政策、法规条例。对外经济贸易部向地方下放了若干项对外贸易行政管理权力，其中适当下放了部分对外贸易企业的审批权限，各省、自治区、直辖市、计

第六，使企业萌生了短期行为。由于受到承包期限和经理任期的制约，许多承包企业萌生了短期行为，只重视承包期内任务的完成和超额完成，缺乏中长期投资和开发新产品的积极性。同时，企业承包所获得的收入往往偏重福利和奖金，忽视扩大再生产的积累，这既不利于企业自身的生存和发展，也有损国家长期目标的实现。

第七，助长了国内物价的上涨。对外贸易承包经营责任制规定留成外汇允许自主使用和有偿调剂，外汇调剂价格远远高于外汇牌价，在允许跨省市交叉收购的条件下，会进一步出现抬价争购出口货源的现象，以留成外汇调剂价格取得的收益加上亏损额度补贴作为收购成本的最高限价。出口商品收购价格的提高必然助长国内物价的上涨；随着国内物价的上涨，原定的承包经济效益指标越来越难以完成，给地方财政造成压力，影响地方工农业生产和文教卫生等事业的发展。

第八，没有考虑国内外经营环境的变化。承包期3年不变，而在3年内，国内外经营环境不可避免地会发生变化，承包企业遇到重大的环境变化时，往往难以完成承包任务。尽管中央明确表示，超亏部分要由地方及企业自行消化解决，但由于造成企业超亏的原因十分复杂，有些地方的部分超亏并没有落实解决，出现了挂亏经营，萌生了等待中央财政追加补贴的想法。

尽管对外贸易承包经营责任制存在这样或那样的缺陷，但是走出承包的条件还不具备，从而只能在3年承包期的基础上，使之进一步健全和完善。1990年12月9日，国务院发布了《关于进一步改革和完善对外贸易体制若干问题的决定》，进一步深化对外贸易体制改革，以加快改革开放的总进程。其中心内容是完善对外贸易承包经营责任制，从实行对外贸易企业自负盈亏机制入手，在已调整人民币汇率的基础上，使对外贸易逐步走上统一政策、平等竞争、自主经营、自负盈亏、工贸结合、推行代理制的良性发展轨道，其主要内容如下：

（1）取消出口贸易的财政补贴，建立自负盈亏机制

从1991年开始到1993年结束的新一轮对外贸易承包经营责任制是在调整汇率的基础上，取消国家对对外贸易出口的财政补贴，各省、自治区、直辖市及计划单列市人民政府和各对外贸易专业总公司、工贸进出口总公司及其他对外贸易企业等向国家承包出口总额、出口收汇和上缴中央外汇（包括收购）额度。对外贸易企业只有在自主经营、自负盈亏的前提下，才有可能建立和完善自我发展、自我约束的经营机制，才能在激烈的国际竞争中，既有改善经营管理的压力，又有增强自我发展的动力和能力。

（2）改变外汇留成比例，加强出口收汇管理

改变外汇留成办法，将以往按地区实行不同比例留成改为按大类商品实行统一比例留成，目的在于消除地区间的不平等竞争，推动市场秩序向良性化发展。新的外汇留成办法的实行，增加了企业支配、使用的外汇，这有利于保持适度的进口增长，为外国商品进入我国市场提供了更多的机会。为保证国家收汇和防止逃汇、套

汇，外汇管理部门和结汇银行实行跟踪结汇，加强了对出口收汇的管理。

（3）保持政策的连续性和稳定性

在总结和完善对外贸易承包经营责任制的基础上，推出新一轮的承包制度，保持政策的连续性和稳定性，有利于实现对外贸易体制的长期改革目标。

对外贸易承包经营责任制并不是改革的最终目标，但这次改革使我国对外贸易体制更适应社会主义市场经济发展的要求，更适应国际贸易规范，对我国对外贸易长期稳定发展有着重要的意义。

第一，完全实行了对外贸易企业出口的自负盈亏。对外贸易企业出口实行了没有财政补贴的完全的自负盈亏后，减轻了中央财政的负担，也减轻了地方财政的压力，使出口贸易的发展摆脱了国家财政状况的制约，使出口企业成为真正自主经营、完全自负盈亏的经济实体，进一步调动了经营的主动性和积极性，有利于克服企业的短期行为，推动企业制定长远的经营决策，增强竞争意识，强化企业活力，保持出口的稳定发展。

第二，强化了企业的经营管理。新一轮对外贸易承包经营责任制取消了出口的财政补贴，破除了对外贸易企业长期依赖国家扶持的思想，增强了对外贸易企业经济核算的观念，出口换汇成本和新的超亏挂账得到有效控制，也迫使对外贸易企业进一步改善经营管理，在盈亏自求平衡的前提下多出口、多创汇。

第三，创造了平等竞争的条件。新一轮对外贸易承包经营责任制改变了外汇留成的办法，由按地区实行不同比例的外汇留成改变为按大类商品实行统一比例外汇留成的产业倾斜政策，使对外贸易企业基本上处于同一起跑线上，为对外贸易企业的平等竞争创造了必要的前提条件。

第四，优化了出口商品结构。新一轮对外贸易承包经营责任制实行了外汇留成的产业倾斜政策，调动了出口生产企业研制与开发新产品、努力提高出口商品资金与技术密集度的积极性，出口产品逐步朝深加工、精加工方向发展。出口产品附加价值的不断提高，为优化我国出口商品结构，使其不断向高级化方向发展奠定了基础。

第五，推动了对外贸易企业由价格竞争转向非价格竞争。随着经济核算和经济效益观念的增强，越来越多的对外贸易企业把竞争的注意力由价格方面转向质量、品种、履约率等非价格方面，积极参与对外贸易生产企业的经营决策，以帮助对外贸易生产企业增加适销对路品种，改进包装装潢，提高商品的质量和履约率。

4）1994—2001年的对外贸易体制改革

我国的对外贸易体制在自负盈亏方面取得了突破性的进展，更便于参与国际分工和国际交换。在邓小平理论指导下，1992年10月，党的十四大确定我国经济体制改革的目标是建立社会主义市场经济体制。1993年11月，党的十四届三中全会提出，我国对外贸易体制改革的目标和方向是“深化对外贸易体制改革，尽快建立适应社会主义市场经济发展的、符合国际贸易规范的对外贸易体制”。“坚持统一政策，放开经营，平等竞争，自负盈亏，工贸结合，推行代理制的改革方向。”1995年9月，党的十四届五中全会提出实现“九五”计划和2010年远景目标的关键是实行两个具有全局意义的根本性转变：一是经济体制从传统计划经济体制向社会主义市场经济体制转变；二是经济增长方式从粗放型向集约型转变。为实现党的十五大提出的改革开放和现代化建设跨世纪发展的宏伟目标，1999年9月，党的十五届四中全会又确定了关于国有企业改革和发展的主要目标与指导方针，也为社会主义市场经济体制下的对外贸易体制改革和发展指明了方向和道路。

（1）完善对外贸易的宏观管理

第一，转变政府职能，精简机构，进一步改革对外贸易行政管理职能，做到主要运用法律、经济手段，辅以必要的行政手段来调节对外贸易的宏观管理，弱化微观管理。

进一步改革计划、许可证、配额等方面的管理机制。把一事一批的微观行政审批办法压缩到最低限度，更好地发挥行政部门在规划、协调、监督、服务等各方面的作用。完善对外贸易立法，依法管理对外贸易。设立出口商品发展基金和风险基金，主要用于少数国际市场价格波动较大的商品以丰补歉，自负盈亏。实行有利于出口发展的信贷政策，国家对各类对外贸易企业出口贷款予以重点保证，国家进出口银行为资本货物出口提供信贷支持，为出口产品提供风险担保。加快授予具备条件的国有生产企业、商业物资企业和科研单位对外贸易经营权，同时加快授予部分供销合作社企业、私营企业对外贸易经营权，目的是使更多的企业利用国内外两个市场、两种资源，灵活经营，同时在参与国际市场竞争中提高技术和经营管理水平。

第二，改革和完善进口管理，发挥进口对国民经济的促进作用。按照产业政策调整关税结构，体现对进口商品的鼓励或限制；按照关贸总协定的规则对幼稚工业实行保护；对国外以倾销方式抢占我国市场的进口商品实行反倾销；在国际收支出现较大逆差时，采取临时限制进口的措施；对某些进口商品进行法定检验；对某些重要进口商品实行必要的配额、许可证管理；降低关税总水平，禁止非政策性减免税。

第三，完善经营管理法规。对关系国计民生的、属于战略资源的、国际市场垄断性强的或在国际市场上处于主导地位的特别重要的少数商品，组建联合公司统一或联合经营，其他商品放开经营。对少数实行数量限制的进出口商品的配额与许可证管理，按照效益、公开、公正和公平竞争的原则，实行配额、拍卖和规范化分配，具体操作由有关进出口商会按照有关法规组织实施。

第四，建立海外企业管理办法。制定海外投资的导向政策，讲求规模经济效益，促进海外企业间的联合，按照所在地法律经营，按国际通行做法建立严格的财务申报和审计制度，坚决制止国内对外贸易企业利用海外企业逃汇。

第五，加强规划、信息服务和监测、预测工作。加快对外贸易经营管理与海关、外汇、财政、税务、运输、保险、商检等相关部门的计算机联网步伐，引导对外贸易健康发展。

第六，保持对外贸易政策的统一性和透明度。确保我国对外贸易制度的统一性；统一对外贸易的立法和法律的实施，统一管理对外贸易和统一承担国际义务。凡不涉及国家安全和商品秘密的各项外经贸法规、政策文件均予公布，增强透明度。

（2）加快转换国有对外贸易企业经营机制

建立现代企业制度是我国国有企业改革的方向。现代企业制度要求“产权清晰、权责明确、政企分开、管理科学”，健全决策、执行和监督体系，使企业成为自主经营、自负盈亏的法人实体和市场主体。

第一，按照现代企业制度改组国有对外贸易企业。国有对外贸易企业从10个方面转换经营机制：由国家计划的执行者转变为商品进出口的自主经营者；由以创汇为主转变为创汇与效益并重；由主要靠廉价商品扩大市场向以质取胜转变；由过度依靠少数市场向市场多元化转变；对外商投资由疑虑观望向积极利用转变；由短期化经营行为向长远占有市场转变；由单一企业经营向集团化规模经营转变；由等客上门向走向市场、积极营销转变；由单一经营向一业为主、多种经营方向发展，由比较单一的贸易方式向灵活多样的贸易方式转变，走实业化、集团化、国际化经营的道路；取消对外贸易承包经营责任制。

第二，国有对外贸易企业逐步改变为规范化的公司。有条件的国有对外贸易企业逐步改变为规范化的有限责任公司或股份公司，允许吸收法人股、职工内部少量持股。少数股份公司经过严格的审查批准后可成为上市的股份有限公司。推动对外贸易企业、生产企业和科研院所在平等互利的基础上，通过投资、参股、联合开发生产、联合经营等方式，形成一批以对外贸易为龙头、贸工农技相结合的或以生产企业为核心的工贸一体化的企业集团。各地方、各部门不得干预企业间的自愿联合、兼并等行为，要推动它们发展国际化经营，向跨国公司方向发展。

（3）调整和完善对外贸易所有制结构和公有制实现形式的多样化

调整和完善对外贸易所有制结构，就是要以公有制为主体，多种所有制经济共同发展，既要改组、改革国有对外贸易企业，又要促进非公有制对外贸易企业的发展。公有制实现形式多样化，就是要使公有制对外贸易企业在经营方式和组织形式上多样化，以增强国有对外贸易在整个对外贸易中的控制力，促进各种所有制经济的公平竞争和共同发展。这样做的目的是要在社会主义市场经济体制下，充分发挥各类企业经营对外贸易的积极性，通过市场竞争，实现对外贸易增长方式向集约化转变，以取得对外贸易的最佳经济效益。

以公有制为主体、多种所有制经济共同发展，就是指在公有制企业改组、改革中，除国有对外贸易企业宜于采用股份制的国有专业进出口公司可以以独资方式组建对外贸易企业集团，或者贸、工、农、技国有企业实行兼并，联合成立跨行业、跨地区的企业集团外，也可以以合资控股方式组建中外合资对外贸易公司，或者以参股方式与国内非公有制企业组建股份有限公司，还可以组建跨地区、跨行业、跨所有制和跨国经营的大企业集团。这类企业属混合所有制经济。在控股、参股企业中，关键是看股权由谁控制。国家和集体控股，就具有明显的公有性，有利于扩大公有资本的支配范围，增强公有制的主体和主导作用。国家以参股、控股的方式来行使法人资产的控制权，同时又可以增加对外贸易部门的实力，减少包袱和压力，并通过参股、控股发挥主导控制作用，这有利于培养各利益主体的投资风险和责任意识，更有利于公有制企业转换经营机制和提高管理水平。1996年9月30日，对外贸易经济合作部发布了《关于设立中外合资对外贸易公司试点暂行办法》，确定对符合条件的有关企业在上海、深圳两地进行试点；1999年10月，对外贸易经济合作部又表示，将扩大试点范围和数量，并扩大合资对外贸易公司的投资性功能。

非公有制企业是社会主义经济的重要组成部分。1998年10月1日，对外贸易经济合作部发布了《关于赋予私营生产企业和科研院所自营进出口权的暂行规定》，这是我国对非公有制经济进入对外贸易领域首次制定的单项法规，对具备条件的私营生产企业和科研院所（包括私人资本的独资企业、合伙企业、有限责任公司和股份有限公司）可以享受与公有制自营进出口生产企业和科研院所相同的待遇，各级对外贸易主管部门对其开展进出口业务要积极支持，加强指导，做好服务和规范化管理工作，以引导非公有制对外贸易健康发展，推动其积极参与国际竞争并积极扩大出口创汇。

（4）加强对外贸易经营的协调服务机制

第一，充分发挥进出口商会在对外贸易经营活动中的协调、咨询、指导的服务作用。进出口商会是经政府授权和企业要求进行行业协调，为企业服务的机构。它的主要职责是：维护对外贸易经营秩序和会员企业的利益；组织对国外反倾销的应诉；为会员提供信息和咨询服务；向政府反映企业的要求和意见，并对政府制定政策提出建议；监督和指导企业守法经营；根据政府主管部门的授权，组织进出口商品配额招标的实施工作；对违反商会规定的企业进行经济惩处或向政府主管部门提出其他处罚建议。

有出口经营权的各类企业均应参加商会，服从商会协调，政府对赋予商会的权力有监督、检查和否决权。

第二，建立社会中介服务体系，发挥各研究咨询机构和各学会、协会的信息服务功能，形成全国信息网络，建立必要的法律、会计、审计事务所，为企业提供有关对外经济贸易方面的服务，并对企业的经营进行社会监督。

（5）改革外汇管理体制，发挥汇率对对外贸易的调控作用

第一，实行以市场供求为基础的、单一的、有管理的人民币浮动汇率制度，建立银行间外汇市场，改进汇率形成机制，保持合理的、相对稳定的人民币汇率。

第二，实行外汇收入结汇制，取消原有各类外汇留成、出口企业外汇上缴和额度管理办法；实行银行售汇制，实现人民币在经常项目下的有条件兑换。

第三，对向境外投资、贷款、捐赠等汇出继续实行审批制度。

第四，外商投资企业外汇管理暂维持原办法不变，1998年12月1日开始实行银行结售汇制度。

第五，为了保障除外商投资企业外的所有对外贸易企业的进口用汇，作为过渡措施，对出口企业按结汇额的50%在外汇指定银行设立台账，企业用汇可持有效凭证到银行办理兑付。

第六，取消外汇收支的指令性计划。

（6）进一步做好边境贸易

边境贸易是我国实行国际化经营的有机组成部分。20世纪80年代以来，世界经济格局在新旧交替中向区域化、一体化方向发展，从而为发展中国家的国际化经营提供了有利机遇。我国边境贸易便是在这一环境中应运而生的。我国边境贸易的形式主要有：

第一，边民互市贸易。边民互市贸易是指我国边境地区边民在边境线20千米以内在开放点或指定的集市上，在国家规定的金额和数量范围内进行的商品交换活动。边境地区居民每人每日带进物品在人民币1 000元以下的可免税。

第二，边境小额贸易。边境小额贸易是指我国陆地边境对外开放的县、市和个别地区、州、盟有小额贸易经营权的企业与毗邻国家边境地区的贸易机构之间进行的贸易。边境小额贸易在边境地区指定的集市进行，严禁边民从非开放的通道进出国境和在非指定的集市交换或摆卖物品，更不准深入内地。经营边境小额贸易者只限于规定区域内的边境居民。原则上以经营边民自产自销、自购自用的物品为限。国家禁止的进出口物品和违禁品严禁上市。边民携带出入境的物品应受规定品种、数额的限制，并按照小额贸易专用税率征、免关税。

第三，边境民间贸易。边境民间贸易是指在两个国家边民互市的基础上发展起来的，我国边境地区的企业与邻国边境地区的私人企业之间，在中国海关监管下，当面易货交割或以双方认可的货币支付的小额贸易，这种民间贸易仅限于在中缅边境地区进行。

第四，边境地方贸易。边境地方贸易是指中俄、中蒙、中朝等边境开展的地方贸易，它涉及我国辽宁省、吉林省延边朝鲜族自治州、黑龙江省、内蒙古自治区和新疆维吾尔自治区。开展边境地方贸易要报经国务院批准，并应掌握四条原则：一是不能影响两国间的正常贸易，地方贸易由地方掌握，自负盈亏；二是进出口计划和货单要报对外贸易经济合作部审批；三是属国家限制进出口的商品要领证；四是出口商品不得到外省区或外州收购，进口商品不得向外省区或外州销售。这种贸易由有关省、自治区指定经营地方贸易的公司经营。

5）2002年后的对外贸易体制改革

2001年12月11日，我国正式成为世界贸易组织（World Trade Organization，WTO，简称世贸组织）第143个成员，在享受多边贸易体制多年来促进贸易自由化的成果的同时，也给我国政府和企业带来了压力和挑战，对进一步深化经济体制和外贸体制改革提出了新要求。

（1）改革行政管理组织结构

长期以来，我国国内贸易与对外贸易分别由国家经济贸易委员会、国家计划委员会、对外贸易经济合作部负责。为适应加入世界贸易组织和建立健全统一、开放、竞争、有序的市场体系的要求，2003年3月，国务院机构进行新一轮改革，撤销对外贸易经济合作部，组建商务部。商务部整合了国家经济贸易委员会、国家计划委员会和对外贸易经济合作部的职能，主要负责研究拟定规范市场和流通秩序的政策法规，促进市场体系的建立和完善，深化流通体制改革，管理对外贸易，组织开展国际经济合作等。

（2）建立进出口管理法律框架

按照世界贸易组织的规则，我国对原有货物进出口法律法规体系进行了“立、改、废”，清理了各项法律法规2 300多件，先后出台了《中华人民共和国货物进出口管理条例》和与之配套的10多项部门规章，涵盖了我国进出口管理的各个方面。根据中央政府2001年9月的通知，地方各级政府按照法制统一、非歧视、公开透明的要求，对外贸相关的地方性法规、地方性规章和其他政策措施也进行了清理。2004年7月，我国颁布实施了新修订的《中华人民共和国对外贸易法》（以下简称《对外贸易法》），初步形成了外贸管理的三级法律框架体系。所有进出口管理及调整、对外交涉磋商等职能，都依据有关法律法规进行。

（3）改革对外贸易宏观调控体系

2003年起，我国积极推进人民币国际化进程，放宽了因私出境用汇限制，提高兑付上限，进一步放松企业非贸易售付汇限制。2004年，建立了由中央和地方共同负担出口退税的新机制；2005年，针对口岸城市及部分地区出口退税负担较重等情况，进一步完善了出口退税政策及负担机制。2005年7月，开始实行以市场供求为基础、参考一篮子货币进行调节、有管理的浮动汇率制度，形成了更富弹性的人民币汇率机制。

（4）全面放开对外贸易经营权

根据2004年7月实施的《对外贸易法》，我国取消了对外贸易经营权的审批制，实行对外贸易经营依法登记制；随后，商务部颁布了《对外贸易经营者备案登记办法》，法人、其他组织包括个人全面进入外贸流通领域。我国实现了对所有经济实体提供进出口贸易权，提前履行了加入世界贸易组织的承诺。

（5）完善对外贸易促进体系

加入世界贸易组织后，国家从研发设计、国际营销、贸易便利、金融保险、知识产权保护等方面对重点支持和发展的自主出口品牌建设给予政策扶持，同时鼓励各地、各行业结合实际，有针对性地出台分类扶持政策。大力宣传国家培育自主出口品牌的扶持政策，大力推广各地、各行业及企业培育自主出口品牌的做法和经验，推广展示我国自主出口品牌。

1.3.3 对外贸易体制改革的基本经验

我国对外贸易体制改革坚持市场化、国际化、法治化、公平化，采取既积极又稳妥的步骤逐步推进，取得了显著成效，积累了宝贵经验。

第一，坚持市场化取向，政府引导与市场机制相结合。我国对外贸易体制改革是在党和政府的主导下起步的，经历了由高度集中到分散经营、由指令性计划到市场调节的演进过程。在发挥政府宏观调控作用的同时，充分利用市场机制，实行政府引导与市场机制相结合的方针。

第二，坚持对外开放，逐步建立与国际规范接轨的对外贸易体制。对外贸易体制改革就是一个“放权、松绑、增活力”的过程。在这个过程中，我国围绕与国际规范接轨，在企业经营机制、市场准入体制、宏观管理体制、贸易促进政策等方面进行大量的改革创新。

第三，坚持法治化取向，建立完善依法行政的对外贸易管理体制。我国对外贸易管理体制改革是一个由政策性管理逐步走向法治化管理的过程。1994年《中华人民共和国对外贸易法》的出台与2004年的修订，确立了我国对外贸易改革发展的基本法律框架体系，为对外贸易持续、健康、协调发展提供了法律保障。

第四，坚持宏观调控导向，努力转变政府职能。我国对外贸易体制改革始终以转变政府职能为核心，积极推进政府管理创新，增强社会管理和基本公共服务能力；同时，不断完善对外贸易宏观调控体制，主要运用经济手段和法律手段管理经济和对外贸易。

第五，坚持立足国情，合理把握改革的节奏和力度。作为脱胎于计划经济体制的发展中的后发大国，我国的对外贸易体制改革没有现成的经验和模式照搬，必须把国情意识和世界视野相结合，立足国情，渐进式改革。

1.4 开放型经济的发展

中华人民共和国成立以后的30年里，由于受几千年封建社会遗留下来的自给自足的自然经济思想的影响，违背了现代社会化大生产的商品经济的客观法则；同时，社会主义经济战略的指导思想基本上搬用了苏联经济理论，以计划经济来实现国民经济自我平衡和自我循环；在经济建设事业中长期存在“左”倾错误导向，用主观臆断替代客观经济规律的要求，从而导致我国多年基本上游离于世界经济一体化之外。

在这30年的时间里，我国建立了非常完整的工业体系，奠定了对外开放的基础。中国共产党十一届三中全会后，在坚持实事求是的方针指引下，依据马克思主义关于国际经济关系发展的原理，在总结国内外历史经验的基础上，提出了对外开放的重大战略决策。

1.4.1　对外开放政策的基本内涵

1980年6月，邓小平第一次明确提出：我国在国际上实行开放的政策，加强国际往来，特别注意吸收发达国家经验、技术包括吸收国外资金，来帮助我们发展。1981年11月，在五届人大四次会议上的政府工作报告中，明确提出：实行对外开放政策，加强国际经济技术交流，是我们坚定不移的方针。1982年12月，对外开放政策正式写入我国宪法。从此，对外开放政策作为我国的基本国策正式确立了。

我国对外开放是在坚持社会主义制度的基础上，在独立自主、平等互利的原则下，按照生产国际化、资本国际化、国际分工进一步深化和社会主义市场经济发展的客观要求，积极发展与世界各国或地区的经济贸易往来，以及科学、技术、文化、教育等方面的合作与交流，以促进社会主义物质文明和精神文明建设的发展，因此，对外开放是在国民经济各个领域广泛的交流与合作。经济是基础，实行对外开放主要是经济领域的对外开放，即对外开放的经济政策。从这个角度来说，对外开放政策的基本含义是：要大力发展和不断加强对外经济技术交流，积极参加国际交换和国际竞争，以生产和交换的国际化取代闭关自守、自给自足，促进经济的变革；由封闭型经济向开放型经济转变，以加速实现社会主义现代化建设。

对外开放是向世界上所有国家和地区开放，不论是社会主义国家，还是资本主义国家，是发展中国家还是发达国家，是穷国还是富国，是大国还是小国，我们都愿意在平等互利的基础上发展同它们在科学、技术、经济、贸易等方面的联系与合作。我国的对外开放是要吸取世界上各个国家和地区的长处和优点，要博采众长，为我所用，因此，我国的对外开放是全方位的，是向全世界的开放。

对外开放的内容呈现动态变化，既包括大力发展货物贸易、服务贸易，也包括积极有效地利用外资、开展对外承包工程和劳务合作、发展对外经济技术援助和多种形式的互助合作、实施走出去战略。

对外开放需要开放布局，要设立经济特区，开放沿海城市、沿边城市、沿江城市、经济技术开发区、高新技术产业园区、省会城市，设立保税区等，发展区域经济、园区经济，带动内地的开放。

对外开放需要开放的思维，开放思维形成开放战略。对外开放需要开放的体制，包括经济体制开放、社会管理体制开放、政治体制改革。开放与改革并生，改革促进开放，开放促进发展。

1.4.2 实行对外开放的必然性

实行对外开放政策，加强国际经济技术交流，是我国坚定不移的方针。邓小平同志指出：要实现我们的目标，就要尊重社会经济发展的规律。我们提出对外开放和对内开放的方针。在当今世界，任何国家闭关自守就不可能发展。我们要实现到本世纪末翻两番的目标，不开放不行，不加强国际交流不行，不引进发达国家的先进经验、科学成果和资金不行。

1）对外开放符合国内外经济发展规律的客观要求

早在100多年前，马克思、恩格斯就在《共产党宣言》中指出："资产阶级，由于开拓了世界市场，使一切国家的生产和消费都成为世界性的了。"随着世界市场的形成，"过去那种地方的和民族的自给自足和闭关自守状态，被各民族的各方面的互相往来和各方面的互相依赖所代替了"。100多年来的世界历史的发展充分证明了马克思、恩格斯所说的真理。特别是第二次世界大战以后，由于交通、电信、电子信息技术的迅猛发展，发生了第三次世界科技革命，新技术、新产品不断涌现，大大缩短了地球上各个地区、各个国家之间在空间上、时间上的距离。国家间的经济、技术、科学、文化的交流越来越紧密，并渗透到科学、技术、金融、教育、工农业生产以及商品交换等各个领域。任何一个国家都不能人为地割断和阻碍这种国家间的联系。目前，世界上几乎没有任何一个国家是闭关自守的。

社会主义国家从它诞生之日起，就是在国际分工、生产国际化高度发展的基础上进行社会再生产活动的；同时，由于社会主义是在资本主义世界的薄弱环节中产生的，它在经济建设中又必然会面临技术落后和资金不足的困难。因此，社会主义国家在经济发展战略思想上必须充分认识国际分工和生产国际化的高度发展是历史发展的进步趋势，是国内外经济发展规律的客观要求，只能适应它，不能违背它。只要国际环境允许，就必须实行对外开放，积极参与和利用国际分工，既要依靠本国的市场、资金、资源、技术和管理经验，又要积极利用国外的市场、资金、资源、技术和管理经验。这样，经济技术落后的社会主义国家就能较快地吸收人类在长期内创造的先进技术和积累的经验，就有可能在较短的时间内走完先进国家走过的路程，再经过艰苦努力，就能赶上或超过世界发达国家的水平。

2）对外开放是经济全球化的历史必然

随着社会生产力的不断发展和科学技术的不断进步，国家间的各种联系日益紧密，各国经济都不同程度地卷入国际分工和世界市场体系之中，使当代国际经济紧密地结合为一个整体，绝大多数国家和地区都在利用这种国际关系发展自己的经济。从根本上说，对外开放是生产社会化、经济生活国际化的客观要求，是国际分工、世界市场发展的必然结果。

通过对外开放，发展经济往来，促进本国的经济建设和科技进步，已成为当代世界经济发展的潮流。在世界经济全球化背景下，任何一个国家都不可能拥有发展本国经济所需要的全部产品、资源、资本和技术，要发展经济，必须对外开放，积极参与国际分工和国际贸易。因此，实行对外开放是我国经济发展战略思想的根本转变，只有积极参与国际分工，利用国内外两个市场、两种资源，才能使我国国民经济实现高级综合平衡。

3）对外开放是发展社会主义市场经济的客观要求

我国的社会主义建设是在半封建半殖民地的废墟上开始的，在人口众多、智力开发不足、资源人均拥有量低且利用程度有限、资金严重短缺、技术水平低、管理落后等条件下，要实现社会主义初级阶段现代化建设更加艰难。面对这样的国情，根本出路就是建立同世界市场机制接轨的市场机制，建立起同世界市场协调的市场规则和市场秩序，解放生产力，发展生产力。市场经济的本质就是开放的经济，只有参与国际交换，才能分享国际专业化协作带来的好处。

社会化大生产效率高、规模大、产量剧增，国内市场无法容纳，需要开拓国际市场；大规模生产需要消耗的原材料数量、品种剧增，单靠本国无法满足需求，必然要求资源配置的国际化；通信卫星、信息网络的发展，交通运输工具的现代化，又极大地促进了国际经济联系和世界市场的发展。因此，应通过对外开放，发展与世界各国的经济关系，最佳配置和利用各种资源要素，更好地发挥我国的资源优势，保证我国社会生产力的可持续发展。

1.4.3 对外开放格局与特点

1978年12月党的十一届三中全会决定我国实行对外开放政策以来，我国的对外开放格局由沿海地区的点到线到面、由南到北、由东到西多层次、全方位、宽领域地深化，开放型经济体系逐渐完善。

1）对外开放格局的形成

（1）沿海地区的点线面开放

我国政府在实行对外开放的初期，借鉴国外的经验，利用沿海地区特殊的地理位置和自然条件，确定了首先重点开放沿海地区，逐步开放内陆地区的发展战略。

我国沿海地区有2亿多人口，18 000多千米的漫长海岸线，深水泊位港口300多个，年吞吐量达3亿多吨。沿海地区工农业基础雄厚，沿海开放城市的工业总产值占全国的1/4多，仅上海一地的工业总产值约占全国的1/6；这些地区工业门类齐全，骨干企业多，配套协作条件好，加工能力强；建立了机电、仪表、石油化工、钢铁、轻纺、能源等各种工业体系，是我国出口商品的主要基地。沿海地区科学技术比较发达，拥有相当数量的科研机构和人员，技术熟练工人多，加工工艺水平高，消化、吸收能力强，为提高出口商品的竞争能力提供了较好的技术条件。沿海地区有着悠久的对外贸易历史，与世界各国和地区有着广泛的联系，有着比较丰富的组织和管理对外经济贸易、国际金融等方面的经验，信息传递快，是我国开展国际经济技术交流的桥梁和纽带。

沿海地区对外开放分3个层次进行。首先以“经济特区”作为对外开放的试点。1979年7月，国务院在广东、福建两省实行特殊政策和灵活措施，主要是在对外经济贸易活动方面授予较多的自主权，提出在深圳、珠海、汕头、厦门试办出口特区。1980年5月，国务院决定把出口特区的名称正式定为“经济特区”。1987年，国务院又批准海南建省，并作为全国最大的经济特区对外开放。这几个经济特区是扩大对外贸易，利用国外资金、科学技术、管理经验来发展经济的试点，并很快取得显著效果。

在总结经济特区对外开放实践经验的基础上，1984年5月，国务院决定开放大连、秦皇岛、天津、烟台、青岛、连云港、南通、上海、宁波、温州、福州、广州、湛江、北海等14个沿海港口城市。在这些开放的沿海城市，有条件地逐步兴建经济技术开发区，作为对外开放的窗口，实施一些优惠政策，以利于积极有效地招商引资，引进和开发新技术、新产品、新兴工业。

后经国务院批准，又陆续开放了丹东、营口、威海、张家港和东南沿海一些有条件的城市。这些沿海城市的开放，随着投资环境的改善和完备，在兴办中外合资经营企业、中外合作经营企业和外商独资企业，吸引外资、引进先进适用技术、吸收先进经营管理经验等方面都取得了显著成果，同时也加强了与内地的经济联系，促进了资金、技术设备和人才的合理交流，带动了内陆地区经济资源的开发。沿海城市的开放使对外开放从经济特区的试点扩大到东南沿海一条长线的开放，这是沿海地区开放的第二个层次。

1985年1月，国务院决定把珠江三角洲、闽东南三角地带、长江三角洲开辟为沿海经济开放区；1987年又将山东半岛、辽东半岛列入沿海经济开放区。这5个沿海经济开放区有着悠久的对外通商贸易历史，与海外华侨和华人的联系广泛密切；交通较为方便，港口开发有着优越条件；工农业和服务业基础较好，劳动力资源丰富并且文化素质较高。特别是改革开放后的几年，蓬勃发展的乡镇企业经营灵活，可以根据国际市场的需求，大力发展“以进养出”的加工贸易，扩大出口潜力。开放这5个沿海经济区域，是继我国东南沿海14个港口城市开放之后，将经济开放从线扩展到面，这是沿海开放的第三个层次。

1990年6月，国务院批准建立第一个保税区——上海外高桥保税区，主管部门是海关总署。保税区的功能定位是仓储、转口和加工，但实际上是以物流为主。

（2）沿边、沿江地区和内地城市的纵深开放

在沿海地区对外开放不断深入发展的基础上，我国接壤周边国家的地区实行了逐步的开放。1991年，国务院首先决定开放满洲里、丹东、绥芬河、珲春4个东北口岸；1992年初，邓小平同志视察南方发表重要谈话后，我国对外开放格局出现了新的变化，对外开放进一步向广度和深度发展，在沿周边国家的东北地区、西北地区、西南地区形成了三大开放地带。

东北沿边开放地带，以俄罗斯、蒙古国等国家为对象，以满洲里、黑河、绥芬

河、珲春等4个沿边开放城市为龙头，包括吉林、黑龙江、内蒙古等省市的一些沿周边城市，逐步形成了一个具有纵深腹地的长开放地带。

西北沿边开放地带，以独联体国家、东欧诸国、巴基斯坦、西亚各国为对象，以新疆维吾尔自治区为主体，在5 400多千米的边境线上开放了8个通商口岸，开展对周边国家的经济贸易和多种方式经济合作。同时，东起连云港西经新疆通达欧洲大陆桥的开通，为西北开放地带提供了对外经济交流的有利条件。

西南沿边开放地带，以印度、尼泊尔、缅甸、老挝、越南、孟加拉国等为对象，以云南、广西为主体，形成西南沿边开放地带。

1992年8月，国务院决定以上海浦东为龙头，进一步开放重庆、岳阳、武汉、九江、芜湖等长江沿岸城市；开放哈尔滨、长春、呼和浩特、石家庄等沿边地区省会城市；同一时期又开放了太原、合肥、南昌、郑州、长沙、成都、贵阳、西安、兰州、西宁、银川等11个内陆地区省会城市。除了上海外高桥保税区，1992年以来，国务院又陆续批准设立了14个保税区和一个享有保税区优惠政策的经济开发区，即天津港、大连、张家港、深圳沙头角、深圳福田、福州、海口、厦门象屿、广州、青岛、宁波、汕头、深圳盐田港、珠海保税区以及海南洋浦经济开发区。

（3）区域经济格局的形成

2000年，国家开始实施西部大开发战略，对不发达地区的援助进一步集中到西部地区，区域政策的目标调整到促进地区协调发展上来。2002年的十六大报告提出："支持东北地区等老工业基地加快调整和改造，支持以资源开采为主的城市和地区发展接续产业。"这是中央从协调区域发展和全面建设小康社会的全局着眼作出的一个战略决策。此后，2004年中央又提出了"中部崛起"的中部地区发展战略，使我国的区域经济发展战略趋于完善。

2005年10月，党的十六届五中全会通过了"十一五"规划纲要，明确提出我国区域发展的整体思路。进入"十一五"时期以后，实施西部大开发，振兴东北地区等老工业基地，促进中部地区崛起，鼓励东部地区率先发展，形成了东中西互动、优势互补、相互促进、共同发展的新的区域格局。

根据区域发展总体战略，西部地区要加快改革开放步伐，加强基础设施建设和生态环境保护，加快科技教育发展和人才开发，充分发挥资源优势，大力发展特色产业，增强自我发展能力。东北地区要加快产业结构调整和国有企业改革，发展现代农业，着力振兴装备制造业，促进资源枯竭型城市经济转型，在改革开放中实现振兴。中部地区要抓好粮食主产区建设，发展有比较优势的能源和制造业，加强基础设施建设，加快建立现代市场体系，在发挥承东启西和产业发展优势中崛起。东部地区要努力提高自主创新能力，加快实现结构优化升级和增长方式转变，提高外向型经济水平，增强国际竞争力和可持续发展能力。

2）对外开放格局的特点

我国对外开放采取的是从沿海建立经济特区到沿边、沿江、内陆城市的渐进式开放，先试验后推广，最终形成了多层次、全方位、宽领域的对外开放格局。

所谓多层次，就是根据各地区的实际和特点，通过经济特区、经济技术开发区、沿海经济开放区、沿边和沿江地区以及内陆省区的不同开放程度等各种形式，形成全国范围内的开放。

所谓全方位，是指无论对方是资本主义国家还是社会主义国家，是发达国家还是发展中国家，都坚持对外开放；不仅在经济建设方面，而且在科技、教育、文化等方面也坚持对外开放。

所谓宽领域，是指向世界市场全面开放，包括商品市场、资本市场、技术市场、劳动力市场等，在产业上由农业、加工业向基础产业、基础设施和服务业等领域延伸，促进对外经济的全面发展。

1.4.4 构建开放型经济新体制

1）开放型经济新体制的总体目标

世界多极化、经济全球化进一步发展，国际政治经济环境深刻变化，创新引领发展的趋势更加明显，我国经济发展进入新常态。面对新形势新挑战新任务，坚持市场在资源配置中起决定性作用和更好发挥政府作用，统筹开放型经济顶层设计，加快构建开放型经济新体制，对内对外开放相互促进，引进来与走出去更好结合，以对外开放的主动赢得经济发展和国际竞争的主动，以开放促改革、促发展、促创新，建设开放型经济强国。

开放型经济新体制的总体目标是加快培育国际合作和竞争新优势，更加积极地促进内需和外需平衡、进口和出口平衡、引进外资和对外投资平衡，逐步实现国际收支基本平衡，形成全方位开放新格局，实现开放型经济治理体系和治理能力现代化，在扩大开放中树立正确义利观，切实维护国家利益，保障国家安全，推动我国与世界各国共同发展，构建互利共赢、多元平衡、安全高效的开放型经济新体制。

第一，建立市场配置资源新机制。促进国际国内要素有序自由流动、资源全球高效配置、国际国内市场深度融合，加快推进与开放型经济相关的体制机制改革，建立公平开放、竞争有序的现代市场体系。

第二，形成经济运行管理新模式。按照国际化、法治化的要求，营造良好法治环境，依法管理开放，建立与国际高标准投资和贸易规则相适应的管理方式，形成参与国际宏观经济政策协调的机制，推动国际经济治理结构不断完善。推进政府行为法治化、经济行为市场化，建立健全企业履行主体责任、政府依法监管和社会广泛参与的管理机制，健全对外开放中有效维护国家利益和安全的体制机制。

第三，形成全方位开放新格局。坚持自主开放与对等开放，加强走出去战略谋划，实施更加主动的自由贸易区战略，拓展开放型经济发展新空间。继续实施西部开发、东北振兴、中部崛起、东部率先的区域发展总体战略，重点实施“一带一路”倡议、京津冀协同发展战略和长江经济带战略，推动东西双向开放，促进基础设施互联互通，扩大沿边开发开放，形成全方位开放新格局。

第四，形成国际合作竞争新优势。巩固和拓展传统优势，加快培育竞争新优势。以创新驱动为导向，以质量效益为核心，大力营造竞争有序的市场环境、透明高效的政务环境、公平正义的法治环境和合作共赢的人文环境，加速培育产业、区位、营商环境和规则标准等综合竞争优势，不断增强创新能力，全面提升在全球价值链中的地位，促进产业转型升级。

2）优化对外开放的区域布局

建设自由贸易园区，立足东中西协调、陆海统筹，扩大对港澳台开放合作，推动形成全方位的区域开放新格局，以区域开放的提质增效带动经济的协调发展。

第一，建设若干自由贸易试验园区。2013年9月27日，国务院批复成立中国（上海）自由贸易试验区，深化上海自由贸易试验区改革开放，扩大服务业和先进制造业对外开放，形成促进投资和创新的政策支持体系；2015年4月20日，国务院决定扩展中国（上海）自由贸易试验区实施范围，将部分开放措施辐射到浦东新区。

以上海自由贸易试验区试点内容为主体，结合地方特点，充实新的试点内容，结合国家发展战略的需要逐步向其他地方扩展，推动实施新一轮高水平对外开放。2015年4月20日，国务院批复设立中国（广东）自由贸易试验区、中国（天津）自由贸易试验区、中国（福建）自由贸易试验区；2017年3月31日，国务院批复设立中国（辽宁）自由贸易试验区、中国（浙江）自由贸易试验区、中国（河南）自由贸易试验区、中国（湖北）自由贸易试验区、中国（重庆）自由贸易试验区、中国（四川）自由贸易试验区、中国（陕西）自由贸易试验区；2018年10月16日，国务院批复设立中国（海南）自由贸易试验区；2019年8月26日，国务院批复设立中国（山东）自由贸易试验区、中国（江苏）自由贸易试验区、中国（广西）自由贸易试验区、中国（河北）自由贸易试验区、中国（云南）自由贸易试验区、中国（黑龙江）自由贸易试验区；2020年9月21日，国务院批复设立中国（北京）自由贸易试验区、中国（湖南）自由贸易试验区、中国（安徽）自由贸易试验区。

截至2020年年底，我国已经形成了“1+3+7+1+6+3”共21个自由贸易试验区的基本格局，形成了东西南北中协调、陆海统筹的开放态势，推动我国新一轮的全面开放。

第二，完善内陆开放新机制。以内陆中心城市和城市群为依托，以开发区和产业聚集区为平台，抓住全球产业重新布局机遇，积极探索承接产业转移新路径，创新加工贸易模式，支持在内陆中心城市建立先进制造业中心。鼓励区域合作共建产业园区，促进内陆贸易、投资、技术创新协调发展。支持内陆城市增开国际客货运航线，发展江海联运，以及铁水、陆航等多式联运，形成横贯东中西、联结南北方的对外经济走廊。

第三，培育沿边开放新支点。将沿边重点开发开放试验区、边境经济合作区建成我国与周边国家合作的重要平台，加快沿边开放步伐。允许沿边重点口岸、边境城市、边境经济合作区在人员往来、加工物流、旅游等方面实行特殊方式和政策。按有关规定有序进行边境经济合作区新设、调区和扩区工作。稳步发展跨境经济合作区，有条件的可结合规划先行启动中方区域基础设施建设。建设能源资源进口加工基地，开展面向周边市场的产业合作。鼓励边境地区与毗邻国地方政府加强务实合作。

第四，打造沿海开放新高地。发挥长三角、珠三角、环渤海地区对外开放门户的作用，建设若干服务全国、面向世界的国际化大都市和城市群，建成具有更强国际影响力的沿海经济带。推动京津冀协同发展。支持沿海地区发展高端产业、加强科技研发，加快从全球加工装配基地向研发、先进制造基地转变，推进服务业开放先行先试。依托长江黄金水道，推动长江经济带发展，打造中国经济新支撑带，建设陆海双向对外开放新走廊。

第五，扩大对中国香港、澳门和台湾开放。建设好深圳前海新港现代服务业合作区、珠海横琴新区、广州南沙新区，发挥港澳地区的开放平台与示范作用，深化内地与港澳更紧密经贸关系安排，加快实现与港澳服务贸易自由化。鼓励内地企业与港澳企业联合走出去。支持内地企业赴港融资，将境外产业投资与中国金融资本有机结合；鼓励内地企业与港澳企业联合成立投资基金，通过多种方式开展投资合作。

2017年7月1日，《深化粤港澳合作 推进大湾区建设框架协议》签署。粤港澳大湾区建设是新时代推动形成全面开放新格局的新举措，也是推动“一国两制”事业发展的新实践；推进建设粤港澳大湾区，有利于深化内地和港澳交流合作，对港澳参与国家发展战略，提升竞争力，保持长期繁荣稳定具有重要意义。2019年2月18日，中共中央、国务院印发《粤港澳大湾区发展规划纲要》。粤港澳大湾区不仅要建成充满活力的世界级城市群、国际科技创新中心、“一带一路”建设的重要支撑、内地与港澳深度合作示范区，还要以香港、澳门、广州、深圳四大中心城市作为区域发展的核心引擎、以广府文化作为核心文化打造成宜居宜业宜游的优质生活圈，成为高质量发展的典范。

充分发挥海峡西岸经济区、平潭综合实验区、昆山深化两岸产业合作试验区等的先行先试作用，促进海峡两岸经济关系正常化、制度化、自由化，逐步健全两岸经济合作机制。加强两岸产业合作、双向贸易投资及便利化方面的合作。深化和拓展与港澳台地区高校、科研院所、企业间科技研发和创新创业方面的合作。

3）推动“一带一路”倡议的实施

以政策沟通、设施联通、贸易畅通、资金融通、民心相通为主要内容，全方位推进与沿线国家合作，构建利益共同体、命运共同体和责任共同体，深化与沿线国家多层次经贸合作，通过“一带一路”建设带动我国沿边、内陆地区发展。

第一，推进基础设施互联互通。加快形成国际大通道，构建联通内外、安全通畅的综合交通运输网络，完善交通合作平台与机制；巩固和扩大电力输送、光缆通信等合作；深化能源资源开发与通道建设合作。

第二，深化与沿线国家经贸合作。相互扩大市场开放，深化海关、检验检疫、标准、认证、过境运输等全方位合作，培育壮大特色优势产业，推动我国大型成套设备、技术、标准与沿线国家合作；加大非资源类产品进口力度，促进贸易平衡；推动企业在沿线国家设立仓储物流基地和分拨中心，完善区域营销网络；加强与沿线国家的产业投资合作，共建一批经贸合作园区，带动沿线国家增加就业、改善民生；鼓励发展面向沿线国家的电子商务，倡导电子商务多边合作。

第三，密切科技人文交流。扩大与沿线国家互派留学规模，推进国际卫生合作；加强与沿线国家科技合作，采取多种方式联合开展重大科研攻关；推动产学研协同配合，推进对外文化合作与交流，加强与沿线国家旅游投资合作。

第四，积极推进海洋经济合作。大力发展海洋经济，制定促进海洋经济发展的政策法规；妥善处理争议和分歧，建立海上经济合作和共同开发机制；加强国际远洋渔业合作。

第五，扎实推进经济走廊建设。经济走廊是中国与“一带一路”沿线国家一道规划的经济发展带，新亚欧大陆桥、中蒙俄、中国—中亚—西亚、中国—中南半岛、中巴、孟中印缅六大经济走廊与推进“一带一路”建设关联紧密，积极探索经济走廊框架下的三方、四方合作模式，深化研究、推动合作，指导我国企业有序参与建设活动。

4）实现更高水平开放的措施

第一，以“一带一路”建设为重点。中国的“一带一路”倡议，不仅是应对当前逆经济全球化的重要举措，也是中国在继续做好向东开放的同时，拓展向西开放的重要举措，对提升制度型开放水平以及完善全球经济治理体系，有着极为关键的作用和意义。目前，150多个国家和国际组织同中国签署共建“一带一路”合作协议，共建“一带一路”同联合国、东盟、非盟、欧盟、欧亚经济联盟等国际和地区组织的发展和合作规划对接，同各国发展战略对接，以“一带一路”建设为重点，是中国在新阶段实现更高水平开放的重要抓手和平台。

第二，有序扩大服务业对外开放。实行更高水平开放，坚决推动更宽领域开放，将开放进一步拓展至先进制造业，尤其是服务业领域。中国开放发展进入新阶段后，扩大服务业开放是实行更高水平开放的必由之路。一方面，加大简政放权力度，落实《中华人民共和国外商投资法》确立的对外商投资实施准入前国民待遇加负面清单制度，助力中国服务业发展；另一方面，可充分利用我国已经广泛布局的各地自贸区等先行先试平台，渐进推动相关行业开放，在“有序扩大服务业开放”

中尽可能地降低和规避风险。

第三，加快推动制度型开放。在推动商品和要素流动开放的同时，注重制度型开放，是新形势下中国更高水平开放的重要内容，也是更高水平开放的必要前提和条件。制度型开放是一个双向循环的系统，一方面要按照全球经济规则中已经形成和推行的高标准规则等制度体系，对国内改革形成倒逼机制，以开放促改革；另一方面，依托我国已经布局的各地“自由贸易试验区”，通过深化改革，形成更高质量的制度创新成果，为积极参与新一轮全球经济规则调整和重塑奠定必要的基础。

第四，坚持以扩大内需为战略基点。更高水平的开放要服务于改善和提升国际分工地位的需要，迎合我国产业迈向全球价值链中高端的需要。能否将本土市场规模优势真正转化为参与全球竞争与合作的竞争优势，关键在于能否将潜在的需求激发出来。一是要继续推动城镇化发展；二是要推动城乡和区域的协调发展；三是要促进消费需求结构的升级，释放巨大的内需潜力，增强扩大内需对经济发展的基础性作用，对培育开放发展竞争新优势的基础性和战略性作用。

第五，加快形成“双循环”新发展格局。党的十九届五中全会提出了“十四五”时期经济社会发展指导思想和必须遵循的原则，其中再次强调了要加快构建以国内大循环为主体、国内国际双循环相互促进的新发展格局。新发展格局并非片面强调国内大循环或者国际大循环，而是注重国内国际双循环的相互促进，优化国内国际市场布局、商品结构、贸易方式，提升出口质量，增加优质产品进口，重塑竞争新优势，为实施更高水平开放奠定基础条件。

第六，大力实施创新驱动战略。中国已经全面而深度地融入全球价值链分工体系，并实现了一定程度的价值链升级，但从现实分工格局看，目前仍然处于全球价值链中低端，在许多领域仍然面临着“卡脖子”的困境。实施创新驱动战略，加快开放条件下的技术创新和技术进步，加强基础研究、注重原始创新，注重开放融合创新，提升企业技术创新能力，强化国家战略科技力量，才能进一步扎根全球价值链分工体系，才有实施更高水平开放的基础和条件。

总之，我国对外开放不是实行全国同步开放的方针，而是采取由点到线到面、多步骤、多层次向广度和深度展开的战略方针。我国的对外开放仍将向高层次、宽领域、纵深化方向逐步发展，拓宽对外开放领域，扩大生产要素的流通和交换；依照我国国情和国际经济的一般活动规则，实行更加积极主动的开放战略，完善互利共赢、多元平衡、安全高效的开放型经济体系，推动开放朝着优化结构、拓展深度、提高效益方向转变，全面提升开放型经济水平。

专栏1-1　　经济高质量发展

高质量发展是2017年中国共产党第十九次全国代表大会首次提出的新表述，表明中国经济由高速增长阶段转向高质量发展阶段。

高质量发展是适应经济发展新常态的主动选择，是贯彻新发展理念的根本体现，是适应我国社会主要矛盾变化的必然要求，是建设现代化经济体系的必由之路。

经济发展是一个螺旋式上升的过程，上升不是线性的，量积累到一定阶段，必须转向质的提升，这是经济发展的规律使然，我们要以辩证思维来处理推动高质量发展中遇到的各种矛盾关系。

第一，正确把握整体推进和重点突破的关系。推动高质量发展是一项系统工程，必须坚持稳中求进的工作总基调。依据新发展理念的整体性和协同性，增强推动高质量发展举措的关联性和耦合性，做到相互促进、协同发力；把握高质量发展的根本要求、工作主线、基本路径、制度保障和具体着力点，做到全局和局部相配套、治本和治标相结合、渐进和突破相衔接，实现整体推进和重点突破相统一，不断增强我国经济创新力和核心竞争力。

第二，正确把握总体谋划和久久为功的关系。一个经济和人口规模巨大的国家，推动经济高质量发展任重道远。要净化市场环境、提高人力资本素质、全面提高国家治理能力，必须保持战略定力，坚持久久为功，统筹做好跨越关口、推动高质量发展的顶层设计和总体谋划，正确把握实现长远目标和做好当前工作的关系。

第三，正确把握破除旧动能和培育新动能的关系。发展动力决定发展速度、效能、可持续性。要积极推动形成市场决定要素配置的机制，为新动能发展创造条件、留出空间；积极推动经济发展质量变革、效率变革、动力变革，加快建设实体经济、科技创新、现代金融、人力资源协同发展的产业体系，加速推动中国制造向中国创造转变、中国速度向中国质量转变。

第四，正确把握生态环境保护和经济发展的关系。绿色发展是建设现代化经济体系的必然要求，生态环境保护和经济发展不能割裂开来，更不能对立起来，要坚持在发展中保护、在保护中发展。正确处理好绿水青山和金山银山的关系，构建绿色产业体系和空间格局，这不仅是推动高质量发展的内在要求，更是关系中华民族永续发展的根本大计。

第五，正确把握维护公平与讲求效率的关系。实现高质量发展要处理好公平和效率的关系，着力解决收入分配差距较大的问题，调整国民收入分配格局，使发展成果更多更公平地惠及全体人民，激发各种生产要素特别是劳动者的积极性，提升全社会购买力，推动经济更有效率、更加公平、更高质量、更可持续发展。

●本章小结

1.与历史上的许多时期相比，中国贸易思想的发展达到了一个全新的高度。社会主义国家的社会经济发展也要利用两种资源、两个市场，国际分工理论、再生产理论、国际价值理论、建设中国特色社会主义理论充分论证了这一论点。

2.改革开放前，我国基本上实行的是进口替代贸易战略；20世纪80年代中期，围绕我国对外贸易战略的选择展开了讨论，实际上，我国的贸易战略随着改革开放的不断深化而逐步从进口替代战略转向了出口导向战略。1994年，对外贸易经济合作部提出的大经贸战略，其内涵包括大开放、大融合、大转变。随着我国对外开放力度的不断加大，参与国际经济贸易规则制定的话语权不断提升，国际因素对我国贸易战略选择的制约越来越强，对外贸易战略的选择，必须按照科学发展观的要求，确定新的发展思路。

3.计划经济体制下实行的对外贸易国家统制保证了国家掌握对外贸易的主权，也促进了我国对外贸易的发展。伴随着改革的发展，我国在不断深化对外贸易体制改革，建立适应社会主义市场经济发展的、符合国际贸易规范的对外贸易体制。加入世界贸易组织后，按照国际规范，改革行政管理组织结构，建立进出口管理法律框架，改革对外贸易宏观调控体系，全面放开对外贸易经营权，完善对外贸易促进体系。

4.我国实行对外开放政策以来，对外开放格局由沿海地区的点到线到面、由南到北、由东到西，从沿海建立经济特区到沿边、沿江、内陆城市的渐进式开放，先试验后推广，最终形成了多层次、全方位、宽领域的对外开放格局。进入“十一五”时期以后，实施西部大开发，振兴东北地区等老工业基地，促进中部地区崛起，鼓励东部地区率先发展，形成了东中西互动、优势互补、相互促进、共同发展的新的区域格局。根据开放型经济新体制总体目标的要求，重点实施“一带一路”倡议、京津冀协同发展战略和长江经济带战略，推动东西双向开放，促进基础设施互联互通，扩大沿边开发开放，形成全方位开放新格局，推动我国新一轮的全面开放。

●复习思考题

1.分析我国发展对外贸易的理论基础。
2.讨论开放经济下对外贸易发展战略的选择。
3.分析我国对外贸易体制的改革方向。
4.试析我国对外开放政策的基本内涵。
5.阐释我国对外开放格局的演变。
6.分析开放型经济新体制下的对外开放区域布局。

第2章/中国对外贸易调控体系

学习目标

了解一国对对外贸易进行调控的必要性；掌握我国对外贸易调控的措施；重点掌握各种措施的主要内容以及在实施中存在的主要问题和解决措施。

2.1 对外贸易调控的必要性

实行对外贸易宏观调控，是当代国际贸易的普遍现象。各国为了维护自己在国际贸易中的权益和地位，不论是发展中国家还是发达国家，社会主义国家还是资本主义国家，都采取了一系列措施管理和干预对外贸易，一般都是以国家法律、法令和政策规定为依据，从国家对内、对外政策需要出发，从国家政治经济利益考虑，对进出口贸易进行控制、监督和管理。各国通过国家立法机构制定与修改对外贸易政策，对进出口贸易进行管理监督，还广泛设立各种机构，负责促进出口和管理进口，并由政府出面参与各种与国际贸易、关税有关的国际机构与组织，进行国际贸易、关税与非关税方面的协调与谈判。

2.1.1 对外贸易调控体系的基本内涵

对外贸易调控体系是指一国在发展对外贸易时，为了维护本国的经济利益和政治利益，适应国际贸易关系的发展变化，逐渐形成的一套政府管理对外贸易的措施和制度。这种调控体系包括与对外贸易有关的各个环节，如货物、技术进出境的海关监控管理体制，进出口信贷、保险、国际结算、外汇平衡的外汇监控管理体制，进出口商品质量和卫生检疫监控管理体制；服务贸易市场准入的管理等。

随着国内外经济形势的发展变化，我国对外贸易宏观调控体系也是发展变化的。我国是一个发展中的社会主义国家，在充分发挥市场在资源配置中的决定性作用的同时，也必须看到市场存在的自发性、盲目性、滞后性的一面，因此必须加强国家对市场活动的宏观指导和调控，建立一套既符合市场经济运行机制，又符合国际贸易规范的对外贸易监控管理体制。

2.1.2 对外贸易调控的必要性

第一，保证国家对外贸易方针政策的贯彻。对外贸易调控是保证我国对外贸易方针政策顺利实施的重要手段。通过各项具体的管理法规和所采取的管理措施，引导对外贸易企业进行有效的经营，合理安排进出口商品结构，发展我国同世界各国的经贸关系，从而保证国家发展对外贸易的任务、目的、方向的实现。

第二，维护国家的经济利益。世界各国对外贸易调控的根本目的就是要维护本国的经济利益。我国实行对外贸易调控同样是为了保证国民经济的顺利发展，使对外贸易在国民经济中更好地发挥作用。例如，我国对有关国计民生的、大宗的资源性商品，或者在国际贸易中竞争激烈的敏感性商品实行有效的监督和管理，这对我国国民经济的顺利发展是至关重要的。我国的某些进出口商品配额许可证管理以及海关管理、进出口商品检验管理等，都有效地维护了我国的经济利益。

第三，合理调节进出口结构。合理安排进出口结构是在实物形态上实现国民经济综合平衡的关键问题，也是不断调整我国的产业结构、产品结构的重要手段，而合理安排进出口结构是要通过各种对外贸易管理措施来实现的。

第四，保证在激烈竞争的国际市场上处于有利地位。我国建立社会主义市场经济体制必须要依靠国内外两个市场、两种资源，吸取人类共同创造的一切文明成果。而目前我国所面临的是风云变幻的国际政治经济形势、世界经济区域集团化趋势的发展、贸易保护主义的日趋加剧、排他性倾向的加强和激烈的国际竞争，为了在严峻的国际政治、经济形势下维护国家的政治独立和经济利益，有效地应对国际垄断势力，冲破贸易保护主义和区域集团化排他性的限制，获得对等和公平的竞争条件，保证对外贸易的迅速发展，必须加强对外贸易的宏观管理和调控。

第五，配合对外贸易体制改革的深化。随着我国对外贸易体制改革的不断深化，逐步建立起与社会主义市场经济相适应的、符合国际贸易规范的新体制，必须相应地改善对外贸易的调节、监督和管理，以保证对外贸易体制改革各项措施的顺利实施和总目标的实现。

第六，提高对外贸易的经济效益。完善对外贸易调控体系，有利于进出口贸易正常运行，减少对外贸易经营渠道混乱、经营管理不善等现象，从而提高对外贸易经济效益。

第七，协调和发展国际经贸关系。在国际经贸关系中，对外贸易调控可以保证双边或多边贸易协议的履行，有利于争取对等和公平的贸易条件，也有利于我国在国际贸易中开展必要的斗争，从而协调和发展国际经贸关系。

加强对外贸易的宏观调控是世界各国为维护本国的政治和经济利益而采取的政府干预行为，我国在建设社会主义市场经济体制的过程中，必须加强和改善宏观管理，以维护我国的政治和经济利益，加强国际竞争力，更快、更广泛地参与国际竞争，加速我国经济贸易长期、稳定、高质量发展，使中国经济真正成为世界经济中富有活力的一个组成部分。

2.2　对外贸易法与贸易救济措施

1979年7月1日，第五届全国人民代表大会第二次会议通过了《中华人民共和国中外合资经营企业法》[①]，这是我国历史上第一部利用外资的国家立法，一举改变了外资领域无法可依的局面，在我国对外经济贸易的法治建设史上具有重要意义。从此以后，国家涉外经济贸易立法工作的步伐大大加快，先后制定了大量的对外经济贸易法律、法规和行政规章，涉及贸易、外资、技术、服务、海关、税收、金融、运输、保险等各个重要领域，逐步完善我国对外贸易宏观调控的法律体系。

2.2.1　对外贸易法律制度的核心问题

综观各国对外贸易法，尤其是西方贸易大国的对外贸易法，其法律制度的核心问题主要集中在对外贸易经营权、国营贸易、贸易救济措施、贸易壁垒调查、自由贸易区、透明度原则等6个方面。

1）对外贸易经营权

对外贸易经营主体问题是对外贸易制度的基础，是一国对外贸易法的基石，犹如一国宪法保护人权一样重要。因为对外贸易主体问题直接关系到对外贸易的自由度问题，它涉及对外贸易的几乎所有制度，例如市场监督、海关、外汇、税收等，它是对外贸易制度开放的晴雨表。西方各国的对外贸易法对此都作出了相当宽松的规定，如美国、欧盟、日本等规定自然人、法人及合伙企业都能自由获得对外贸易经营权。

2）国营贸易

根据《关税与贸易总协定》第17条和其他相关规定，国营贸易企业是指在国际贸易中根据国内法律或在事实上享有专营权或特许权，其购买和销售活动影响了国家进出口水平和方向的政府企业和非政府企业。国营贸易企业与企业的所有制形式并无必然联系，国有企业、私营企业或是半官方的贸易机构，只要在一国的国际贸易中享有专营权或特许权，则可视为国营贸易企业。实行国营贸易制度可以确保国家在一些关键领域享有直接的控制权，从而维护国家经济安全，保障人民生活稳定，因此，国营贸易通常存在于关系国计民生和国家安全的关键贸易领域，成为国际上一种通行做法，世界贸易组织各成员在不同领域都实行着不同程度的国营贸易。

---

① 2020年1月1日起，《中华人民共和国外商投资法》施行，《中华人民共和国中外合资经营企业法》同时废止。

3）贸易救济措施

由于国际贸易中存在着不公平贸易行为或者严重损害进口国贸易利益的行为，关税与贸易总协定和世界贸易组织为了维护公平、公正的国际贸易秩序，保护进口国利益，专门提供了贸易救济措施。一般的贸易救济措施是指对进口商品的反倾销、反补贴和保障措施。

4）贸易壁垒调查

贸易壁垒泛指一国采取、实施或者支持的对国际贸易造成不合理障碍的立法、政策、行政决定、做法等措施。目前的贸易壁垒数量大、花样多，而且层出不穷。为了应对各种形式的贸易壁垒，很多国家通过国内立法予以规制，著名的美国301条款就是一例。根据301条款，美国贸易代表可以依此对外国采取强制性的报复措施，如终止或撤回贸易减让、对外国的进口货物或服务给予进口限制，也可以通过谈判要求外国政府改正其做法或提供赔偿等，这表明301条款是贸易单边主义的武器。美国常常利用这一条款对其他国家的贸易措施进行调查，继而与这些国家进行谈判，如果谈判不成就进行单边报复，以迫使他国让步。

5）自由贸易区

建立自由贸易区已经成为世界经济发展的一个趋势，也是世界各国寻求发展本国经济、抵御经济衰退的一项重要举措。鉴于自由贸易区具有的积极作用，《关税与贸易总协定》第24条对其作了特别规定，从而使自由贸易区成为最惠国待遇原则的例外，并明确允许各成员在其领土之间建立自由贸易区。实践证明，自由贸易区对多边贸易体系并未构成重大威胁；相反，由于它的目标是区域内部贸易自由化，可以率先在区域实现内部贸易自由化，因此在一定程度上与多边贸易体系具有互补性，也可以推动多边贸易的发展。因此，自由贸易区和多边贸易体系可以共存，事实上世界贸易组织的很多成员同时也是自由贸易区的成员。

6）透明度原则

透明度原则源于西方国家，它是伴随着西方市场经济的发展进程而逐渐成熟起来的。商人们面临着市场的巨大挑战，要设法克服市场因政策法律变动而带来的风险，因此要求市场具有相对的稳定性和可预见性，要求政府管理市场的法律、法规、规章、政策透明，以便公众能方便地获得政府管理和服务市场的信息。第二次世界大战后，透明度原则作为调整贸易制度的基本规范，被引入了关税与贸易总协定规范中，尤其是被引入世界贸易组织的各主要协议中后更为突出，得到了广泛的传播和应用，因成为各国对外贸易法的强制性规定而列入主要条款。

2.2.2 中国对外贸易法律制度

1）我国对外贸易法律制度的发展历程

我国对外贸易法律制度是从中华人民共和国成立初开始逐步建立起来的，它的发展可以分成三个阶段：

（1）中华人民共和国成立初期至1979年改革开放

改革开放前，由于西方国家对我国采取经济封锁和贸易禁运，我国对外经济交往的范围十分有限，当时的对外贸易立法主要以《中国人民政治协商会议共同纲领》和1954年宪法为基础，制定了《对外贸易管理暂行条例》等法规。这些法规仅作为维持和管理当时少量的进出口业务的基本法律依据。

（2）1979年改革开放至2001年加入世界贸易组织

改革开放后，我国国民经济快速增长，对外贸易更是得到了突飞猛进的发展。这一阶段是我国对外贸易法律制度逐步成型阶段，我国对外贸易法就是在这一阶段颁布实施的。

（3）加入世界贸易组织后

加入世界贸易组织不仅意味着我国经济逐步融入全球经济，而且使我国的法治建设，尤其是对外贸易法律制度得到了一次良性发展机会。根据我国政府加入世界贸易组织的承诺，我国对整个对外贸易法律制度进行了全面的清理，使之能与世界贸易组织的基本原则保持一致，并在全国统一实施。

我国的对外贸易法律制度经过半个多世纪对外贸易实践的考验，从无到有，从简单到复杂，从零碎到系统，尤其是加入世界贸易组织以后，成为世界贸易组织规则和我国加入承诺得以实施的主要纽带。

2）我国对外贸易法律制度的框架结构

我国对外贸易法律制度是指国家对货物进出口、技术进出口、服务进出口进行管理和控制的一系列法律、法规和其他具有法律效力的规范性文件的总称。

我国对外贸易法律制度框架由4个层次构成：

第一个层次是宪法，我国宪法明确把改革开放的基本国策写进了序言，同时还明确规定国务院负责管理对外贸易。

第二个层次是对外贸易法，1994年5月12日，八届全国人大常委会正式通过《中华人民共和国对外贸易法》，自1994年7月1日起施行；为了履行我国加入世界贸易组织的有关承诺，适应对外贸易发展新形势的需要，充分运用世界贸易组织规则，促进我国对外贸易持续、健康、协调发展，2004年4月6日，十届全国人大常委会第八次会议通过了修订的对外贸易法，自2004年7月1日起施行；2016年11月7日，十二届全国人大常委会第二十四次会议微调了对外贸易法，自公布之日起施行。对外贸易法是我国对外贸易法律制度的基本法，是整个对外贸易制度的核心，它规定了对外贸易经营许可证制度、对外贸易促进与管理制度、两反一保制度等。

第三个层次是行政法规，由国务院颁布的大量行政法规是我国对外贸易法律制度的重要组成部分，是对外贸易法律制度实施的主要依据，其内容广泛，涉及市场监督、海关、商检、外汇、税收、原产地和运输等各个方面。我国加入世界贸易组织后，根据世界贸易组织规则以及我国加入承诺，国务院在货物贸易、技术贸易、服务贸易领域都颁布了行之有效的行政法规。

第四个层次是部门规章，与对外贸易有关的各部委，尤其是主管对外经济贸易事务的商务部，在处理对外经济贸易具体工作时，往往根据具体问题，颁布专门的部门规章。这些规章可操作性强，针对性明确，颁布和废除比较方便，与法律法规保持一致，对维护我国对外经济贸易正常秩序、促进对外贸易发展起到了直接的推动作用。

2.2.3 《对外贸易法》

1）《对外贸易法》的结构内容

《对外贸易法》作为一部调整对外经济贸易法律关系的基本法，只是对对外经济贸易基本政策、基本制度和基本贸易行为进行总体的法律规范，因而其法律结构并不复杂，从篇幅上看，对外贸易法全文约9 000字，共11章70条，但是涉及的内容十分丰富，逻辑性强，符合我国对外贸易发展的现状，适应我国加入世界贸易组织的基本要求。

对外贸易法的结构如下：

第1章总则共7条，主要对我国对外贸易制度的基本特征、基本原则以及法律适用范围等作了原则性规范，明确对外贸易法适用于对外贸易以及与对外贸易有关的知识产权保护。

第2章对外贸易经营者共6条，主要对对外贸易主体的资格及其权利、义务等进行规范，明确规定对外贸易经营者是指依照本法规定从事对外贸易经营活动的法人、其他组织或个人，对外贸易经营者可以接受他人的委托，在经营范围内代为办理对外贸易业务；国家可以对部分货物的进出口实行国营贸易管理。

第3章货物进出口与技术进出口共10条，重点对对外贸易的一般客体——货物贸易与技术贸易的行为方式等进行规范，国家原则上准许货物与技术的自由进出口，但基于国家安全、社会公共利益、人民的健康或者安全等原因，可以限制或者禁止有关货物与技术的进出口；我国对进出口货物进行原产地管理；实行统一的商品合格评定制度，对进出口商品进行认证、检验、检疫。

第4章国际服务贸易共5条，侧重对对外贸易的特殊客体——国际服务贸易的行为方式等进行规范。

第5章与对外贸易有关的知识产权保护共3条，规定通过实施贸易措施，防止侵犯知识产权的货物进出口和知识产权权利人滥用权利，并促进我国知识产权在国外的保护。

第6章对外贸易秩序共5条，主要从公平竞争角度进一步规范了对外贸易主体与客体之间的法律关系，明确规定对外贸易经营者在对外贸易经营活动中，应当依法经营、公平竞争，遵守国家有关规定。

第7章对外贸易调查共3条，明确规定为维护对外贸易秩序，对外贸易主管部门可以依法启动对外贸易调查。

第8章对外贸易救济共11条，国家可以根据对外贸易调查结果，采取适当的对外贸易救济措施；对规避救济措施的行为，可以采取必要的反规避措施；建立预警应急机制，应对对外贸易中的突发和异常情况。

第9章对外贸易促进共9条，国家可以根据对外贸易发展战略的需要，建立和完善对外贸易促进机制，设立对外贸易发展基金、风险基金，使用进出口信贷、出口信用保险、出口退税及其他的贸易促进手段，建立对外贸易公共信息服务体系，扶持和促进中小企业、民族自治地方和经济不发达地区发展对外贸易。

第10章法律责任共7条，重点对追究不同主体的违法行为的法律责任进行了明确规范。

第11章附则共4条，着重对与特殊物质有关的贸易、特殊对外贸易方式、单独关税区的不适用性以及法的时间效力进行了补充规范。

2）《对外贸易法》的立法宗旨

《对外贸易法》的立法宗旨主要体现在第1条中，即“为了扩大对外开放，发展对外贸易，维护对外贸易秩序，保护对外贸易经营者的合法权益，促进社会主义市场经济的健康发展，制定本法”。这一条不仅说明了为什么要立法，也说明了我国对外贸易的法律基础是社会主义市场经济，这就从国家大法的高度，为对外贸易基本政策和基本制度确定了前提。

3）《对外贸易法》的基本原则

从社会主义市场经济的内在要求出发，对外贸易法在法律条文中体现了以下基本原则：

第一，统一、公平、自由原则。这可以看作我国对外贸易制度的基本特点和基本原则。《对外贸易法》第3、4条对此作了明确规定，其法律表述为“国务院对外贸易主管部门依照本法主管全国对外贸易工作”；“国家实行统一的对外贸易制度，鼓励发展对外贸易，维护公平、自由的对外贸易秩序”。

第二，平等互利和互惠、对等原则。这一原则主要调整和处理我国与外国政府、法人、公民以及国际经济组织之间法律关系。《对外贸易法》第5、6、7条对此作了充分表述：“中华人民共和国根据平等互利的原则，促进和发展同其他国家和地区的贸易关系，缔结或者参加关税同盟协定、自由贸易区协定等区域经济贸易协定，参加区域经济组织”；“中华人民共和国在对外贸易方面根据所缔结或者参加的国际条约、协定，给予其他缔约方、参加方最惠国待遇、国民待遇等待遇，或者根据互惠、对等原则给予对方最惠国待遇、国民待遇等待遇”；“任何国家或者地区在贸易方面对中华人民共和国采取歧视性的禁止、限制或者其他类似措施的，中华人民共和国可以根据实际情况对该国家或者该地区采取相应的措施”。

第三，透明度原则。《对外贸易法》在立法中从透明度原则出发，使法律规范更加明确、透明，便于各方执行，该原则体现在《对外贸易法》的各章节中。如第

15条规定：对部分自由进出口的货物实行进出口自动许可并公布其目录；第18条规定：国务院对外贸易主管部门会同其他有关部门，依法制定、调整并公布限制或者禁止进出口的货物、技术目录；第21条规定：国家实行统一的商品合格评定制度，依法对进出口商品进行认证、检验、检疫。

第四，效益、公正、公开、公平原则。这是指国家对进出口货物实行配额管理所遵循的原则。《对外贸易法》第19条规定："国家对限制进口或者出口的货物，实行配额、许可证等方式管理""国家对部分进口货物可以实行关税配额管理"；第20条规定："进出口货物配额、关税配额，由国务院对外贸易主管部门或者国务院其他有关部门在各自的职责范围内，按照公开、公平、公正和效益的原则进行分配。"

第五，贸易促进原则。任何国家都会从政府角度促进本国的对外贸易发展。《对外贸易法》依据这一原则，专门列出了第9章的内容，采取国际通行惯例，促进对外贸易发展。《对外贸易法》第51条规定："国家制定对外贸易发展战略，建立和完善对外贸易促进机制。"国家根据对外贸易发展的需要，通过设立对外贸易发展基金、风险基金，使用进出口信贷、出口信用保险、出口退税及其他的贸易促进方式，通过建立对外贸易公共信息服务体系，鼓励采取对外投资、对外工程承包、对外劳务合作等形式开拓国际市场，发挥协会、商会、对外贸易促进机构的作用，扶持和促进中小企业、民族自治地方和经济不发达地区发展对外贸易。

第六，维护国家安全原则。《对外贸易法》为我国政府运用国家安全条款维护国家安全提供了灵活的制度供给。《对外贸易法》第16、17、26、27条规定：为维护国家安全、社会公共利益或者公共道德，需要限制或者禁止有关货物、技术和服务进出口；对与裂变、聚变物质或者衍生此类物质的物质有关的货物、技术进出口，以及与武器、弹药或者其他军用物资有关的进出口，可以采取任何必要的措施；对与军事有关的国际服务贸易，以及与裂变、聚变物质或者衍生此类物质的物质有关的国际服务贸易，可以采取任何必要的措施；在战时或者为维护国际和平与安全，在货物、技术进出口方面可以采取任何必要的措施。

4）《对外贸易法》的适用范围

法律适用范围一般包括主体适用范围、客体适用范围、地域适用范围和时间适用范围。

《对外贸易法》的主体适用范围是指对外贸易经营者的含义。《对外贸易法》第8条规定：对外贸易经营者，是指依法办理有关登记或者其他执业手续，依照本法和其他有关法律、行政法规的规定从事对外贸易经营活动的法人、其他组织或者个人。根据《中华人民共和国民法典》的规定，营利法人包括有限责任公司、股份有限公司和其他企业法人等；非营利法人包括事业单位、社会团体、基金会、社会服务机构等。从我国目前的实践来看，从事对外贸易经营活动的主体形式主要有专业对外贸易公司、工贸公司、生产自营进出口企业、外商投资企业、中外合资对外贸易企业、集体企业、私营企业、科研院所及自然人等。按照我国的法律和行政法规的规定，在我国境内从事对外贸易活动的外国法人、其他组织、外国籍及无国籍个人也是《对外贸易法》所调整的范围。

《对外贸易法》的客体适用范围是指对外贸易法规范的具体贸易行为、贸易方式以及行政机关的对外贸易调控行为等。《对外贸易法》主要从货物进出口、技术进出口、服务进出口、与对外贸易有关的知识产权保护和贸易管理、贸易秩序、贸易调查、贸易救济、贸易促进等方面分别作出了规范；国家机关作为主管对外贸易的机关，主要有商务部、发展和改革委员会、科学技术部、海关总署以及国际服务贸易领域涉及的诸如中国人民银行、财政部、交通运输部、文化和旅游部等各个行业的主管部门。

《对外贸易法》的地域适用范围是指在一定的地理范围内该法所具有的法定管辖权。根据我国立法原则和国际法原则，我国最高立法机关——全国人大常委会通过的法律，其适用范围应是中华人民共和国领土范围。但是《对外贸易法》第69条规定："中华人民共和国的单独关税区不适用本法。"这一规定与我国立法原则和国际惯例并不矛盾，相反这正是《对外贸易法》同《关税与贸易总协定》第24条"适用的领土范围"保持一致的体现。

单独关税区是指以单独的关税制度划分的关税领土。在一个主权国家的国境中可以有一个或若干个实行不同关税制度的单独关税区，在一个单独关税区中也可以包含若干个独立的主权国家。根据《中华人民共和国香港特别行政区基本法》和《中华人民共和国澳门特别行政区基本法》的有关规定，香港和澳门特别行政区为"单独的关税区"，"实行自由贸易政策，保障货物、无形财产和资本的流动自由"。另外，香港和澳门特别行政区在经济、贸易、金融、航运、通信、旅游、文化、科技、体育等领域，可以以"中国香港"和"中国澳门"的名义，单独地同世界各国及有关组织保持和发展多边或双边关系，单独签订和履行有关协议。1986年4月23日，根据《关税与贸易总协定》第26条规定，中英各自发表声明，中国香港以单独关税区名义加入关税与贸易总协定；此后，中国澳门也以相同形式成为关税与贸易总协定成员。中国台湾是中国领土不可分割的一部分，但是由于历史原因，其有独立的对外贸易法律制度，并实行单独关税制度。在关税与贸易总协定乌拉圭回合谈判期间，台湾当局以"台澎金马单独关税区（即台湾、澎湖、金门、马祖四个地区）"名义向关税与贸易总协定提出加入申请书。由此可见，根据《对外贸易法》第69条的规定，《对外贸易法》的适用地域范围不包括上述3个地区，这是符合我国国情的。即使在中国香港、澳门和台湾回归祖国之后的相当长一个历史时期内，根据我国"一国两制"的基本国策，上述3个地区还会实行与内地不同的单独关税制度。中华人民共和国境内的经济特区和保税区虽然有一些关税税率方面减免的优惠政策，但并不意味着实行了单独的关税制度。因此，《对外贸易法》的地域适用范围包括除3个单独关税区之外的所有中华人民共和国的国境地区。

《对外贸易法》的时间适用范围是指《对外贸易法》的生效时间、失效时间以及对生效前的行为、事件的溯及力。修订后的《对外贸易法》自2016年11月7日起施行。

为保障自由贸易试验区“证照分离”改革全覆盖试点依法顺利实施，进一步优化营商环境，激发市场活力和社会创造力，加快政府职能转变，2019年10月21日，十三届全国人大常委会第十四次会议通过了《关于授权国务院在自由贸易试验区暂时调整适用有关法律规定的决定》，取消自由贸易试验区“对外贸易经营者备案登记”的规定，自2019年12月1日起施行，在3年内试行。实践证明可行，国务院将提出修改有关法律的意见；实践证明不宜调整，在试点期满后恢复施行有关法律规定。

2.2.4 贸易救济措施

在1994年7月1日实施的《对外贸易法》的基础上，我国1997年颁布并实施了《中华人民共和国反倾销与反补贴条例》[①]。加入世界贸易组织后，2002年开始施行《中华人民共和国反倾销条例》（以下简称《反倾销条例》）、《中华人民共和国反补贴条例》（以下简称《反补贴条例》）、《中华人民共和国保障措施条例》（以下简称《保障措施条例》），以建立与世界贸易组织规则相配套的法律、法规体系，并在实践中利用这些救济措施保护国内产业。2003年《产业损害调查听证规则》《反倾销产业损害调查规定》《反补贴产业损害调查规定》《保障措施产业损害调查规定》的施行，使有关法律具备了进一步的实体法性质和可操作性。2004年6月1日新修订的《反倾销条例》《反补贴条例》《保障措施条例》生效实施，维护了进口公平贸易秩序，合理保护了国内相关产业的合法权益，反击了国外对我国产品的歧视措施。

1）《反倾销条例》

《反倾销条例》共6章59条，自2004年6月1日起施行；《反倾销产业损害调查规定》共4章37条，自2003年11月17日起施行。

（1）《反倾销条例》的实体规则

①倾销的认定

《反倾销条例》第3条规定，在正常贸易过程中进口产品以低于其正常价值的出口价格进入我国市场即为倾销。第4、5条规定了进口产品正常价值和出口价格的确定方法：正常价值为进口产品的同类产品，在出口国（地区）国内市场的正常贸易过程中的可比价格；在没有这种可比价格时，以该同类产品出口到一个适当第三国（地区）的可比价格或者以该同类产品在原产国（地区）的生产成本加合理费用、利润，为正常价值；如果进口产品不直接来自原产国（地区），仍按出口国

① 《中华人民共和国反倾销条例》和《中华人民共和国反补贴条例》自2002年1月1日施行后，这个条例废止。

（地区）国内市场上的可比价格确定正常价值，但该产品仅通过第三国（地区）转运，可以以该同类产品在原产国（地区）的价格为正常价值。出口价格为进口产品实际支付或应当支付的价格；进口产品没有出口价格或者其价格不可靠的，以根据该进口产品首次转售给独立购买人的价格推定的价格为出口价格；但是，该进口产品未转售给独立购买人或者未按进口时的状态转售的，可以以商务部根据合理基础推定的价格为出口价格。

②损害的认定

《反倾销条例》第7条规定，倾销损害既包括对国内已经建立的相关产业造成实质损害或产生实质损害威胁，又包括对国内建设相关产业造成实质性阻碍。《反倾销产业损害调查规定》第4条规定，实质损害是指对国内产业已经造成的、不可忽略的损害；实质损害威胁是指对国内产业尚未造成实质损害，但有证据表明若不采取措施将导致国内产业实质损害发生的明显可预见和迫近的情形；实质阻碍是对国内产业未造成实质损害或者实质损害威胁，但严重阻碍了国内产业的建立。

③损害认定审查事项

《反倾销条例》第8、9条规定，在认定损害时，主要审查倾销产品的数量、价格、对国内产业的影响、出口国的生产能力、出口能力及库存等事项。如果倾销产品来自两个以上的国家（地区），其中每一个国家（地区）的倾销幅度不小于2%，并且进口数量占同类产品总进口量不低于3%，或者低于3%的若干国家（地区）的总进口量超过同类产品总进口量的7%；同时，根据国内竞争条件进行累积评估是适当的，可以就倾销产品造成的影响进行累积评估。《反倾销产业损害调查规定》第6、7条规定，进口产品数量审查既包括绝对数量也包括相对于国内同类产品生产或消费量的相对数量。进口产品价格审查包括倾销产品是否大幅削价销售，或是否大幅压低国内同类产品价格，或在很大程度上抑制国内同类产品本应发生的价格增长。对国内产业影响审查包括影响国内产业状况的所有有关经济因素和指标，如销售、利润、产量、市场份额、生产率、投资收益状况、设备利用率；影响国内价格的因素；倾销幅度大小；对现金流、库存、就业、工资、产业增长、筹资或投资能力的影响。

④同类产品、国内产业、区域产业的认定

《反倾销条例》第12条规定，同类产品是指与倾销产品相同或特性最相似的产品。《反倾销条例》第11条规定，国内产业是指国内同类产品的全部生产者，或其总产量占国内同类产品全部总产量的主要部分的生产者；生产者与进出口经营者有关联，或其本身就是倾销产品进出口经营者除外。区域产业是指在国内一个区域市场中销售其全部或几乎全部的同类产品，并且该市场的需求主要不是由国内其他地方供给的生产者。《反倾销产业损害调查规定》第13条补充规定，关联是指一方直接或间接控制或影响另一方，或者双方直接或间接受第三方控制或影响，或者双方共同直接或间接影响第三方。

⑤反倾销措施

反倾销措施包括临时反倾销措施、价格承诺和反倾销税3种，体现在《反倾销条例》第4章共20条中。

初步裁定倾销、损害成立时，可以采取临时反倾销措施，即按照规定的程序征收临时反倾销税或要求提供保证金、保函或其他形式的担保。反倾销立案调查决定公告之日起60天内不得采取临时反倾销措施。临时反倾销措施的实施自临时反倾销措施决定公告之日起不超过4个月，特殊情况下，可以延长至9个月。

初裁认定倾销与损害成立后，倾销产品的出口经营者作出改变价格或者停止以倾销价格出口的价格承诺，商务部认为价格承诺能够接受并符合公共利益，可以决定中止或者终止反倾销调查，不采取临时反倾销措施或者征收反倾销税；不接受价格承诺，应向有关出口经营者说明理由。中止或者终止反倾销调查后，应出口经营者请求或调查机关认为有必要，可以对倾销和损害继续进行调查；作出否定裁定的，价格承诺自动失效；作出肯定裁定的，价格承诺继续有效。出口经营者违反其价格承诺，可以立即决定恢复反倾销调查，并根据可获得的最佳信息，对实施临时反倾销措施前90天内的进口产品追溯征收反倾销税，但违反价格承诺前进口的产品除外。

最终裁定倾销成立并由此对国内产业造成损害的，可以按照规定程序征收反倾销税；征收反倾销税应当符合公共利益。反倾销税税额不超过终裁决定确定的倾销幅度；反倾销税高于已付或应付临时反倾销税或担保金额，差额部分不予收取；反倾销税低于已付或应付临时反倾销税或担保金额，差额部分视具体情况予以退还或重新计算。如果倾销产品有对国内产业造成损害的倾销历史，或者该产品进口经营者知道或应当知道出口经营者实施倾销并将对国内产业造成损害的；同时，短期内大量进口，可能会严重破坏反倾销税的补救效果，这两种情形并存的，可以对实施临时反倾销措施前90天内进口的产品追溯征收反倾销税，但立案调查前进口的产品除外。反倾销税的征收和价格承诺的履行不超过5年；终止措施后有可能导致倾销和损害继续或者再度发生的，反倾销税的征收期限可以适当延长。

(2)《反倾销条例》的程序规则

第一，申请。与进口产品相同或相类似的国内产业或代表国内产业的自然人、法人或有关组织可以依照规定向商务部提出反倾销调查的书面申请。

第二，立案。商务部对申请材料审查后，决定是否立案调查。遇有特殊情形，商务部有充分证据认为存在倾销和损害以及二者之间有因果关系的，可以自行立案调查。商务部应当将立案调查或不立案调查的决定予以公告，并通知申请人、已知的出口经营者和进口经营者、出口国（地区）政府等利害关系方。

第三，调查。反倾销调查应自立案决定公告之日起12个月内结束，特殊情况下可以延长至18个月。国内产业损害调查通常为立案开始前3～5年。

调查机构涉及商务部会同海关总署对倾销及倾销幅度进行调查；商务部会同国

务院有关部门对损害及损害程度进行调查；国务院关税税则委员会是反倾销调查的最高权力机构，有权对是否征收临时反倾销税、反倾销税、追溯反倾销税及数额作出最后决定。

调查方法主要有向利害关系方发放调查问卷、抽样调查、听证会、现场核查等，在利害关系方请求时，应当为其提供陈诉意见的机会。如利害关系方不如实反映情况、提供有关资料，或以其他方式阻碍调查的，商务部可以根据现有材料作出裁定，即国际通行的最佳可获得信息（best information available，BIA）规则。

第四，初裁。商务部根据调查结果作出初步裁定后予以公告。如果初裁认定倾销和损害以及二者之间的因果关系成立，可以采取临时反倾销措施，反倾销调查继续进行。如果初裁认定不存在，应当终止反倾销调查。

第五，终裁。商务部根据调查结果，终裁认定不存在倾销与损害的，则终止调查；终裁认定倾销成立，并由此对国内产业造成损害的，按规定程序由商务部提出征收反倾销税的建议，国务院关税税则委员会最终决定是否征收；如果征收，由海关总署自公告规定实施之日起执行。

专栏2-1　　　　最佳可获得信息（BIA）规则

最佳可获得信息（BIA）规则是反倾销程序法中一个知名的规则。它规定，如果应诉方未在合理时间内提供必要的信息，主观上不合作或是客观上无法提供令反倾销当局满意的财务数据，那么裁定将在“可获得事实”的基础上作出。“可获得事实”一般是指申诉方提出的发起调查的申请书中所提供的信息，当然也是对应诉方非常不利的信息。一旦反倾销当局依据BIA规则作裁定，往往导致高于实际的倾销幅度和反倾销税。BIA规则本质上属于反倾销调查辅助工具或程序，主要用以防止受调查的出口商拒绝或不在合理期间提供所要求的数据，或者严重阻碍调查。但在反倾销调查主管当局享有缺乏严格而明确约束的自由裁量权的情况下，BIA规则极可能被用来作为推行贸易保护政策的工具。

2）《反补贴条例》

《反补贴条例》共6章58条，自2004年6月1日起施行；《反补贴产业损害调查规定》共4章37条，自2003年11月17日起施行。

（1）《反补贴条例》的实体规则

①补贴的认定

《反补贴条例》第3、4条规定，政府或其任何公共机构提供的并为接受者带来利益的财政资助以及任何形式的收入或价格支持即为补贴。

采取反补贴措施的补贴必须具有专向性：

企业专向性：法律、法规明确规定的某些企业获得的补贴；

产业专向性：法律、法规明确规定的某些产业获得的补贴；

地区专向性：特定区域内的企业或产业获得的补贴；

禁止性补贴：清单列举的补贴以及进口替代补贴。

②损害的认定

《反补贴条例》第7条规定，损害既包括补贴对国内已经建立的相关产业造成的实质损害或产生实质损害威胁，又包括对国内建设相关产业造成实质阻碍。《反补贴产业损害调查规定》第4条规定，实质损害是指对国内产业已经造成的、不可忽略的损害；实质损害威胁是指未造成实质损害，但有证据表明若不采取措施将导致国内产业实质损害发生的明显可预见和迫近的情形；实质阻碍是指阻碍尚未建立的国内产业的形成和发展，致使该产业无法建立。

③损害认定审查事项

《反补贴条例》第8、9条规定，在认定损害时，主要审查补贴产品的数量、价格、对国内产业的影响、出口国的生产能力、出口能力及库存。如果补贴产品来自两个以上的国家（地区），其中每一个国家（地区）的补贴金额占产品价值的比重超过1%，发展中国家（地区）的比重超过2%；同时，根据国内竞争条件进行累积评估是适当的，可以就补贴产品造成的影响进行累积评估。《反补贴产业损害调查规定》第5、6条规定，数量审查既包括绝对数量也包括与国内同类产品生产或消费量相比的相对数量。价格审查包括补贴产品是否大幅削价销售，或是否大幅压低国内同类产品价格，或在很大程度上抑制国内同类产品本应发生的价格增长。对国内产业影响审查包括影响国内产业状况的所有有关经济因素和指标，如销售、利润、产量、市场份额、生产率、投资收益状况、设备利用率；影响国内价格的因素；补贴幅度大小；对现金流、库存、就业、工资、产业增长、筹资或投资能力的影响。农产品案件还要考虑是否给政府支持计划增加负担。

④同类产品、国内产业、区域产业的认定

《反补贴条例》第12条规定，同类产品是指与补贴产品相同或特性最相似的产品。《反补贴条例》第11条规定，国内产业是指国内同类产品的全部生产者，或其总产量占国内同类产品全部总产量的主要部分的生产者；生产者与进出口经营者有关联，或其本身就是补贴产品进出口经营者除外。区域产业是指在国内一个区域市场中销售其全部或几乎全部的同类产品，并且该市场的需求主要不是由国内其他地方供给的生产者。《反补贴产业损害调查规定》第13条规定，关联是指一方直接或间接控制或影响另一方，或者双方直接或间接受第三方控制或影响，或者双方共同直接或间接影响第三方。

⑤补贴金额的计算

《反补贴条例》第6条明确规定了不同情况下进口产品补贴金额的计算方式：

第一，无偿拨款补贴以实际接受的金额计算；

第二，贷款补贴以正常商业贷款条件下应付的利息与该贷款的利息差额计算；

第三，贷款担保补贴以没有担保情况下应付的利息与有担保情况下实际支付的利息差额计算；

第四，注入资本补贴以实际接受的资本金额计算；

第五，提供货物或服务补贴以该货物或服务正常市场价格与实际支付价格的差额计算；

第六，购买货物补贴以政府实际支付价格与该货物正常市场价格的差额计算；

第七，放弃或不收缴应收收入补贴以依法应缴金额与实际缴纳金额的差额计算；

第八，未列明的其他补贴按公平、合理的方式确定金额。

⑥反补贴措施

反补贴措施包括临时反补贴措施、价格承诺和反补贴税3种，体现在《反补贴条例》的第4章共18条中。

初步裁定补贴、损害成立时，可以采取临时反补贴措施，即按照规定的程序以保证金或保函担保作为临时反补贴措施。反补贴立案调查决定公告之日起60天内不得采取临时反补贴措施。临时反补贴措施的实施期限自决定公告规定实施之日起不超过4个月。

初裁认定补贴与损害成立后，补贴产品的出口经营者或出口国（地区）政府作出取消、限制补贴或其他有关措施的承诺，商务部认为承诺能够接受并符合公共利益，可以决定中止或者终止反补贴调查；不接受价格承诺，应向有关出口经营者说明理由。中止或者终止调查后，应出口国（地区）政府请求或调查机关认为有必要，可以对补贴和损害继续进行调查；作出否定裁定，价格承诺自动失效；作出肯定裁定，价格承诺继续有效。出口经营者违反价格承诺，可以立即决定恢复反补贴调查，并根据可获得的最佳信息，对实施临时反补贴措施前90天内的进口产品追溯征收反补贴税，但违反承诺前进口的产品除外。

最终裁定补贴成立并由此对国内产业造成损害的，可以按照规定程序征收反补贴税；征收反补贴税应当符合公共利益。反补贴税税额不超过终裁决定确定的补贴幅度；反补贴税高于保证金或保函担保金额，差额部分不予收取；反补贴税低于保证金或保函担保金额，差额部分应当予以退还。在终裁决定确定存在实质损害，并在此前已经采取临时反补贴措施的，或者终裁决定确定存在实质损害威胁，在先前不采取临时反补贴措施将会导致后来作出实质损害裁定而采取临时反补贴措施的情况下，反补贴税可以对已经实施临时反补贴措施的期间追溯征收。反补贴税的征收和承诺的履行期限不超过5年；终止措施后有可能导致补贴和损害继续或者再度发生，反补贴税的征收期限可以适当延长。

（2）反补贴条例的程序规则

第一，申请。进口产品的相同或相类似产品的国内产业或代表国内产业的自然人、法人或有关组织可以依照规定提出反补贴调查的书面申请。

第二，立案。商务部对申请材料审查后，决定是否立案调查。遇有特殊情形，商务部有充分证据认为存在补贴和损害以及二者有因果关系的，可自行立案调查。商务部应当将立案调查或不立案调查的决定予以公告，并通知申请人、已知的出口经营者、进口经营者以及其他有利害关系的组织、个人和出口国（地方）政府。

第三，调查。反补贴调查应自立案调查决定公告之日起12个月内结束，特殊情况下可以延长至18个月。国内产业损害调查通常为立案开始前3~5年。

调查机构涉及商务部对补贴及补贴幅度进行调查；商务部会同国务院有关部门对损害及损害程度进行调查；国务院关税税则委员会是反补贴调查的最高权力机构，有权对是否征收临时反补贴税、反补贴税、追溯反补贴税及数额作出最后决定。

调查方法主要有向利害关系方发放调查问卷、抽样调查、听证会、现场核查等，在利害关系方请求时，应当为其提供陈诉意见的机会。如利害关系方不如实反映情况、提供有关资料，或以其他方式阻碍调查的，商务部可以根据现有材料作出裁定，即国际上通行的最佳可获得信息（BIA）规则。

第四，初裁。商务部根据调查结果作出初步裁定后予以公告。如果初裁认定补贴和损害成立的，可以采取临时反补贴措施；反补贴调查继续进行。如果初裁认定不存在补贴和损害的，应当终止反补贴调查。

第五，终裁。商务部根据调查结果就补贴与损害作出最终裁定后予以公布。如果终裁认定不存在补贴与损害的，则终止调查；如果终裁补贴成立并由此造成损害的，按规定程序由商务部提出征收反补贴税的建议，国务院关税税则委员会最终决定是否征收；如果征收，由海关总署自公告规定实施之日起执行。

3）《保障措施条例》

《保障措施条例》共5章34条，自2004年6月1日起施行；《保障措施产业损害调查规定》共4章29条，自2003年10月29日起施行。

（1）《保障措施条例》的实体规则

①进口产品数量增加的认定

《保障措施条例》第7条规定，进口产品数量增加是指进口产品数量的绝对增加或者与国内生产相比的相对增加。

②损害的认定

《保障措施条例》第2条规定，损害是指对生产同类产品或直接竞争产品的国内产业造成严重损害或严重损害威胁。《保障措施产业损害调查规定》第4条规定，严重损害是指国内产业受到全面的和重大的减损；严重损害威胁是指明显迫近的严重损害，如果不采取措施将导致严重损害的发生。

③损害认定审查事项

《保障措施条例》第8条规定，在认定损害时，主要审查进口产品数量的绝对和相对增长率与增长量；增加的进口产品占国内市场的份额；对国内产业的影响，包括对国内产业产量、销售水平、市场份额、生产率、设备利用率、利润与亏损、就业等的影响。

④同类产品、直接竞争产品、国内产业的认定

《保障措施产业损害调查规定》第7条规定，同类产品是指与被调查进口产品相同或特性最相似的产品；直接竞争产品是指与被调查进口产品具有相近用途和较强可替代性，并且具有直接竞争关系的产品。《保障措施条例》第10条规定，国内产业是指国内同类产品或直接竞争产品的全部生产者，或其总产量占国内同类产品或直接竞争产品全部总产量的主要部分的生产者。

⑤保障措施

保障措施包括临时保障措施和保障措施两种，体现在《保障措施条例》的第3章共10条中。

初步裁定进口产品数量增加，如果不采取临时保障措施将对国内产业造成难以补救的损害，可以按照规定的程序以提高关税作为临时保障措施。临时保障措施实施期限自决定公告规定实施之日起不超过200天。

最终裁定进口产品数量增加并由此对国内产业造成损害的，可以按照规定程序以提高关税、数量限制等形式实施保障措施。数量限制后的进口量不得低于最近3个有代表性年度的平均进口量，但有正当理由表明为防止或者补救严重损害而有必要采取不同水平的数量限制措施除外。

（2）《保障措施条例》的程序规则

第一，申请。与国内产业有关的自然人、法人或其他组织可以依照规定提出采取保障措施的书面申请。

第二，立案。商务部对申请材料审查后，决定是否立案调查。遇有特殊情形，商务部有充分证据认为进口产品数量增加损害国内产业，可自行立案调查。商务部将立案调查的决定通知世界贸易组织保障措施委员会。

第三，调查。商务部对进口产品数量增加进行调查，并会同国务院有关部门对损害进行调查；国务院关税税则委员会是保障措施决定的最高权力机构。产业损害调查期通常为立案调查开始前3~5年。调查的方法有向利害关系方发放调查问卷、抽样调查、听证会、现场核查等，在利害关系方请求时，应当为其提供陈诉意见的机会。

第四，初裁。商务部根据调查结果作出初步裁定，决定采取临时保障措施前，应通知世界贸易组织保障措施委员会。

第五，终裁。商务部根据调查结果作出最终裁定，保障措施的实施由海关总署执行，实施期限不超过4年，特殊情况延长期限，最长不超过10年。

2.2.5　对外贸易壁垒调查规则

遵守世界贸易组织的各项规则和承诺是我国应尽的义务，同时，调查其他成员影响我国正常出口贸易和境外投资的各类措施，并根据世界贸易组织相关规则采取措施，努力消除我国出口贸易和境外投资所面临的不合理限制，也是我国作为世界

贸易组织成员享有的合法权利。为做好贸易与投资壁垒调查工作，将其纳入法治化、规范化的轨道，对外贸易经济合作部于2002年9月发布了《对外贸易壁垒调查暂行规则》，并于2002年11月1日起实施，对外国（地区）政府实施的贸易与投资壁垒进行调查。2005年商务部修订了该暂行规则，《对外贸易壁垒调查规则》（以下简称《调查规则》）自2005年3月1日起施行，共5章37条。

1）《调查规则》的实体规定

（1）贸易壁垒的认定

《调查规则》第3条规定，贸易壁垒是指外国（地区）政府实施或支持实施的违反或未履行该国（地区）与我国共同缔结或共同参加的经济贸易条约或协定规定义务的措施；或者外国（地区）政府实施或支持实施的对我国产品或服务进入该国（地区）或第三国（地区）造成或可能造成不合理的阻碍或限制，或对竞争力造成或可能造成损害的措施；或者外国（地区）政府实施或支持实施的对该国（地区）或第三国（地区）的产品或服务向我国出口造成或可能造成阻碍或限制的措施。

（2）国内企业、国内产业的认定

《调查规则》第5条规定，国内企业、国内产业是指与被诉贸易壁垒涉及的产品生产或服务供应有直接关系的企业或产业。

（3）贸易壁垒救济措施

《调查规则》第33条规定，如果被调查措施或者做法被认定为贸易壁垒，商务部应视情况采取双边磋商、启动多边争端解决机制或其他适当的措施。

2）《调查规则》的程序规定

第一，申请。国内企业、国内产业或代表国内企业、国内产业的自然人、法人或其他组织可以按照规定提出壁垒调查的书面申请。

第二，立案。商务部应申请人申请，60天内作出是否立案的决定；商务部确认有必要时，可以自行立案。立案公告后应通知申请人、已知的进出口经营者、被调查国家（地区）政府以及其他利害关系方。

第三，调查。商务部根据需要组成专家咨询组，采用问卷、听证会、实地取证等方式向利害关系方了解情况，进行调查。被调查国（地区）政府承诺在合理期限内取消或调整被调查的措施或做法，或者向我国提供适当的贸易补偿，或者履行经济贸易条约或协定义务等情况下，商务部可以决定中止调查并发布公告。被调查国（地区）政府未在合理期限内履行承诺，商务部可以恢复调查。

第四，裁定。贸易壁垒调查应自立案决定公告之日起6个月内结束，特殊情况下可延长，但延长期不得超过3个月。

与反倾销、反补贴及保障措施相比，贸易壁垒调查申请人范围很广，即国内企业、国内产业或者代表国内企业、国内产业的自然人、法人或其他组织都可以成为申请人，对申请人总量或比例方面未提出要求；《调查规则》对申请书的内容要求也比较宽松，未确定必备项目；对申请人提交的证据材料的要求也是弹性的。这些规定体现了《调查规则》在调查申请方面的指导思想，即降低申请门槛，方便提出申请。

专栏2-2　　　　　　我国贸易壁垒调查第一案

日本多年来一直将干紫菜和调味紫菜纳入进口配额产品目录，对原产于哪个国家的紫菜能够进口以及进口数量的多少，完全由日本政府加以严格控制。自实施配额管理以来，日本只对原产于韩国的该类紫菜产品发放进口配额，从而导致中国同类紫菜产品对日本出口多年来一直为零。我国作为紫菜生产大国，紫菜加工设备、零配件基本从日本引进，近20年来金额累计超过4 000万美元。而作为世界最大紫菜消费国的日本，一方面向中国出口大量相关机械设备，另一方面又禁止中国紫菜的进口，令人难以理解。这和其他主要消费市场均进口中国紫菜形成了鲜明对比。

为保护近海资源，中、日、韩政府曾签署了双边渔业协定，对渔业捕捞实行转产。发展紫菜养殖加工是我国沿海地区实行渔业捕捞转产的重要内容。日本政府对中国出口紫菜的歧视性做法，不仅严重影响我国紫菜养殖加工产业的发展，也严重影响了我国沿海地区保护近海资源的努力。江苏省紫菜协会代表下属107家会员于2004年2月25日向商务部公平贸易局提出申请，请示调查并认定日本政府在紫菜进口方面存在贸易壁垒，并要求在此基础上与日本政府进行磋商，以促使其取消对中国的条斑紫菜（具体产品为干紫菜和调味紫菜）的进口限制措施。由此引发了我国建立对外贸易壁垒调查制度以来，由国内产业提出申请的贸易壁垒调查第一案。本次贸易壁垒调查申请所涉及的产品与日韩生产的紫菜属同类品种，3国该类紫菜的养殖加工方式、产品规格等基本相同。

2004年4月22日，商务部启动对外贸易壁垒调查程序。调查期间，商务部对贸易壁垒措施进行了调查，并与日本政府有关部门举行了磋商；在2004年10月中旬于北京举行的第三轮政府磋商中，日方承诺在合理期限内采取切实措施解决中方关注的问题；鉴于此，商务部于2004年10月21日中止了本次调查。2005年2月21日，日本经济产业省公布了2005年紫菜进口配额方案，取消了对进口紫菜原产国的限制，将进口紫菜国别配额改为全球配额，进口紫菜配额总量为4亿张。这标志着自2005年起，我国紫菜可以进入日本市场。

2.3　外汇管理与人民币汇率机制

外汇管理是一国对外贸易宏观调控的重要环节，汇率机制是一国干预进出口贸易、调节国际收支平衡的关键手段之一。20世纪80年代以来，我国外汇管理体制不断改革，逐步形成了相对符合国际惯例和有关国际规范的管理制度。1994年1月1日起，我国人民币汇率制度进行重大改革，人民币官方汇率与外汇调剂市场汇率并轨，建立以市场供求为基础的、单一的、有管理的浮动汇率制度。2005年7月21日起，中国人民银行宣布人民币不再单一钉住美元浮动，实行以市场供求为基础、参考篮子货币进行调整、有管理的浮动汇率制度。人民币汇率的浮动性开始逐步增强。

2.3.1 外汇管理制度

外汇管理是指一国政府授权货币当局或其他机构，对外汇的收支、买卖、借贷、转移以及国家间结算、外汇汇率和外汇市场等实行的管制行为。《中华人民共和国外汇管理条例》所称外汇，是指下列以外币表示的可以用作国际清偿的支付手段和资产：外币现钞，包括纸币、铸币；外币支付凭证或者支付工具，包括票据、银行存款凭证、银行卡等；外币有价证券，包括债券、股票等；特别提款权；其他外汇资产。外汇管理主要目的是集中使用该国的外汇，防止外汇投机，限制资本的流出和流入，改善和平衡国际收支。

1）我国外汇管理体制的演变

改革开放前，我国的外汇资金在较长的一段时间内非常紧张，因此我国实行了严格的外汇管理，国家对外贸和外汇实行统一经营，外汇收支实行指令性计划管理；所有外汇收入必须售给国家，用汇实行计划分配；对外基本不举借外债，不接受外国来华投资；人民币汇率仅作为核算工具。改革开放后，我国对外经济迅猛发展，外汇管理体制也随之经历多次改革。

（1）1949—1978年的外汇管理

早在人民解放战争时期，随着各地先后解放，华北、华东、华中、华南各大行政区公布了各自的外汇管理办法和实施细则。1949年9月，中国人民政治协商会议第一次全体会议通过的《中国人民政治协商会议共同纲领》第39条明确规定，禁止外币在国内流通，外汇、外币和金银的买卖由国家银行经理。中华人民共和国建立后，政务院于1950年10月发布了《外汇分配使用暂行办法》；1951年3月，政务院发布了《中华人民共和国禁止国家货币出入国境办法》；1952年10月，中国人民银行发布了《中华人民共和国禁止国家货币票据及证券出入国境暂行办法》。1949—1952年国民经济恢复时期的这些办法和规定，尽管还不够完善，但从此我国开始建立起独立自主的外汇管理制度。

1953年起，我国实行计划经济体制，多数资源归政府所有，并且由政府指令分配。1953—1978年，我国实行计划控制、高度集中的外汇管理政策，一是分口管理外汇收支，对外贸易部和财政部分别管理对外贸易活动和非贸易活动的外汇收支，中国人民银行管理地方政府、企业以及私人的外汇，采取“以收定支，以出定进”的国际收支平衡政策；二是采取不同的管理措施，贸易外汇遵从指令性计划管理，非贸易活动的外汇实行审批制管理，国内单位若持有外汇必须进行申报，不得私自处置，不允许私自保留。

党的十一届三中全会以前，我国外汇管理一直实行“集中管理、统一经营”的方针，一切外汇收支由国家管理，一切外汇业务由中国人民银行经营。这种高度集中、计划管理的外汇管理政策符合当时计划经济体制发展的需要，但是单纯依靠行政手段和计划管理，忽视了经济手段和市场的作用，既不利于外汇资源的有效配置，也不利于对外贸易的发展。

（2）1979—1993年的外汇管理

1979—1993年，我国逐步放松了外汇管理，并对外汇管理体制进行了一系列改革。

第一，建立专门机构对外汇进行管理。1979年3月，正式设立专门管理外汇的国家机关——国家外汇管理局。1982年8月，中国人民银行改为我国中央银行，随后国家外汇管理局被并入中国人民银行，各地相应设立了外汇管理机构。

第二，批准多个金融机构共同经营外汇业务。1979年前，中国银行独自经营外汇业务。改革开放之后，打破了原来统一经营的格局，允许各银行交叉经营外汇业务，1985年，我国允许开设中外合资银行和外资银行分行经营外汇业务；1986年，国有专业银行被批准增设外汇业务。

第三，实行外汇留成制度。1979年，国务院发布了《关于大力发展对外贸易增加外汇收入若干问题的规定》《出口商品外汇留成试行办法》《关于非贸易外汇留成试行办法》，决定实行贸易和非贸易的留成办法，允许创汇部门和企业收入的外汇，按照国家规定的比例，保留一部分自己使用；同时，允许外商投资企业收入的外汇，全部保留，自收自用。

外汇分为中央外汇和地方外汇、企业的留成外汇、外商投资企业的自有外汇两类。中央外汇按照计划分配使用，主要用于少量有关国计民生的重要物资的进口，约占进口总额用汇的15%；这部分进口按非歧视原则进行，没有任何国别限制。地方部门、企业和外商投资企业的外汇实行指导性计划和市场调节，由企业自行安排使用，可以用于进口，可以支付对外劳务、服务费用，也可以在外汇调剂市场出售。

第四，建立外汇调剂市场，实行双重汇率制度。1980年10月我国开办了外汇调剂业务，限于地方、部门、企业所持有的留成外汇的买卖；1986年扩大到国内居民持有外汇的买卖。调剂汇率一开始由国家规定，1988年开始由外汇供求决定，人民银行可以适度干预。

外汇调剂市场采取会员制。会员有两类：一类是经纪商（批准经营外汇业务的金融机构），可以代客买卖外汇；另一类是自营商（买卖外汇频繁、金额较大的国内企业和外商投资企业），可以买卖本身所有的或需要的外汇。两类会员都可派交易员进场买卖外汇。在全国有15个公开市场。买卖外汇的汇率，由买卖双方根据市场的供求状况议定。一般是根据前一个营业日的市场收市价，由买卖双方会员各自提出买卖的金额和要价，逐步地提价或降价，间隔3分钟喊价一次。买卖价格趋于一致时，即行成交。成交后外汇调剂市场通知买卖双方在规定期限内办理交割和结算。外汇调剂市场受国家外汇管理局的指导和监督，在正常情况下，政府不干预调剂市场的交易，但在市场汇率出现不正常波动时，人民银行可以进入市场买卖外汇进行干预，必要时，也可以规定临时的最高限价。

第五，放开个人用汇的限制，发行外汇兑换券。1980年，规定个人收入的外汇只能出售给符合条件的银行，同时可以按规定比例留存；为了给旅客提供便利，外来人员可以将外汇兑换成外汇兑换券并在指定场所使用。1984年，中国银行开办个人外币储蓄存款，居民外汇可以全部存入银行，并按规定支取使用。1991年，国内居民可以通过外汇调剂市场买卖外汇。

（3）1994—2000年的外汇管理

1994—2000年，我国对外汇管理采取了很多新措施，初步建立起适应社会主义市场经济体制的外汇管理框架。

第一，建立并完善银行结售汇体系，加强对出口收汇和进口付汇的管理。1994年，国家对外汇管理体制进行重大改革，取消外汇留成制度，实行银行结售汇制度。1996年，对外资企业的外汇收支实行银行结售汇制度，但允许其在外汇调剂市场上进行外汇买卖；1998年外汇调剂中心关闭后，外资企业的相关外汇收支通过银行的结售汇体系进行交易。

为避免外汇大量流出，1994年国家建立了通过事后核对进出口物流和资金流是否对应的进出口核销制度，加强对出口收汇和进口付汇的核销工作。

第二，改革汇率制度。1994年，人民币官方汇率与市场汇率并轨，实行以市场供求为基础的、单一的、有管理的浮动汇率制度，建立全国统一规范的外汇市场。1996年12月，我国宣布接受国际货币基金组织第8条款，实现人民币经常项目可兑换。

第三，减少对非贸易用汇的限制，完善资本账户外汇管理政策。自1996年开始，多次提升国内居民因私用汇的标准，供应外汇范围不断扩大；对外债的借入和归还采取计划管理政策，对外债和对外担保采取登记和审批制度。

（4）2001年后的外汇管理

2001年年底我国加入世界贸易组织，为适应新形势，我国不断深化外汇管理体制改革。

第一，转变外汇管理目标，提出新监管理念。外汇管理部门提出了维持国际收支平衡的管理目标和均衡管理的监管理念，要求实现“五个转变”：重审批转变为重监测分析，重事前监管转变为强调事后管理，重行为管理转变为强调主体管理，从“有罪假设”转变到“无罪假设”，从“正面清单”转变到“负面清单”。

第二，引入QFII、QDII、RQFII制度，扩大金融市场双向开放。为吸引外国投资者投资中国证券市场，2002年引入合格境外机构投资者（QFII）制度；为创造更多的外汇需求，2007年引入合格境内机构投资者（QDII）制度；为进一步推进人民币国际化，2011年实行人民币合格境外机构投资者（RQFII）制度。为更好地利用国际国内两个市场、两种资源，服务国内经济参与全球竞争，扩大了金融市场的双向开放，2014年开通沪港通、2015年开展内地与香港基金互认工作、2016年启动深港通、2017年推出债券通。2018年，解除QFII、RQFII锁定期要求和QFII资金汇出比例限制，增加QDII额度。

第三，不断完善相关项目的外汇管理。2012年8月1日，国家对货物贸易项目下的支付不予限制，出口收汇可以按照相关规定调回境内或存放境外，但必须满足真实性的特点，外汇管理局有权根据宏观经济需要实行必要的管控。2013年7月，改革服务贸易相关外汇制度，取消事前审批，外汇收入可以在规定期限内、按照规定的条件调回国内，也可以置于国外，可以自行保留，也可以办理结汇。

深化资本账户外汇管理改革，取消境内和境外直接投资项目下的外汇登记核准制度，银行审核后可以直接办理相关业务；取消境外再投资外汇备案以及直接投资外汇年检，简化部分外汇业务办理程序。对外资企业的外汇资本金实行意愿结汇制度，比例暂定为100%，国家可以根据具体情况进行调节。

第四，以自贸区为试点继续放松外汇管制。在自由贸易实验区内，基本解除对资金跨境流动的限制，增加投资和融资的汇兑便利，通过提供多种对冲手段，为企业走出国门、在境外投资提供便利条件，并提高海外投资企业的融资能力。2015年2月，全口径跨境融资的宏观审慎管理政策在上海自贸区进行试点，2017年1月13日起，这项政策的实施范围扩大到全国。

第五，修订外汇管理条例。1980年12月，我国发布了《中华人民共和国外汇管理暂行条例》及其各项实施细则；1996年1月《中华人民共和国外汇管理条例》颁布实施，外汇管理改革成果以法规形式得以进一步确立。进入21世纪，我国面临的国际和国内环境发生了很大变化，2008年修订了《中华人民共和国外汇管理条例》，促进国际收支平衡，保障国民经济健康发展。

2）我国外汇管理制度的主要内容

2008年8月5日起施行的《中华人民共和国外汇管理条例》共54条，核心是简化经常账户的管理程序和内容，规范资本账户的收支管理，强调外汇流入流出的均衡管理，完善汇率机制，实行金融机构外汇业务的综合头寸管理，健全外汇监管手段和措施。

（1）经常项目外汇管理

第一，经常项目外汇收入可按规定保留或者卖给金融机构；经常项目外汇支出按付汇与购汇的管理规定，凭有效单证以自有外汇支付或者向金融机构购汇支付。

第二，为保证经常项目外汇收支具有真实、合法的交易基础，办理外汇业务的金融机构应当对交易单证的真实性及其与外汇收支的一致性进行合理审查，外汇管理机关有权对此进行监督检查，监督检查可以通过核销、核注、非现场数据核对、现场检查等方式进行。

第三，携带、申报外币现钞出入境的限额，由国务院外汇管理部门规定。

（2）资本项目外汇管理

第一，境外机构、境外个人在境内直接投资，经有关主管部门批准后，应当到外汇管理机关办理登记；境外机构、境外个人在境内从事有价证券或者衍生产品发行、交易，应当遵守国家关于市场准入的规定，并按照外汇管理部门的规定办理登记。

第二，境内机构、境内个人向境外直接投资或者从事境外有价证券、衍生产品发行、交易，应当按照外汇管理部门的规定办理登记。国家规定需要事先经有关主管部门批准或者备案的，应当在外汇登记前办理批准或者备案手续。

第三，借用外债应当按照国家有关规定办理，并到外汇管理机关办理外债登记，外汇管理部门负责全国的外债统计与监测，并定期公布外债情况；国家对外债实行规模管理。

第四，资本项目外汇收入保留或者结汇应当经外汇管理机关批准；资本项目外汇支出国家未规定需事前经外汇管理机关批准的，原则上可以持规定的有效单证直接到金融机构办理，国家规定应当经外汇管理机关批准的，在外汇支付前应当办理批准手续。

第五，资本项目外汇及结汇后人民币资金应当按照有关主管部门及外汇管理机关批准的用途使用，并授权外汇管理机关对资本项目外汇及结汇后人民币资金的使用和账户变动情况进行监督检查。

（3）金融机构外汇业务管理

第一，金融机构经营或者终止经营结汇、售汇业务，应当经外汇管理机关批准；经营或者终止经营其他外汇业务，应当按照职责分工经外汇管理机关或者金融业监督管理机构批准。

第二，外汇管理机关对金融机构外汇业务实行综合头寸管理，具体办法由外汇管理部门制定。

第三，金融机构的资本金、利润以及因本外币资产不匹配需要进行人民币与外币间转换的，应当经外汇管理机关批准。

（4）人民币汇率与外汇市场管理

第一，人民币汇率实行以市场供求为基础的、有管理的浮动汇率制度。

第二，经营结汇、售汇业务的金融机构和符合外汇管理部门规定条件的其他机构，可以按照外汇管理部门的规定在银行间外汇市场进行外汇交易，交易的币种和形式由外汇管理部门规定；外汇市场交易应当遵循公开、公平、公正和诚实信用的原则；外汇管理部门依法监督管理全国的外汇市场，可以根据外汇市场的变化和货币政策的要求，对外汇市场进行调节。

（5）违反外汇管理规定应承担的法律责任

逃汇行为，非法套汇行为，非法结汇行为，违反规定携带外汇出入境，擅自对外借款、在境外发行债券或者提供对外担保等违反外债管理的行为，违反规定擅自改变外汇或者结汇资金用途的行为，私自买卖外汇、变相买卖外汇、倒买倒卖外汇或者非法介绍买卖外汇数额较大等违反外汇管理规定的行为，未经批准擅自经营结汇、售汇业务以及结售汇业务以外的其他外汇业务的行为，均按照外汇管理条例的相关规定予以处罚；构成犯罪的，依法追究刑事责任。

3）我国外汇管理政策发展的特点

中华人民共和国成立以来，外汇领域发生了巨大变化，外汇管理政策也随之进行了调整，总体上呈现出由严格到宽松、由集中到分散、越来越强化市场机制作用的趋势。

第一，从外汇集中管理向意愿结售汇转变。面对储蓄和外汇的“双缺口”困境，我国对外汇实行集中管理和统一支配，并逐步演变为外汇留成制度和强制结售汇制度。随着对外贸易的发展，告别外汇短缺时代，我国成为国际储备大国，实行意愿结售汇制度。

第二，从强调创汇、收汇向强调用好汇、管好汇转变。在外汇短缺时期，我国采取很多措施鼓励企业创汇，收入外汇要出售给国家或者存入国家银行。随着外汇储备的增加，国家不断提高企业和个人的用汇限额。

第三，汇率形成机制向市场化转变。中华人民共和国成立初期，汇率由官方规定；改革开放后形成双重汇率制，1994年取消双重汇率制并宣布实行有管理的浮动汇率制。自此，汇率形成机制开始向市场化转变，汇率弹性不断加大。

第四，从国家承担外汇储备风险向经济主体自担风险转变。对外汇进行集中管理时期，所有外汇卖给国家，成为国家的外汇储备，汇率变动风险完全由国家承担。实行意愿结售汇制度之后，个人和企业需要自行承担持有外汇可能产生的风险。

第五，外汇储备投资向多元化转变。为避免美元贬值造成外汇储备缩水，我国减持美元储备，筹建共同外汇储备基金。

第六，人民币向可兑换货币转变。1996年，人民币实现经常账户可兑换；2001年加入WTO后，资本账户可兑换步伐加快。

2.3.2 人民币汇率制度

1）人民币汇率的历史演变

人民币汇率的具体制定和调整，根据不同时期的国内外政治经济情况的变化而有所不同。

（1）1949—1952年的单一浮动汇率制度

1949—1952年，人民币汇率实行单一浮动汇率制，其特点是波动较大。1949年1月18日首先在天津公布了人民币兑换资本主义国家货币的汇率，全国各地以天津口岸的汇率为标准，根据当地的具体情况，公布各自的人民币汇率。1950年全国财经工作会议以后，于当年7月8日开始实行全国统一的人民币汇率，由中国人民银行总行制定公布。这一阶段是我国国民经济恢复时期，国家面临的是工农业生产遭到严重破坏，物资供给严重不足，国内商品价格不断上升，对外贸易几乎陷于停顿，外汇资金十分匮乏的经济状况，因此，当时制定人民币汇率的方针是“奖励出口、兼顾进口、照顾侨汇”，主要根据“物价对比法”来制定人民币汇率。在这一阶段中，从1949年到1950年3月，人民币兑美元的汇率共调低了52次，由天津挂牌的1美元兑80元人民币贬值到1美元兑42 000元人民币；1950年7月8日全国统一外汇牌价时1美元兑35 000元人民币，至1952年12月，上调到1美元兑26 170元人民币（以上人民币均为旧币，1元新币等于10 000元旧币）。在这个阶段，人民币汇率的变化与国内外物价变化紧密结合，变动比较频繁；同时由于经营对外贸易的企业主要是私营企业，汇率机制主要是通过市场调节，人民币汇率的变动对进出口贸易起着调节作用。

（2）1953—1972年的单一固定汇率制度

1953—1972年，人民币汇率实行单一固定汇率制，其特点是保持基本稳定。从1953年开始，我国进入有计划的社会主义建设时期。当时我国工业品国内成本高，而国际市场价格相对较低，出口亏损，外贸系统采取了以进口补贴出口、进出口统算的办法，因此，人民币汇率实际上对进出口贸易已不再起调节作用，仅仅用于内部核算。这一时期我国国内实行计划价格管理体制，物价保持基本稳定；世界范围内普遍实行布雷顿森林体系下的固定汇率制，各国之间的汇率保持相对的稳定，人民币与美元汇率基本保持在1美元兑2.4676元人民币（新币）水平上。1953年起停止美元挂牌，人民币汇率与英镑联系。这一阶段由于人民币汇率长期未作调整，导致了汇价与物价的脱节，脱离了人民币与国际市场的联系。

（3）1973—1980年的篮子货币单一浮动汇率制度

1973—1980年，人民币汇率采用“一篮子货币”单一浮动政策，其特点是基本上呈直线升值的态势。1973年3月，以美元为中心以固定汇率制为主要内容的国际货币体系解体，各国纷纷采用浮动汇率制。为避免西方国家汇率频繁变动的影响，人民币汇率必须与国际金融市场汇率变动相适应，经常进行调整。为此，这一时期人民币汇率的制定方法调整为钉住合成货币浮动，即钉住“一篮子货币”的计价形式。其具体做法是，选择我国对外经济贸易往来中经常使用的若干种外币，按照其重要程度和政策的需要，确定各种外币在“篮子”中的权重，并根据这些货币的汇率在国际市场上的变动情况，对人民币的汇率作相应的调整。这一办法从1973年一直沿用到20世纪90年代最初几年，其间选用的货币和权数曾变动过几次，但美元、日元、英镑、德国马克、瑞士法郎等始终占据重要地位。在这一阶段，我国国内物价逐渐上涨，人民币对内价值下降，而西方国家普遍通货膨胀，物价上涨，美元汇率持续下浮，人民币兑美元的汇率随之不断上调，这就形成了人民币汇率的高估，到1980年1美元兑1.4984元人民币。人民币汇率水平不合理，加以我国的进出口贸易基本上按既定的计划进行，因此这一时期的人民币汇率对我国的进出口贸易和其他经济活动的调节作用十分有限。

（4）1981—1993年的双重汇率制度

1981—1993年，人民币汇率实行双重汇率制，其特点是部分市场化并多次下调。改革开放后，对外贸易管理体制和外汇管理体制也开始进行改革。在人民币汇率制度方面，要求改变过去人民币汇率与对外经济贸易活动脱节，只起核算工具作用的状况，逐步发挥人民币汇率对进出口贸易及其他对外经济活动的调节作用，为了达到鼓励出口抑制进口的目的，必须纠正人民币汇率定值过高的缺陷，发挥人民币汇率对进出口的杠杆作用；但从非贸易外汇的角度看，由于主要西方国家实行的是高物价、高工资和高通货膨胀率政策，人民币汇率又显得定值过低，要改变非贸易外汇兑换不合理状况，增加旅游收入及其他非贸易外汇收入，反而要将人民币汇率上调，统一的人民币汇率对贸易收支和非贸易收支产生了不同的影响。因此，国务院决定从1981年1月1日起实行人民币汇率双重制：1美元兑2.80元人民币为贸易外汇收支内部结算价，1美元兑1.53元人民币为对外公布的用于非贸易收支的牌价。与官方汇率相比，内部结算价实际上是对人民币实行对外贬值，这在一定程度上鼓励了出口，也抑制了进口，这样人民币汇率又重新开始对我国的进出口贸易发挥积极的调节作用。1982年我国借美元汇率强劲之势，将公布的官方汇率逐步下调，到1985年1月1日，人民币官方汇率调整为1美元兑2.8元人民币，同内部结算价相等，这就取消了内部结算价。1985年以后，人民币汇率继续调低，到1993年12月31日，官方汇率为1美元兑5.8元人民币。

在外贸外汇管理体制改革的过程中，为了调动创汇单位创汇的积极性，扩大企业使用外汇的自主权，解决发展生产扩大业务所需要的物资和技术进口，1979年我国实行了外汇留成制度。所谓外汇留成制度就是对有收汇的部门、地方、企业把外汇卖给国家银行后，按照收汇金额和规定的留成比例，分配给相应的使用外汇的指标，由其自行安排使用。外贸外汇管理体制的改革，特别是外汇留成制度的实施，为外汇市场的形成和汇率的市场化提供了经济基础。外汇留成制度规定的留成外汇比例，在各地区、各行业、各种产品之间是不完全相同的，因此，有些地区、部门或单位、企业留成的外汇很多，实际使用的很少；而另一些地区、部门或单位、企业留成的外汇很少，实际使用的却很多，国家计划拨给的外汇不能满足需要，调剂外汇留成余缺便成为一种客观要求，中国的外汇调剂市场应运而生。1980年10月，中国银行北京、天津、上海等12个城市的分行，开办了外汇调剂业务。外汇调剂业务和外汇调剂市场逐步完善和发展，各省、自治区、直辖市、经济特区和计划单列城市都设有外汇调剂市场或外汇调剂中心，北京市设有全国性外汇调剂中心。外汇调剂市场发展到一定的规模，市场机制逐渐形成，在外汇调剂市场上调剂外汇的汇率称为调剂汇率，也称市场汇率，也就是企业、经纪人、中间商在外汇调剂市场买入卖出外汇的人民币价格。调剂汇率的形成，使人民币的对外汇率出现了由中国人民银行制定公布的官价和外汇调剂市场的调剂汇率并存的双重汇率制。

官方汇率由中国人民银行调整和公布，采取有管理的浮动汇率制；调整官方汇率需要考虑国内外货币购买力相对的变化、国际收支和外汇储备的状况及国际金融市场汇率变动等因素。市场汇率是由外汇调剂市场的买卖双方根据外汇供求状况议定的，在正常的汇率波动下，国家不予干预。这种双重汇率制一直持续到1993年年底。

（5）1994—2005年的浮动汇率制度

1994—2005年7月，人民币汇率实行以市场供求为基础的、单一的、有管理的浮动汇率制，为人民币将来成为可兑换货币打下基础。为了适应改革开放不断深入的要求和建立社会主义市场经济体制的需要，同时符合国际货币基金组织和世界贸易组织对各成员关于汇兑安排的规定，1993年11月14日通过了《中共中央关于建立社会主义市场经济体制若干问题的决定》，明确提出建立以市场供求为基础的、单一的、有管理的浮动汇率制度，这一制度决定汇率的主要依据是外汇市场的供求关系。从1994年起，我国将外汇调剂市场改为以银行间计算机联网的统一的外汇交易市场，即全国统一的银行间外汇市场。银行间外汇交易市场实行会员制，经国家外汇管理局批准，外汇指定银行及其授权的分支机构以及经营外汇业务的其他金融机构可以成为交易市场的会员，参与交易市场的交易活动；外汇交易市场实行会员报价、计算机撮合成交的竞价成交方式，根据价格优先、时间优先的原则，计算机对外汇买入价和卖出价按先后顺序组合，按最低买入价和最高卖出价撮合，形成一笔撮合价。中国人民银行以前一天银行间外汇市场所有撮合价的加权平均数为基准汇率，参照国际金融市场（纽约外汇市场）美元兑其他货币的汇率套算出人民币兑其他可自由兑换货币的价格。国家主要运用经济手段，如货币政策、利率政策，调节外汇供求，保持汇率的相对稳定。这一阶段人民币汇率总的走势是稳中有升，有力地促进了我国外汇体制和经济体制改革的深化，促进了对外贸易的发展。并轨初期，人民币汇率基本稳定在1美元兑8.70元人民币的水平上，由于我国对外贸易的发展，外汇储备增加，国内宏观经济形势稳健以及中国人民银行对外汇市场的成功操作，使人民币汇率稳中有升，升至1997年年中的1美元兑8.30元人民币左右，而且基本稳定在这个水平上，没有出现大起大落现象。

（6）2005—2015年的浮动汇率制度

2005年7月—2008年8月，人民币汇率实行以市场供求为基础、参考篮子货币进行调节、有管理的浮动汇率制度。2005年7月21日起，我国宣布对汇率形成机制进行重大改革，即实行以市场供求为基础、参考一篮子货币进行调节、有管理的浮动汇率制度。篮子内的货币构成，综合考虑在我国对外贸易、外债、外商直接投资等外经贸活动中占比较大的主要国家、地区的货币。参考篮子表明外币之间的汇率变化会影响人民币汇率，但参考一篮子货币不等于钉住一篮子货币，市场供求关系仍是汇率变动的另一重要依据，据此形成有管理的浮动汇率。

2006年1月4日起，在银行间即期外汇市场上引入询价交易方式（简称OTC方式），同时保留撮合方式，即银行间外汇市场交易主体可在原有集中授信、集中竞价交易方式的基础上，自主选择双边授信、双边清算的交易方式，按照中国人民银行规定的银行间外汇市场交易汇价浮动幅度，在银行间外汇市场询价交易系统上进行双边询价外汇交易；同时在银行间外汇市场引入做市商制度，为市场提供流动性，提高市场交易效率，转移和分担风险。银行间外汇市场做市商，是指经国家外汇管理局核准，在我国银行间外汇市场进行人民币与外币交易时，承担向市场会员持续提供买卖价格义务的银行间外汇市场会员。做市商由具备一定实力和信誉的法人充当，在不断提供买卖价格的同时，按其提供的价格以自有资金和货币与投资者进行交易，并通过买卖价差实现一定利润。做市商制度的建立意味着中国人民银行进一步将外汇市场的自主定价权下放给商业银行。实行这种汇率制度，对进一步扩大我国对外开放，发展同世界各国的贸易、经济合作与交往都有重要的积极意义和作用，也为人民币将来成为可自由兑换货币打下了基础。

2006年5月15日人民币兑美元汇率中间价破8.00，达到1美元兑7.9982元人民币。2007年，人民币汇率更是节节攀升，屡创新高，同时人民币汇率13年来首次超过港币。2007年5月，央行宣布放宽银行间外汇市场人民币兑美元汇率日波幅，幅度从±0.3%扩大到±0.5%，这是自1994年以来对人民币兑美元汇价波幅的首次调整；8月，国家外汇管理局发布通知，取消经常项目外汇账户限额管理，允许境内机构根据自身经营需要，自行保留经常项目外汇收入；9月，中国投资有限责任公司正式成立，公司接受财政部发债购汇的注资，用于境外投资，拓宽了我国多元化、多层次的外汇投资体系。

（7）2008年后的浮动汇率制度

为应对全球金融危机，2008年，我国实际上采用人民币与美元“硬挂钩”政策，本质上就是人民币钉住美元不放松。当时美元升值，人民币也随之升值，这种趋势，对世界经济的稳定起到了重要作用。

2008年8月，《中华人民共和国外汇管理条例》实施。2009年4月，中国政府决定在上海市和广东省广州、深圳、东莞、珠海4城市开展跨境贸易人民币结算试点。2009年7月1日，央行等6部委联合发布《跨境贸易人民币结算试点管理办法》；7月3日，央行公布《跨境贸易人民币结算试点管理办法实施细则》，即日起实施；7月6日，跨境贸易人民币结算首单业务在上海正式启动。2010年6月22日，经国务院批准同意，跨境贸易人民币结算试点范围扩大到北京、天津、内蒙古、辽宁、江苏、浙江、福建、山东、湖北、广西、海南、重庆、四川、云南等20个省、自治区、直辖市，跨境贸易人民币结算的境外地域从港澳、东盟地区扩展到所有国家和地区。人民币在周边国家的跨境流通量不断增加，人民币成为备受周边国家中央银行青睐的国际储备货币。2009年跨境贸易人民币结算试点时的结算量只有32亿，到2013年年底达到30 189亿，占海关货物贸易比重达到11.7%。跨境贸易人民币结算5年内，累计结算量达到11.8万亿；同时我国与23个国家中央银行签订了双边货币的互换协议，与周边9个国家签订了双边本币结算协议。2014

年4月1日起，边贸企业和个人与境外贸易机构开展边境贸易经营活动，可以使用人民币、毗邻国家货币或者可自由兑换货币计价结算，也可以使用易货的方式结算。跨境贸易人民币结算的快速发展、国内汇率与利率的市场化等一系列改革为人民币走出去创造了市场基础。

中国人民银行宣布自2014年3月17日起将人民币兑美元每日波幅上限由1%扩大至2%，人民币兑美元汇率走势震荡，双向波动特征明显。相较汇率弹性的增强，汇率中间价的市场化改革则相对滞后。2015年8月11日，中国人民银行宣布优化人民币兑美元汇率的中间价报价机制，做市商在对人民币兑美元中间价报价时主要参考上一交易日的汇率收盘价。“8·11”汇改优化了人民币汇率中间价形成机制，使得中间价的形成主要由外汇市场供求情况决定，做市商报价来源更为透明，很大程度上缩小了央行对汇率中间价的操控空间，同时也是促进人民币加入特别提款权（SDR）、推动人民币国际化进程的重要助力。“8·11”汇改对市场造成了不小的冲击，此后人民币汇率进入了近一年半的贬值区间，并伴随着资本的大规模流出，央行此后及时调整汇率中间价形成机制以稳定市场。

2016年2月，中国人民银行发布新的人民币汇率中间价的定价公式，即“中间价=上一交易日收盘价+一篮子货币汇率变化”，要求做市商在对中间价报价时，适度调整人民币兑美元汇率，以维持人民币对一篮子货币汇率的基本稳定。2017年5月26日，在人民币汇率中间价定价机制中引入“逆周期因子”，人民币汇率的单边贬值预期逐步化解并逆转，人民币汇率企稳回升，开启双边浮动模式，人民币汇率波动的弹性也在逐步加大。

2）人民币汇率制度的主要内容

根据中国人民银行的公告，我国要加大市场决定汇率的力度，市场将在汇率决定中发挥更大的作用，政府逐步退出常态式的外汇干预。

（1）人民币汇率的标价

中国人民银行授权中国外汇交易中心于每个工作日上午9时15分对外公布当日人民币兑美元、欧元、日元、港币、英镑、马来西亚林吉特、俄罗斯卢布、澳元、加元和新西兰元的汇率中间价，作为当日银行间即期外汇市场（含询价交易方式和撮合方式）以及银行柜台交易汇率的中间价。

人民币兑美元、欧元、日元、港币、英镑、澳元、加元和新西兰元采用以100外币单位为标准的直接标价法，人民币兑其他货币采用以100人民币单位为标准的间接标价法。

中国人民银行授权中国外汇交易中心公布的当日汇率中间价适用于该中间价发布后到下一个汇率中间价发布前。

（2）人民币汇率中间价的形成

人民币汇率中间价由“上一交易日收盘价+一篮子货币汇率变化+逆周期因子”3个因素共同决定。

中国外汇交易中心于每日银行间外汇市场开盘前向银行间外汇市场做市商询价，并将做市商报价作为人民币兑美元汇率中间价的计算样本，去掉最高和最低报价后，将剩余做市商报价加权平均，得到当日人民币兑美元汇率中间价，权重由中国外汇交易中心根据报价方在银行间外汇市场的交易量及报价情况等指标综合确定。逆周期因子由反映市场供需情况的汇率变动经过逆周期系数调整后得到。

人民币兑欧元、日元、港币、英镑和加元汇率中间价由中国外汇交易中心分别根据当日人民币兑美元汇率中间价与上午9时国际外汇市场欧元、日元、港币和英镑兑美元汇率套算确定。

人民币兑澳元、新西兰元等其他货币汇率中间价由中国外汇交易中心根据每日银行间外汇市场开盘前银行间外汇市场做市商报价、一篮子货币汇率变化、逆周期因子得出。

（3）外汇市场的报价系统

每日银行间即期外汇市场人民币兑美元的交易价可在中国外汇交易中心对外公布的当日人民币兑美元汇率中间价上下0.5%的幅度内浮动；人民币兑欧元、日元、港币、英镑、澳大利亚元、加拿大元、新西兰元交易价在中国外汇交易中心公布的人民币兑该货币汇率中间价上下3%的幅度内浮动；人民币兑林吉特、俄罗斯卢布交易价在中国外汇交易中心公布的人民币兑该货币汇率中间价上下5%的幅度内浮动。

外汇指定银行为客户提供当日美元现汇卖出价与买入价之差不得超过交易中间价的3%，美元现钞卖出价与买入价之差不得超过交易中间价的4%；美元最高现汇卖出价和最低现汇买入价区间、最高现钞卖出价与最低现钞买入价区间均应包含当日人民币兑美元汇率中间价。在规定的价差幅度范围内，外汇指定银行可自行调整当日美元现汇和现钞的买卖价格。

鼓励外汇指定银行加挂人民币兑各种货币汇价，与客户做柜台交易。人民币兑非美元货币现汇和现钞挂牌买卖价差幅度没有限制，外汇指定银行可自行决定对客户挂牌的人民币兑非美元货币现汇和现钞买卖价。

（4）人民币汇率的调节

中国人民银行根据国内外经济金融形势，稳步深化人民币汇率市场化改革，完善以市场供求为基础、参考一篮子货币进行调节、有管理的浮动汇率制度，保持人民币汇率弹性，发挥汇率调节宏观经济和国际收支自动稳定器作用。稳定市场预期，保持人民币汇率在合理均衡水平上的基本稳定。加快发展外汇市场，引导企业树立“财务中性”理念，通过外汇衍生品管理汇率风险；引导金融机构坚持“风险中性”理念，为基于实需原则的进出口企业提供汇率风险管理服务。稳步推进人民币资本项目可兑换，完善人民币跨境使用的政策框架和基础设施，提高人民币在跨境贸易和投资使用中的便利化程度。

3）人民币汇率改革的历史经验

第一，坚持汇率制度市场化的改革方向。汇率作为资本市场上重要的价格指标，在调节市场供求、资源配置等方面起着重要的作用。人民币汇率制度的改革路径整体是朝着市场化方向进行的，从单一的固定汇率制度到参考一篮子货币、有管理的浮动汇率制度，汇率在逐步拓宽的波动区间内实现双向浮动。在人民币汇率的形成过程中，政府逐步退出常态化的干预、转为让市场发挥更大的作用。深化汇率制度的市场化改革、增强汇率形成过程中市场的决定作用，有利于市场形成合理的预期，减少因预期变化而对市场造成的冲击。此外，提高汇率双向波动的弹性，有助于货币的升值或贬值压力通过汇率变动被及时、自发消化，平滑市场波动，使汇率发挥自动稳定器的作用。

第二，人民币汇率形成机制采取渐进模式改革。从1994年开始，人民币汇率形成机制以市场供求为基础经历多次改革，重点主要集中在两个方面：一是逐渐扩大浮动区间，经过多次调整，至2014年3月，人民币兑美元汇率的日波动区间从0.3%扩大至2%。二是改革中间汇率形成机制，2015年8月11日，中国人民银行宣布完善人民币兑美元中间汇率报价方式，做市商在每日银行间外汇市场开盘前，参考上一日银行间外汇市场收盘汇率，综合考虑外汇供求情况以及国际主要货币汇率变化，向中国外汇交易中心提供中间价报价。此后，又通过引入“逆周期因子”进行修正和完善。

专栏2-3　　人民币利率市场化改革

一般来说，货币政策工具分为数量型和价格型两种。数量型的工具与银行的流动性相联系，价格型的工具与资金价格，即汇率、利率相联系。控制手段可以是完全行政性的，通过银行监管来实现，也可以是完全市场化的，通过金融市场来实现，还可以是两者的某种组合。

从1996年6月中国人民银行放开银行间同业拆借市场利率开始，遵循“先外币、后本币；先贷款、后存款；先长期、大额，后短期、小额”的总体思路，到2015年放开存款利率浮动上限，我国利率市场化历时近20年宣告初步完成。

1）1996—2003年以外汇利率和货币市场利率为锚的准备阶段

第一，放开银行间同业拆借市场，推动实现资金批发利率市场化。1996年6月放开银行间同业拆借市场利率，实现由拆借双方根据市场资金供求自主确定拆借利率。选择货币市场利率为突破口，形成了相对独立于原有存贷款管制利率体系的市场利率，一方面为市场注入创新的原动力，推动金融机构间市场的迅速发展；另一方面也为资金批发市场利率的市场化提供了一个先例。

第二，以国债利率招标为起始，债券利率市场化。1997年6月放开银行间债券回购利率，1998年8月国家开发银行在银行间债券市场首次进行了市场化发债，1999年10月采用市场招标形式发行国债，从而实现了银行间市场利率、国债和政策性金融债发行利率的市场化。银行间市场利率的市场化，成功建立了管制利率之外的资金配置体系，使利率的市场化范围不断扩大；银行间市场利率的形成和完善为商业银行自主定价提供了基准收益率曲线，为管制利率市场化和银行完善内部定价机制提供了条件。

第三，外币利率市场化。中国人民银行在进行大额长期存款利率市场化尝试的同时，积极推进境内外币利率的市场化。2000年9月，放开外币贷款利率和300万美元（含300万美元）以上的大额外币存款利率，300万美元以下的小额外币存款利率仍由中国人民银行统一管理；2002年3月，中国人民银行统一了中、外资金融机构外币利率管理政策，实现中外资金融机构在外币利率政策上的公平待遇；2003年11月，对美元、日元、港币、欧元小额存款利率实行上限管理，商业银行可以根据国际金融市场利率变化，在不超过上限的前提下自主确定。先实现外币存贷款利率市场化，目的在于推进我国利率市场化改革，促进我国银行业对外开放。

2）2004—2013年先贷款后存款的发展阶段

1998—2004年，中国人民银行逐步扩大金融机构贷款利率的浮动区间。2004年10月29日，中国人民银行宣布商业银行人民币贷款利率上限放开，城乡信用社贷款利率浮动上限扩大到基准利率的2.3倍，实行人民币存款利率下浮制度，利率市场化进程迈出了十分关键的一步。进入2006年，利率市场化改革的进程进一步得到推进，中国人民银行2月9日宣布，允许国内商业银行开展人民币利率互换交易试点，利率衍生产品开始推出；同时指出，在推动利率互换交易试点的基础上，逐步扩大试点范围；加快制定、完善相关制度办法，争取尽早全面推出人民币利率互换交易。

2007年，我国利率市场化改革初步实现了以完善市场化产品利率形成机制为重点的近期目标。在完善短期融资券和金融债等市场化利率产品定价机制的基础上，改革了贴现、企业债券利率形成机制，建立了以SHIBOR（上海银行间同业拆放利率）为基准的市场化定价机制和市场利率体系，并以此为基础开始推进存贷款方面的利率改革。2010年9月25日，银行间市场贷款转让交易推出，对优化银行信贷结构、防范和化解潜在金融风险具有重要的现实意义。2012年6月，央行允许银行存款利率实行上浮，上限为基准利率的1.1倍。2013年7月20日，全面放开金融机构贷款利率管制。至此，政策层面已经完全放开贷款利率定价。

3）2014—2015年存款利率市场化的全面开放阶段

2013年7月放开人民币贷款利率管制，票据贴现利率管制也随之取消。同年9月成立市场利率定价自律机制，并正式运行贷款基准利率集中报价与发布机制；2014年多次扩大存款利率浮动区间的上限。

2014年3月1日，小额外币存款利率在上海自贸区放开；2015年10月，央行宣布取消对商业银行和农村合作金融机构等存款利率浮动上限。由此，我国长达20年的利率市场化改革基本完成，利率市场化进入新阶段。

4）2015年至今利率并轨的深化阶段

2015年央行第四季度中国货币政策执行报告中提出理顺央行政策利率向金融市场乃至实体经济传导的机制，标志着我国正式开始探索构建以利率走廊机制为主的价格型货币政策调控模式。

2016年央行第三季度货币政策执行报告中指出，存款类机构7天期质押式回购利率（DR007）能够更好地反映银行体系流动性松紧状况，促进市场形成以DR007为基准利率的预期。2017年央行发布《中国人民银行自动质押融资业务管理办法》，明确自动质押融资利率统一为常备借贷便利（SLF）隔夜利率，进一步完善了利率走廊机制。

2020年央行第三季度中国货币政策执行报告称，要深化利率市场化改革，提高金融资源配置效率。健全市场化利率形成和传导机制，持续深化央行基础利率（LPR）改革，巩固市场化LPR报价机制，督促金融机构更好地将LPR嵌入贷款内部资金转移定价（FTP）中，增强贷款内外部定价与LPR的联动性，用改革的办法促进融资成本进一步下行，提高货币政策传导效率。发挥好市场利率定价自律机制的作用，规范存款利率定价行为，强化各类贷款主体明示贷款年化利率的自律性，维护公平定价秩序和市场公平竞争，切实保护金融消费者权益。

2.4 关税管理与出口退税机制

税收是国家财政收入的重要来源，对外贸易税收是国家依据法律制定的标准，对进出口贸易行使税权所形成的税收，征税的过程就是把一部分国民收入以税收的形式转变为国家所有的分配过程。我国现行的税收与发展进出口贸易关系密切的是关税和增值税，管理涉外税收的机关主要是海关和国家税务总局。

2.4.1 关税管理

关税是一个国家根据本国的关税政策而制定的、由海关对进出境货物和物品所征收的一种间接税，具有保护作用、财政作用和调节作用，同时具有强制性、无偿性和预定性的特点。

1）我国关税制度的演变

（1）独立自主制定进出口税则时期

大约有一个多世纪关税权掌握在帝国主义国家手中，不能独立自主。新中国成立后，改变了关税不自主的状况，收回海关主权，实行独立自主的保护关税政策和制度。1951年颁布实施的《中华人民共和国海关进出口税则》（以下简称《海关进出口税则》），是我国近百年来第一部真正独立自主制定的海关税则。《海关进出口税则》将所有进口品分为必需品、需用品、非必需品、奢侈品，其中必需品税率最低，税率依次逐级升高。《海关进出口税则》制定后，随着我国经济发展情况的变化，不断调整税率。改革开放前共调整19次，总体来讲，税率调整幅度不大，基本上没有降低整体税率水平。改革开放后也进行了调整，调高了汽车、彩电等商品的进口税率，促进了民族工业的发展；对国内能生产的机械、机床、家电等行业提高关税率，对国内市场加以保护；对国内生产所必需的原材料和资本品的进口调低关税或免税。这部海关税则的算术平均关税率为52.9%，其中，农产品的算术平均关税率为92.3%，工业品的算术平均关税率为47.7%。

（2）采用《海关合作理事会税则商品分类目录》（CCCN）制定进出口税则时期

党的十一届三中全会以后，1985年我国进行了关税制度改革，采用《海关合作理事会税则商品分类目录》，制定了《中华人民共和国进出口关税条例》（以下简称《进出口关税条例》），并于1987年9月12日进行了修订，同时还修订了《海关进出口税则》。为了适应改革开放的需要，《海关进出口税则》降低了约占总税目55%的1 151个税目的进口关税率，调整了税级结构，进口关税率除免税外，最低税率从3%～15%共有17级，普通税率从8%～180%共有16级。1986年4月至1991年8月31日，我国又调低了83种商品的进口税率，调高了140种商品的进口税率。到1992年普遍降低关税前，我国的算术平均关税率为47.2%。

（3）采用《商品名称及编码协调制度》（HS）制定进出口税则时期

从1992年起我国海关税则采用《商品名称及编码协调制度》（以下简称《协调制度》），这是国际上多个商品分类目录协调后的产物，是一个比较完整、系统、通用、准确的国际贸易商品分类体系。以《协调制度》为基础制定的《海关进出口税则》可以促进国际贸易，便利国际贸易统计资料的搜集、对比、分析；可以根据产业政策要求，增加自己的税目，保护民族工业的发展；可以为我国宏观决策提供更为详细、更具有国际可比性的统计数据，有利于国家对对外贸易的调控；可以使许可证管理商品的范围更加清楚明了，使海关管理与对外贸易管理更加协调一致；可以推动对外贸易管理的规范化和科学化。

1992年1月1日，参照国际通行的《协调制度》，我国颁布了第三部《海关进出口税则》，开始了大幅度自主降低关税。1992年1月，降低225种进口商品关税税率，并取消全部进口商品调节税；1992年12月，降低2 898个税目进口商品关税税率，使我国算术平均关税率降到43.2%；1993年12月，降低3 371个税目进口商品关税税率，使我国算术平均关税率降至35.9%；1996年4月，降低4 900个税目进口商品关税税率，算术平均关税率降至23%；1997年10月，降低4 874个税号进口商品关税税率，降幅达26%，算术平均关税率降至17%。至2000年，我国进口商品算术平均关税率为16.4%，其中525个税号的税率低于5%；1 488个税号的税率在5%（包括5%）至10%（不包括10%）之间；2 022个税号的税率在10%（包括10%）至15%（包括15%）之间；3 027个税号的税率在15%以上。2001年1月，降低3 462个税目进口商品关税税率，占税则税目总数的47%，平均降幅达6.6%，算术平均关税率降至15.3%。从2002年1月1日起，我国履行加入世界贸易组织承诺的关税减让义务，5 300多个税目的税率不同程度降低，降幅面达73%，关税总水平由15.3%降至12%：降低关税后工业品的算数平均关税率为11.6%，农产品（不包括水产品）为15.8%，水产品为14.3%。工业品中，原油及成品油的算数平均关税率为6.1%，木材、纸及其制品为8.9%，纺织品和服装为17.6%，化工产品为7.9%，交通工具为17.4%，机械产品为9.6%，电子产品为10.7%。其中水产品、原油及成品油、木材、纸及其制品、化工产品、交通工具、机械产品、电子产品的平均降税幅度均超过25%。

（4）2004年后进出口税则时期

2003年11月23日国务院第392号令公布、2004年1月1日起实施的《中华人民共和国进出口关税条例》，是一部制度完备、结构清晰、权利义务明确的行政法规，该条例规范进出口关税征管和缴纳行为，保障国家关税收入，维护纳税义务人的合法权益。

2005年1月1日起，我国下调部分进口产品关税，工业品算数平均关税率降至9.3%、农产品算数平均关税率降至15.5%、信息技术产品等部分商品关税降至零税率。到2010年，我国已履行了加入世界贸易组织的所有关税削减承诺，算数平均关税率为9.8%，工业品算数平均关税率为8.9%，农产品算数平均关税率为15.2%。之后我国对进出口关税税目、税率做进一步调整，2018年11月，我国降低了1 585个税目涉及机电设备、零件、原材料等商品的进口关税；2021年年初算数平均关税率降至7.5%。

我国关税制度的变化和关税税率的调整，使关税成为我国调节进出口贸易和管理对外贸易的重要手段之一，关税政策体现了国家经济发展战略、对外贸易发展战略和经济政策。一方面，国家实施鼓励出口的政策，海关对绝大多数出口商品免征出口税，只对少数国际市场容量有限、价格比较敏感的出口商品，征收出口税；另一方面，根据国内生产供应情况，海关对进口原材料和先进技术设备适时合理调整税率，运用关税手段促进产业结构的优化和加速国产化进程。

2）《进出口关税条例》的主要内容

《中华人民共和国海关法》虽然对关税征收管理作出了规定，但是无法对关税问题作出专门的、系统的、具体的规定，这必然要在关税条例中解决，从而保证关税法律制度得以完善和有效实施。2004年1月1日起实施的《进出口关税条例》，2011年1月8日第一次修订、2013年12月7日第二次修订、2016年2月6日第三次修订、2017年3月1日第四次修订，共6章67条。

（1）法律地位

《进出口关税条例》是海关关税征管的法律依据。除法律、行政法规另有规定外的进出口货物、进境物品，海关依照本条例规定征收进出口关税；海关及其工作人员依照法定职权和法定程序履行关税征管职责，维护国家利益，保护纳税人合法权益，依法接受监督。

（2）关税税则委员会

国务院关税税则委员会负责《海关进出口税则》和《中华人民共和国进境物品进口税税率表》的税目、税则号列和税率的调整和解释，报国务院批准后执行；决定实行暂定税率的货物、税率和期限；决定关税配额税率；决定征收反倾销税、反补贴税、保障措施关税、报复性关税以及决定实施其他关税措施；决定特殊情况下税率的适用；履行国务院规定的其他职责。

（3）纳税义务人

进口货物的收货人、出口货物的发货人、进境物品的所有人，是关税的纳税义务人；纳税义务人有权要求海关对其商业秘密予以保密，海关应当依法为纳税义务人保密。

（4）进口关税

进口关税设置最惠国税率、协定税率、特惠税率、普通税率、关税配额税率等税率。对进口货物在一定期限内可以实行暂定税率。

原产于共同适用最惠国待遇条款的世界贸易组织成员的进口货物，原产于与我国签订含有相互给予最惠国待遇条款的双边贸易协定的国家或者地区的进口货物，原产于我国境内的进口货物，适用最惠国税率。

原产于与我国签订含有关税优惠条款的区域性贸易协定的国家或者地区的进口货物，适用协定税率。

原产于与我国签订含有特殊关税优惠条款的贸易协定的国家或者地区的进口货物，适用特惠税率。

原产于其他国家或者地区的进口货物，原产地不明的进口货物，适用普通税率。

适用最惠国税率的进口货物有暂定税率的，应当适用暂定税率；适用协定税率、特惠税率的进口货物有暂定税率的，应当从低适用税率；适用普通税率的进口货物，不适用暂定税率。

实行关税配额管理的进口货物，关税配额内的货物，适用关税配额税率。

（5）出口关税

出口关税设置出口税率，对出口货物在一定期限内可以实行暂定税率。适用出口税率的出口货物有暂定税率的，应当适用暂定税率。

（6）贸易救济税率

按照有关法律、行政法规的规定对进口货物采取反倾销、反补贴、保障措施的，税率适用按照《反倾销条例》《反补贴条例》《保障措施条例》的有关规定执行。

（7）报复性关税

任何国家或者地区违反与我国签订或者共同参加的贸易协定及相关协定，对我国在贸易方面采取禁止、限制、加征关税或者其他影响正常贸易的措施的，对原产于该国家或者地区的进口货物可以征收报复性关税，适用报复性关税税率。

征收报复性关税的货物、适用国别、税率、期限和征收办法，由国务院关税税则委员会决定并公布。

（8）征收方法

进出口货物关税，以从价计征、从量计征或者国家规定的其他方式征收；从价税为主，极少量的从量税、复合税和滑准税。

纳税义务人自海关填发专用缴款书之日起15日内向指定银行缴纳税款；未按期缴纳税款的，从滞纳税款之日起按日加收滞纳税款万分之五的滞纳金。

海关按人民币计征关税、滞纳金等。进出口货物的成交价格以及有关费用以外币计价的，以中国人民银行公布的基准汇率折合为人民币计算完税价格；以基准汇率币种以外的外币计价的，按国家的规定套算为人民币计算完税价格。适用汇率的日期由海关总署规定。

（9）海关估价

进口货物的完税价格由海关以该货物成交价格以及该货物运抵我国境内输入地起卸前的运输及相关费用、保险费为基础审查确定。成交价格不能确定时，海关应经了解有关情况并与纳税义务人进行价格磋商后，依次采用规定的估价方法进行估价。

第一，与该货物同时或大约同时向我国境内销售的相同货物的成交价格；

第二，与该货物同时或大约同时向我国境内销售的类似货物的成交价格；

第三，与该货物进口的同时或大约同时，将该进口货物、相同或类似进口货物在第一级销售环节销售给无特殊关系买方最大销售总量的单位价格，但应扣除规定的项目；

第四，生产该货物所使用的料件成本和加工费用，向我国境内销售同等级或者同种类货物通常的利润和一般费用，该货物运抵境内输入地起卸前的运输及相关费用、保险费的总和；

第五，以合理方法估定的价格。

纳税义务人向海关提供有关资料后，可以提出申请，颠倒第三与第四两项的适用次序。

（10）进境物品进口税的征收

进境物品的关税以及进口环节海关代征税合并为进口税，由海关依法征收。

进口税从价计征，适用海关填发专用缴款书之日实施的税率和完税价格。

进境物品的纳税义务人是指携带物品进境的入境人员、进境邮递物品的收件人以及以其他方式进口物品的收件人；纳税义务人可以自行办理纳税手续，也可以委托他人办理纳税手续。

海关总署规定数额以内的个人自用进境物品，免征进口税。

2.4.2　出口退税机制

1）出口退税的理论依据

出口退税制度是一个国家对已报关离境的出口货物退还在出口前生产和流通各环节已经缴纳的增值税、消费税等间接税税款的税收制度。对出口货物退还增值税是为了使本国产品以不含税价格进入国际市场，增强出口产品的国际竞争力，促进对外贸易的发展；对于一国由于财政原因设立的消费税而言，没有必要由另一国消费者承担。

国内商品课税原则有产地原则和消费地原则两种。产地原则是指一国政府有权对产自本国的所有商品课税；在产地原则下，外国商品在进口时无须纳税，本国商品出口时无须退税。消费地原则是指一国政府有权对在本国消费的所有商品课税；在消费地原则下，出口商品退免税，进口商品征税。

如果相互贸易的两个国家实行不同的国内商品课税原则，例如，出口国实行产地征税，进口国实行消费地征税，就会导致国际双重征税现象。如果不同课税原则的两个国家同时向第三国出口，则会造成出口商品不公平竞争。由此可见，不统一的国内商品课税原则会阻碍国际贸易的正常进行。由于消费地课税符合效率与公平原则，因此，消费地课税派生出的出口商品退税做法已成为国际社会通行的惯例。

出口退税制度是符合世界贸易组织的一般规则的。《关税和贸易总协定》许多条款都鼓励对出口商品退税、进口商品征税的消费地原则。《关税和贸易总协定》第6条第4款规定：一缔约方领土的产品输出到另一缔约方领土，不得因其免纳相同产品在原产地或输出地用于消费时所须完纳的税捐或因这种税捐已经退税，即对它征收反倾销税或反补贴税。第16条补充规定指出：退还与所缴数量相等的国内税不能视为出口退税补贴。

2）出口退税的作用

出口退税是一种通过自主行为避免国际贸易中间接税双重征收的国际惯例，不需要国家间签订避免双重征税的对等协议。从出口退税的实际效果看，出口退税使出口产品的价格比原来相应降低了，但其意义并不仅仅表现为客观上鼓励了出口，还表现在：

第一，实行出口退税是贯彻市场经济原则的需要。实行出口退税、建立零税率制度是本国产品同外国产品平等竞争的必要保证。

第二，实行出口退税是巩固国际收支平衡基础的需要。目前我国依然需要大力吸引外资，但外债和外商投资是要用出口创汇来偿还和支付的，因此，忽视出口潜力的培养，满足于大量引进外资条件下的外汇储备增长，并不是一种理智的选择。

第三，实行出口退税是改善贸易方式结构的需要。不实行出口退税或者退税不到位，其性质都是鼓励加工贸易，歧视一般贸易，将大大限制出口对国民经济发展和产业结构升级的应有作用。

3）出口退税机制的改革

根据国务院关于出口退税实行“征多少、退多少”“未征不退”“彻底退税”的原则，我国的出口退税政策不断补充和完善，使出口退税逐步走向制度化、合理化，已经形成了一整套关于出口产品退税的具体政策规定，明确了出口产品退税人、退税范围、应退税种和税率、计算退税的依据和计算方法以及出口产品的退税期限和退税地点等基本要素。

出口退税的范围包括出口退税的产品范围和出口退税的企业范围。凡属于已征或应征增值税、消费税的出口产品，除国家明确规定不予退税外，均应退还已征税款或免征应征税款。所谓的出口产品必须是已经报关离境的已征税产品，并在财务上作销售处理。出口退税的企业范围主要有经营出口业务的企业、代理出口业务的企业、特定的出口退税企业。

（1）1983—1993年的出口退税政策

改革开放之前，我国对出口产品并不退税。1983年9月起，我国开始对钟表、自行车、缝纫机等17种机电产品及其零部件试行出口退税政策；从1985年起出口退税的产品范围扩大到除原油、成品油和无税产品以外的所有产品；1986年又扩大了出口退税的深度，由过去只退最后一道生产环节的产品税改为加退中间环节的产品税；1988年加退了一定比例的营业税。这样，出口产品应退税税种包括产品税、增值税、营业税、特别消费税。1985—1993年，我国出口退税范围不大，退税金额不多，9年累计退税额1 388亿元。

（2）1994—2003年的出口退税政策

1994年我国开始实行增值税，出口退税政策真正与国际通行做法接轨。1994—2003年，我国出口退税率经历了由升到降再升的过程。1994年按照增值税税率17%、农产品13%实行出口退（免）税；1995年和1996年先后3次下调出口退税率，1997年出口退税实际规模下降；为应对亚洲金融危机的影响，1999年多次大幅上调部分产品的出口退税率，出口退税规模迅速扩大。1994—2003年我国外贸出口企业出口退税总额为9 493.55亿元。

1994年税制改革至2003年，我国由中央财政承担全部退税支出，而出口退税最终促进增长的增值税、营业税、所得税，没有一种是中央独占税种。出口退税受益者和成本承担者不统一，一方面直接加重了中央财政负担；另一方面激励了地方政府纵容本地企业骗退税，进一步加重了中央财政退税的负担，而且降低了政府部门反骗退税的效率，恶化了企业出口退税难的问题。为了遏制出口退税支出无限增长，我国实行了预先制订出口退税计划的办法，出口退税金额作为中央财政预算支出的一部分，以计划形式下达。在安排出口退税计划时，由于财力有限，几乎每年退税预算都有缺口，到2003年年底欠退税约为3 640亿元。

（3）2004—2017年的出口退税政策

2004年，我国出口退税机制进一步完善，坚持“新账不欠，老账要还；完善机制，共同负担；推动改革，促进发展”的基本原则，采取了5项改革措施：一是对出口退税率进行结构性调整；二是建立中央财政和地方财政共同负担出口退税增量的新机制；三是新增加的进口环节增值税和消费税收入，首先用于出口退税；四是调整出口产品结构，推进对外贸易体制改革；五是累计欠企业的退税款由中央财政解决。从2005年起，出口退税政策再次发生了微调，超基数部分中央财政和地方财政分担比例从75：25调整为92.5：7.5，同时规范地方财政出口退税分担办法。我国实行的中央财政和地方财政按比例分担出口退税支出的办法，固然消除了中央政府和地方政府之间受益和成本承担分离的矛盾，却造成了地方政府之间受益和成本承担分离的矛盾。

从2006年开始，为促进外贸增长方式转变和进出口贸易平衡，减少贸易摩擦，促进经济增长方式转变和经济社会可持续发展，进一步控制高耗能、高污染、资源性“两高一资”产品出口，鼓励高科技产品和高附加值产品的出口，国家分期分批调低和取消了“两高一资”产品的出口退税率，适当降低了纺织品等产品的出口退税率，提高了重大技术装备、IT产品、生物医药产品的出口退税率。根据“调投资、促消费、减顺差”的要求，2006年和2007年3次大规模降低出口退税率。为应对全球金融危机对我国的冲击，尽可能降低外需下降对我国出口的影响，缓解劳动密集型产品的出口困难，2008年我国先后7次提高了部分商品的出口退税率。

为推进海南国际旅游岛建设，2010年12月，财政部发布了《关于在海南开展境外旅客购物离境退税政策试点的公告》（财政部公告2010年第88号），国家税务总局发布了《境外旅客购物离境退税海南试点管理办法》（国家税务总局公告2010年第28号），明确离境退税政策的基本流程和适用条件、境外旅客、离境口岸、退税定点商店和退税物品、退税税种、退税率、应退税额计算和起退点，规定了退税代理机构、退税方式和币种选择、退税业务的办理等具体程序。国务院决定自2011年1月1日起在海南省开展境外旅客购物离境退税政策试点，我国出口退税机制中增加了“离境退税”这一新“成员”。

2012年，财政部和国家税务总局发布了《关于出口货物劳务增值税和消费税政策的通知》（财税〔2012〕39号），进一步明确对生产企业出口自产货物和视同自产货物及对外提供加工修理修配劳务，以及列明生产企业出口非自产货物，实行免抵退税办法；对不具有生产能力的外贸企业或其他单位出口货物劳务，实行免退税办法；对退税货物劳务范围、出口退税率、计税依据等作出了详细规定。国家税务总局发布了《出口货物劳务增值税和消费税管理办法》（国家税务总局公告2012年第24号发布）和《关于<出口货物劳务增值税和消费税管理办法>有关问题的公告》（国家税务总局公告2013年第12号）等系列规范性文件，对出口退税管理要求作出明确。新的政策变化和管理规定，简化了退税手续，减轻了企业负担，更加适应经济发展要求。根据管理需要和外贸发展，国家税务总局等部门陆续出台了一系列补充文件，对外贸综合服务企业、跨境电子商务零售等新兴外贸业态出口退税等也作出明确规定。

2015年，为落实国务院《关于促进旅游业改革发展的若干意见》（国发〔2014〕31号）中“研究完善境外旅客购物离境退税政策，将实施范围扩大至全国符合条件的地区”的要求，完善了增值税制度，为促进旅游业发展，在全国符合条件的地区实施离境退税政策。2015年2月1日起，各级税务机关开始执行全国统一的出口退税管理工作规范，出口退税管理进入了更加规范的阶段。

（4）2018年后的出口退税政策

2018年，根据税收征管体制改革工作部署，为确保税务机构改革后各项税收工作平稳有序运行，国家税务总局公布了部门规章、规范性文件的修改情况，涉及出口退税的部分规范性文件、文书也进行了相应调整。

2020年，新冠肺炎疫情给经济社会带来了巨大影响，为帮助出口企业应对疫情影响，发挥税收职能作用，国家出台了调整逾期申报出口退（免）税的有关规定、允许恢复适用出口退（免）税政策、提高出口退税率等一系列稳外贸政策，推出“非接触式”申报、“非接触式”审核、“非接触式”调查评估、压缩出口退税办理时间等税收征管服务措施，切实便利出口企业办理出口退（免）税事项，确保疫情防控和助力稳外贸工作协同有序推进。

专栏2-4　　　　出口退税是税收优惠吗?

出口退税是指对出口货物、劳务、服务退还在国内生产和流通环节缴纳的增值税、消费税，在进口国进口时还要缴纳进口增值税、消费税，与进口国本国生产或提供该商品征收增值税、消费税是一致的。

税收优惠是指为配合国家在一定时期的政治、经济和社会发展总目标而使用的税收制度。按照预定目的，在税收方面采取激励和照顾措施，减轻某些纳税人应履行的纳税义务，补贴纳税人的某些活动或相应的纳税人。各国采取的税收优惠形式主要包括减税、免税、退税（非出口退税）、税式支出、投资抵免、税前还贷、加速折旧、亏损结转抵补、延期纳税等。

由此可见，出口退税与税收优惠有着明显的区别。出口退税符合WTO规则，属于间接税范畴内的一种国际惯例；虽然各国具体的间接税政策不同，但就间接税制度中对出口实行“零税率”而言，各国是一致的。而税收优惠是减少应缴纳的税款。

2.5　许可证与原产地规则管理

货物进出口管理是国家有关部门对进出境货物的实际监管，目的是维护对外贸易秩序，维护国家安全。《中华人民共和国对外贸易法》及其配套法规是我国实施货物进出口管理的主要依据。

2.5.1 许可证管理

许可证管理是指对外贸易经营者进口或者出口国家规定限制进出口的货物和技术，必须事先得到国家的许可，取得进口或者出口许可证，作为海关对进出境货物或者技术查验、放行的凭证。

进出口许可证制度是世界各国普遍实行的管理对外贸易活动的重要措施之一，在维护正常的贸易经营秩序、收集有关的贸易统计资料、保护国内资源和市场、维护国家经济利益和经济安全等方面发挥着重要作用。随着我国对外贸易规模的不断扩大，贸易摩擦加剧，过去不被重视的许可证预警功能日渐凸显。无论是数量限制，还是反倾销、反补贴和保障措施，都需要许可证制度的积极配合。

1）许可证管理的目的

在实施许可证管理的目的上，我国经历了一个逐步明确和完善的过程。加入世界贸易组织前，我国实施许可证制度的主要目的是保护国内特定的工业、维护国际收支平衡，控制进口贸易总量以平衡进出口贸易、防止不必要的货物进口等。目前，我国许可证管理的主要目的是从宏观管理出发，维护国民经济安全、健康和可持续发展。

第一，保护国内资源安全。根据世界贸易组织的规则、其他国家的做法和我国对外贸易法的规定，实施进口许可证管理的目的是反对不正当竞争、保护国内幼稚工业、保护国内短缺供应、贯彻卫生管理条例、保护野生动物、管理关税配额、保护公共利益、保护消费者的健康和国家安全等。实施出口许可证管理的目的是保护国家安全、保护濒临枯竭的自然资源、配合政府的外交政策、在商品出现短缺时提供保护等。目前，我国实施出口许可证管理的商品大多是煤炭、焦炭、钨、锑、锌、锡等不可再生的大宗资源性商品，国内供应短缺或需要有效保护的可能用竭的资源性产品，如木材等，还有粮食、甘草、锯材、重水等关系国计民生或生态环境的商品，以及国内稀缺或濒危的动植物资源。对这些资源性产品实施出口许可证管理，确保了对国家重要战略资源的有效保护和合理利用，有效遏制了生产和出口的无序状态，实现了资源利用和出口增长的协调发展，达到了统筹国内外资源性产品的目的。

第二，保护产业安全。我国是一个发展中的大国，市场经济发育不成熟，工业体系尚未健全，某些产业依然幼稚且耗能高。加入世界贸易组织后，我国主要产业的市场开放步伐加快，面临的外部环境更加复杂。许可证管理在保护进口货物对我国薄弱产业的冲击，对国内受损产业实行适当救济等方面发挥着重要的作用。如通过对一些重点、敏感商品实施世界贸易组织规则允许的自动进口许可证措施，防止某些商品的过量进口和集中进口，对减轻国外强势产业对国内相关产业的冲击可以起到一定的保护作用，保证我国对外贸易的可持续发展和国内产业的安全。

第三，维护市场经营秩序。正常的市场秩序要有一定的市场容量保证，为维护市场容量，各国或地区均采用必要的措施进行调整。出口秩序混乱，低价竞销一直是制约我国出口的重要问题，也因此招致很多国外的反倾销制裁，为维护良好的竞争有序的出口秩序，国家可以限制出口。如调控棉花、粮食等大宗产品，既可以满足国内需求，又不会导致国际市场价格上扬。许可证作为一种可行的非关税管理手段，可以规范出口秩序，提高出口效益，可以避免抬价收购、争相出口、扰乱出口市场秩序的现象，可以避免低价出口招致国外反倾销诉讼。根据国际惯例，出口国可通过许可证管制常规武器和双用途物品及相关技术出口，严格限制核材料、核设备和反应堆材料及相关技术出口，严格控制生物、化学武器、导弹及其技术的出口。对于重要的战略物资和敏感商品，以及可能引起社会问题、国际纠纷或带有不安定因素的商品的进出口，许可证可以起到必要的监控与管制作用，如对易制毒化学品、监控化学品、敏感电子设备等。对有悖外交政策的进出口贸易，或有违社会公共道德等商品的进出口，国家应通过许可证严格控制，如对联合国采取贸易制裁的国家和地区的进出口贸易，对烟、烈酒等商品的进口。

第四，发挥统计、监督和预警功能。通过许可证管理收集受监控商品的进出口动态，为政府管理部门和行业协会提供信息资料，提前掌握情况，及时发现问题，及时采取相应的协调、干预和解决措施。许可证的这种统计功能，有利于建立预警机制和快速反应机制，某种商品的进出口数量对国内相关产业造成损害或威胁，或与国家的宏观政治经济政策不符时，可以对市场和特定的产业进行有效保护。与数量控制有关的许可证可以密切配合关税配额的分配，将部分重要商品的进出口量控制在合理的水平上。

2）我国许可证管理的主要内容

2002年1月1日起生效的《中华人民共和国货物进出口管理条例》规定，国家有数量限制的进出口货物，实行配额管理；其他限制进出口货物，实行许可证管理。2005年1月1日施行的《货物进口许可证管理办法》、2008年7月1日施行的《货物出口许可证管理办法》规定，进出口经营者应当向进出口许可证管理部门提出申请，凭进出口许可证管理部门发放的进出口许可证，向海关办理报关验放手续。这里所称的进出口许可证，包括法律、行政法规规定的各种具有许可进出口性质的证明、文件。

许可证管理包括两个方面的内容：一是商品范围的确定和调整；二是对进出口许可证的审批、签发及使用的管理。

（1）货物进口许可证管理

第一，国家对限制进口的货物实行统一的进口许可证制度。商务部作为全国进口许可证的归口管理部门会同海关总署制定、调整和发布年度进口许可证管理货物目录和进口许可证管理货物分级发证目录。我国对有数量限制和其他限制的进口货物实行进口许可证管理；对部分货物实行自动进口许可证管理。

第二，全国各类进出口企业到指定机构申领进口许可证。凡符合要求的申请，发证机构自收到申请之日起3个工作日内签发进口许可证；特殊情况下，最多不超过10个工作日。

第三，进口许可证管理实行"一关一证"制，即进口许可证只能在1个海关报关。一般情况下，进口许可证为"一批一证"，有效期自发证之日起最长不超过12个月；一般不能跨年度使用，特殊情况需跨年度使用时，有效期最长不得超过次年3月31日。实行"非一批一证"管理的进口许可证，每证可以多次报关使用，但最多不超过12次，由海关在许可证背面"海关验放签注栏"内逐批签注核减进口数量；最后一批进口货物溢装数量按该许可证实际剩余数量并在规定的溢装上限5%内计算。

第四，进口经营者进口属于自动进口许可证管理的货物，需向商务部授权的自动进口许可证发证机构提交自动进口许可证申请；海关凭加盖"自动进口许可专用章"的《自动进口许可证》办理报关手续；银行凭《自动进口许可证》办理售汇和付汇手续；《自动进口许可证》实行"一批一证"制，有效期为6个月；自动进口许可证需要延期或变更，一律重新办理。

（2）货物出口许可证管理

第一，国家对限制出口的货物实行统一的出口许可证管理制度。商务部作为全国出口许可证的归口管理部门会同海关总署制定、调整和发布年度出口许可证管理货物目录和出口许可证管理货物分级发证目录。我国出口许可证包括出口配额许可证和出口许可证。

第二，全国各类企业到指定机构申领出口许可证；各发证机构自收到申请之日起3个工作日内签发相关出口商品的出口许可证，不得违反规定发证。

第三，出口许可证管理一般实行"一证一关"制和"一批一证"制。每一份出口许可证有效期自发证之日起最长不超过3个月，一般不能跨年度使用，其证面的有效期最迟为当年12月31日。实行"非一批一证"管理的出口许可证，有效期最长为6个月，每证可以多次报关使用，但最多不超过12次，由海关在"海关验放签注栏"内逐批签注出运数；最后一批出口货物溢装数量按该许可证实际剩余数量并在规定的溢装上限5%内计算。

第四，出口配额的有效期为当年12月31日前（含12月31日），除另有规定，经营者应当在配额有效期内向发证机构申领出口许可证。发证机构自当年12月10日起，根据商务部或者各地方商务主管部门下发的下一年度出口配额签发下一年度的出口许可证，有效期自下一年度1月1日起。许可证有效期为6个月，且有效期截止时间不得超过当年12月31日；商务部可视具体情况，调整某些货物出口许可证的有效期和申领时间。使用当年出口配额领取的出口许可证办理延期，其延期最长不得超过当年12月31日。

2.5.2 原产地规则管理

1）原产地规则的含义

原产地规则是指各国或地区为了确定产品原产国（地）而采取的法律、规章、普遍适用的行政命令，是确定进入国际贸易的货物的“经济国籍”的法律规则，是一国给予另一国优惠待遇、对进口商品实行数量限制或保障措施、进行贸易统计等的判断标准，其本身也是一种贸易政策或贸易管理手段。

原产地规则的主要内容包括原产地标准、直接运输原则和证明文件等，其中最重要的是原产地标准。原产地标准多由各国自行规定，很不统一，海关合作理事会具体规定了原产地标准，供签订《京都公约》的各国采用。所谓原产地标准是指一国或地区用来衡量某种产品为本国（地区）生产或制造的标准或尺度，是签发原产地证的依据，凡符合原产地标准的即视为本国（地区）的产品。事实上，原产地标准是根据货物与有关国家（地区）的经济联系程度来决定的，对这种联系程度的要求往往受一个国家（地区）的经济贸易政策的影响。一方面，原产地标准不可能规定得太严格，使得只有当地的产品才能获得原产地资格，这不符合世界经济一体化要求；另一方面，原产地标准也不可能规定得太宽松，让所有或大部分与当地经济有联系的产品都能取得原产地资格而不考虑联系的程度。所有国家（地区）在制定原产地标准时都会在两者之间寻求一个“有机”结合点。由于各国（地区）政治、经济、国情的差异，其原产地标准相距甚远，这使得进口国有可能利用原产地标准尤其是用以判定含有进口成分货物的原产地的“实质性改变标准”来限制甚至阻碍世界贸易发展，这时原产地规则就有可能成为推行贸易保护主义的工具，因此，制定统一、规范的原产地规则日益重要。

2）原产地规则的应用

原产地规则的产生起源于国际贸易领域对国别贸易统计的需要。然而伴随着国际贸易中关税壁垒与非关税壁垒的产生与发展，原产地规则的应用范围也随之扩展，涉及关税计征、最惠国待遇、贸易统计、国别配额、反倾销、手工制品、纺织品、政府采购甚至濒危动植物的保护等诸多范畴。因此，各国分别制定了繁琐、苛刻的原产地规则，使原产地判定标准往往带来深厚的贸易保护主义色彩。原产地规则已不仅仅是单纯的海关的技术性（统计）问题，已发展成为各国实施贸易政策的有力工具，在一定程度上已演变成非关税壁垒的措施之一。

第一，用于贸易统计。联合国、世界贸易组织等国际机构及各国进行国别贸易统计和分析时，原产地规则便于区分货物的原产国、转口流通及最终进口消费等。然而，随着经济全球化和跨国公司的发展，因现行的原产地规则统计而得出的贸易差额已出现了误导，甚至引起贸易争端。

第二，用于差别关税的计征。为了政治、经济利益的需要，大多数国家实施复式税则的差别关税待遇，各国海关依据进口货物的原产地计征不同税率的关税。

第三，用于地区经济一体化的互惠措施。国际经济一体化进程加快，关税同盟与自由贸易区的成员以互惠互利、一致对外原则安排其成员的经贸关系，在成员之间享受减免关税待遇，并减少非关税壁垒。为了区分货物是否原产于成员方，由此产生了关税同盟与自由贸易区内部通行的原产地规则。如北美自由贸易协定中关于复印机原产地规则的规定，复印机的全部主要组装件及印刷线路板组装件必须都在北美地区生产，该规则要求80%的北美地区当地价值含量，此项规定迫使日本佳能公司在美国弗吉尼亚州投资并将其供货商一起带到北美自由贸易区内以取得北美原产地资格。

第四，用于进口配额的管理。许多国家尤其是发达国家对敏感性产品，如纺织品、服装、汽车、机电产品等，实施进口配额限制，并修改原产地规则有关条款，以确定进口货物的来源，进行贸易保护。如1994年美国将服装的原产地判定标准由“裁剪地”改为“缝制地”，从而有效地阻碍内地制造的服装利用中国香港地区的剩余配额对美出口，并占用我国十分有限的对美纺织品被动配额。

第五，用于反倾销（反补贴）诉案的审理。确定货物原产地是反倾销诉案调查审理的关键，势必要涉及原产地规则的运用，以防止原产国通过第三国向进口国倾销或通过在进口国“就地设厂、就地倾销”等规避行为的发生。例如欧盟1994年发起针对我国原产的大屏幕彩电的反倾销调查，欧盟反倾销条例规定，2%为“最小”倾销数量，并且彩电原产地以显像管的原产地确定，采用我国产显像管取得“中国国籍”的39.8万台彩电仅占欧盟消费总量的1.6%；我国彩电原产地标准采用“插件、焊接和装配”工序，三家中日合资企业出口的11.7万台彩电采用的是日本生产的显像管，这样向欧盟出口的大屏幕彩电占欧盟彩电消费总量的2.1%，均被征收了反倾销税。

第六，用于原产地标记的监管。有的国家如美国为了保护消费者的权益，规定每件原产于外国的货物及其包装必须附有原产地标记，以便海关监管和消费者识别和选购。原产地标记的真实性、合法性则与原产地规则密切相关。

第七，用于政府采购货物的原产地判定。为了保护民族工业，维护国家经济利益，一些国家专门制定了原产地规则，鼓励政府部门采购“国货”。例如，美国于1933年制定的《购买美国货法》规定，政府机构在采购所需的货物时，只要“美国货”价格不超过“外国货”价格的6%~12%，某些产品甚至可达50%，就应优先购买“美国货”；所谓“美国货”是指最终产品在美国制造完成，且其中采用的美国产零部件价值至少在50%。美国政府采购的规模巨大，且增长迅速，2006年财政年度联邦政府采购总额为4 380亿美元，占国民生产总值的3%至4%。

第八，用于濒危动植物的保护。根据《华盛顿公约》的规定，为了保护濒危动植物，对某些特定的货物，使用原料涉及濒危动植物的，作了“原产地”、品种和数量的限制。

3）我国原产地工作的进展

我国原产地工作起步于签发出口货物原产地证书的需要，可以追溯到中华人民共和国成立初期。改革开放以前，由于我国的出口贸易额不大，出具原产地证的数量有限。在这段时期，不少国家要求它们驻中国使领馆签发原产地证，由于我国对外贸易部的坚持，中国商品检验局、中国国际贸易促进委员会成为我国对外签发原产地证明的两个专门机构。中国商品检验局为我国政府的签发机构，中国国际贸易促进委员会以全国民间性商会的地位对外签发原产地证明。

党的十一届三中全会以后，我国对外经济贸易取得了令人瞩目的发展，从而使我国对外签发原产地证种类也有所增加。除一般原产地证外，根据给惠国的需要，1979年年底，中国商品检验局开始签发普惠制产地证。随着我国改革开放进一步向纵深发展，国内外产品交换范围扩大，多种灵活贸易方式得到广泛运用，制成品在我国进出口贸易中所占比重大幅度提高，原产地证明在进出口贸易中越来越显示出它的重要作用。

我国制定进口货物原产地规则的目的在于实施两种关税税率，即普通税率和最低税率。从1951年5月至1985年3月，这两种税率的应用以购自国为基准，1985年3月改为以原产国为基准。因此，海关总署于1986年12月6日颁布了《中华人民共和国海关关于进口货物原产地的暂行规定》，作为我国海关确定进口货物原产地的基础。这是我国第一次在原产地规则领域制定规章，参照了1973年海关合作理事会通过的《京都公约》D1附约的规定，共有9个条款。该规定的第2条和第3条分别规定了进口货物的“完全获得或生产”和“实质性加工或制造”标准。

在一段比较长的时期内，我国对外贸易基本上处于封闭与半封闭状态，出口规模不大，贸易方式比较单一，且出口货物大多是初级产品，如农副土特矿等传统产品，即完全原产产品。在判定出口货物原产地标准方面，我国基本上沿用“最后一道工序在国内完成”即可申领原产地证的办法，原产地问题并不突出。改革开放后，我国出口商品结构发生了很大变化，我国原有的原产地管理制度和签证管理体制，已经成为影响我国进一步扩大出口的因素，如中美双方进出口货物贸易统计额差距过大所引起的贸易纠纷。1992年3月8日国务院通过了《中华人民共和国出口货物原产地规则》，共有14条；为了更好地实施原产地规则，对外经济贸易部于1992年4月1日颁布了《中华人民共和国出口货物原产地规则实施办法》和《中华人民共和国含进口成分出口货物原产地标准主要制造加工工序清单》。这3个法规自1992年5月1日起同时正式施行，从此结束了我国原产地工作无章可循的混乱局面，把我国的原产地工作纳入了科学化、规范化和国际化的轨道。该规则第6条分别规定了出口货物的“完全获得或生产”和“实质性加工或制造”标准；该清单是原产地标准的具体判定标准，按照以制造、加工工序为主，辅以构成比例的原则制定和调整。

1998年3月，根据国务院机构改革方案，我国负责商品普惠制原产地证和一般原产地证的签证管理主要机构之一中国商品检验局重组为中华人民共和国国家出入境检验检疫局。2004年8月18日国务院常务会议通过了《中华人民共和国进出口货物原产地条例》（以下简称《进出口货物原产地条例》），自2005年1月1日起施行，同时宣告1992年3月8日国务院发布的《中华人民共和国出口货物原产地规则》、1986年12月6日海关总署发布的《中华人民共和国海关关于进口货物原产地的暂行规定》废止。

4）《进出口货物原产地条例》的主要内容

《进出口货物原产地条例》共27条，自2005年1月1日起施行。

（1）《进出口货物原产地条例》的适用范围

《进出口货物原产地条例》广泛适用于最惠国待遇、反倾销和反补贴、保障措施、原产地标记管理、国别数量限制、关税配额等非优惠性贸易措施的实施以及进行政府采购、贸易统计等活动对进出口货物原产地的确定。

非优惠性原产地只赋予货物一个“经济国籍”，而不会使货物由此获得优惠或利益。

（2）进出口货物原产地的确定规则

《进出口货物原产地条例》将完全获得标准和实质性改变标准作为判定进出口货物原产地的共同标准；实质性改变标准是以税则号列的改变为基本标准，以从价百分比、制造或者加工工序等为补充标准，明确了确定实质性改变标准的适用顺序。

第一，完全获得标准。获得是指捕捉、捕捞、收集、收获、采掘、加工或者生产等；“完全在一个国家或地区获得的货物”是指只有一个国家或地区参与了货物的生产过程，即使很微小的非原产材料的使用都可能使货物不符合完全获得的定义；完全获得的货物主要是自然生成的货物。

《进出口货物原产地条例》第4条对完全获得规定了12种情况，绝大多数条款是自我解释性的，详尽地规定了货物在一国或地区完全获得的情况，符合其中的任何一种情况都被认为获得了原产地资格。但完全获得的概念并不必然意味着完全排除进口的因素，如第4条第8款中所称的“在该国（地区）收集的不能修复或者修理的物品，或者从该物品中回收的零件或者材料”，强调的是在该国或地区收集的废旧物品，即使废旧物品以前的原产地是其他国家，由于使用、报废等原因丧失了原有的价值或使用价值，被物主丢弃，在该国领域内被回收用作原料，完全用它做原料生产的产品或直接出口，它们的原产地都应是回收国。在确定一个货物是否在某一个国家完全获得时，对微小的加工处理应不予考虑。

第二，实质性改变及其确定标准。实质性改变是指所获得的产品与加工过程中使用的非原产材料相比是新的，并且具有自己独有的名称、特征、形态、用途或者附加的价值有实质的增长。有两个或者两个以上的国家或地区参与货物生产、制造的，以最后进行实质性改变的国家或地区为原产地；对在生产过程中使用的其他材料，如果已经取得原产地资格，无须满足具体货物的实质性改变标准。实质性改变可以使含有进口原材料的货物取得原产地资格，《进出口货物原产地条例》第6条规定了实质性改变的确定标准，即以税则号列改变为主，以从价百分比、制造或加工工序为辅。2004年12月，海关总署公布了《关于非优惠原产地规则中实质性改变标准的规定》，对非优惠原产地规则中实质性改变标准的确定作了规定。

税则号列改变标准又称税则分类改变标准，其含义是指进口原料经出口国或地区加工生产后，若制成品的税目分类发生了变化，则对货物实施加工的国家或地区被视为货物原产地。在实践中，我国依据1988年实施的海关合作理事会《商品名称及编码协调制度》来判断货物原产地。加工后获得的产品在协调税则中的税目归类不同于在产品生产中使用的所有非原产材料的税目归类，就可以认为产品经过了实质性改变。

从价百分比标准又称增值标准，是指在出口产品价格构成中，非生产国原料、零部件不能超过一定的百分比，或者生产国本国原料、零部件和生产费用之和必须超过一定的百分比。只有满足规定的百分比条件，制成品的加工生产国或地区才能算作该产品的原产地。

制造或加工工序标准是指在生产过程中，只有在某国或地区经过特定工序加工后，进口国才认可该产品的原产地为特定工序加工国。为达到实质性改变的要求，对生产过程中使用的非原产材料必须进行某些特定的加工或经历某些特定的加工阶段，非原产材料必须完成这些规定的加工工序才能获得原产地。采用制造或加工工序标准，就是以产品生产过程中的某些加工阶段为最低的加工要求，实际加工工序可以多于规定的加工工序，但绝不能少。

（3）引入反规避条款

《进出口货物原产地条例》第10条规定，如果对货物所进行的任何加工或处理是为了规避中华人民共和国关于反倾销、反补贴和保障措施等的有关规定，海关在确定该货物的原产地时可以不考虑这类加工和处理。规避是指出口商通过各种形式、手段来减少或避免被征收反倾销税等的方法或行为。在《进出口货物原产地条例》中引入反规避条款为我国限制国外出口商逃避我国反倾销、反补贴和保障措施等有关规定提供了相应的法律保障。

（4）确认进口货物的原产地预确定原则

国际分工和国际合作的发展，使得一种产品可能在几个不同的国家或地区完成生产加工，如果不能对该类产品正确地判定原产地，极有可能使从事该类贸易的经营者遭受不必要的损失，而“原产地预确定原则”是解决此类问题的有效途径，具有很强的实用价值。《进出口货物原产地条例》将这一重要原则补充进来，反映在第12条和第13条款中。《进出口货物原产地条例》第12条规定，进口货物进口前，进口货物的收货人或者与进口货物直接相关的其他当事人，在有正当理由的情况下，可以书面申请海关对将要进口的货物的原产地作出预确定决定；海关应当在收到原产地预确定书面申请及全部必要资料之日起150天内，依照本条例的规定对该进口货物作出原产地预确定决定，并对外公布。第13条规定，已作出原产地预确定决定的货物，自预确定决定作出之日起3年内实际进口时，经海关审核其实际进口的货物与预确定决定所述货物相符，且本条例规定的原产地确定标准未发生变化的，海关不再重新确定该进口货物的原产地。

（5）明确原产地规则下的原产地标记管理

原产地标记是指在产品或包装上用来表明该产品原产自特定国家或单独关税区的文字和图形。原产地标记是为保护进口国消费者的知情权而确定的，以便让消费者了解产品的生产国；原产地标记包括原产国标记和地理标志，在一定程度上代表了商品的质量和信誉，是识别和选择产品的重要依据。

我国关于原产地标记一词存在着不同的理解，如国家出入境检验检疫局在2001年颁布的《原产地标记管理规定》和《原产地标记管理规定实施办法》中规定，原产地标记包括原产国标记和地理标志。《进出口货物原产地条例》第16条规定："国家对原产地标记实施管理。货物或者其包装上标有原产地标记的，其原产地标记所标明的原产地应当与依照本条例所确定的原产地相一致。"这体现了原产地标记与原产地判定的统一性。

（6）设置保密原则

用于确定货物原产地的资料和信息，除非按照有关司法程序的规定可以提供或者经提供该资料和信息的单位、个人的允许，否则海关、签证机构应当对该资料和信息予以保密。

我国原产地认定机构或签证机构包括海关总署及其直属海关、中国国际贸易促进委员会及其地方分会，对申请人提供的用于确定进出口货物原产地的资料或信息均负有保密责任。

（7）违反原产地规定应承担的法律责任

违反规定申报进口货物原产地，提供虚假材料骗取出口货物原产地证书或者伪造、变造、买卖或者盗窃出口货物原产地证书，依照规定进行处罚，构成犯罪的，依法追究刑事责任。

专栏2-5　　实质性改变

实质性改变是一个由法官创造的原产地规则，其起源一般认为可追溯至1908年美国联邦最高法院在ANHEUSER-BUSCH酿酒协会诉美国一案中的判决。本案争议的问题是从西班牙进口的瓶塞在美国经过清洗、化学处理和干燥，是否就可以认为是在美国生产的，从而适用海关退税法（海关退税是指进口者进口原材料，如果用于在美国境内生产新商品，那么在这些商品再出口时就可以退回进口原材料时所交的关税）。关于"生产"一词，法院认为：生产意味着发生变化，但并非每个变化都是生产，尽管产品的每个变化都是生产加工的结果。但是必须的变化不仅仅止于此，它要求一种转变，即生产出一件具有独特名称、特征或用途的，与原材料不同的新商品。本案中的瓶塞不能认为发生了“转变”，因为经过上述加工程序处理后的瓶塞仍旧是瓶塞。因而需要确定的问题是因加工产生的变化是否是一种实质性变化，并据此可以合理地得出结论该产品就是进行加工国家的产品。

从此之后，其他的法院判决沿用了实质性改变的概念，只不过在解释实质性改变概念时，扩大或限制了获得原产地所需要的条件。如1988年，美国国际贸易法院在KORU NORTH AMERICA诉美国一案中认为，实质性改变不需要货物的名称、特征、用途都发生改变，只要其中的一个发生了改变就可以认定为实质性改变。美国这种通过法院判决或海关裁定得到的原产地规则太过具体，对认定某一(些）加工工序是否能赋予原产地指导作用不大，而且多年来法院判决或海关裁定对实质性改变的要求解释并不一致，有时甚至相互矛盾，从而导致理解或实施的困难。

几十年来，实质性改变一直是各国法律和有关国际条约（如《京都议定书》等）所使用的确定货物原产地的主要方式。在《京都议定书》签订前，准确并普遍认可的实质性改变概念并不存在，《京都议定书》第D.1附录对实质性改变的确定提供了一些指导性规定：“实质性改变”是指对货物进行的足以赋予货物主要特征的加工或处理。

在实践中，实质性改变的认定依赖于人的主观理解，具有主观性、不确定性，不利于企业预先安排货物的生产和出口；并且对不同批次、类型的货物要个案确定，不利货物快速通关，海关不得不借助其他一些方式去认定原产地，如因加工导致产品税目归类改变、增加值比例、生产或加工工序等。但实质性改变是原产地认定的基础，是原产地规则的核心，道理很简单，如果要认为货物是在某一国家原产的，它就必须在那儿进行了实质性的加工或处理。

2.6 技术贸易管理与知识产权保护

中华人民共和国成立后，我国的技术引进取得了令人瞩目的成就，为促进我国技术进步，提高科学技术水平，增强我国自力更生的能力，缩小我国与发达国家经济技术水平的差距，加快社会主义现代化建设进程以及提高人民生活水平发挥了重要的作用。在技术出口方面，起步较晚，但20世纪90年代以后迅速发展。

为维护技术进出口秩序，《中华人民共和国对外贸易法》及其他有关法律、行政规章对技术进出口贸易进行了规范管理。改革开放以来，我国全面启动了知识产权立法修法，基本建立了符合国际通行规则、门类较为齐全的知识产权法律法规体系。进入21世纪，为适应自主创新需求，我国不断提升知识产权保护标准、提高知识产权保护效能。党的十八大以来，党中央提出了创新驱动发展的国家战略，对知识产权保护的重视前所未有。

2.6.1　技术贸易管理

1）国际技术贸易的方式

国际技术贸易是指一国的技术供方通过签订技术合同或协议，将技术有偿地转让给另一国受方使用的行为。国际技术贸易是随着市场经济的发展逐渐演变而形成的现代贸易方式。

（1）许可贸易

许可贸易是指知识产权的所有人作为许可方，在一定条件下，通过与被许可方签订许可合同，将其所拥有的专利权、商标权、专有技术和计算机软件著作权等授予被许可方，允许被许可方使用该项技术制造、销售许可合同产品的技术交易行为。许可贸易是一项专业性、法律性很强的贸易活动，目前已经成为国际技术贸易中最普遍采用的方式。

（2）技术服务和技术咨询

技术服务和技术咨询是指受托方应委托方的要求，利用其所掌握的技术知识、信息情报等为委托方解决特定的技术课题，提供服务或者咨询，并获取一定报酬的知识性服务。技术服务业务一般在项目建成、交易完成之后，有时可以与许可贸易和设备贸易结合起来。技术咨询服务常常在项目建成之前进行，表现形式多为书面的咨询报告、意见书等。

（3）国际租赁

国际租赁是指一国的出租人按一定的租金和期限把租赁物出租给另一国承租人使用，租赁人按租约缴纳租金，获取租赁物使用权的一种经济合作方式。国际租赁可以分为融资租赁、经营租赁和综合租赁三类。

（4）国际工程承包

国际工程承包是指异国的承包商，以自己的资金、技术、劳务、设备等，承揽国外政府、国际组织或私人企业的工程项目，并按承包合同所规定的价格、支付方式收取各项成本费及应得利润的一种国际经济合作方式。

（5）国际生产合作

国际生产合作是指不同国家的企业通过订立合作合同，在合同有效期内，一方或各方提供有关生产技术，共同生产某种产品。通过生产产品的过程，实现生产技术的转让。

（6）国际BOT方式

BOT（Build Operation Transfer）方式，即建设-经营-转让，也被称为“公共工程特许权”，是指政府部门就某个基础设施项目与私人企业签订特许权协议，授予签约方来承担该项目的投资、融资、建设和维护，在协议规定的特许期限内，许可其融资建设和经营特定的公用基础设施，并准许其通过向用户收取费用或出售产品以清偿贷款、回收投资并赚取利润。政府对这一基础设施有监督权、调控权，特许期满，签约的私人企业将该基础设施无偿或有偿移交给政府部门。

（7）特许经营

特许经营是指特许方将商标、商号名称、专利、专有技术、服务标志和经营模式等授权给被特许方使用，被特许方向特许方提供连续的提成费或其他形式的补偿的贸易方式。

（8）补偿贸易

补偿贸易是指一方（技术设备出口方）向另一方（技术设备进口方）提供机器设备、生产技术、原材料或劳务、技术服务，由后者加工产品，并将部分产品作为提供机器设备、生产技术等费用补偿的贸易方式。它既是一种贸易方式也是一种利用外资的形式。

2）技术进出口管理条例

《对外贸易法》第14条规定，国家准许技术的自由进出口，但法律、行政法规另有规定的除外；第15条规定，自由进出口技术应向国务院对外贸易主管部门或其委托的机构办理合同备案登记。第16、17、18、19条规定，国家基于特殊原因可以限制或者禁止有关技术的进出口，国务院对外贸易主管部门或者其会同其他有关部门制定、调整并公布限制或禁止进出口的技术目录，对限制进出口的技术实行许可证管理。

为规范技术进出口管理，维护技术进出口秩序，促进国民经济和社会发展，根据《对外贸易法》及其他有关法律的规定，我国制定了《中华人民共和国技术进出口管理条例》，于2002年1月1日开始施行。根据《国务院关于修改和废止部分行政法规的决定》的规定，《中华人民共和国技术进出口管理条例》分别于2011年1月8日、2019年3月2日、2020年11月29日进行了修订，其主要内容有以下几个方面。

（1）技术进出口的含义

技术进出口是指从我国境外向境内或者从我国境内向境外，通过贸易、投资或者经济技术合作的方式转移技术的行为，包括专利权转让、专利申请权转让、专利实施许可、技术秘密转让、技术服务和其他方式的技术转移。

（2）技术进口的管理

国家鼓励先进、适用的技术进口。基于特殊原因可以限制或者禁止有关技术的进口，对外贸易主管部门会同其他有关部门制定、调整并公布限制或禁止进口的技术目录。属于禁止进口的技术，不得进口；属于限制进口的技术，实行许可证管理，未经许可，不得进口。进口属于限制进口的技术，应向对外贸易主管部门提出技术进口申请并附有关文件，若技术进口项目需经有关部门批准的，还应提交有关部门的批准文件。

（3）限制进口技术的管理程序

经营者进口限制进口技术时，填写《中国限制进口技术进口申请书》，报送商务部履行进口许可手续；商务部自收到申请书之日起30个工作日内分别对技术进口项目进行贸易审查和技术审查，并决定是否准予进口；进口申请获得批准后，商务部颁发《中华人民共和国技术进口许可意向书》，进口经营者取得技术进口许可意向书后，对外签订技术进口合同；技术进口经营者签订技术进口合同后，持《中华人民共和国技术进口许可意向书》、合同副本及其附件、签约双方法律地位证明文件申请技术进口许可证；商务部自收到文件之日起10个工作日内完成对技术进口合同真实性的审查，并决定是否准予许可；技术经许可的，向进口经营者颁发《中华人民共和国技术进口许可证》，技术进口合同自许可证颁发之日起生效。

（4）技术进口合同相关方的责任

对外贸易主管部门和有关部门及其工作人员在履行技术进口管理职责中，对所知悉的商业秘密负有保密义务；技术进口合同的受让人、让与人应当在合同约定的保密范围和保密期限内，对让与人提供的技术中尚未公开的秘密部分承担保密义务。技术进口合同的让与人应当保证自己是所提供技术的合法拥有者或者有权转让、许可者；技术进口合同的让与人应当保证所提供的技术完整、无误、有效，能够达到约定的技术目标。技术进口合同期满后，技术让与人和受让人可以依照公平合理的原则，就技术的继续使用进行协商。

（5）技术出口的管理

国家鼓励成熟的产业化技术出口。基于特殊原因可以限制或者禁止有关技术的出口，对外贸易主管部门会同其他有关部门，制定、调整并公布限制或禁止出口的技术目录。属于禁止出口的技术，不得出口；属于限制出口的技术，实行许可证管理，未经许可，不得出口。出口属于限制出口的技术，应向对外贸易主管部门提出技术出口申请；限制出口的技术需经有关部门进行保密审查的，按照国家有关规定执行。

（6）限制出口技术的管理程序

经营者出口限制出口技术及相关产品时，填写《中国限制出口技术出口申请书》，报送商务部履行出口许可手续；商务部自收到申请书之日起30个工作日内，会同科技管理部门分别对技术出口项目进行贸易审查和技术审查，并决定是否准予许可；出口申请获得批准后，商务部颁发《中华人民共和国技术出口许可意向书》；技术出口经营者签订技术出口合同后，持《中华人民共和国技术出口许可意向书》、合同副本、技术资料出口清单、签约双方法律地位证明文件申请技术出口许可证；商务部对技术出口合同的真实性进行审查，并自收到文件之日起15个工作日内，对技术出口作出是否许可的决定；对许可出口的技术颁发《中华人民共和国技术出口许可证》，技术出口合同自许可证颁发之日起生效。

（7）技术出口的保密义务

对外贸易主管部门和有关部门及其工作人员在履行技术出口管理职责中，对国家秘密和所知悉的商业秘密负有保密义务。出口核技术、核用品相关技术、监控化学品生产技术、军事技术等出口管制技术的，按照国家有关行政法规的规定办理。

3）技术进出口合同登记管理

2009年3月1日施行的《技术进出口合同登记管理办法》共18条，其主要内容有：

第一，为规范自由进出口技术合同的管理，建立技术进出口信息管理制度，促进我国技术进出口的发展，对技术进出口合同实行登记管理。技术进出口合同包括专利权转让合同、专利申请权转让合同、专利实施许可合同、技术秘密许可合同、技术服务合同和含有技术进出口的其他合同。

第二，商务部及地方外经贸主管部门对自由进出口技术合同实行网上在线登记管理。商务部负责重大项目的技术进口合同的登记管理；地方外经贸主管部门负责重大项目以外的自由进出口技术合同的登记管理；中央管理企业的自由进出口技术合同，按属地原则到地方外经贸主管部门办理登记；地方外经贸主管部门可以授权下一级外经贸主管部门对自由进出口技术合同进行登记管理。

重大项目是指项目资金来源中含有国家财政预算内资金、外国政府贷款、国际金融组织贷款的项目，或者是国务院立项批准的项目。技术进口经营者在合同生效后，在网上进行登记，并持技术进口合同登记申请书、技术进口合同副本和签约双方法律地位的证明文件到商务部履行登记手续，商务部在收到文件起3个工作日内，对合同登记内容进行核对，并颁发《技术进口合同登记证》。

技术进出口经营者在合同生效后，在网上进行登记，并持技术进口或出口合同登记申请书、技术进出口合同副本和签约双方法律地位的证明文件到地方外经贸主管部门或其授权机构履行登记手续，地方外经贸主管部门或其授权机构在收到文件起3个工作日内，对合同登记内容进行核对，并颁发《技术进口合同登记证》或《技术出口合同登记证》。

第三，国家对自由进出口技术合同实行标准代码管理。合同编码采用17位，前9位为固定号，后8位为企业自定义。如：01USBJE01CNTIC001，前2位表示制定合同的年份（年代后2位）；第3、4位表示进出口的国别地区（国标2位代码）；第5、6位表示进出口企业所在地区（国标2位代码）；第7位表示技术进出口合同标志（进口Y，出口E）；第8、9位表示进出口技术的行业分类（国标2位代码）。

2.6.2 知识产权保护

改革开放以来，我国知识产权保护从无到有、从粗到细，知识产权保护力度不断加大，出台多个制度文件，推进严格的知识产权保护，构建多方联动的知识产权大保护工作格局；加大行政执法力度，知识产权权利人和创新主体对知识产权行政执法的信任度、满意度持续提升，创新环境不断优化。

1）知识产权的主要特征

知识产权也称“知识财产权”，是自然人或者法人在生产活动、科学研究、文学艺术等领域中从事智力劳动创造的成果并依法享有的专有权利。知识产权通常是国家赋予创造者对其智力成果在一定时期内享有的专有权或独占权。

知识产权作为一种财产权，具有以下主要特点：

（1）无形性

无形性是知识产权区别于其他有形财产的最大特点。知识产权一般表现为对某项权利的占有，其标的是某项权利，是无形的。知识产权的利用和转移一般不会引起相关有形物的消耗和转移。

（2）专有性

知识产权的专有性表现为独占性和排他性，即除权利人同意或法律规定外，权利人以外的任何人不得享有或使用该项权利。这表明权利人独占或排他的专有权利受严格保护，不受他人侵犯。

（3）时间性

知识产权有法定的保护期限，在法定的保护期限内受法律保护，超过保护期即刻失效。保护期过后，任何人都可以使用该成果而不受专利权的限制。各国的专利权、商标权和著作权的保护期限长短不一。

（4）地域性

地域性是对权利的一种空间限制。知识产权是依一个国家的法律确认和保护的，一般只在该国国内具有法律效力，在其他国家不发生效力。随着经济全球化的发展，传统意义上知识产权的地域性特征有所改变。某项知识产权经过一定的国际合作方式，可以在更多的国家和地区范围内得到保护。所以知识产权既具有地域性，在一定条件下又具有国际性。

2）知识产权与国际技术贸易的联系

第一，国际技术贸易与知识产权保护是相辅相成的。国际技术贸易的发展促进了知识产权制度的建立和完善，加大了对知识产权的保护。同时，知识产权的保护又促进了国际技术贸易的发展。

第二，知识产权是国际技术贸易的重要对象。在国际技术贸易中，知识产权许可、转让占很大比例。

第三，国际技术贸易是知识产权价值体现的重要方式。知识产权是一个单位和个人的权利，如权利人不使用这项权利，就只具有象征意义，权利人不可能获得任何经济回报，也不能为人类的科技进步发挥作用。因此，知识产权只有通过自己或通过贸易转让他人使用，才能实现其价值。

第四，国际技术贸易合同受知识产权法的保护和制约。技术贸易合同的标的为知识产权法保护的对象，合同当事人的权利和义务不得超出知识产权法授予的范围、时间和地域性规定，超出部分将不受法律保护。

3）我国知识产权保护的法律环境

知识产权法是指调整知识产权的归属、行使、管理和保护等活动中产生的社会关系的法律规范的总称。我国知识产权法是指中华人民共和国保护知识产权的制度及执法体系。

（1）我国知识产权保护的立法状况

我国的知识产权保护制度的筹备、酝酿，起始于20世纪70年代末期，是伴随着我国的改革开放而起步的。1982年颁布的《中华人民共和国商标法》开启了构建知识产权法律体系的先河，标志着我国开始建立知识产权保护制度。《中华人民共和国发明奖励条例》《中华人民共和国专利法》《合理化建议和技术改进奖励条例》的颁布，《中华人民共和国自然科学奖励条例》的修订，1990年《中华人民共和国著作权法》的推出，标志着我国知识产权保护制度的初步形成。

为了适应经济发展和科技进步的要求，根据国民经济发展的客观需要，通过借鉴国际公约、条约规定和其他国家在知识产权保护立法方面的先进经验，我国不断建立健全知识产权保护的立法体系。

我国现有的知识产权保护法律体系主要由法律、行政法规和部门规章3个部分组成。专门法律主要包括《中华人民共和国商标法》《中华人民共和国专利法》《中华人民共和国著作权法》等；专门行政法规包括《中华人民共和国商标法实施条例》《中华人民共和国专利法实施细则》《中华人民共和国著作权法实施条例》《中华人民共和国知识产权海关保护条例》《计算机软件保护条例》《集成电路布图设计保护条例》《中华人民共和国植物新品种保护条例》等；专门部门规章包括《驰名商标认定和保护规定》《集体商标、证明商标注册和管理办法》《专利实施强制许可办法》等。此外，我国民法典、刑法、对外贸易法以及最高人民法院和最高人民检察院发布的有关司法解释中也包括了知识产权保护的专门规定。

例如，《对外贸易法》的第五章规定了与对外贸易有关的知识产权保护的内容。国家依照有关知识产权的法律、行政法规，保护与对外贸易有关的知识产权。知识产权权利人有阻止被许可人对许可合同中的知识产权的有效性提出质疑、进行强制性一揽子许可、在许可合同中规定排他性返授条件等行为之一，并危害对外贸易公平竞争秩序的，国务院对外贸易主管部门可以采取必要的措施消除危害。其他国家或地区在知识产权保护方面未给予我国的法人、其他组织或个人国民待遇，或者不能对来源于我国的货物、技术或服务提供充分有效的知识产权保护，对外贸易主管部门可以按照规定并根据我国缔结或参加的国际条约、协定，对与该国家或地区的贸易采取必要的措施。

完善、有效的知识产权法律法规体系，是强化知识产权保护的基础性条件。根据经济社会发展的战略要求和实际需求，在不断建立健全知识产权法律体系的同时，我国也对相关法律法规进行了修改。我国陆续完成了商标法、反不正当竞争法、专利法、著作权法等法律法规的修订进程，商标注册、商业秘密、药品专利、损害赔偿等制度全面完善。2021年1月1日起施行的《中华人民共和国民法典》在总则编明确了知识产权的法律地位和权利类型，从而为知识产权保护更好地依托于产权保护体系提供了基础架构和制度链接；2021年6月1日起施行的新修订的《中华人民共和国著作权法》围绕完善作品的定义和类型、加大著作权侵权行为惩治力度、加强著作权法与其他法律法规的衔接、落实我国遵循国际著作权条约的义务等问题，进一步完善了著作权保护制度，反映了技术进步要求，有利于更好地帮助著作权人实现和保护自己的权利。

《"十四五"国家知识产权保护和运用规划》部署推动一系列改革，将要加强地理标志、商业秘密等领域立法，出台商业秘密保护规定；完善集成电路布图设计法规；推进修订植物新品种保护条例；制定中医药传统知识保护条例；完善与国防建设相衔接的知识产权法律制度；全面建立并实施知识产权侵权惩罚性赔偿制度，加大损害赔偿力度；研究建立健全符合知识产权审判规律的特别程序法律制度；适应科技进步和经济社会发展需要，依法及时推动知识产权法律法规立改废释。

可以说，中国特色知识产权法律法规体系已经形成，一系列立法标准在国际上都属于较高水平，完备的、现代化的知识产权法律法规体系向世界彰显中国严格保护知识产权的力度和决心。

（2）我国参加的知识产权保护国际公约

在不断完善国内法律体系建设的同时，从20世纪80年代起，我国相继参加了一些主要的知识产权保护国际公约、条约和协定。自1980年加入《建立世界知识产权组织公约》起，我国先后加入了《保护工业产权巴黎公约》、《关于集成电路的知识产权条约》、《商标国际注册马德里协定》、《保护文学艺术作品伯尔尼公约》、《世界版权公约》、《保护录音制品制作者防止未经许可复制其录音制品公约》、《国际专利合作条约》、《商标注册用商品和服务国际分类尼斯协定》、《国际承认用于专利程序的微生物保存布达佩斯条约》、《建立工业品外观设计国际分类洛迦诺协定》、《国际专利分类斯特拉斯堡协定》、《保护植物新品种国际公约》、《与贸易有关的知识产权协定》（世界贸易组织）、《世界知识产权组织版权条约》与《世界知识产权组织表演和录音制品条约》等。

在陆续加入知识产权保护国际公约、条约、协定的过程中，我国积极参与这些公约、条约、协定项下的各种活动，我国政府恪守保护知识产权有关国际公约及协定的真诚立场和充分承担国际义务的能力，得到了国际舆论的广泛赞誉。目前我国已加入了几乎所有主要的知识产权国际公约。

"十四五"期间，我国仍将积极参与完善知识产权国际规则体系、积极推进与经贸相关的多双边知识产权谈判。加强与世界知识产权组织的合作磋商，推动完善知识产权及相关国际贸易、国际投资等国际规则和标准；积极参与遗传资源、传统知识、民间文艺、非物质文化遗产、广播组织等方面的知识产权国际规则制定；积极研究和参与数字领域等新领域新业态知识产权国际规则和标准的制定。妥善应对国际知识产权争端，加强与主要贸易伙伴的知识产权合作磋商；在相关谈判中合理设置知识产权议题；深入参与世界贸易组织有关知识产权谈判；积极推进同其他国家和地区自贸协定知识产权议题谈判；研究推动与更多国家和地区开展地理标志协定谈判。

（3）我国知识产权保护的执法建设

我国的知识产权执法保护有司法和行政两个平行的渠道。权利人在被侵权时可以向法院起诉，也可以向知识产权主管机关申诉。

在司法方面，我国各级法院健全知识产权案件上诉机制，完善专门法院设置，负责审理知识产权案件。推进知识产权民事、刑事、行政案件“三合一”审判机制改革，诉讼中法院可以采取财产保全和证据保全的临时措施；对于民事侵权行为，人民法院除可以依法责令侵权人承担停止侵害、消除影响、道歉、赔偿损失等民事责任外，还可以对行为人给予没收非法所得、罚款、拘留等制裁；构成犯罪的，依法追究其刑事责任。我国积极完善知识产权检察机制，建立健全与审判机制、检察机制相适应的案件管辖制度和协调机制；加强司法保护与行政确权、行政执法、调解、仲裁、公证存证等环节的信息沟通和共享，促进行政执法标准和司法裁判标准统一，形成有机衔接、优势互补的运行机制；强化民事司法保护，制定符合知识产权案件规律的诉讼规范；完善刑事法律和司法解释，加大刑事打击力度，准确适用知识产权领域行政执法移送刑事司法标准和刑事案件立案追诉标准，规范刑罚的适用。

用行政手段保护知识产权是我国知识产权执法的一个重要特色。对于侵犯知识产权的行为，权利人可以向行政主管机关申诉，行政主管机关也可以依职权进行查处；知识产权行政主管机关可以在查处过程中对侵权物品进行查封和扣押，可以采取停止侵权的禁令、罚款等救济手段。由于行政程序在打击侵权方面速度较快，费用较低，受到知识产权权利人的欢迎。

知识产权保护行政执法的公平与成效建立在不断健全的执法协作机制上。围绕国家重点区域战略布局，我国已建立健全京津冀、长江经济带、“一带一路”框架下的三大跨区域执法协作机制和晋冀鲁豫等跨区域执法协作机制，上下联合、片区集中、县区委托等执法协作方式全面推广，协同立案、协助调查、协助执行等工作顺利开展，跨区域案件办理效率不断提升。同时，跨部门执法协作机制的作用日趋凸显，知识产权部门不断深化与海关、公安、市场监督、版权、法院等部门的执法协作机制，加快形成协同打击侵权假冒行为的合力。

（4）我国知识产权保护的工作重点

我国知识产权治理体系源于中国特色社会主义的伟大实践，具有独特的中国风格、中国气质，实践经验已经充分证明我国知识产权治理具有自身的优势、坚实的基础和强大的创新力。

2008年6月发布《国家知识产权战略纲要》，明确到2020年把我国建设成为知识产权创造、运用、保护和管理水平较高的国家，全面提升知识产权综合能力。进入新发展阶段，我国的知识产权保护工作应当从3个方面着手。

第一，要深入实施知识产权强国战略，抢占未来产业发展先机。在新发展阶段，要充分发挥我国超大规模市场和完备产业体系的优势，鼓励有条件的地方依托产业集群创办混合所有制产业技术研究院，服务区域关键共性技术研发。强化对科技成果转化应用的引导和激励，大幅提升我国科技成果和知识产权的整体质量，从源头上解决好高质量自主创新成果的供给。

第二，要逐步建立以知识产权保护为核心的创新治理体系，推动实现创新链与产业链的深度耦合。加强自主知识产权创造、储备和保护，建立基础研究、应用研究、关键技术开发、科技成果产业化等各个环节衔接联动的机制。完善知识产权相关法律法规，加快新领域新业态知识产权立法，健全知识产权侵权惩罚性赔偿制度，加大损害赔偿力度。优化专利资助奖励政策和考核评价机制，更好保护和激励高价值专利，培育专利密集型产业。改革国有知识产权归属和权益分配机制，扩大科研机构和高等院校知识产权处置自主权。

第三，要加速融入全球化进程，加快构建多边、区域、双边的国际合作格局。我国已与全球80多个国家和地区以及国际组织建立了知识产权合作关系；已建立“一带一路”、中美欧日韩知识产权五局、金砖国家五局、中国-东盟、中日韩、中蒙俄、中非、中国-维斯格拉德集团等知识产权合作机制，形成多边、周边、小多边、双边的“四边联动、协调推进”知识产权国际合作新格局。我国将继续利用好世界知识产权组织、世界贸易组织、二十国集团、亚太经合组织（Asia-Pacific Economic Cooperation，APEC）等国际平台，向世界贡献全球知识产权治理体系变革的中国方案。

专栏2-6　知识产权强国建设纲要主体内容（2021—2035）

指导思想：立足新发展阶段，贯彻新发展理念，把握加强知识产权保护是完善产权保护制度最重要的内容和提高国家经济竞争力最大的激励，打通知识产权创造、运用、保护、管理和服务全链条，更大力度加强知识产权保护国际合作，建设制度完善、保护严格、运行高效、服务便捷、文化自觉、开放共赢的知识产权强国，为建设创新型国家和社会主义现代化强国提供坚实保障。

发展目标：到2025年，知识产权强国建设取得明显成效，知识产权保护更加严格，社会满意度达到并保持较高水平，知识产权市场价值进一步凸显，品牌竞争力大幅提升，专利密集型产业增加值占GDP比重达到13%，版权产业增加值占GDP比重达到7.5%，知识产权使用费年进出口总额达到3 500亿元，每万人口高价值发明专利拥有量达到12件。到2035年，我国知识产权综合竞争力跻身世界前列，知识产权制度系统完备，知识产权促进创新创业蓬勃发展，全社会知识产权文化自觉基本形成，全方位、多层次参与知识产权全球治理的国际合作格局基本形成，中国特色、世界水平的知识产权强国基本建成。

主要任务：建设面向社会主义现代化的知识产权制度，建设支撑国际一流营商环境的知识产权保护体系，建设激励创新发展的知识产权市场运行机制，建设便民利民的知识产权公共服务体系，建设促进知识产权高质量发展的人文社会环境，深度参与全球知识产权治理。

条件保障：完善中央和地方财政投入保障制度，加大对纲要实施工作的支持。综合运用财税、投融资等相关政策，形成多元化、多渠道的资金投入体系，突出重点，优化结构，保障任务落实。按照国家有关规定，对在知识产权强国建设工作中作出突出贡献的集体和个人给予表彰。

●本章小结

1.各国为了维护自己在国际贸易中的权益和地位，不论是发展中国家还是发达国家，不论是社会主义国家还是资本主义国家，都采取了一系列措施管理和干预对外贸易；对外贸易调控体系包括广义和狭义两层含义。

2.我国对外贸易法律制度是指国家对货物进出口、技术进出口、服务进出口进行管理和控制的一系列法律、法规和其他具有法律效力的规范性文件的总称，由四个层次构成。对外贸易法从对外经济贸易基本政策、基本制度和基本贸易行为进行了总体的法律规范。我国加入世界贸易组织后，修改了《反倾销条例》和《反补贴条例》，制定了《保障措施条例》，以建立与世界贸易组织规则相配套的法律、法规体系，并在实践中利用这些救济措施保护国内产业。

3.改革开放前，我国实行的是严格的外汇管理；改革开放后，外汇管理体制经历多次改革。实行以市场供求为基础、参考一篮子货币进行调节、有管理的浮动汇率制度，实现人民币利率的渐进市场化改革。

4.海关关税征管的法律依据是《进出口关税条例》；出口退税的基本原则是“征多少、退多少”“未征不退”“彻底退税”。

5.无论是数量限制，还是《反倾销条例》、《反补贴条例》和《保障措施条例》的出台，都需要许可证制度的积极配合。原产地规则是确定进入国际贸易的货物的“经济国籍”的法律规则，其核心是原产地标准。

6.技术引进是推动我国经济发展的重要手段之一，在我国社会、经济、技术发展中有着重要地位和作用。改革开放的初期，我国就开始了知识产权保护的法治建设，不断建立、健全知识产权保护的立法体系，并相继参加了一些主要的知识产权保护国际公约、条约和协定。

●复习思考题

1.分析我国对外贸易法律制度的核心内容。

2.简述《对外贸易法》的基本原则和适用范围。

3.简述我国“两反一保”措施的主要内容。

4.试述我国外汇管理制度的主要内容。

5.试析我国人民币汇率制度的内容及改革。
6.简述我国进口关税税率确定的基本原则。
7.分析出口退税制度在我国的实施概况。
8.试述我国原产地条例的主要内容。
9.试分析我国目前的技术贸易管理体制。
10.试分析我国知识产权保护的概况。

第3章/中国货物贸易

学习目标

了解我国货物贸易的发展及意义；掌握我国贸易战略的主要内容及实施情况；重点掌握我国贸易强国的实现路径。

3.1 货物贸易的发展

一个经济大国必然是一个对外贸易的大国，这早已被世界经济发展史所证实。由于无法突破国内资源禀赋对扩大再生产的约束，我国经济长期处于停滞和落后状态。我国要加快经济发展，必须进一步扩大对外开放，通过对外贸易的桥梁和纽带作用将国内外生产和消费联系起来，更多地利用国外市场、资源、资金、技术和管理经验，发挥对外贸易在经济发展中的调节、补充、加速、推动和节约社会劳动等作用。

3.1.1 货物贸易规模的变化

新中国成立以来，对外贸易的发展可大致分为三个阶段。

1）改革开放前的波折阶段

1950年，我国进出口贸易总额为11.35亿美元，其中出口贸易额5.52亿美元，进口贸易额5.83亿美元。1953—1958年，我国对外贸易取得了比较显著的成绩，扭转了贸易逆差，出口以平均每年14.2%的增速发展，1959年进出口总额达到43.81亿美元，进一步扩大了对外经贸联系。1957年在广州首次举办了出口商品交易会，为我国发展对外贸易开辟了更加广阔的途径。“二五”计划期间和国民经济调整时期，由于受“左”倾错误的影响，再加上3年自然灾害和苏联政府撕毁合同撤回专家，我国经济遭受了严重挫折，对外贸易出现了大幅度下降和倒退。从1966年开始，“文化大革命”又导致我国出现了长达10年的内乱，致使对外贸易处于停滞的状态，得不到应有的发展。1969年的进出口额仅为40.29亿美元，尚不及1959年的水平，直到1970年以后才有所恢复。1978年，我国对外贸易总额206.4亿美元，其中出口贸易额97.5亿美元，进口贸易额108.9亿美元，而当年世界贸易的规模已经达到26 573亿美元，我国对外贸易额占世界贸易额的比重只有0.78%，名列世界第34位。不但远远落后于美国、日本等发达国家，也落后于亚洲四小龙。

2）改革开放后到加入世界贸易组织前的快速发展时期

1978年年底，中国共产党第十一届三中全会纠正了“文化大革命”的错误和“左”的指导思想，把工作重点转移到社会主义现代化建设上来，实行对内搞活、对外开放的政策，确立了新的历史时期我国对外贸易的重要战略地位，制定了从1981年到2000年的我国对外贸易发展战略目标：到20世纪末，对外贸易额在1980年的基础上翻两番。从此，我国社会主义初级阶段对外贸易走上了正常快速发展的轨道。

“六五”计划期间对外贸易平均每年递增12.4%，“七五”计划期间对外贸易平均每年递增10.6%，这个速度不仅高于同期我国工农业生产总值年平均增长速度，而且也高于同期世界贸易的年平均增长速度。至“七五”计划末年，我国对外贸易占世界贸易的比重虽然只达到1.8%，其中出口比重为1.7%，进口比重为1.9%，与改革开放前的1978年相比，所占比重仅仅提高了1个百分点，但却使我国在世界贸易中的位次整整向前移动了近20位，前进到了第15位。“八五”计划期间是我国对外贸易高速发展的阶段。“八五”计划期间，我国对外贸易年平均增长率达到了19.5%，我国对外贸易占世界贸易的比重提高了1.2个百分点，达到2.9%。“九五”计划时期，我国经历了亚洲金融危机的考验。1999年对外贸易再次恢复了活力，当年对外贸易实现了11.3%的增长；2000年，对外贸易实现了31.5%的高速度增长，创造了改革开放以来对外贸易增长的最高水平，货物进出口总额达到4 743亿美元，其中出口额2 492亿美元，位居世界第七位；进口额2 251亿美元，位居世界第八位；贸易顺差241亿美元。

3）加入世界贸易组织后的高增长时期

加入世界贸易组织后，我国对外贸易实现了一轮前所未有的高增长。“十五”计划时期，美国的“9·11”事件和美英对阿富汗的打击报复行动，我国的贸易发展受到了一定程度的影响，但发展的速度依然比较乐观。2005年，进出口总额保持23.2%的增长，达到14 221.2亿美元，其中出口额7 620亿美元，增长28.4%，进口额6 601.2亿美元，增长17.6%。进入“十一五”规划时期，受国际金融危机的影响，我国对外贸易经历了由增长到下降再到逐步复苏的复杂阶段。2006—2008年，货物进出口总额年增长率分别为23.8%、23.5%、17.8%。2009年世界贸易额下滑12%，贸易保护主义抬头，贸易摩擦加剧，使以外需为主导的我国经济整体下滑，货物进出口总额22 073亿美元，下降13.9%。2010年猛烈反弹，进出口额达到2.97万亿美元，比“十五”计划末翻了一番，年均增长15.9%，世界排名由第3位升至第2位；其中，出口1.58万亿美元，年均增长15.7%，占全球份额由7.3%升至10.4%，世界排名由第3位升至第1位；进口1.4万亿美元，年均增长16.1%，占全球份额由6.1%升至9.1%，世界排名由第3位升至第2位。“十二五”规划期间仍是我国外贸发展的重要战略机遇期，同时面临的形势更加严峻复杂，保持平稳发展的难度增大。在稳定和拓展外需的同时，实施积极主动的进口战略；以加快转变外贸发展方式为主线，以“稳增长、调结构、促平衡”为重点，培育外贸竞争新优势，提高外贸发展的质量和效益，增强外贸发展的协调性和可持续性，巩固贸易大国地位，推动贸易强国进程。2014年，进出口总额4.3万亿美元，小幅增长3.4%。2015年，货物贸易进出口总额24.59万亿元人民币，比2014年下降8%；其中，出口14.14万亿元人民币，下降1.8%；进口10.45万亿元人民币，下降13.2%；贸易顺差3.69万亿元人民币，扩大56.7%。2016年商务部印发了《对外贸易发展“十三五”规划》，明确了“十三五”时期外贸发展的总体思路、目标任务和保障措施，深入推进国际市场布局、国内区域布局、商品结构、经营主体、贸易方式“五个优化”，加快外贸转型升级基地、贸易促进平台、国际营销体系“三项建设”，强化贸易领域科技创新、制度创新、模式和业态创新，跨境电商综合试验区增加到105个，市场采购贸易试点增加到31个。“十三五”规划期间，我国扎实推进经贸强国建设，以技术、标准、品牌、质量、服务为核心的对外经济新优势加快形成，推动实施了一系列对外开放新举措。货物贸易总额从2015年的3.95万亿美元增至2020年的4.65万亿美元，年均增长3.3%，并保持高额的贸易顺差；国际市场份额从13.8%提升至14.7%，从2017年起连续4年保持货物贸易第一大国地位。2020年，我国积极应对新冠肺炎疫情影响，全力稳住外贸外资基本盘，继续推动开放型经济发展迈上新台阶，成为全球唯一实现经济正增长的主要经济体，外贸进出口明显好于预期，外贸规模再创历史新高。2020年货物进出口总额4.65万亿美元，增长1.5%。其中，出口2.59万亿美元，增长3.6%；进口2.06万亿美元，下降1.0%；贸易顺差5 337.12亿美元，增长27.1%。根据世界贸易组织数据，2020年我国出口增速高于全球，进出口、出口、进口国际市场份额分别达12.9%、14.9%、11.0%。2001—2020年中国货物进出口额统计数据见表3-1。2001—2020年中国货物进出口年增速与全球年增速比较见表3-2。2001—2020年中国货物贸易世界占比见表3-3。

表3-1　　**2001—2020年中国货物进出口额统计**　　单位：亿美元

年份	进口金额	出口金额	进出口总额	贸易差额
2001年	2 435.53	2 660.98	5 096.51	225.45
2002年	2 951.7	3 255.96	6 207.66	304.26
2003年	4 127.6	4 382.28	8 509.88	254.68
2004年	5 612.29	5 933.26	11 545.54	320.97
2005年	6 599.53	7 619.53	14 219.06	1 020
2006年	7 914.61	9 689.78	17 604.38	1 775.17
2007年	9 561.15	12 200.6	21 761.75	2 639.45
2008年	11 325.62	14 306.93	25 632.55	2 981.31
2009年	10 059.23	12 016.12	22 075.35	1 956.89

续表

年份	进口金额	出口金额	进出口总额	贸易差额
2010年	13 962.47	15 777.54	29 740.01	1 815.07
2011年	17 434.84	18 983.81	36 418.64	1 548.97
2012年	18 184.05	20 487.14	38 671.19	2 303.09
2013年	19 499.89	22 090.04	41 589.93	2 590.15
2014年	19 592.35	23 422.93	43 015.27	3 830.58
2015年	16 795.64	22 734.68	39 530.33	5 939.04
2016年	15 879.26	20 976.31	36 855.57	5 097.05
2017年	18 437.93	22 633.45	41 071.38	4 195.52
2018年	21 357.48	24 866.96	46 224.44	3 509.48
2019年	20 784.09	24 994.82	45 778.91	4 210.73
2020年	20 566.75	25 903.87	46 470.63	5 337.12

表3-2　　2001—2020年中国货物进出口年增速与全球年增速比较　　单位：%

年份	世界进口同比	中国进口同比	世界出口同比	中国出口同比	世界进出口同比	中国进出口同比
2001年	−3.6	8.2	−4.0	6.8	−3.8	7.5
2002年	3.9	21.2	4.9	22.4	4.4	21.8
2003年	16.7	39.8	16.8	34.6	16.8	37.1
2004年	21.9	36	21.5	35.4	21.7	35.7
2005年	13.8	17.6	14.0	28.4	13.9	23.2
2006年	14.7	19.9	15.4	27.2	15.0	23.8
2007年	15.3	20.8	15.7	25.9	15.5	23.6
2008年	15.6	18.5	15.2	17.3	15.4	17.8
2009年	−23.0	−11.2	−22.3	−16	−22.6	−13.9
2010年	21.4	38.8	21.8	31.3	21.6	34.7
2011年	19.4	24.9	19.8	20.3	19.6	22.5
2012年	1.2	4.3	1.0	7.9	1.1	6.2
2013年	1.7	7.2	2.4	7.8	2.0	7.5
2014年	0.5	0.4	0.2	6	0.3	3.4

续表

年份	世界进口同比	中国进口同比	世界出口同比	中国出口同比	世界进出口同比	中国进出口同比
2015年	−12.2	−14.1	−12.9	−2.9	−12.6	−8
2016年	−3.1	−5.5	−3.1	−7.7	−3.1	−6.8
2017年	11.0	16.1	10.6	7.9	10.8	11.4
2018年	10.3	15.8	9.8	9.9	10.0	12.5
2019年	−2.8	−2.7	−3.0	0.5	−2.9	−1.0
2020年	−2.7	−1.0	−8.0	3.6	−5.3	1.5

表3-3　**2001—2020年中国货物贸易世界占比**　单位：%

年份	中国进口世界占比	中国出口世界占比	中国进出口世界占比
2001年	3.8	4.3	4.0
2002年	4.4	5.0	4.7
2003年	5.3	5.8	5.5
2004年	5.9	6.4	6.2
2005年	6.1	7.2	6.7
2006年	6.4	8.0	7.2
2007年	6.7	8.7	7.7
2008年	6.9	8.8	7.8
2009年	7.9	9.6	8.7
2010年	9.0	10.3	9.7
2011年	9.5	10.4	9.9
2012年	9.7	11.1	10.4
2013年	10.3	11.6	11.0
2014年	10.3	12.3	11.3
2015年	10.0	13.7	11.9
2016年	9.8	13.1	11.4
2017年	10.3	12.8	11.5
2018年	10.8	12.8	11.8
2019年	10.8	13.2	12.0
2020年	11.0	14.9	12.9

3.1.2　进出口商品结构的变化

中华人民共和国成立至今，我国对外贸易的商品结构发生了重大的变化。

1）进口商品结构的变化

中华人民共和国成立之初便把经济建设的重点放在实现工业化、建立完整工业体系上，因此进口商品结构都是以生产资料为主、消费资料为辅。在生产资料中，又以工业所需的机械设备和原料为主。整个20世纪50年代，生产资料占比均在90%以上，其中属于生产手段的成套设备和机电产品占进口总值的51%，这为恢复和发展国民经济、尤其是工业的发展起了重要的作用。20世纪60年代，消费资料的进口比重不断上升，生产资料比重则相对下降，消费资料的比重上升到28.4%。个别年份如1962年由于严重的自然灾害，人民生活十分困难，当年消费资料进口占比44.8%，是比重最高的一年。20世纪70年代，生产资料的比重有所恢复，达到了81%，消费资料则下降至19%。

20世纪80年代以后，在统计上使用了不同的分类口径，进口商品结构的变化体现出3个趋势。一是工业制成品占进口比重最大。1980年占比65.2%，90年代比重一直为80%左右。2000年之后比重又有所下降，2020年工业制成品占进口的67.1%。二是资本、技术密集型产品进口增加。随着国内产业结构的不断升级，对国外先进技术和成套设备的需求增加。2000年进口高新技术产品达525亿美元，在进口总额中的比重从80年代的10%提高到45%。三是国内短缺的资源类商品进口数量大幅增加。由于国内制造业的迅速发展，对资源类大宗商品的需求猛增。2004年铁矿砂和原油分别进口1.5亿吨和0.9亿吨，2007年增长到3.83亿吨和1.63亿吨，2015年铁矿砂进口9.53亿吨，原油进口3.34亿吨。2016—2020年，我国不断扩大与人民生活密切相关的优质产品进口，增加有助于转型升级的技术装备进口，鼓励生产性服务进口，有效促进了国内产业和消费升级。2020年，新冠肺炎疫情下我国超大规模市场优势凸显，为扩大进口提供了有力支撑。资源型产品煤、原油、天然气、铁矿砂进口量分别增长1.5%、7.3%、5.3%和9.5%；农产品粮食、肉类、大豆进口量分别增加了28%、60.4%、13.3%；消费品进口增长迅速，其中的化妆品、医药品进口额分别增长29.7%和4.2%。

2）出口商品结构的变化

新中国成立以前，出口的货物绝大多数是农副产品。新中国成立后，伴随工业化的进程，工业制成品的出口比重不断提高；特别是改革开放以后，出口商品结构发生了根本性的变化，工业制成品占据了主导地位。

出口商品结构发生这种变化的原因是：20世纪50年代，我国的工业基础很差，只能出口农产品、矿产品等初级产品，工业制成品占出口的比重很低。经过社会主义经济建设，我国已建立了比较完整的工业体系；特别是改革开放以来，通过利用外资，引进技术与国内劳动力资源、自然资源、传统精湛技艺相结合，建立了完整的国民经济体系和工业体系，制造业得到了快速发展，产业结构和出口结构逐步得到了优化。2001—2020年中国进口商品结构见表3-4。

表3-4　**2001—2020年中国进口商品结构**　单位：亿美元、%

年份	进口商品总额	初级产品进口额	初级产品进口占比	工业制成品进口额	工业制成品进口占比
2001年	2 435.53	457.43	18.8	1 978.10	81.2
2002年	2 951.70	492.71	16.7	2 458.99	83.3
2003年	4 127.60	727.63	17.6	3 399.96	82.4
2004年	5 612.29	1 172.67	20.9	4 439.62	79.1
2005年	6 599.53	1 477.14	22.4	5 122.39	77.6
2006年	7 914.61	1 871.28	23.6	6 043.32	76.4
2007年	9 561.15	2 430.85	25.4	7 128.65	74.6
2008年	11 325.62	3 623.95	32.0	7 701.68	68.0
2009年	10 059.23	2 898.04	28.8	7 161.19	71.2
2010年	13 962.47	4 338.50	31.1	9 623.94	68.9
2011年	17 434.84	6 042.69	34.7	11 392.15	65.3
2012年	18 184.05	6 349.34	34.9	11 834.71	65.1
2013年	19 499.89	6 580.81	33.7	12 919.09	66.3
2014年	19 592.35	6 469.40	33.0	13 122.95	67.0
2015年	16 795.64	4 720.57	28.1	12 075.07	71.9
2016年	15 879.26	4 410.55	27.8	11 468.71	72.2
2017年	18 437.93	5 796.38	31.4	12 641.55	68.6
2018年	21 357.34	7 017.44	32.9	14 339.90	67.1
2019年	20 784.09	7 299.52	35.1	13 484.57	64.9
2020年	20 556.10	6 770.70	32.9	13 785.40	67.1

按照国际贸易标准分类分析，1953年的初级产品与工业制成品出口之比为

1∶0.26，1957年“一五”计划完成时的初级产品与工业制成品出口之比为1∶0.57，1978年的初级产品与工业制成品出口之比为1∶0.85。

1981年开始的“六五”计划确定的出口商品战略是根据我国的情况和国际市场的需要，发挥我国资源丰富的优势，增加矿产品和农副土特产品出口；发挥我国传统技艺精湛的优势，发展工艺品和传统的轻纺工业品出口；发挥我国劳动力众多的优势，发展进料加工贸易；发挥我国现有工业基础的作用，发展各种机电产品和多种有色金属、稀有金属加工产品出口。在“六五”计划开始时，我国的出口商品构成是：初级产品占49.6%，其中，食品占14.7%，饮料及烟草占0.4%，非食品原料占9.9%，矿物燃料占24.2%，动植物油、脂及蜡占0.4%；工业制成品占50.4%，其中，重化工业产品占18.2%，轻纺工业产品占32.2%。第一次工业制成品的比重超过初级产品的比重。1985年工业制成品的比重又低于初级产品的比重，工业制成品占45.8%，初级产品占54.2%。其原因是初级产品的矿物燃料相应增加，而工业制成品的机械运输设备有所下降。

从1986年的“七五”计划开始，我国出口商品结构实现两个转变：逐步由主要出口初级产品向主要出口工业制成品转变，由主要出口粗加工制成品向主要出口精加工制成品转变。1990年，工业制成品出口额已占总出口额的70%以上，我国已经实现了出口商品结构的历史性转变。从此，我国出口商品结构一直是工业制成品的比重大于初级产品的比重。

1991年，全国人大七届四次会议《关于国民经济和社会发展十年规划和第八个五年计划纲要的报告》指出：出口贸易，要把工作重点放在改善出口商品结构和提高出口商品质量上。今后的任务，是逐步实现由粗加工制成品出口为主向精加工制成品出口为主转变。努力增加附加价值高的机电产品、轻纺产品和高技术产品出口，做到主要依靠提高出口商品的质量、档次和信誉来增加外汇收入。1995年，工业制成品出口1 272.8亿美元，占总出口额的85.6%。其中，机电产品出口438.6亿美元，出口额超过纺织品成为我国最大的出口商品类别：但在工业制成品中，占绝大多数的还是附加值相对较低的产品。2000年，我国机电产品出口额达1 053亿美元，占总出口额的42.2%；高新技术产品出口额达370亿美元，占总出口额的14.8%。2005年，机电产品和高新技术产品出口快速增长，机电产品出口额达4 267.5亿美元，占总出口额的56%；高新技术产品出口2 182.5亿美元，占总出口额的28.6%。2010年，机电产品和高新技术产品出口占总出口额的比重分别为59.2%和31.2%。2015年上半年，机电产品出口6 159.6亿美元，占总出口额的57.5%；高新技术产品出口2 877.4亿美元，占总出口额的26.9%。2020年，我国机电产品出口10.66万亿元，增长6%，占出口总值的59.4%，同比提升1.1个百分点，其中，笔记本电脑、家用电器、医疗仪器及器械出口分别增长20.4%、24.2%、41.5%；高新技术产品出口5.4万亿元，增长6.5%，快于整体出口增速2.5个百分点，占整体出口的29.9%；纺织品、服装、鞋类、箱包、玩具、家具、塑料制品等

7大类劳动密集型产品合计出口3.58万亿元，增长6.2%，其中包括口罩在内的纺织品出口1.07万亿元，增长30.4%。2001—2020年中国出口商品结构见表3-5。

表3-5　2001—2020年中国出口商品结构　单位：亿美元、%

年份	出口商品总额	初级产品出口额	初级产品出口占比	工业制成品出口额	工业制成品出口占比
2001年	2 660.98	263.38	9.9	2 397.60	90.1
2002年	3 255.96	285.40	8.8	2 970.56	91.2
2003年	4 382.28	348.12	7.9	4 034.16	92.1
2004年	5 933.26	405.49	6.8	5 527.77	93.2
2005年	7 619.53	490.37	6.4	7 129.16	93.6
2006年	9 689.78	529.19	5.5	9 160.17	94.5
2007年	12 200.60	615.09	5.0	11 562.67	94.8
2008年	14 306.93	779.57	5.4	13 527.36	94.6
2009年	12 016.12	631.12	5.3	11 384.84	94.7
2010年	15 777.54	816.86	5.2	14 960.68	94.8
2011年	18 983.81	1 005.45	5.3	17 978.36	94.7
2012年	20 487.14	1 005.58	4.9	19 481.56	95.1
2013年	22 090.04	1 072.68	4.9	21 017.36	95.1
2014年	23 422.93	1 126.92	4.8	22 296.01	95.2
2015年	22 734.68	10 392.71	4.6	21 695.41	95.4
2016年	20 976.31	1 051.87	5.0	19 924.44	95.0
2017年	22 633.45	1 177.33	5.2	21 456.38	94.8
2018年	24 866.82	1 349.93	5.4	23 516.89	94.6
2019年	24 994.82	1 339.70	5.4	23 655.13	94.6
2020年	25 906.50	1 154.70	4.5	24 751.70	95.5

3.1.3　进出口国别、地区关系的发展

中华人民共和国成立初期，国际上出现了以美国和苏联为首的两个对立的阵营，两个大国把世界划分为两个势力范围。以美国为首的帝国主义，1950年6月，发动侵略朝鲜的战争，并对我国实行封锁禁运政策，严重威胁我国的安全，影响我

国经济建设的恢复。1952年9月，在“巴黎统筹委员会”中增设“中国委员会”，专门管制并监督对我国出口的禁运，妄图把新生的中华人民共和国扼杀在摇篮之中。在这种情况下，我国只有全力发展同苏联等社会主义国家的经贸关系，依靠社会主义国家的团结协作和支援，同以美国为首的帝国主义国家开展反封锁、反禁运的斗争，并积极发展同亚非国家的贸易和经济合作，取得了重大成就。在对外贸易关系上，我们遵守国家的对外政策，坚持平等互利的原则，尽量利用某些友好国家的港口进行转口贸易，以冲破帝国主义的封锁。在贸易做法上，主要采取进口货到付款，出口电汇货款、以货易货、先进后出等办法，从而保证了国家的经济权益，但也制约了我国对外贸易的发展。到1957年，我国同82个国家和地区建立了贸易关系，同24个国家签订了政府间的贸易协定；同我国有贸易关系的国家和地区由1950年的46个增加到1960年的118个。

进入20世纪60年代，中苏两国关系恶化，两国之间的矛盾公开化，苏联单方面撕毁了同我国的经济合同，撤走了援助我国的专家；东欧国家也追随苏联同我国关系发生了变化。在这种情况下，我国一方面要应对以美国为首的帝国主义，另一方面又要应对苏联的行径，因此，必须伸出两个拳头去打人。加上国内1966年发生了“文化大革命”，这是我国比较困难的时期，我国对外经济贸易关系的发展，不能不逐步转向西方资本主义国家和发展中的民族主义国家。这一时期，我国对外贸易转向日本、西欧等资本主义国家，进一步打开了与西方的贸易渠道，同我国建立外交关系的国家由1960年的37个增加到1970年的56个，同我国有贸易关系的国家和地区由1960年的118个增加到1970年的130个。

20世纪70年代，美苏之间、东西方之间出现了缓和，美苏之间的经济贸易关系也有了较大的发展。苏联利用缓和之机向第三世界的发展中国家扩张，同时，在中苏边境大举增兵，威胁我国的安全。当时，美国陷于越南战争的深渊而不能自拔，国内又有所谓的“水门事件”，急于解脱，希望同我国改善以至建立外交关系，这一时期我国外交关系获得了突破性的进展。1971年10月，我国恢复了在联合国的合法席位和一切合法权利。1972年2月美国总统尼克松访华，中美联合发表了《中美联合公报》（又称《上海公报》）；同年9月，中日实现邦交正常化。1979年1月，中美正式建立外交关系。在这一时期，我国的外交政策是“一条线，一大片”。所谓“一条线”是指从我国经过日本到中东、西欧，南到澳大利亚、新西兰，最后到美国这一条线；“一大片”是指“一条线”的周围国家。在“一条线，一大片”的外交政策指引下，这一时期同我国建立外交关系的国家由1970年的56个猛增到1980年的124个；同我国有经济贸易关系的国家和地区由1970年的130个增加到174个。在这种形势下，我国对外经济贸易状况发生了根本变化，与亚非拉第三世界发展中国家的经济贸易关系有了长足的进步，与西方发达资本主义国家的经济贸易关系也稳步发展。

进入20世纪80年代以后，我国的外交政策是独立自主的和平外交政策。独立自主是我国一贯坚持的原则，但是，80年代以来的独立自主有一个新的内容，就是不同任何超级大国结盟，不参加任何大国组织的军事集团。中国永远不称霸，反对霸权主义、强权统治，维护世界和平；主张建立国际政治、经济新秩序。坚持同所有国家在和平共处五项原则的基础上发展政治经济关系。在改革开放的总方针和独立自主的和平外交政策的指引下，我国实行全方位协调发展的对外贸易国别、地区政策，使我国同世界各国和地区的经济贸易关系发生了突飞猛进的变化，整个对外贸易格局和对外开放格局都发生了显著的变化，同200多个国家和地区建立了经贸关系，对外经贸市场多元化的格局初步形成。此外，我国还同许多世界性或区域性的贸易组织建立了联系。随着改革开放的深入和社会主义市场经济体制的建立，我国国内经济已同世界经济基本对接，中国市场逐渐成为世界市场的一部分。

进入21世纪，跨世纪的中国外交呈现出了全方位、立体式、多层次的可喜局面：既有政府外交，也有民间外交；既有双边外交，也有多边外交；既有政治、军事等领域的"硬外交"，也有经济、文化等领域的"软外交"。一个更加成熟、自信、负责任的大国形象呈现在世人面前。作为联合国安理会常任理事国和世界上最大的发展中国家，我国正以积极的姿态参与到国际事务中，制定国际规则，努力化解危机，树立起负责任、爱和平的大国形象。在解决国际和地区热点问题上，坚持原则，仗义执言，体现了中国作为发展中大国的鲜明外交特点。在重视双边外交的同时，积极参与国际性和地区性组织，扩大并深化了多边外交关系。我国外交经过充实、调整和发展，已形成了面向21世纪的全方位外交格局，贸易伙伴多元化取得积极进展。2014年，我国前十大贸易伙伴依次为欧盟、美国、东盟、中国香港、日本、韩国、中国台湾、德国、澳大利亚和马来西亚；若以国家（地区）为衡量标准，前十大贸易伙伴为美国、中国香港、日本、韩国、中国台湾、德国、澳大利亚、马来西亚、俄罗斯及巴西。2020年，我国贸易伙伴扩展至230多个国家和地区，前五大贸易伙伴依次为东盟、欧盟、美国、日本和韩国，对上述贸易伙伴进出口额分别为4.74万亿元、4.5万亿元、4.06万亿元、2.2万亿元和1.97万亿元，分别增长7%、5.3%、8.8%、1.2%和0.7%，合计占进出口总额的54.3%，其中东盟首次成为中国第一大贸易伙伴；对"一带一路"沿线国家进出口额占进出口总额的29.1%，对新兴经济体进出口额占进出口总额的58.6%。

3.1.4 贸易主体的变化

在对外贸易发展过程中，国有企业曾一统天下。随着外资企业和民营企业的迅速发展，国有企业在贸易中的地位减弱。

随着改革开放日益加深，外商投资不断增加，外商投资企业在我国经济中的地位不断提高，在进出口贸易中逐渐居于主导地位，但近年来呈现一定的下降态势。2015年，外商投资企业进出口总额18 346亿美元，占全国进出口总额的46.3%；2020年，外商投资企业进出口总额12.44万亿元，占全国进出口总额的38.7%。

随着国家经济、产业结构的调整，民营企业迅速发展，成为我国经济的重要组成部分，民营企业对外贸易显示出巨大活力。2015年，民营企业进出口额9.1万亿元，占进出口总额的37%。民营企业出口占比2019年首次超过50%，增至51.9%。2020年，民营企业进出口额15.1万亿元，增长10.6%，高于整体增速8.7个百分点，拉动进出口总额增长4.6个百分点，占进出口总额的47%；连续第6年成为出口第一大主体，外贸主体地位更加巩固，成为稳外贸的重要力量。外商投资企业进出口额12.4万亿元，占比38.7%；国有企业进出口额4.6万亿元，占比14.3%，在进出口中占比持续降低。中国出口商品企业性质占比见表3-6。中国进口商品企业性质占比见表3-7。

表3-6　**中国出口商品企业性质占比**

年份	国有企业占比	外商投资企业占比	民营企业占比
2001年	42.5%	50.1%	7.4%
2002年	37.7%	52.2%	10.1%
2003年	31.5%	54.8%	13.7%
2004年	25.9%	57.1%	17.0%
2005年	22.1%	58.3%	19.5%
2006年	19.7%	58.2%	22.1%
2007年	18.5%	57.1%	24.4%
2008年	18.0%	55.3%	26.8%
2009年	15.9%	55.9%	28.2%
2010年	14.9%	54.6%	30.5%
2011年	14.1%	52.4%	33.5%
2012年	12.5%	49.9%	37.6%
2013年	11.3%	47.3%	41.5%
2014年	10.9%	45.9%	43.2%
2015年	10.7%	44.2%	45.2%
2016年	10.3%	43.7%	46.0%
2017年	10.2%	43.2%	46.6%

续表

年份	国有企业占比	外商投资企业占比	民营企业占比
2018年	10.3%	41.7%	48.0%
2019年	9.4%	38.6%	51.9%
2020年	8.0%	36.0%	56.0%

表3-7　**中国进口商品企业性质占比**

年份	国有企业占比	外商投资企业占比	民营企业占比	其他企业占比
2014年	25.1%	46.4%	22.8%	5.7%
2015年	24.2%	49.3%	24.5%	1.9%
2016年	22.7%	48.5%	26.3%	2.4%
2017年	23.8%	46.8%	27.2%	2.2%
2018年	25.6%	43.6%	28.6%	2.1%
2019年	25.8%	41.3%	30.7%	2.2%
2020年	22.3%	42.1%	34.0%	1.6%

3.1.5 贸易依存度的变化

通过货物贸易可以在国际范围内调剂余缺、互通有无，协调国民经济各方面的比例关系，在更高水平上实现国民经济的综合平衡，促进社会经济的全面、快速、高效、协调发展。发展货物贸易也可以增加外汇收入、财政收入和资金积累，扩大劳动就业。“十三五”规划期间，我国对外贸易带动就业约1.8亿人，货物和服务净出口对经济增长贡献率达11%，有力保障了国际收支平衡。

从我国的实践看，加强国际经济技术合作与交流、利用外资、引进和转让技术、开展对外承包工程和劳务合作等，都同发展对外贸易密不可分。在这个意义上说，发展对外贸易可以促进和推动整个对外经济关系的发展。外贸与外交历来都是结合到一起的。外贸往往是外交的先导，是加强各国人民之间友好往来的桥梁。良好的对外贸易关系有利于国家关系的维护和改善，从而使国内经济的发展有一个良好的外部环境。许多国家在政治上尖锐对立，在经济上照样往来，因为双方在经济利益上互有需要。外贸配合外交是我国外贸工作的一条重要原则。通过对外贸易，促进彼此的经济技术合作与交流，推动文化艺术的交流，增进相互了解与友谊，为我国经济建设创造良好的、和平的国际环境。中国货物贸易的经济贡献指数见表3-8。

表3-8　　中国货物贸易的经济贡献指数

年份	进口依存度	出口依存度	进出口依存度	贡献率	拉动度
2001年	18.2%	19.9%	38.1%	16.5%	1.4%
2002年	20.1%	22.1%	42.2%	45.4%	4.4%
2003年	24.9%	26.4%	51.3%	59.4%	7.7%
2004年	28.7%	30.3%	59.0%	52.6%	9.3%
2005年	29.2%	33.7%	62.8%	54.7%	8.6%
2006年	29.1%	35.6%	64.7%	52.1%	8.9%
2007年	27.6%	35.3%	62.9%	38.7%	8.9%
2008年	25.9%	32.7%	58.6%	31.3%	5.7%
2009年	19.7%	23.6%	43.3%	-53.5%	-4.9%
2010年	23.1%	26.1%	49.3%	40.4%	7.4%
2011年	23.7%	25.8%	49.4%	28.0%	5.1%
2012年	21.3%	24.0%	45.2%	18.7%	1.9%
2013年	20.7%	23.4%	44.1%	18.5%	1.9%
2014年	18.7%	22.4%	41.1%	16.1%	1.4%
2015年	15.2%	20.6%	35.7%	-9.3%	-0.7%
2016年	14.1%	18.7%	32.8%	-20.2%	-1.7%
2017年	15.0%	18.4%	33.3%	13.1%	1.5%
2018年	15.4%	17.9%	33.3%	17.0%	1.8%
2019年	14.5%	17.5%	32.0%	1.3%	0.1%
2020年	14.0%	17.6%	31.5%	21.1%	0.6%

3.2　货物贸易发展规划

我国经济社会发展正处于重要战略机遇期，和平、发展、合作是当今的潮流，世界政治力量对比有利于保持国际环境的总体稳定，经济全球化趋势深入发展，科技进步日新月异，生产要素流动和产业转移加快，我国与世界经济的相互联系和影响日益加深，国内国际两个市场、两种资源相互补充，外部环境总体上有利于我国的发展。同时，国际环境复杂多变，影响和平与发展的不稳定、不确定因素增多，发达国家在经济科技上占优势的压力将长期存在，世界经济发展不平衡状况加剧，围绕资源、市场、技术、人才的竞争更加激烈，贸易保护主义有新的表现，对我国经济社会发展和安全提出了新的挑战。面对保护主义和单边主义蔓延、新冠肺炎疫情严重冲击等重大风险挑战，我国外贸展现出极强的韧性和蓬勃的活力，取得显著发展成就，为国内经济社会发展和全球共同发展作出积极贡献。

3.2.1 出口贸易战略

1）以质取胜战略

质量问题是经济发展中的一个战略问题，质量水平是一个国家科技、教育和管理水平的综合反映，是影响对外贸易的重要因素之一。在激烈的国际贸易竞争中，产品质量已处于竞争的焦点，价格竞争相对弱化，质量已成为产品在国际市场上取得成功的决定性因素。

以质取胜战略是为确保我国对外贸易持续发展而提出的一项长期战略。其指导思想是：第一，从国家形象和政治责任感的高度认识到提高出口商品质量的重要意义，把高度的职业责任感同强烈的竞争意识相结合，树立对质量精益求精、一丝不苟的态度和高度的责任心；第二，正确认识并处理好质量和数量、效益和速度，内在质量与外观质量，样品质量和批量质量，质量和档次等方面的关系；第三，把出口商品本身的质量同国际市场的需要有机结合起来。

以质取胜战略具有普遍意义，不仅适用于外贸进出口，吸收外资、对外承包工程、劳务合作、对外援助、境外投资等工作都要认真落实，要在全面提高质量中求发展、求效益。

2）科技兴贸战略

随着世界贸易规模的扩大，世界市场的商品结构发生了深刻变化，资源密集型初级产品市场空间有限，劳动密集型商品市场竞争激烈，技术密集型商品，尤其是高新技术产品将成为出口增长最快和后劲最足的支柱产品。高新技术产品由于具有较高附加值，利润也较高，应该作为出口的主要发展方向，这就要求用科技提高“贸易质量”。当前世界范围内关税壁垒已大幅降低，配额限制等也大幅削减，新的壁垒尤其是技术型贸易壁垒影响越来越大，因此科技兴贸也是冲破技术型贸易壁垒的需要，对提高我国在国际分工中的地位、提升产业结构具有重要作用。

科技兴贸战略从商品生产和交换角度看，包括两个方面内容：一是大力推动高新技术产品出口；二是运用高新技术成果改造传统出口产业，提高传统出口产品的技术含量和附加值。科技兴贸战略的内涵也必将随着经济、科技全球化的发展和这一战略的实施而不断发展、充实和完善。特别是随着国际互联网的迅猛发展，集计算机技术、网络技术、信息技术为一体的电子商务，已对传统的贸易方式形成巨大的冲击，并将以其快捷、方便、高效率、高效益的优势，成为21世纪国际贸易的主要方式。实施科技兴贸战略，理所当然地要包括运用现代化的国际贸易科技方式，如推广电子商务、无纸贸易，给各类出口企业提供快捷、高效、低成本方式，拓宽企业的对外交流渠道，增强企业的综合竞争力。在我国成为全球信息、生物、生命科学产品出口基地的基础上，大力提高我国拥有自主知识产权的产品，提升出口产品的附加值，使我国高新技术产品出口在数量扩张的基础上，结构不断趋于优化，出口效益日益提高，成为世界高新技术产品的重要输出基地。

实施科技兴贸战略，推动高新技术产品出口，是优化我国出口商品结构的重大战略措施。从世界知识经济发展的角度看，高新技术产品出口对发展我国高新技术产业，加快产业结构调整，提高我国综合国力和国际竞争力具有长远的战略意义。

3）市场多元化战略

在经济生活国际化已成为世界经济发展不可抗拒的历史潮流的今天，各国对外贸易市场多元化也成为一个明显的趋势，不断扩大的多元化的国际贸易市场是世界经济贸易发展的客观要求。世界多国都在努力扩大对外贸易市场，实行多元化的方针，以适应对外贸易发展的需要。

市场多元化战略的主要内容包括：一是继续巩固和深度开拓发达国家市场；二是大力开拓发展中国家市场，扩大多种经贸合作；三是采取现汇、专项贸易、易货贸易、地方易货、边境贸易等相结合的多样灵活贸易方式，积极开拓东欧国家市场；四是密切与港澳台地区的经贸联系和合作；五是加强同联合国系统以及其他国际组织的多边合作；六是加强协调、维护良好的经营秩序。

坚持市场多元化战略，积极营造良好的外部环境，不仅有利于扩大我国传统商品的出口规模，也有利于在国际贸易中争取有利的贸易条件，分散市场风险，减少贸易摩擦，提高外贸整体经济效益，保证我国在国际交换和国际竞争中处于积极主动的竞争地位。

4）走出去战略

走出去战略是指按照国际市场的通行规则，鼓励有条件、有实力的企业通过扩大对外投资，发展跨国经营，形成在地区乃至全球范围内配置资源和供应管理的能力。也就是说，不仅仅是产品走出去，还包括资本、人员和生产经营环节的走出去。

国际经验表明，经济全球化趋势就是由跨国公司的全球生产、全球经营、全球销售直接推动的。21世纪将是跨国公司经营的全盛时期。随着经济全球化进程的日趋加快，我国要想立足于世界民族之林，在更加开放的国际环境中分享经济全球化的发展成果，就必须在继续引进来的同时积极实施走出去战略。从这种意义上说，走出去战略已从企业战略上升为国家战略。进而言之，经济全球化时代的国际竞争已成为政府与企业联合力量的竞争。多国联合研究组织“里斯本小组”的一份研究报告曾经指出：公司与国家之间，经济权利与经济权利之间建立全新的关系是今天全球化进程中最重要的发展内容。事实上，公司把国家的作用私有化，而公司为了自身的利益努力实现国际化。

3.2.2 进口贸易战略

1）进口战略的指导思想

进口和出口是对外贸易的两个方面，是互相制约、互相渗透、互为条件的。进口贸易发展战略同出口贸易发展战略一样，也是我国对外贸易发展战略的重要组成部分。进口的目的，就在于加强我国自力更生的能力，促进民族经济的发展；就在于要调动国内外一切积极因素，以天下之长，补我之短。这就赋予了进口工作以特殊的任务，要求在进口工作中，积极引进先进技术设备；确保生产建设所需重要的短缺原材料的进口和人民生活必需品的进口，以调节和补充国内市场供应的不足。

进口商品战略的重点应放在促进产业结构高级化、合理化和优化进出口商品结构的目标上。对于具有长期发展战略意义的关键技术和装备应优先安排进口，但应减少重复引进、盲目引进现象，提高外汇使用效果。对于能够改善我国出口商品结构、增强创汇能力的适用性技术设备和中间产品，也应满足进口的需求，实现以进养出，但应积极发展替代进口产品，提高国产化水平，逐步降低进口含量。另外，还应有步骤地扩大国内稀缺资源和原材料等初级产品的进口，缓解因国内经济快速发展对某些资源形成的需求压力，充分利用国际资源，优化国内外资源的配置。

我国进口贸易战略的指导思想概括起来有以下几点：

第一，必须按照有利于技术进步、有利于增加出口创汇能力的原则，合理安排进口。

第二，必须合理调整进口商品结构，坚持把重点放在软件、先进技术和关键设备上。

第三，进口要从“调剂型”向“发展型”转变，即从进口国计民生必需的生产资料和生活资料，以保证国民生产的正常发展和人民生活的正常供应的“调剂型”向进口与整个国民经济发展战略相结合，以提高国内技术和产业水平，增加出口创汇能力，增强自力更生能力，有选择、有重点地引进适用先进技术，保证和促进国民经济的全面发展的“发展型”转变。

第四，谨慎而又大胆地利用外资，制定明确的产业政策引导外资投向，把引进外资同调整产业结构和产品结构，促进技术进步和提高管理水平结合起来，提高外资使用效益。

2）组织进口商品的原则

根据我国国情和需要，以国民经济总体发展战略为依据，在自力更生的基础上，充分利用国际市场，以提高经济效益为中心，合理组织进口。要按照有利于技术进步，有利于增加出口创汇能力和有利于节约使用外汇的原则，合理安排进口，积极引进先进技术，并加强消化、吸收和创新，努力发展替代进口产品的生产，促进民族工业的振兴和发展，为加速实现社会主义现代化服务。因此，我国在组织进口商品时应掌握的主要原则有：

第一，凡是国内能够生产，并且在数量上和质量上都能满足需要的，应由国内解决。

第二，国内虽能生产，但数量、品种和质量还不能满足需要的产品，经济建设和人民生活急需的产品，或发展出口生产必需的物资和设备，可以适当进口。

第三，可以增强自力更生能力，加速社会主义现代化建设的先进技术和设备，要优先安排进口。

第四，有些商品，国内不很需要，但为配合外交活动，经过批准也可以适量进口。

第五，进口商品要由“调剂型”向“发展型”转变，要符合我国产业政策的要求。

第六，进口必须符合发展社会主义市场经济的要求，符合国际贸易的基本规范。

3）进口贸易在新发展格局中的作用

2001—2020年，我国货物进口年均增长11.9%，是世界货物进口增长率的2.2倍。2009—2020年，我国连续12年成为全球第二大进口市场，目前是40个国家或地区的第一大出口市场。积极扩大进口是我国新一轮高水平对外开放的重要内容，进口贸易在新发展格局中的作用将进一步凸显。

第一，进口是保障国内产业链、供应链安全的重要环节。我国发展面临着多方面的新风险，越开放越要重视安全，越要统筹好发展和安全。随着经济全球化的纵深发展，国际分工日益细化，国际分工早就从产业间分工、产业内分工发展为产品内分工、价值链分工，产品的不同工序分布在不同国家和地区，某一个国家和地区只是产品整个价值链上的一部分。在这样的国际分工背景下，进口就是确保国内部分产品生产安全的必要环节，没有国外上游环节生产的零部件、半制成品进口，国内下游环节的生产就无法正常进行。

第二，重视对进口渠道的拓展和培育，进口渠道逐渐向多元化、平台化转变。在公共服务平台方面，建立进口促进专门网站等公共服务平台，为进口贸易提供信息发布、政策介绍、贸易障碍投诉、知识产权保护等服务；在平台建设方面，除了举办中国国际进口博览会，还应积极拓展中国进出口商品交易会、中国国际服务贸易交易会等综合性展会功能，培育进口贸易促进创新示范区，搭建进口贸易平台等；培育跨境电商进口等贸易业态，分批次创设跨境电子商务综合试验区，完善跨境电子商务零售进口管理模式和进口税收政策等。

第三，进一步放大积极扩大进口的经济效应。我国早在2012年就提出要积极扩大进口，颁布了一系列的政策和指导意见，积极扩大进口已经成为国家重大发展战略，也是新一轮高水平对外开放的主要举措。积极扩大进口将更有效率地实现国内外市场联通、要素资源共享，通过发挥进口的互补效应、成本效应、竞争效应、高质量效应促进国内循环发展、国内经济高质量发展，世界各国通过参与中国进口能更好地分享中国经济发展的成果。这个过程就是双循环新发展格局形成的过程，也是中国实现高水平对外开放的过程。

3.2.3 贸易高质量发展规划

1）规划的指导思想

以习近平新时代中国特色社会主义思想为指导，深入贯彻党的十九大和十九届二中、三中、四中、五中、六中全会精神，认真落实党中央、国务院决策部署，立足新发展阶段，完整、准确、全面贯彻新发展理念，构建新发展格局，坚持稳中求进工作总基调，以深化供给侧结构性改革为主线，以推进贸易高质量发展为主题，以贸易创新发展为动力，统筹贸易发展与安全，推动高水平对外开放，加快培育参与和引领国际经济合作竞争新优势，开创开放合作、包容普惠、共享共赢的国际贸易新局面，推动国内国际双循环互促共进，为开启全面建设社会主义现代化国家新征程和推动构建人类命运共同体作出新贡献。

2）规划的主要目标

第一，贸易综合实力进一步增强。货物贸易规模优势稳固，国际市场份额稳定，进口规模持续扩大，外贸主体数量稳中有增。服务贸易规模稳步增长，出口增速高于全球平均增速。

第二，协调创新水平进一步提高。进口与出口、货物贸易与服务贸易、贸易与双向投资、贸易与产业发展更加协调。贸易业态模式创新活力充分释放，数字化水平快速提升。绿色贸易在绿色转型中走在前列。

第三，畅通循环能力进一步提升。内外贸一体化程度明显提升，外贸产业链供应链畅通运转能力逐步增强。贸易通道更加畅通，支持中欧班列发展，加快构建以中欧班列、陆海新通道等大通道和信息高速路为骨架，以铁路、港口、管网等为依托的互联互通网络，打造国际陆海贸易新通道。国内国际贸易规则衔接更加紧密，法律、物流、支付、结算等支撑体系更加完善。

第四，贸易开放合作进一步深化。贸易自由化便利化达到更高水平，高标准自由贸易区网络稳步构建，多双边和区域经贸合作更加紧密，与全球贸易伙伴关系更加牢固。

第五，贸易安全体系进一步完善。粮食、能源资源、关键技术和零部件进口来源更加多元。贸易摩擦应对、出口管制、贸易救济等风险防控体系更加健全。

到2035年，外贸高质量发展跃上新台阶。贸易结构更加优化，进出口更趋平衡，创新能力大幅提升，绿色低碳转型取得积极进展，安全保障能力显著提高，参与国际经济合作和竞争新优势明显增强。贸易自由化便利化达到全球先进水平，维护全球贸易合法合规，对全球经济发展和治理体系改革贡献更加突出。

专栏3-1　　　　　　　解读中欧班列

“十四五”规划纲要提出，要推进中欧班列集结中心建设，提高中欧班列开行质量，推动国际陆运贸易规则制定。作为跨大洲、跨国别、长距离、大运量的新型运输方式，中欧班列具有安全快捷、绿色环保、受自然环境影响小等综合优势，已经成为国际物流中陆路运输的骨干方式。它以比海运更快的速度、比空运更低的价格成为连接欧亚大陆的主要桥梁和绿色通道。

10年来，中欧班列在国际物流通道网络中的地位不断提升，逐渐成为全球开放型经济集约发展的高端载体。2020年，新冠肺炎疫情暴发以来，其他国际物流方式相继受阻，而中欧班列却逆势增长、安全稳定运行，有力地保障了国际供应链和产业链的畅通稳定，在中欧共同抗疫合作过程中发挥了不可替代的作用，是名副其实的“钢铁驼队”，更是中国参与全球开放合作、共建“一带一路”倡议、推动人类命运共同体的“中国方案”，现已成为沿线国家广泛认同的国际公共产品。

（1）中欧班列的基本概况

中欧班列（CHINA RAILWAY Express，CR Express）是由中国铁路总公司组织，按照固定车次、线路、班期和全程运行时刻开行，运行于中国与欧洲以及“一带一路”沿线国家间的集装箱等铁路国际联运列车，是深化中国与“一带一路”沿线国家经贸合作的重要载体和重要抓手。中欧班列通道不仅连通欧洲及“一带一路”沿线国家，也连通东亚、东南亚及其他地区，不仅是铁路通道，也是多式联运走廊。

中欧班列已形成以“三大通道、五大口岸、五个方向、六大线路”为特点的基本格局。“三大通道”分别是指中欧班列经新疆出境的西通道和经内蒙古出境的中、东通道。“五大口岸”分别是处在三大通道上的阿拉山口、霍尔果斯、二连浩特、满洲里以及绥芬河，它们是中欧班列出入境的主要口岸。“五个方向”是中欧班列主要终点所在的地区，主要包括欧盟、俄罗斯及部分中东欧、中亚、中东、东南亚国家等。“六大线路”是指成都、重庆、郑州、武汉、西安、苏州等地开行的，在规模、货源组织以及运营稳定性等方面表现较为突出的线路。

（2）中欧班列的运行概况

中欧班列的运行指标历史最优：截至2021年上半年，中欧班列累计开行突破4万列，达到了41 008列，开行超过百列的国内城市达到了31个，通达欧洲23个国家的168个城市。

2020年，中欧班列在新冠肺炎疫情的冲击下逆势增长，年度开行数量首次突破了1万列，创造了12 406列的历史纪录、累计运送货物113.5万TEU，同比分别增长了50%和56%。国内开行城市达到了48个，其中37个国内城市按固定开行方案开行9 266列，占全部运量的75%；43个国内城市按临时开行方案开行3 140列，占全部运量的25%。据境外铁路通报，中欧班列在宽轨段、欧洲段日平均运行里程均超过1 000千米。

2021年上半年，中欧班列延续强劲发展态势，单月开行数量均超千列，共计开行了7 377列、运送货物70.7万TEU，同比分别增长了43%和52%。重箱率为98%，回程去程比更是达到了85%，创造了历史最高水平。同时，在国内已有29个省区市开通了中欧班列，西安、成都、重庆、郑州、乌鲁木齐五大集结中心中欧班列运量约占全国的62%。十余年来，中欧班列开行量及运箱量稳步提升，运送货物货值占中欧货物贸易的比重从2015年的1%增长至2020年的7%。

中欧班列的规划目标提前实现：2016年10月，推进“一带一路”建设工作领导小组办公室印发了《中欧班列建设发展规划（2016—2020年）》，其中确定了“年开行5 000列”的发展目标。2018年，中欧班列的年开行量已突破了5 000列，达到了6 363列，提前2年实现了规划目标。

中欧班列的辐射范围不断扩大：截至2021年上半年，中欧班列已经铺画运行线73条，通达欧洲23个国家的168个城市。此外，中欧班列境外到达目的地已由中欧和西欧地区逐渐扩展至东欧、南欧和亚洲等地区的国家。

中欧班列的政策文件不断丰富：自中欧班列开通以来，相关部门和机构相继出台了众多建设规划、管理规定和协议文件等，为中欧班列的健康有序发展提供了明确的方向。2014年8月、2014年12月、2018年12月、2019年9月中欧班列运输协调委员会进行了四次协调会，发布了《推进中欧班列高质量发展公约》；2017年4月，中国、白俄罗斯、德国、哈萨克斯坦、蒙古国、波兰、俄罗斯等七国铁路部门联合发布《关于深化中欧班列合作协议》；2020年4月，中华人民共和国商务部发布《进一步发挥中欧班列作用应对新冠肺炎疫情做好稳外贸稳外资促消费工作的通知》。

（3）中欧班列的机遇挑战

新冠肺炎疫情背景下彰显通道优势：随着新冠肺炎疫情在全球的蔓延，国际航空、公路、港口等运输方式全面受阻，中欧班列却迎来了逆势上扬。疫情期间，在国际空运航线和海运集装箱航线大幅减少的情况下，中欧班列成为特殊时期国际供应链的重要支撑。

“井喷式增长”背景下引致市场扭曲：近年来，部分班列开行城市在本地产业、地方财政、区位等基础和条件不足以或者比较吃力地维持中欧班列运营的情况下，依然持续增加补贴运营中欧班列，导致城市间货源竞争激烈，班列公司“价格战”不断出现，市场供求格局扭曲，这也难以发挥中欧班列整体规模优势。

（4）中欧班列的优化对策

大力优化班列运营环境，实现中欧班列的高质量发展目标：落实补贴退坡政策，有步骤地落实政府补贴退坡政策，充分发挥市场在资源配置中的决定性作用，坚持政府引导、市场主导、企业主体的发展模式，提升中欧班列的市场化水平；基于中欧班列的腹地货源结构、城市区位条件以及口岸通关能力等影响因素，合理遴选关键枢纽节点，不断优化运营线路布局，构建中欧班列的差异化格局；不断优化中欧班列关键通关口岸的基础设施质量以及人力资源配置，扩充口岸仓储能力，提高口岸换装效率和班列运输时效，增强中欧班列的时效性水平。

融合新兴技术创新应用，推进中欧班列信息共享平台建设：逐步完善国际联运信息平台的共享合作机制，进一步促进中欧班列沿线国家之间的信息共享、信息交换；监管互认与执法互助，提升中欧班列的信息化水平；加快推进以大数据、区块链、云计算、物联网、移动互联与人工智能等为代表的新一代信息技术在中欧班列中的推广应用，增强中欧班列的智能化水平。

增强国家间协调与合作，发挥中欧班列稳定供应链的作用：延伸中欧班列运输大通道，紧密衔接与沿线国家之间的交流与合作，以中欧班列为纽带开展多层次、宽领域的国家间交流活动，发挥中欧班列的交流作用；不断探索构建中欧班列的综合应急管理体系，健全安全风险应急预警机制，强化应急情境之下的综合保障能力与安全运输能力，增强中欧班列的安全性。

3）优化货物贸易结构

第一，优化进口来源地和出口市场。加强细分市场研究，继续深化与发达经济体贸易合作，积极拓展与亚洲、拉美、非洲等新兴市场贸易。综合考虑市场规模、贸易潜力、消费结构、产业互补、国别风险等因素，引导企业开拓一批重点市场、扩大进口来源。加快贸易畅通建设，建立快速反应机制，消除双边贸易障碍。加大参展办展支持力度，打造国内精品会展平台，鼓励企业利用新技术新渠道开展对外贸易。提升公共服务水平，加强国别贸易法律政策研究，及时发布政策和市场信息。

第二，优化国内区域布局。加强外贸发展与区域重大战略、区域协调发展战略对接。充分发挥各地区比较优势，支持东部地区对标国际高标准贸易规则，打造高水平开放平台，提高贸易质量和效益。支持中西部地区深度融入共建“一带一路”倡议大格局，构筑陆海新通道，打造内陆开放新高地，提升中西部地区贸易占比。支持东北地区扩大开放，落实中俄远东合作规划，积极参与大图们倡议等区域合作机制。创新东中西和东北地区外贸合作机制，促进各区域协调发展。

第三，优化进出口商品结构。降低进口关税和制度性成本，促进自发展中国家特别是最不发达国家进口。鼓励优质消费品进口，扩大先进技术、重要设备、关键零部件进口，增加能源资源产品和国内紧缺农产品进口。推动环保、新能源等绿色低碳产品进出口，积极参与国际合作。推动高技术、高附加值装备类企业在更高水平上参与国际合作。推动纺织服装等传统劳动密集型产业转型升级。推进农业国际贸易高质量发展基地建设，提高精深加工和高附加值农产品出口比重。与国际社会合作打击非法采伐野生动植物等非法贸易。

第四，优化经营主体。鼓励企业积极参与国内国际双循环，提高企业在两个市场中配置资源的能力。提升各类市场主体协同发展水平。推动中小企业转型升级，走“专精特新”国际化道路。发挥龙头企业在技术、业态等方面的创新引领作用。建立针对各类主体的精准服务工作机制，切实解决企业困难。进一步完善行业出口竞争自律公约，规范企业行为，引导企业有序参与国际合作。

第五，优化贸易方式。做强一般贸易。加快技术创新，加强品牌、质量和渠道建设，强化产业根植性和贸易保障能力。提升加工贸易。加强转型升级示范区和试点城市建设，开展新业态、产业链供应链效率提升、要素配置等试点示范，推动创新发展。发展其他贸易。持续推进边贸政策落地，培育壮大特色优势产业，实现稳边安边兴边。推动对台小额贸易持续健康发展。鼓励探索发展各类新型贸易方式。

4）推进内外贸一体化

第一，完善内外贸一体化调控体系。促进内外贸法律法规、监管体制、经营资质、质量标准、检验检疫、认证认可等相衔接。进一步健全内外贸一体化的政策体系。积极推动国内国际标准转化，提升国内国际标准一致性，推动国内标准走出去。完善强制性产品认证制度，推动国内国际质量认证结果互认，鼓励第三方认证机构国际化发展。

第二，培育内外贸一体化平台。推动外贸企业多渠道拓展内销市场，引导更多国内采购商积极采购出口转内销优质产品。培育一批运营模式与国际接轨的国内商品交易市场。引导外贸企业与物流企业加强业务协同和资源整合，共建共享物流中心等物流基础设施网络，支持国内物流企业发展国际业务。建立健全内外贸企业交流合作机制。发挥国家电子商务示范基地作用，打造更多更好的内外贸一体化线上平台。

第三，增强内外贸一体化发展动能。支持发展同线同标同质产品，扩大适用范围至一般消费品、工业品等领域，强化“三同”公共服务。推进商产融合，推动商贸流通业与一、二产业跨界融合，实现“以销定产”，促进内外贸产业链供应链融合发展。鼓励内外贸资源整合，推动行业组织、企业联合体与国际采购联盟加强对接。

3.2.4 推进贸易促进平台建设

新形势下，作为对外贸易的“晴雨表”和“风向标”，三大贸易促进平台一如既往地发挥了强大的贸易支撑作用和平台溢出效应，彰显了我国扩大开放、支持经济全球化和推动建设开放型经济的坚定决心。未来要持续推进贸易促进平台建设，不断拓展综合性展会功能，以贸易促进平台为杠杆进而撬动更深层次的对外开放，充分发挥中国国际进口博览会国际采购、投资促进、人文交流、开放合作四大平台功能，实现越办越好；继续办好中国进出口商品交易会，进一步提升国际化、专业化、市场化、信息化水平；更好发挥中国国际服务贸易交易会、中国国际高新技术成果交易会、中国国际消费品博览会、中国国际投资贸易洽谈会等在各自领域的展会平台作用；打造一批双边区域性展会平台；支持各地培育一批地区性展会平台；发挥好国家进口贸易促进创新示范区促进进口、服务产业、提升消费和示范引领作用；更好发挥线上贸易平台作用。

1）三大贸易促进平台的基本概况

广义上，功能性贸易投资促进平台的种类十分丰富，包括但不限于国际展会平台、外贸直通平台、制度创新平台、贸易便利化平台以及国际产能合作平台等。其中，人们最耳熟能详的贸易促进平台是以中国进出口商品交易会、中国国际服务贸易交易会和中国国际进口博览会为代表的三大国际性综合展会。

（1）中国进出口商品交易会

中国进出口商品交易会（China Import and Export Fair，CIEF，简称广交会），创设于1957年，由中华人民共和国商务部和广东省人民政府联合主办，中国对外贸易中心承办，场馆为中国进出口商品交易会展馆，是我国展会历史最为悠久、层次最高、展览规模最大、境外参展商人数最多且来源地分布最广泛的国际性综合型展会。截至2021年，广交会已连续举办了130届（每年春季和秋季各举办1届，第127届至第129届为线上展会），其中第130届的展期为2021年10月15日至10月19日，仍是新冠肺炎疫情下全球规模最大的线下实体展会。

在广交会创办的初期阶段，通过展会交易所达成的商品出口成交额占全国总出口额的峰值甚至超过了50%，占据了中国货物贸易出口的半壁江山。随着我国对外开放进程的不断加深，贸易出口渠道日益多元，广交会出口成交额占全国总出口额的比重虽然有所下降，但它依旧是拓展贸易伙伴、进行商品推介的重要渠道。广交会在65年的发展历程中始终坚持与时俱进、不断开拓创新，对我国的对外贸易发展起到了至关重要的推动作用，已经成为我国对外开放的一个缩影，是名副其实的“中国第一展”。

（2）中国国际服务贸易交易会

中国国际服务贸易交易会（China International Fair for Trade in Services，CIFTIS，简称服贸会），其前身是创设于2012年的中国（北京）国际服务贸易交易会（简称京交会），2019年正式更名为中国国际服务贸易交易会，由中华人民共和国商务部和北京市人民政府联合主办，场馆为国家会议中心，是全球首个针对服务贸易领域举办的国家级、国际性、综合型的交易会，现已成为全球服务贸易领域规模最大的综合型展会和中国服务贸易领域的龙头展会。截至2021年，服贸会已连续举办了8届，其中第8届的展期为2021年9月2日至9月7日，主题是

“数字开启未来、服务促进发展”。值得一提的是，2020年第7届服贸会是新冠肺炎疫情发生以来中国举办的首场线上线下相结合的重大国际经贸活动，同时也是国际上举办的首场大型会展活动，彰显了中国坚定不移对外开放的信心和决心。

迄今为止，服贸会是全球范围内唯一涵盖了商业服务、通信服务、建筑及相关工程服务、金融服务、旅游及旅行相关服务、娱乐文化与体育服务、运输服务、健康与社会服务、教育服务、分销服务、环境服务、其他服务等世界贸易组织所界定的12大服务贸易领域的综合型服务贸易交易展会。服贸会通过展览展示、洽谈交易、高层论坛、主题日、权威发布等一系列活动，为全球服务贸易搭建起一个集展示发布、磋商洽谈、研讨交流于一体的综合型服务平台，成为中国服务业“引进来”和“走出去”的重要渠道，同时也成为全球服务贸易繁荣发展的有力推手。

（3）中国国际进口博览会

中国国际进口博览会（China International Import Expo，CIIE，简称进博会），创设于2018年，由中华人民共和国商务部和上海市人民政府联合主办，中国国际进口博览局、国家会展中心（上海）承办，场馆为国家会展中心（上海）。进博会的主题口号是“新时代，共享未来”（New Era，Shared Future），是全球首个以进口为主题的综合型展会。截至2021年，进博会已连续举办了4届，其中第4届进博会的展期为2021年11月5日至11月10日。

进博会主要由国家综合展、企业商业展、虹桥国际经贸论坛三大板块以及一系列专业配套活动构成，通过多种形式不断推动展品变商品、展商变投资商，积极服务于扩大内需战略，其国际采购、投资促进、人文交流、开放合作的四大平台作用日益凸显，溢出效应不断放大，已经成为“买全球、卖全球、惠全球”的全球共享平台和国际公共产品，向世界传递出坚定扩大开放、共享中国大市场的积极信号。

2）三大贸易促进平台的多维比较

（1）特色突出，协同推进更高水平对外开放

三大贸易促进平台之间具有极强的平台差异性，各个贸易促进平台的主题鲜明、特色突出，彼此间形成了良好的协同效应。广交会重在促进货物贸易领域的对外出口，服贸会旨在推动服务贸易领域的国际合作与商业洽谈，进博会则是将着力点转向了进口领域，进一步实现了扩大开放。由此可见，三大贸易促进平台的核心领域不同、目标定位和主要功能也不尽相同。

（2）数字赋能，创新融合线上线下展会联动

2020年，在新冠肺炎疫情的冲击下，全球各大国际性展会都面临着停摆的不确定性风险。面对如此严峻的外部挑战，中国三大贸易促进平台活动却并未中断。相反，广交会、服贸会和进博会纷纷化“危机”为“转机”，不约而同地以数字赋能平台转型，加速线上线下展会融合联动，在疫情常态化防控要求下实现了顺利办展的目标，有效化解了因大规模跨境人口流动可能产生的潜在疫情风险。具体而言，广交会、服贸会和进博会积极运用大数据、云计算、人工智能、5G、VR等新

技术和新手段，着力打造优质的数字化线上展会平台，并依托“线上+线下”联动的展会场景，满足了不同平台多样化的展会需求。

截至2021年，服贸会和进博会已经连续2届成功举办了“线上+线下”相融合的展会；而广交会在连续举办了3届全线上形式的“云端广交会”后，于2021年秋季恢复了线下展会形式，实现了线上线下融合办展。经过近2年时间的不断摸索，中国三大贸易促进平台已经积累了在疫情防控常态化条件下“线上+线下”融合办展的丰富经验。

（3）提质增效，持续扩充展会对外辐射范围

广交会提质增效的典型举措有全球合作伙伴计划和珠江国际贸易论坛。

广交会通过全球合作伙伴计划进一步强化与世界各国的商业协会、工商机构以及航空公司等商业组织的深度合作，持续提升对采购商与参展商的服务质量和服务水平。截至第130届（2021年秋），广交会已经与来自全球80余个国家（或地区）的150余家工商机构正式签署了合作协议或合作备忘录，其中来自“一带一路”沿线国家的工商机构超过60余家，占比接近50%。通过全球合作伙伴计划，广交会不断拓展“朋友圈”，特别是加强了与“一带一路”沿线国家工商机构的深度合作，逐步建立起广泛而又紧密的全球战略合作伙伴关系。

珠江国际贸易论坛，创设于2021年第130届广交会，是其历史上首次举办国家级的国际贸易论坛。首届珠江国际贸易论坛由主论坛和三场分论坛构成，分论坛分别以“高水平开放与贸易创新”、“新发展格局下的外贸新业态新模式”和“粤港澳大湾区国际贸易合作”为主题，旨在打造全球具有权威性和影响力的国际话语权高地，为推进人类命运共同体贡献“广交会智慧”和“广交会方案”。

服贸会提质增效的典型举措有全球服务贸易联盟和国际组织合作伙伴。

全球服务贸易联盟（Global Alliance for Trade in Services，GATIS），是由服贸会执行机构联合境内外知名商业/行业协会、知名公司、专业机构或相关组织等共同发起成立的一个非政府、非营利性国际组织，其宗旨是促进国际服务贸易领域的交流合作，培育和引导服务业新模式、新业态，优化服务贸易领域标准和规则，推动服务业和服务贸易开放、创新、融合发展。截至2021年服贸会闭幕，全球服务贸易联盟仍在筹备组建中，目前已有100余家国际组织、商业/行业协会、知名公司、相关机构或组织等申请加入，覆盖了全球五大洲地域范围和服务贸易的12大细分领域。

服贸会在组织架构方面除了有中华人民共和国商务部和北京市人民政府两大主办单位外，还同众多国际组织存在着广泛的合作关系，具体而言可以分为两大类：其一，永久支持单位，主要包括世界贸易组织、联合国贸易和发展会议、经济合作与发展组织等；其二，国际合作机构，主要包括世界知识产权组织、国际贸易中心、世界贸易网点联盟、世界贸易中心协会等。

进博会提质增效的典型举措有国家综合展、国际组织合作伙伴和虹桥国际经贸

论坛。

国家综合展是进博会的重要组成部分，参展国通过国家综合展可以展示其贸易投资、特色产业、文化旅游、代表企业等领域的有关情况，向全球观众展示国家综合形象，为各国深化经贸合作、提升国家影响力提供了展示平台，受到各界的广泛关注，已经成为进博会的一大亮点和特色。2021年第4届进博会创新国家综合展的展览形式，首次利用虚拟现实、三维建模等数字化技术设立数字展厅，通过图片、视频、3D模型等多种形式全面展示各参展国的相关信息，数字展厅累计访问量超过了5 800万次。据统计，4年来累计有120余个国家和3个国际组织参加国家综合展。其中，2018年第1届进博会国家综合展共吸引了82个国家和地区、3个国际组织参加；2021年第4届进博会有58个国家和地区、3个国际组织参加国家综合展，15个国家首次在国家综合展中亮相，其中5个国家是首次参与进博会，涵盖了全球五大洲，发达国家、发展中国家、最不发达国家，“一带一路”沿线国家参与踊跃。

国际组织合作伙伴方面，进博会的合作单位主要包括世界贸易组织、联合国开发计划署、联合国贸易和发展会议、联合国粮食及农业组织、联合国工业发展组织和国际贸易中心等国际组织。

虹桥国际经贸论坛，简称“虹桥论坛”，提供“虹桥智慧”和“虹桥主张”。

三大贸易促进平台是我国在构建开放型经济体系、不断融入世界经济大循环过程中的智慧结晶，成为了推动由“中国制造”到“中国服务”、由“世界工厂”到“世界市场”转变的有力抓手。同时，它们既见证了我国成长为全球货物贸易第一大国的历程，也见证了我国从货物贸易为主导向货物贸易与服务贸易共同发展、从出口为主到进出口并重的高质量发展之路，从贸易大国发展为贸易强国的转变之路。

3.3 从贸易大国到贸易强国

我国已是当之无愧的贸易大国，“中国制造”的商品在世界各地随处可见，进出口总额雄踞世界第一位，且仍保持相对较快的增速。可以预见在未来较长的一段时间内，我国仍将保持世界第一贸易大国的地位。尽管如此，我国贸易却大而不强，还称不上是贸易强国。

3.3.1 贸易强国的基本特征

一般而言，评价一国是否为贸易强国，会用到几个标准，或者说贸易强国一般具备如下几项特征。

第一，进出口总额足够大。贸易强国首先应该是一个贸易大国。贸易总量、规模是相当重要的，只有具备一定的规模，才能对国家间的贸易施加影响。没有足够规模的贸易额，成为贸易强国根本就无从谈起。贸易大国不必然是贸易强国，但不是贸易大国则必然成为不了贸易强国。以美国和德国为例，它们的进出口规模都很庞大，既是贸易大国，也是公认的贸易强国。反例则是瑞士，尽管它在个别细分产业，如钟表业很有特色，但由于贸易规模太小，所以难以被认为是一个贸易强国。

第二，在国际经济组织中具有较大的话语权和影响力、能够主导国际经济贸易规则的制定。国际贸易领域的竞争不仅仅是企业的竞争，隐藏在后面的还有规则制定权的竞争。主导国际经贸规则的制定，就能在一定程度上扬长避短、趋利避害，为本国企业在国际竞争中取得优势。目前，美国和欧盟在主要国际经济组织，如世界银行、国际货币基金组织和世界贸易组织中占据主导地位，掌握着国际经济贸易规则的制定权。

第三，在国际分工中居于优势地位。当今国际分工日趋复杂，已经到了产业内分工和产品内分工阶段。贸易强国凭借科技、资本和市场优势，把持着高端产业，或者在产业内、产品内分工中占据价值链最长的部分。如美国的苹果公司，其本身只负责技术含量和增值幅度最大的设计和营销环节，而将技术含量不高、增值幅度最小的产品组装环节放在中国大陆进行，以实现利润最大化。

第四，拥有一批竞争力强的跨国企业。国际贸易的主体是企业，是由企业来完成的，企业的竞争力决定了一国的贸易竞争力，尤其是跨国企业，对一国成为贸易强国更为重要。贸易强国中美国有诸如苹果、谷歌等众多在全球领先的跨国公司，德国也有大众汽车、西门子等家喻户晓的企业，它们成就了所在国贸易强国的地位。

3.3.2　中国制造2025

制造业是国家经济的命脉。没有强大的制造业，一个国家的经济将无法实现快速、健康、稳定的发展；不能从“工业大国”升级到“工业强国”，无法从“贸易大国”发展到“贸易强国”。

1）制造业的发展历程

回顾改革开放后我国制造业的发展历程，通常可以分为3个阶段。

第一阶段，20世纪80年代，劳动力等生产要素活跃。改革开放后，制造业快速崛起，多种国产电子产品和轻工产品被大量生产。尤其到了20世纪80年代后期，随着国家政策的不断放开以及沿海地区开放程度的逐渐提高，民营企业逐渐崛起，各省市开始大力兴建各类工业园区，较低的劳动力、土地、原材料成本和巨大的国内市场吸引了大批国外制造企业进入我国。

第二阶段，20世纪90年代，装备现代化。90年代恰逢发达国家为降低制造成本纷纷开展“去工业化”和产业转移，大量外资涌入我国，低成本优势赢得了大量的代工订单，沿海地区制造业得到了快速发展，中国制造全球闻名，我国逐渐成为国际制造业的生产外包基地。支撑低成本优势的是制造业装备的现代化，生产效率由此大幅提升，规模化经济开始逐步形成。

第三阶段，2000年至今，产品创新与信息化。2000年以来，我国制造业进入新一轮迅速发展期，船舶、机床、汽车、工程机械、电子与通信等产业的产品创新尤为迅速，进而又拉动了对重型机械、模具、钢铁等原材料的需求大幅增长，从而带动了整个制造业产业链的发展。资本市场为我国大中型制造业企业的发展提供了充足的资金，企业资源管理系统（ERP）、产品生命周期管理系统（PLM）、客户关系管理系统（CRM）等制造业信息化技术的应用，也成为促进产业发展的重要手段。

2）发展制造业的作用

第一，制造业是我国经济社会发展的引擎。美国第一任财政部长亚历山大·汉密尔顿1791年在《关于制造业的报告》中说明了制造业的重要性，"与制造业繁荣休戚相关的不仅仅是一个国家的财富，甚至还有这个国家的独立。每一个要实现其伟大目标的国家，都应拥有满足本国需求的所有基本市场要素"。没有一个强大而且极具创新性的制造业体系，任何一个先进的经济体都不可能繁荣发展。

第二，制造业是高新技术产业化的载体和动力。高新技术是在制造业技术高度发达和成熟的基础上发展起来的，高新技术发展的直接结果是集成电路、计算机、手机、网络设备、智能机器人、精密仪器、高端医疗设备、核电站、飞机、人造卫星等产品的相继问世，并由此形成了制造业中的高新技术产业。20世纪兴起的核技术、空间技术、信息技术、生物医学技术等高新技术无一不是借由制造业的发展而产生并转化为规模生产力的。

第三，制造业是创造劳动就业的重要空间。制造业创造了巨大的劳动就业空间，能够接纳不同层次的从业人员，是解决劳动就业和提高职业技术水平的重要领域。

第四，制造业是扩大出口的关键产业。多年来，制造业始终是我国出口创汇的主力军，工业制成品贡献了全国出口总额的90%左右。

第五，制造业是国家安全的重要保障。没有强大的装备制造业，就没有军事和政治上的安全，经济和文化上的安全也将遭受巨大威胁。高端制造技术与制造业永远是一个国家的支柱技术和支柱产业。

3）《中国制造2025》

《中国制造2025》是我国实施制造强国战略第一个10年期行动纲领。《中国制造2025》不是一个一般性行业发展规划，而是着眼于国际国内的经济社会发展、产业变革大趋势所制定的一个长期战略性规划，不仅要推动传统制造业的转型升级和健康稳定发展，还要在应对新技术革命的同时，实现高端制造业的跨越式发展。

（1）总体思路与基本原则

《中国制造2025》的总体思路是坚持中国特色新型工业化道路，以促进制造业创新发展为主题，以提质增效为中心，以加快新一代信息技术与制造业深度融合为主线，以推进智能制造为主攻方向，以满足经济社会发展和国防建设对重大技术装备的需求为目标，强化工业基础能力，提高综合集成水平，完善多层次多类型人才培养体系，促进产业转型升级，培育有中国特色的制造文化，实现制造业由大变强的历史跨越。

《中国制造2025》的基本原则是市场主导，政府引导；立足当前，着眼长远；整体推进，重点突破；自主发展，开放合作。

（2）战略目标

《中国制造2025》立足国情，立足现实，力争通过“三步走”实现制造强国的战略目标。

第一，力争用10年时间，迈入制造强国行列。到2020年，基本实现工业化，制造业大国地位进一步巩固，制造业信息化大幅提升；掌握一批重点领域关键核心技术，优势领域竞争力进一步增强，产品质量有较大提高；制造业数字化、网络化、智能化取得明显进展；重点行业单位工业增加值能耗、物耗及污染物排放明显下降。到2025年，制造业整体素质大幅提升，创新能力显著增强，全员劳动生产率明显提高，工业化和信息化融合迈上新台阶；重点行业单位工业增加值能耗、物耗及污染物排放达到世界先进水平；形成一批具有较强国际竞争力的跨国公司和产业集群，在全球产业分工和价值链中的地位明显提升。

第二，到2035年，我国制造业整体达到世界制造强国阵营中等水平。创新能力大幅提升，重点领域发展取得重大突破，整体竞争力明显增强，优势行业形成全球创新引领能力，全面实现工业化。

第三，新中国成立一百年时，制造业大国地位更加巩固，综合实力进入世界制造强国前列。制造业主要领域具有创新引领能力和明显竞争优势，建成全球领先的技术体系和产业体系。

3.3.3　贸易强国之路

如何实现“贸易强国”？在巩固贸易大国地位的基础上，做强大企业，培育一批具有国际竞争力的大型跨国公司；扶持中小企业发展，发挥其体制、机制优势；巩固传统优势产业，加快培育和扶持具有核心竞争力的新兴产业，保持并提升对外贸易在全球价值链中的地位。

1）重塑制造业竞争新优势

第一，中国制造的外部环境发生深刻变化。我国成为全球第一制造业大国的重要历史背景是发达国家的去工业化。过去10多年，发达国家工业的加工制造环节向成本更低的新兴经济体转移的趋势十分明显；2008年国际金融危机以来，主要发达国家又开始再工业化进程。我国工业化中后期发展面临着重大挑战。

第二，主要发达国家再工业化进程不可逆转。奥巴马政府明确提出要让美国经济“基业长青”，必须重振制造业。为此，美国调整税收政策，鼓励企业家把制造业工作岗位重新带回美国；通过产业和税收激励措施，鼓励制造业回流。2013年，欧盟明确提出“再工业化”，逆转工业比重下降趋势以重振欧洲经济。

第三，我国低成本扩张模式的历史终结。我国进入工业化中后期，伴随着人口老龄化和数量型人口红利的逐步衰减，使得低劳动力成本的增长模式不可持续。同时，资源环境条件约束的趋紧，低土地成本、无视资源环境成本的发展模式同样不可持续。

面对新一轮工业革命的浪潮，我国迫切需要重塑制造业的竞争新优势。

2）实施创新驱动战略

第一，核心技术受制于人。虽然我国已进入工业化中后期，但知识产权的对外依存度却高达60%。在核心技术方面，我国的国外知识产权依存度至少达到90%，而发达国家对国外知识产权的依赖程度一般低于30%。以代表制造业水平的数控系统为例，我国高档数控系统和功能部件的95%依靠进口，国内高档数控系统的自给率不到5%。我国国产机床只有30%的数控化率，与发达国家60%~70%的水平存在很大差距。

第二，缺乏全球知名品牌。没有自主创造研发的全球知名品牌就只能做代理工厂，这已成为我国工业转型升级的突出矛盾。改革开放以来，我国经济的“赶超战略”重视了工业总量的扩张，但对内涵和质量的关注远远不够。以苹果公司产品iPhone的价值构成为例，尽管主要在我国组装，但我国工厂所获得的价值仅占成本的1.8%，而拥有核心技术和知识产权的苹果公司却获得巨额利润，据估算每部iPhone对美国GDP的贡献达400美元。

第三，产学研用脱节现象未得到根本解决。根据中国科学技术发展战略研究院发布的“国家创新指数报告”的数据，我国研发经费长期快速增长，但由于产学研用脱节，我国科技成果转化率仅为10%左右，远低于发达国家40%的水平。

低成本竞争优势逐步失去，但我国的自主创新优势尚未形成。

3）实现工业与服务业的深度融合

第一，工业转型升级对生产性服务业的依赖性增强。从世界经济的发展经验来看，工业转型升级伴随着制造业与生产性服务业的互动发展。工业化前期，生产性服务业如信息、研发、设计、销售、物流等从制造业中剥离出来并独立发展，此时的制造业仍为主导产业；工业化中后期，生产性服务业开始嵌入制造业，对制造业进行改造，此时制造业主导开始向服务业主导转型，使得生产性服务业的重要性逐步凸显；后工业化时期，生产性服务业与制造业深度融合互动，使得生产性服务业在整个制造业中获得了主导地位。

第二，“中国智造”的关键是发展生产性服务业。发达国家生产性服务业占服务业的比重普遍在60%~70%。高端制造业发展好的国家，如美国和德国，信息、设计、研发、物流、销售等生产性服务业占服务业的比重已经高达70%以上，占GDP的比重大多在43%左右。由于我国生产性服务业发展水平低，在全球制造业产业价值链布局中，微笑曲线两端的设计和研发、物流与销售，主要被欧美发达国家控制，我国只能做低端的加工制造环节。

第三，实现制造业服务化。运用大数据提升信息、研发、设计、物流、销售等生产性服务业发展水平，引导企业进一步打破“大而全”“小而全”的格局，分离和外包非核心业务，向价值链高端延伸；形成一批引导生产性服务业集聚的产业园区，形成一批高水平的生产性服务业旗舰企业，以生产性服务业为重点改造传统产业，逐步完成工业由生产制造型向生产服务型转变。

工业化中期之后，制造业转型升级的重要特征是信息、研发、设计、物流、销售等生产性服务业从传统工业中分离出来做精、做细，从而引领传统制造业向高端制造业的转型。

4）推动制造业的全球化布局

第一，推动制造业向新兴经济体“走出去”。充分利用新兴经济体的低成本优势拓展我国制造业的发展空间，把握“一带一路”建设的重要契机，加快推动我国高端制造业向东盟、中亚、金砖国家、非洲地区“走出去”，强化基础设施领域的投资与合作。

第二，推动制造业向发达国家“走出去”。支持国内先进制造业到欧美发达国家实施高水平的并购重组，通过并购获得重要品牌和技术专利，实现经营管理人才国际化，获得本土化营销网络，实质性提升我国产业技术水平和在全球价值链中的地位。

第三，建立中国制造业的全球产业链。实施跨国公司战略，建立跨国生产和营销网络，形成我国企业在全球范围内进行市场整合和配置资源要素的能力，提升我国企业的国际化经营能力，提升我国企业在全球价值链中的地位。

把中国制造“走出去”作为推动“一带一路”倡议的重大任务，以高端制造业为重点，形成中国制造业的全球产业链。

专栏3-2　　提升贸易数字化水平

《“十四五”对外贸易高质量发展规划》提出建设数字强贸工程。构建贸易数字化“点、线、面、区”立体发展格局。培育贸易数字化先行企业，在全国遴选创新潜力大、竞争力强的贸易数字化转型企业，打造标杆示范。实施贸易数字化“牵手”计划，加强贸易数字化服务商与外贸企业对接，帮助广大外贸企业、尤其是中小外贸企业数字化转型。开展国家外贸转型升级基地“+数”行动，提升基地数字化水平。打造贸易数字化领航区，鼓励地方先行先试，创新政策、完善规则、营造环境。

通过数字强贸工程，提升贸易数字化水平。

第一，加快贸易全链条数字化赋能。推动外向型产业依托产业互联网平台提升智能制造水平。搭建云展会等线上平台，促进数字化营销。拓展国际贸易“单一窗口”功能，推动通关智能化。持续推进进出口许可证件无纸化。加快智慧港口建设，打造融合高效的跨境智慧仓储物流体系。鼓励运用数字化工具提升售后服务质量，推广智能诊断、远程运维等数字化售后服务模式。推行贸易融资、跨境支付等金融服务线上场景应用。加快在贸易领域运用区块链技术，提升服务和监管效能。

第二，推进服务贸易数字化进程。推动数字技术与服务贸易深度融合，促进传统服务贸易转型升级。运用数字化手段，创新服务供给方式，提升交易效率。大力发展远程医疗、在线教育等，积极支持旅游、运输、建筑等行业开展数字化改造，推动跨境服务供需精准匹配。

第三，推动贸易主体数字化转型。支持生产型外贸企业开展产品研发等全价值链数字化转型。鼓励贸易型企业提升数字化服务水平，提供智能、便捷、高效的服务。引导外贸企业提升信息化、智能化水平。支持贸易数字化服务商为外贸企业提供优质数字化转型服务，协同推进外贸企业数字化转型，提升企业综合竞争力。

第四，营造贸易数字化良好政策环境。研究出台促进贸易数字化发展的政策措施。健全完善规则标准，推动贸易数字化国际合作。鼓励地方开展贸易数字化实践探索，总结推广发展经验。完善贸易数字化公共服务，推动外贸大数据应用，搭建贸易数字化公共服务平台。鼓励行业组织提供精准化数字展示和撮合服务，搭建贸易数字化企业交流合作平台，构建开放包容、健康有序、协同发展的贸易数字化生态体系。

●本章小结

1.我国货物贸易发展规模不断扩大，随着对外贸易经营体制和调控体系的不断完善，对外贸易经营者和贸易方式的结构也随之趋于合理；进出口商品结构逐步优化，进出口国别、地区关系呈现多元化的发展。

2.出口以质取胜战略、科技兴贸战略、市场多元化战略具有普遍意义，不仅适用于外贸进出口，也适用于吸收外资、对外承包工程、劳务合作、对外援助、境外投资等。鼓励有条件的企业走出去，按照国际通行规则到境外投资，充分利用两种资源和两个市场。进口商品战略的重点是促进产业结构高级化、合理化和优化进出口商品结构。新发展阶段，以深化供给侧结构性改革为主线，以推进贸易高质量发展为主题，以贸易创新发展为动力，统筹贸易发展与安全，推动高水平对外开放，加快培育参与和引领国际经济合作竞争新优势，开创开放合作、包容普惠、共享共赢的国际贸易新局面，推动国内国际双循环互促共进。

3.我国已是当之无愧的贸易大国，中国制造的商品在世界各地随处可见，进出口总额雄踞世界第一位；可以预见在未来较长的一段时间内，我国仍将保持世界第一贸易大国的地位。但如何实现“贸易强国”呢？如何在巩固贸易大国地位的基础上保持并提升对外贸易在全球价值链中的地位呢？

●复习思考题

1.分析我国进出口贸易的发展。
2.结合实际分析发展货物贸易的作用。
3.分析出口贸易战略的主要内容。
4.阐释高质量外贸发展的主要内容。
5.分析我国制造业发展对“贸易强国”的作用。

第4章/中国服务贸易

学习目标

了解我国服务业、服务贸易、服务外包的发展概况；掌握我国服务贸易、服务外包发展的机遇与挑战；重点掌握我国服务业、服务贸易对外开放的相关知识。

4.1 服务贸易的发展

在当前的全球价值链分工体系中，服务贸易不仅是链接不同分工环节的纽带，还是各环节创造价值的主要来源，成为决定一国在全球价值链中分工地位的关键因素。无论是保障货物、人员等进行跨国流动的运输、旅行等行业，还是保障资金、科技成果等进行跨国流动的金融、数据等行业，都属于服务贸易的范畴。因此，加快服务贸易发展保障国际循环畅通的必要条件，是推动经济高质量发展的内在要求，也是我国进一步扩大开放、实现由贸易大国向贸易强国跨越的必然选择。

4.1.1 服务贸易发展的总体特征

改革开放前，我国服务贸易规模很小，贸易范围局限在旅游、货运等方面，有关服务贸易的统计资料几乎是一片空白，服务贸易的开展仅是为了满足当时政治和外交的需要。例如，1949年12月开办的华侨服务社，主要是为海外华人回国探亲访友、参观游览提供方便；20世纪五六十年代的服务贸易伙伴集中于苏联和东欧国家；70年代与西方发达国家的服务贸易才开始有所发展。

改革开放以后，随着国内服务业的快速发展，我国服务贸易也取得了明显的进步，服务贸易规模不断扩大。2003年，我国服务贸易进出口总额首次突破1 000亿美元大关，达到1 066亿美元，成为世界第九大服务贸易国。其中，服务贸易出口额513亿美元，占世界服务贸易出口额的2.8%，成为服务贸易出口最大的发展中国家，居世界服务贸易出口国第9位；服务贸易进口额553亿美元，占世界服务贸易进口额的3.1%，是服务贸易进口额最大的发展中国家，居世界服务贸易进口国第8位。2013年，我国服务贸易进出口总额再创历史新高，首次突破5 000亿美元，达到5 376亿美元，成为世界第三大服务贸易国。其中，服务贸易出口额2 070亿美元，同比增长10.6%，居世界服务贸易出口国第5位；服务贸易进口额 3 306 亿美元，同比增长 17.5%，居世界服务贸易进口国第 2 位。“十三五”规划以来，我国在现代服务业领域取得长足进展，推动了服务贸易质量提升，服务贸易进出口额从 6 616 亿美元增加至 2020 年的 7 850 亿美元，稳居世界第二大服务贸易国。

2020年，我国服务贸易进出口总额45 642.7亿元，下降15.7%。其中，服务贸易出口额19 356.7亿元，下降1.1%；服务贸易进口额26 286亿元，下降24%；服务贸易出口降幅小于进口，带动服务贸易逆差减少8 095.6亿元，下降至6 929.3亿元；旅行服务进出口额10 192.9亿元，下降48.3%，是影响整体服务贸易下降的主要因素。

随着制造业数字化转型日益提速，生产性服务业的发展正在成为服务贸易的新引擎，服务贸易结构在不断优化。受新冠肺炎疫情等因素影响，2020年全球服务贸易大幅下滑，中国服务贸易进出口规模有所下降，多国采取边境管制措施，传统服务贸易和制造业相关服务贸易受到严重冲击，而得益于数字技术的深度应用，部分知识密集型服务贸易发展势头良好，占比显著提高。知识密集型服务贸易进出口额20 331.2亿元，增长8.3%，占服务贸易进出口总额的比重达到44.5%，较上年提升9.9个百分点。其中，知识密集型服务贸易出口额10 701.4亿元，增长7.9%，占服务贸易出口总额的比重达到55.3%，提升4.6个百分点；进口额9 629.8亿元，增长8.7%，占服务贸易进口总额的比重达到36.6%，提升11个百分点。分领域看，出口增长较快的是知识产权使用费，电信、计算机和信息服务，保险和养老金服务，分别增长30.5%、12.8%和12.5%；进口增长较快的是金融服务，电信、计算机和信息服务，分别增长28.5%、22.5%。从增幅看，建筑服务下降10.8%，运输服务微增0.2%，与制造业密切相关的维护和维修服务、加工服务也出现较大程度下降，降幅分别为20.4%和11.8%

伴随着我国服务贸易规模的扩大和服务贸易结构的优化，服务贸易的实现方式也在不断丰富，国外服务的商业存在方式已经进入了我国的金融、保险、咨询、法律、会计、旅游、交通运输、仓储、建筑、商业等多个服务行业；而我国在境外的服务型企业的经营活动也已经涉及金融、保险、信息咨询、招商、交通运输、餐饮、文化教育和医疗卫生服务等行业；以自然人流动方式进入我国的外国服务人员和从我国输出的服务人员数量也在逐渐增多。2001—2020年中国服务贸易进出口额统计见表4-1。2001—2019年中国服务贸易世界占比见表4-2。2001—2020年中国服务贸易分项目进出口总额占比见表4-3。

4.1.2　服务贸易进口发展的基本特征

1）服务贸易进口规模高速增长

顺应时代潮流，对内深化改革，对外扩大开放，在改革开放的互动中我国实现服务进口从小到大的转变，服务进口规模越来越大。

表4-1　　**2001—2020年中国服务贸易进出口额统计**　　单位：亿美元

年份	进口额	出口额	进出口总额	贸易差额
2001年	393	392	784	−1
2002年	465	462	928	−3
2003年	553	513	1 066	−40
2004年	727	725	1 452	−2
2005年	840	843	1 683	3
2006年	1 008	1 030	2 038	21
2007年	1 301	1 353	2 654	52
2008年	1 589	1 633	3 223	44
2009年	1 589	1 436	3 025	−153
2010年	1 934	1 783	3 717	−151
2011年	2 478	2 010	4 489	−468
2012年	2 813	2 016	4 829	−797
2013年	3 306	2 070	5 376	−1 236
2014年	4 329	2 191	6 520	−2 137
2015年	4 355	2 186	6 542	−2 169
2016年	4 521	2 095	6 616	−2 426
2017年	4 676	2 281	6 957	−2 395
2018年	5 250	2 668	7 919	−2 582
2019年	5 014	2 836	7 850	−2 178
2020年	3 805	2 352	6 157	−1 453

表4-2　2001—2019年中国服务贸易世界占比　单位：%

年份	中国进口世界占比	中国出口世界占比	中国进出口世界占比
2001年	2.7	2.6	2.6
2002年	3.0	2.9	2.9
2003年	3.1	2.8	2.9
2004年	3.4	3.2	3.3
2005年	3.4	3.2	3.3
2006年	3.6	3.5	3.5
2007年	3.9	3.8	3.9
2008年	4.2	4.1	4.1
2009年	4.6	4.0	4.3
2010年	5.1	4.6	4.8
2011年	5.8	4.6	5.2
2012年	6.4	4.5	5.4
2013年	7.1	4.3	5.7
2014年	8.6	4.2	6.4
2015年	9.1	4.4	6.7
2016年	9.4	4.2	6.7
2017年	9.0	4.2	6.5
2018年	9.4	4.5	6.9
2019年	8.7	4.7	6.2

表4-3　　**2001—2020年中国服务贸易分项目进出口总额占比**　　单位：%

年份	加工	维护和维修	运输	旅行	建筑	保险和养老金	金融	知识产权使用费	电信、计算机和信息	其他商业服务	个人文化和娱乐服务	未提及的政府服务
2001	7.8	0.0	20.5	40.6	2.1	3.8	0.2	2.6	1.8	20.1	0.1	0.3
2002	8.1	0.0	20.9	38.7	2.4	3.7	0.2	3.5	3.0	18.8	0.1	0.5
2003	8.7	0.0	24.6	30.7	2.3	4.6	0.4	3.4	3.0	21.8	0.1	0.4
2004	7.7	0.0	25.3	31.4	1.9	4.5	0.2	3.3	2.7	22.5	0.1	0.4
2005	7.9	0.0	26.2	30.4	2.5	4.6	0.2	3.3	2.7	21.7	0.2	0.4
2006	7.1	0.0	27.3	28.7	2.4	4.6	0.5	3.4	3.0	22.7	0.1	0.2
2007	7.5	0.0	28.2	25.3	3.1	4.4	0.3	3.2	3.3	24.2	0.2	0.3
2008	7.3	0.0	27.6	23.9	4.6	4.4	0.3	3.4	3.9	24.2	0.2	0.3
2009	7.2	0.0	23.3	27.6	5.1	4.3	0.3	3.8	4.0	24.0	0.1	0.3
2010	6.8	0.0	26.3	27.2	5.3	4.7	0.7	3.7	3.9	20.9	0.1	0.3
2011	6.0	0.0	25.9	27.0	4.1	5.1	0.4	3.4	4.2	23.6	0.1	0.2
2012	5.4	0.0	25.9	31.5	3.3	5.0	0.8	3.9	4.5	19.4	0.1	0.2
2013	4.4	0.0	24.6	33.6	2.7	4.9	1.3	4.1	4.6	19.5	0.2	0.2
2014	3.3	0.0	20.6	41.7	3.1	4.2	1.5	3.6	4.8	16.8	0.2	0.3
2015	3.2	0.8	19.0	45.2	4.1	2.1	0.8	3.5	5.5	15.0	0.4	0.4
2016	2.9	1.1	17.6	45.4	3.3	2.6	0.8	3.9	5.9	15.6	0.4	0.5
2017	2.7	1.2	19.1	43.4	3.1	2.3	0.7	4.9	6.8	14.9	0.5	0.5
2018	2.3	1.3	20.0	41.9	2.9	2.2	0.7	5.5	7.1	14.9	0.6	0.6
2019	2.2	1.9	20.2	38.8	3.2	2.1	0.8	5.5	8.3	15.9	0.7	0.5
2020	2.2	1.8	24.7	23.6	3.4	2.9	1.2	7.6	11.7	19.7	0.7	0.6

第一，1982—2000年的快速起步阶段。改革开放初期，我国服务业发展水平相对较低，服务进口需求较弱、规模较小。1982年，服务进口仅为0.2亿美元。20世纪80年代，我国先后设立4个经济特区、14个沿海开放城市和浦东新区等开放平台，逐渐融入全球产业链，参与国际分工与合作，服务进口快速起步。2000年，服务进口额增至360.3亿美元，1982—2000年服务进口额年均增长17.3%，是同期

全球服务进口额增速的2.5倍，占全球服务进口的比重从0.4%提高至2.4%。这一时期，旅行是服务进口的第一大行业，进口额从0.7亿美元增至131.1亿美元，年均增长34.2%，占服务进口总额的比重从3.3%提高至36.4%。

第二，2001—2011年的高速增长阶段。加入世界贸易组织后，服务进口规模迅速扩大，结构逐步优化，排名进入世界前列。2001—2011年，服务进口从393亿美元增至2 478亿美元，年均增长20.2%，高出同期全球服务进口增速9.3个百分点，占全球服务进口总额的比重从2.7%提高至5.8%，世界排名从第9位提升至第3位。这一时期，我国货物进出口快速增长，占全球货物进出口总额的比重从3.6%增长至9.8%，对国际运输产生了强劲需求。运输进口额从113.3亿美元增至804.4亿美元，年均增长21.7%，占我国服务进口的比重从28.9%提高至32.5%。

第三，2012年以来的高质量发展阶段。十八大以来，站在新时代的历史起点上，自贸试验区、外商投资负面清单管理模式、知识产权保护、中国国际进口博览会等一系列扩大开放举措有序落地，我国服务进口进入高质量发展阶段。2012—2019年，服务进口额从2 813亿美元增至5014亿美元，年均增长8.6%，高出同期全球服务进口增速4.8个百分点，占全球服务进口的比重从6.4%提高至8.7%，世界第二大服务进口国地位不断巩固。这一时期，新一代信息技术在我国迅速发展和广泛应用，电信、计算机和信息服务成为服务进口的新亮点。2012—2019年，电信、计算机和信息服务进口从54.9亿美元增至268.6亿美元，年均增长25.5%，占我国服务进口的比重从2.0%提高至5.4%。

2）服务进口质量越来越高

第一，生活性服务进口向高品质发展，丰富了人民的美好生活。随着居民收入稳步增长，人民对美好生活的向往更加强烈，旅行、文化娱乐等高品质生活性服务进口持续扩大、质量不断提高。

十八大以来，旅行进口从1 019.8亿美元增至2 507.4亿美元，年均增长16.8%，是同期全球增速的3.6倍，占全球旅行进口的比重从7.5%提高至18.0%；人均旅行支出从1 200美元增至1 600美元。出境旅游人数从2012年的8 318万人次增至2019年的1.55亿人次，年均增长10.4%，高出同期全球平均水平4.9个百分点，占全球出境旅游人次的比重从7.1%提高至10.3%。

教育在家庭支出中的占比越来越高，留学需求日趋旺盛。我国出国留学人数从2012年的39.9万人增至2019年的66.2万人，年均增长8.7%，是全球最大留学生生源地。中国留学生占美国、加拿大、澳大利亚、新西兰等国家留学生的比例超过30%，占韩国和日本留学生比例高达57.3%和49.3%。

个人文化和娱乐服务进口促进了中外文化交流。十八大以来，我国个人文化和娱乐服务进口从2012年的5.6亿美元增长到2019年的40.7亿美元，年均增长33.7%，是全球增速的5倍，对全球增长的贡献率达11.0%。

第二，生产性服务进口稳步提升，推动了经济高质量发展。电信、计算机和信息服务，金融服务等知识密集型服务进口成为推动经济转型升级和高质量发展的重要支撑。

随着5G、云计算、人工智能、大数据等新一代信息技术加速发展并与传统产业深度融合，电信、计算机和信息服务进口保持较快增长。2019年，电信、计算机和信息服务进口268.6亿美元，同比增长13.0%。十八大以来，电信、计算机和信息服务进口年均增长23.3%，是同期全球增速的3.5倍，对全球增长的贡献率达8.7%。十九大以来，电信、计算机和信息服务进口年均增长28.8%，是同期全球增速的3.6倍，对全球增长的贡献率提升到11.2%。

对外贸易和投资持续增长，催生了大量的国际金融服务需求。十八大以来，金融服务进口年均增长16.1%，是同期全球增速的5.7倍。十九大以来，金融业对外开放步伐加快，金融服务进口增长加速，年均增幅达6.6%，高出全球2.0个百分点。2019年，金融服务进口24.7亿美元，同比增长16.2%，高出全球15.8个百分点。

3）内向附属机构服务贸易稳定增长

2016—2018年，我国内向附属机构服务销售收入从8 530.4亿美元增至11 544.1亿美元，年均增长16.3%。

2018年，我国内向附属机构服务销售收入同比增长10.6%，内向附属机构服务销售收入比外向附属机构多398.5亿美元。内向附属机构服务销售收入排名前五的国家（地区）分别是中国香港、日本、新加坡、英属维尔京群岛和德国，实现销售收入合计8 687.9亿美元，比2016年增长26.7%；占我国内向附属机构服务销售收入的75.3%；利润总额1 448.2亿美元，比2016年增长29.4%；从业人员总数356.9万人，比2016年增长24.7%。其中，中国香港是对内地服务业投资最主要的来源地，2018年中国香港内向附属机构服务销售收入6 172.2亿美元，占内向附属机构服务销售收入的53.5%。

2018年，我国内向附属机构服务销售收入排名前五的行业依次为租赁和商务服务业，信息传输、软件和信息技术服务业，批发和零售业，房地产业，金融业，实现销售收入合计8 956.7亿美元，比2016年增长32.3%；占内向附属机构服务销售收入的77.6%。前五大行业利润总额1 829.6亿美元，比2016年增长56.6%，从业人员总数478.0万人。其中，金融业销售收入增长61.7%，利润增长50.6%，均明显高于其他行业，表明我国金融业对外开放进一步深化，外资金融机构在华经营业绩较好。

4）促进全球服务贸易稳定增长

改革开放以来，我国服务累计进口4.9万亿美元，年均增长16.1%，远高于同期全球7.2%的平均水平，对全球服务进口增长的贡献率达9.6%，是全球服务进口增长的第二大力量。加入世界贸易组织以来，我国服务累计进口4.7万亿美元，年均增长15.2%，远高于同期全球7.7%的平均水平，对全球服务进口增长的贡献率达10.8%，是推动全球服务进口增长的第一大力量。

十八大以来，我国服务累计进口3.4万亿美元，年均增长9.2%，高于同期全球3.7%的平均水平，对全球服务进口增长的贡献率达17.1%，居全球首位。十九大以来，我国服务累计进口1.5万亿美元，年均增长3.5%，对全球服务进口增长的贡献率为5.3%。

4.1.3　服务贸易发展的机遇

我国服务贸易总量较小，服务贸易额占商品贸易额的20%左右。作为一个贸易大国，服务贸易存在长期贸易逆差；从服务贸易的结构看，服务贸易顺差主要体现在附加值较低的行业，如旅游、建筑、运输等行业，附加值相对较高的行业，如咨询、保险、金融等行业，逆差都比较大。但展望我国服务贸易的发展，仍然面临着机遇。

1）服务贸易领域制度型开放深入推进

2020年8月，商务部发布《全面深化服务贸易创新发展试点总体方案》，提出坚持要素型开放与制度型开放相结合、开放与监管相协调、准入前与准入后相衔接的原则，探索制度开放路径，在管理体制、监管制度等多个方面推进优化服务贸易体制机制。服务贸易创新发展试点城市将在服务贸易制度型开放方面大胆探索与先试先行，推动形成国际合作与竞争新优势。同时，国家支持北京打造服务业扩大开放综合示范区，新增四省市开展服务业扩大开放综合试点。以此为引领，将继续稳步推进规则、规制、管理、标准等制度型开放，对标国际服务贸易高标准新规则，出台跨境服务贸易负面清单管理制度，做到“既准入又准营”，服务业开放逐步由“边境上”向“边境后”措施过渡。

2）数字化发展为服务贸易注入强大动能

新冠肺炎疫情期间，电信、计算机和信息服务，知识产权使用费，金融服务，保险和养老金服务等知识密集型服务贸易不断增长，离岸信息技术外包、知识流程外包中涉及云计算、生物医药等领域的项目显著增加。同时，数字技术催生“宅经济”“无接触经济”等新业态，推动跨境电商、远程医疗、在线教育、远程办公等服务贸易行业井喷式增长。5G、大数据、区块链、云计算、人工智能等数字技术的快速发展与应用，为服务业和服务贸易拓展国际空间提供了技术条件，为服务贸易创新发展注入新动能，线上服务需求将继续延伸至其他传统服务领域，越来越多以数字为内容的服务贸易新业态将不断涌现，服务贸易将迎来繁荣发展的机遇期。

3）“一带一路”倡议服务贸易合作拓展新空间

我国与“一带一路”沿线国家（地区）服务贸易合作以旅游、运输、建筑三大类为主。中国深度参与部分沿线国家（地区）基础设施建设，中欧班列运行班次稳定增长，大大促进了同沿线国家（地区）的建筑、运输服务贸易发展。疫情前，中国游客每年赴“一带一路”沿线国家（地区）超过2 500万。疫情期间，传统服务贸易领域受到严重冲击，我国同“一带一路”沿线国家（地区）间的服务贸易与合作转向线上，跨境远程医疗服务、信息技术服务等知识密集型服务贸易高速增长，服务贸易结构有所改善。未来，我国将在新型基础设施、工程服务、电子商务等领域，继续同“一带一路”沿线国家（地区）开展密切合作，推进“健康丝路”“数字丝路”“绿色丝路”建设，鼓励服务贸易企业走出去，高质量共建“一带一路”。

4.2 服务外包的发展

进入新世纪以来，服务外包正以其不可替代的优势成为国际商务活动中的新宠，而且有越来越多的跨国公司加入到服务外包的行列，从而更加扩大了服务外包的市场规模。其中，离岸外包发展迅速，以超过20%的速度增长，半数以上的欧美公司将更多的服务外包到海外。我国凭借着广阔的市场空间和丰富的人力资源，承接服务外包的业务量不断增加。对于服务外包的发展，国家和地方政府出台了一系列政策鼓励服务外包产业的发展，为服务外包产业提供了良好的政策环境。

4.2.1 服务外包的内涵与全球发展

1）服务外包的内涵

外包（outsourcing，outside sourceusing）即外部资源利用，是指企业在内部资源有限的情况下，将其非核心业务通过合同方式包给其他企业承担，而自己则专注于核心业务的发展。外包的实质就是一种资源整合的管理模式，即利用外部最优秀的专业化资源为其服务，从而达到降低成本、提高效率、充分发挥自身核心竞争力和增强企业对环境的迅速反应能力等目的。外包活动超越国界就属于国际外包业务的范畴。

服务外包是现代服务业的重要组成部分，是指企业将其非核心业务发包给其他的服务提供者，利用外部最优秀的专业化团队来承接其业务，以优化产业链，提升企业核心竞争力。服务外包包括信息技术外包（information technologyout sourcing，ITO）、业务流程外包（business process outsourcing，BPO）和知识流程外包（knowledge process outsourcing，KPO）。

信息技术外包是指企业以长期合同的方式委托信息技术服务商向企业提供部分或全部的信息功能，进一步分为信息技术研发服务、信息技术运营和维护服务、新一代信息技术开发应用服务三类。常见的信息技术外包涉及信息技术设备的引进和维护、通信网络的管理、数据中心的运作、信息系统的开发和维护、备份和灾难恢复、信息技术培训等。

业务流程外包是指企业将一些重复性的非核心或核心业务流程外包给供应商，以降低成本，提高服务质量；进一步分为内部管理服务、业务运营服务和维护维修服务三类。由于进行BPO的流程是重复性的，并采用了长期合同的形式，因此BPO远远超出了咨询的范围。如果BPO做得成功的话，它能够增加公司的价值。

知识流程外包是围绕对业务诀窍的需求而建立起来的业务，是指将通过广泛利用全球数据库以及监管机构等的信息资源获取的信息，经过即时、综合的分析研究，最终将报告呈现给客户，作为决策的借鉴。KPO进一步分为商务服务、设计服务和研发服务外包三类，KPO的流程可以简单归纳为：获取数据—进行研究、加工—销售给咨询公司、研究公司或终端客户。

专栏4-1　　关于服务外包的四个问题

（1）服务外包与传统制造业生产外包的区别

服务外包是指企业将IT系统开发和架构、应用管理以及企业业务流程优化等自身业务需求，通过外包交给第三方（服务外包提供商）来完成，企业由此专注自己的核心业务，更好实现企业的经营目标。服务外包和传统制造业外包的最大区别在于，前者属于服务业分工的范畴，后者属于制造业分工的范畴。

从概念上讲，一些服务外包就是制造业企业将一系列以前由内部提供的生产型服务活动如研发、设计、内部运输、采购等进行垂直分解，实施外部化，外包给服务接包企业。这是两者的关联之处，也是在合作内容方面的根本不同。服务外包产业是现代高端服务业的重要组成部分，具有信息技术承载度高、附加值大、资源消耗低、环境污染少、吸纳就业能力强、国际化水平高等特点。与制造业相比，可以说绝大部分服务外包产业属于“绿色产业”，承接服务外包能够加快各国服务业的发展和升级，也能够有效地规避自然条件的制约，加快发展。

（2）服务外包与贴牌生产的区别

“贴牌生产”是制造业中的“生产内容”外包，是被贴牌企业根据委托方提供的生产需求、工艺标准、设计样本及其他规格标准进行生产，产出后根据委托方的要求进行贴牌的合作方式。而服务外包是企业将部分“服务内容”对外委托提供，接包方同样要根据发包方的业务需求进行合作。两者本质的不同是合作内容的不同。与贴牌生产相比，服务外包产业在运作中基本没有污染、资源消耗少，是替代耗费资源、高污染产业的较好选择。近年来，符合上述要求的经济发展已经成为衡量一个地区发展成果的显著标志。最近几年，我国的一些较发达的省市，通过贴牌生产提高地方经济竞争力的吸引力在逐渐下降，服务外包产业日益受到重视。

（3）服务外包与国际贸易统计中计入的“其他”项目的异同

国际贸易统计中计入的“其他”项目主要是非货物贸易项目、加工贸易项目，具体包括对外承包工程、对外劳务合作等。对外承包工程是指通过国际性公开招标、投标竞争进行发包承建的工程项目，是国际技术经济合作的形式之一，是通过国际性的市场竞争机制，以合同条款为纽带，实现在施工技术、施工管理、建设资金和劳务等方面的国际合作；对外劳务合作是劳务输出的一种主要方式，是指经相关部门审核的企业通过签订和实施对外劳务合同，选派各类劳务人员去国外从事获取报酬的商业性服务活动。它们与服务外包的不同之处在于，对外承包工程不属于企业生产、服务提供过程，与服务外包从属"生产、服务供应链"的性质不符，对外劳务合作属于劳动力输出，这些劳动力与境外企业之间属于雇佣关系，不存在产品和服务供应的"转移"，而服务外包存在产品和服务供应的对外转移，并且可以是境外转移，形成"离岸外包"。

目前我国所特别强调的是承接国际服务外包，是要用一系列的用地、税收、财政等优惠政策，吸引和鼓励我国企业承接国际服务外包，或引进跨国企业落户中国从事服务外包业务，支持与此相关的培训、认证等方面的工作，推进我国服务的国际化进程，继全球"中国制造"之后，推进全球"中国服务"。

（4）服务外包与跨国企业在全球各地设立分公司或者研发中心的异同

跨国企业在全球各地设立分公司或者研发中心是在企业内完成的，服务外包是在企业间形成的。这一不同点从产权关系上来看，跨国企业在全球各地设立分公司或者研发中心是上下级的业务关系，是管理权、品牌、科研任务在上下级之间的运作；在服务外包的过程中，发包方企业委托服务，接包方企业代理服务内容，形成了一个"委托-代理"关系。此外，两者在运作方式上也有不同，跨国企业在全球各地设立分公司或者研发中心是内部职能机构在全球的部门重组，目的是达到部门重组下的全球资源最优配置；服务外包是企业之间的业务关系，是发包方企业和接包方企业之间产业链的对接关系。当然，两者也有共同点，就是都实现了经济运作中的业务分工不断深化的具体形式。

2）全球服务外包的发展

（1）服务外包发展的三阶段

第一阶段，随着信息技术的推广和生产过程模块化，发达国家利用发展中国家廉价劳动力，将企业非核心业务外包，发展中国家以承接离岸服务外包方式参与到全球服务业分工之中，此阶段企业发包动因是节约成本，接发包企业关系以发包方为主导，服务外包业务技术含量及附加值均较低。

第二阶段，服务外包企业专业化水平提高，不断向产业链高端延伸，服务外包企业更加强调"咨询与IT服务"，以高端咨询服务带动ITO和BPO业务发展，同时加大研发投入，KPO业务增长迅速，此阶段企业发包动因是效率提升，运用信息技术加快企业数字化转型，服务外包业务技术含量及附加值较高。

第三阶段，新兴技术重构企业生产经营模式，企业竞争更加激烈，发包企业为了在新一轮竞争中抢占先机，加强与服务外包企业合作，接包企业参与到新产品研发、生产方式变革、销售模式转变等发包企业经营全过程，此阶段企业发包动因是价值创造，接发包企业形成战略联盟，服务外包引领创造服务需求，企业发包动因从需求侧向供给侧转移。

（2）新技术加速拓展服务外包领域

第一，人工智能拓宽服务外包产业领域。根据Gartner的报告，2018年全球人工智能市场规模将高达1.2万亿美元，比2017年增长70%以上；2020年全球人工智能市场规模近2万亿美元。人工智能的发展迅速，对服务外包产业发展规模的影响既有替代效应，也有增量效应。替代效应体现在人工智能将代替人力的服务外包，尤其是对简单、高频的服务内容，人工智能无论是在成本还是服务质量上都表现得更好。增量效应体现在人工智能拓宽服务外包领域，在上游人工智能芯片领域，人工智能芯片需要衍生出对人工智能芯片设计的需求。根据中商产业研究院的数据，2017年全球人工智能芯片市场规模达44.7亿美元，2020年超过100亿美元；在下游人工智能应用领域，更加智能的服务吸引更多市场主体发包，比如政府发包构建"智慧城市"，制造业企业发包构建"智能工厂"，农业企业发包构建"精准农业"等。

第二，云计算是信息技术外包增长的重要动力。2016—2018年，全球云计算市场规模从874亿美元增长至1 883亿美元，年均增速高达29.2%。2019年全球云计算服务外包规模达788亿美元，同比增长31.3%。随着更多的企业和政府使用云计算，云计算服务外包仍将处于高速发展阶段，预计到2023年，全球云计算服务外包规模将达到1 720亿美元，年均增速达21.5%。2015—2019年，我国云计算服务外包规模从47.2亿元增长至494.5亿元，增长近9.5倍，年均增速高达79.9%。

第三，3D打印是服务外包发展的新增长点。不同于传统打印服务，3D打印服务技术性较强，企业在使用3D打印时需要3D服务企业为其设计打印方案，因而3D打印更多属于服务外包。根据3D打印顾问公司Wohlers Associates的报告，2013年全球3D打印行业总产值30.3亿美元，2019年达到119.6亿美元，年均增速达25.7%，到2024年，全球3D打印行业总产值有望突破300亿美元。其中，3D打印服务约占整个行业的30%，2019年全球3D打印服务外包约40亿美元，预计到2024年3D打印服务外包市场规模将突破100亿美元。

（3）服务外包的发展概况

第一，发展规模。随着人工智能、大数据、物联网、云计算、3D打印等新兴技术的快速发展，全球服务外包新业态新模式持续涌现，离岸服务外包规模稳步增长。2015—2019年，全球离岸服务外包执行额累计增长37.6%，年均增长8.3%，比同期全球服务出口增速高3.0个百分点。

第二，发展结构。离岸信息技术外包增长最快、占比最高，2015—2019年，全球离岸信息技术外包执行额累计增长42.0%，年均增长9.2%，比全球离岸服务外包年均增速高0.8个百分点，占全球离岸服务外包的比例从40.2%上升至41.5%；离岸业务流程外包占比最少，2015—2019年，全球离岸业务流程外包执行额累计增长30.9%，年均增速7.0%，比全球离岸服务外包年均增速低1.4个百分点，占全球离岸服务外包的比例从21.6%下降至20.5%；离岸知识流程外包平稳增长，

2015—2019年，全球离岸知识流程外包执行额累计增长36.7%，年均增长8.1%，比全球离岸服务外包年均增速低0.3个百分点，占全球离岸服务外包的比例从38.2%下降至38.0%。

第三，地区结构。根据全球领先的技术研究和咨询公司信息服务集团（Information Services Group，ISG）对500万美元以上大额合同的监测，美洲地区大额BPO发包规模显著下降，通信传媒行业及商务服务业发包量增长最快；欧洲、中东和非洲地区大额BPO发包规模大幅增长，医疗健康行业及通信传媒行业发包量增长最快；亚太地区大额云计算服务发包规模高速增长，制造业发包量增长最快。

（4）服务外包的发展趋势

第一，全球服务外包发展不确定因素增加。一方面，全球经济增速出现持续放缓。当前全球经济仍处在长周期的深度调整阶段，新冠肺炎疫情冲击进一步加大全球经济下行压力，IMF、世界银行、OECD等国际组织纷纷下调全球经济增长预期。另一方面，逆全球化趋势加剧。当前多边贸易规则和国际经济秩序遭受挑战，单边主义、贸易保护主义抬头，在逆全球化背景下，承接国际服务外包不确定性增加。

第二，全球数字服务贸易仍将保持快速增长。区块链、云计算、大数据、人工智能等新兴技术正在深刻改变人类生产生活方式、重构全球供应链价值链体系，尽管全球经济和贸易复苏乏力，但基于ICT（信息与通信技术）的数字服务依然加速发展，2008—2019年间ICT服务出口年均增长7.2%，比同期服务出口年均增速高3.3个百分点。

第三，新冠肺炎疫情促进生物医药和线上经济发展。新冠肺炎疫情显著提升医药健康产业的战略价值，各国政府大力支持生物医药企业加快研发，开展快速检测、临床诊治、疫苗研发等科技攻关，与疫情相关的中药研发及产业链、新药研发生态体系及产业集群、医疗器械和诊断技术、基于人工智能和5G技术的医疗信息化技术等领域迎来重大发展机遇。此外，疫情激发了对线上经济的替代需求，以"互联网+"为代表的新兴消费模式在极短时间内得到前所未有的发展和普及。后疫情时代，生物医药研发服务外包和信息技术服务外包具有广阔发展前景。

第四，亚洲地区服务外包发包规模增长迅速。美欧依然是全球服务外包最重要的发包区域，但随着全球经济中心逐渐向亚洲地区转移，亚洲地区尤其是东南亚地区服务外包活跃，是最为重要的增量市场。2010—2019年，亚洲地区服务进口年均增长5.9%，比同期欧洲地区服务进口年均增速高1.2个百分点，比同期北美地区服务进口年均增速高2.8个百分点；2019年，中国承接东南亚国家服务外包99.0亿美元，同比增长8.6%。

第五，网络安全成为发包企业选择接包者的重要因素。近年来数据安全问题引起了前所未有的关注，发包企业逐渐意识到外包带来的安全隐患。全球网络攻击数量高速增长，更加复杂化，并且出现针对工业控制系统的定向攻击趋势。2019年，科尔尼（A.T.Kenmey）公布的全球服务外包目的地指数构成中，新加入网络安全指标。科尔尼数据显示，美国、英国、德国、加拿大等欧美发达国家在网络安全保护方面表现普遍更好。

4.2.2　我国服务外包的发展

1）服务外包发展的基础条件

第一，全球服务外包方兴未艾为我国发展服务外包提供了市场基础。以软件外包业务为例，全球软件外包的发包市场主要集中在北美、西欧和日本等地，接包市场主要是印度、爱尔兰等国家；其中，美国市场被印度垄断，欧洲市场被爱尔兰垄断。除此之外，以色列和中国也是软件外包的主要市场，菲律宾、巴西、俄罗斯、澳大利亚等国家也是软件外包的主要竞争者。世界银行把印度和爱尔兰、以色列、新加坡、菲律宾、中国、匈牙利、墨西哥等7个竞争对手作了比较后指出，在提供软件和服务方面，印度居于这些国家的榜首，爱尔兰、以色列、新加坡紧随其后。

第二，丰富的人力资源为我国发展服务外包提供了人才基础。近年来，我国基础教育和高等教育迅速发展，已经成为世界上教育规模最大的国家，计算机、软件、大数据分析等专业毕业生超过10万人。数量庞大的人力资源、低廉的劳动力成本，是我国发展服务外包的巨大优势，是其他国家无法比拟的有利条件。

第三，基础设施和投资环境的日益完善为我国发展服务外包提供了产业基础。多年经济的飞速发展，我国已经形成了门类齐全的工业和服务体系，投资环境特别是投资软环境不断改善，为我国企业大规模承接服务外包提供了客观条件。实施西部大开发战略、振兴东北老工业基地、东部地区现代服务业集聚发展、北京奥运会和冬奥会、上海世博会等，使我国有可能成为世界较大的项目外包基地之一。有专家认为，我国已经有足够的能力大规模承接国际服务外包，也有能力对外提供服务外包。

第四，大批出口企业的国际化发展为我国发展服务外包提供了企业基础。我国一些服务外包的龙头企业已经取得了非常好的出口业绩，国内最大的软件出口企业中软集团通过走出去，实行产品出口和劳务出口并举的办法，大量承接美国、日本等国软件加工业务，加快国际合作和国际化的发展；中软集团的发展目标是要成为我国软件服务外包的第一品牌。

第五，政府的积极引导和鼓励为我国服务外包的发展提供了政策基础。我国先后设立国家软件产业基地、软件出口基地、服务外包示范城市，服务外包产业扶持政策逐渐向全国推广，实施示范城市动态调整管理办法，完成服务外包示范城市综合评价。截至2019年底，全国服务外包企业数量达到54 548家，已形成了一条北起大连，南到广州、深圳、珠海，中间连接济南、北京、天津、上海、南京、杭州的沿海软件产业带，以及以西安、成都、长沙等省会城市为中心的内地软件产业重要区域。

2）服务外包发展的主要特征

（1）规模持续增长

2019年，承接服务外包合同额2 357.0亿美元，同比增长17.9%，比2018年提高7.3个百分点；执行额1 580.8亿美元，折合人民币10 695.1亿元，首次突破万亿元，同比增长9.0%。其中，承接离岸服务外包合同额1 389.1亿美元，同比增长15.4%，比2018年提高10.1个百分点，占全部服务外包合同额的58.9%；执行额968.9亿美元，同比增长9.3%，高出全球增速2.6个百分点，占全部服务外包执行额的61.3%。承接在岸服务外包合同额967.9亿美元，同比增长21.6%，比上年提高7.1个百分点，占全部服务外包合同额的41.1%；执行额611.9亿美元，同比增长8.5%，占全部服务外包执行额的38.7%。

2020年，承接服务外包合同额2 462.3亿美元，同比增长4.5%；执行额1 753.5亿美元，同比增长10.9%。其中，承接离岸服务外包合同额1 404.1亿美元，同比增长1.1%；执行额1 057.8亿美元，同比增长9.2%。2009—2019年中国服务外包规模与增速见表4-4。

表4-4　**2009—2019年中国服务外包规模与增速**　单位：亿美元

年份	服务外包执行金额	增速（%）
2009年	138.4	
2010年	198.0	43.1
2011年	323.9	63.6
2012年	465.7	43.8
2013年	638.5	37.1
2014年	813.4	27.4
2015年	966.9	18.9
2016年	1 064.6	10.1
2017年	1 261.4	18.5
2018年	1 450.3	15.0
2019年	1 580.8	9.0

（2）产业结构持续优化

以数字技术为代表的新一代科技革命蓬勃发展，推动服务外包产业新业态、新模式不断涌现，以知识为核心要素的服务外包占比不断提高，呈现出知识流程外包比重持续上升、信息技术外包逐渐下降、业务流程外包保持稳定的发展趋势。2009—2019年，ITO：BPO：KPO结构比例从62.5：26.6：5.13调整到46.0：21.0：33.0，离岸ITO：BPO：KPO结构比例从63.3：24.6：5.7调整到44.1：18.1：37.8。

2019年，中国企业承接ITO执行额726.9亿美元，同比增长4.5%；占全部服务外包执行额的46.0%。其中，承接信息技术研发服务外包执行额569.1亿美元，下降1.6%，占ITO执行额的78.3%；承接信息技术运营和维护服务外包执行额143.3亿美元，增长28.2%，占ITO执行额的19.7%；承接新一代信息技术开发应用服务执行额14.1亿美元，增长187.5%，占ITO执行额的2.0%。承接BPO合同额564.2亿美元，同比增长40.0%，占全部服务外包合同额的3.9%；执行额332.2亿美元，增长21.5%，远高于ITO、KPO增速，占全部服务外包执行额的21.0%。其中，承接内部管理服务外包执行额55.8亿美元，增长52.6%，占BPO执行额的16.8%；承接业务运营服务外包执行额227.2亿美元，增长30.9%，占BPO执行额的68.5%，是拉动BPO执行额增长的主要动力，贡献BPO增长的91%；承接维护维修服务外包执行额48.8亿美元，下降21.3%，占BPO执行额的14.7%。承接KPO合同额811.3亿美元，同比增长21.2%，占全部服务外包合同额的34.4%；执行额518.0亿美元，增长8.4%，占全部服务外包执行额的33.0%。其中，承接商务服务外包执行额51.8亿美元，下降12.4%，占KPO执行额的9.9%；承接设计服务外包执行额339.1亿美元，增长12.0%，占KPO执行额的65.0%；承接研发服务外包执行额130.4亿美元，增长10.3%，占KPO执行额的25.1%。

2020年信息技术外包和知识流程外包保持较快增长，ITO离岸执行额3 204.1亿元，同比增长10.7%；KPO离岸执行额2 921.4亿元，同比增长17.9%；BPO离岸执行额1 176.5亿元，同比下降0.6%。数字化程度较高的集成电路和电子电路设计业务离岸执行额490.9亿元，同比增长41%；知识密集的医药和生物技术研发业务离岸执行额488.1亿元，同比增长25%。

（3）离岸服务外包市场高度集中

我国离岸服务外包市场主要集中在亚洲、北美洲和欧洲，三者业务占整个离岸服务外包的比例超过90%。

亚洲是我国承接离岸服务外包业务的最大来源地，东亚是承接亚洲服务外包业务的主要来源地。2019年，承接亚洲地区服务外包合同额724.9亿美元，同比增长12.6%，占离岸服务外包合同额的52.2%；执行额492.2亿美元，增长8.8%，占离岸服务外包执行额的50.8%。承接东亚地区服务外包执行额330.9亿美元，增长9.5%，占承接亚洲地区服务外包执行额的67.2%，占离岸服务外包执行总额的34.2%。东亚地区中国香港、日本、韩国、中国台湾均为我国前十大离岸服务外包来源地。

北美洲是我国承接离岸服务外包业务的第二大业务来源地。2019年，承接北美洲地区服务外包合同额289.4亿美元，同比增长22.6%，占我国离岸服务外包合同额的20.8%；执行额218.1亿美元，增长8.2%，占我国离岸服务外包执行额的22.5%；美国是我国最大的服务外包发包国，承接美国服务外包合同额、执行额分别为260.8亿美元、196.2亿美元，均占承接北美洲地区服务外包业务的90%。

欧洲是我国承接离岸服务外包业务的第三大业务来源地，欧盟外包业务中ITO占比较高、BPO增速较快。2019年，承接欧洲地区服务外包合同额272.7亿美元，同比增长20.1%，占离岸服务外包合同额的19.6%；执行额195.6亿美元，增长15.4%，占离岸服务外包执行额的20.2%。其中，承接欧盟28国服务外包合同额232.5亿美元，同比增长25.5%，占欧洲地区服务外包合同额85.2%；执行额164.8亿美元，增长15.4%，占欧洲地区服务外包执行额的84.3%。

2020年，我国承接美国服务外包执行额1 550.6亿元，同比增长17%；承接中国香港离岸服务外包执行额1 198.3亿元，同比增长5.7%；承接欧盟离岸服务外包执行额1 176.8亿元，同比增长5.8%；美国、中国香港、欧盟三大市场合计占我离岸服务外包执行额53.8%。

从国内区域结构看，2020年长三角区域承接离岸服务外包执行额3 678.6亿元，同比增长13.3%，占全国50.4%；京津冀地区承接离岸服务外包执行额697.7亿元，同比增长8.6%；粤港澳大湾区承接离岸服务外包执行额838.8亿元，同比增长1.8%；31个服务外包示范城市承接离岸服务外包执行额6 039.5亿元，同比增长8.3%，占全国82.7%；受自贸港建设的带动，海南承接离岸服务外包执行额2亿元，同比增长751.7%。

（4）内资企业是承接服务外包业务的主体

随着国家政策的大力支持以及国内企业自身竞争力的不断增强，内资企业承接服务外包业务的占比已超过50%，成为承接服务外包业务的主体。

2019年，内资企业承接服务外包合同额1 560.1亿美元，占比65.9%；执行额1 036.8亿美元，占比65.3%，其中离岸执行额515.9亿美元，占比53.2%。港澳台商投资企业承接服务外包合同额215.2亿美元，占比9.1%；执行额146.9亿美元，占比9.2%，其中离岸执行额117.7亿美元，占比12.1%。外商投资企业承接服务外包合同额592.6亿美元，占比25.0%；执行额404.2亿美元，占比25.4%，其中离岸执行额335.9亿美元，占比34.7%。

2020年，民营企业承接离岸服务外包执行额1 825.6亿元，同比增长20.9%，高于全国平均增速9.5个百分点。外商投资企业承接离岸服务外包执行额3 187.5亿元，同比增长4.2%，占全国的43.7%。

（5）在岸服务外包比重不断攀升

2013年，国务院办公厅《关于进一步促进服务外包产业发展的复函》提出，进一步研究在岸与离岸服务外包协调发展政策措施，支持有条件的服务外包企业承接国内服务项目；积极培育服务外包在岸市场，鼓励政府机构和各类企业创新管理运营理念，购买专业服务。近年来，我国积极出台相关政策，促进在岸服务外包从小到大，占整个服务外包的比重不断提高。

2009—2019年，在岸服务外包执行额从37.4亿美元增至611.9美元，年均增长32.2%，高出同期离岸服务外包年均增速6.8个百分点，占比从27.1%增至38.7%。在构建以国内大循环为主体，国内国际双循环相互促进的新发展格局背景下，在岸服务外包将迎来新的国内市场机遇。

4.2.3　我国服务外包的发展意义

1）服务外包发展的国民经济贡献

第一，对就业创业发挥重要作用。服务外包是吸纳大学生就业的蓄水池，截至2020年末，我国服务外包产业累计吸纳从业人员1 290.9万人，其中大学以上学历819.3万人，占63.5%。2019年，服务外包产业新增从业人员103万人，其中大学（含大专）以上学历60.6万人；2020年，服务外包产业新增从业人员119万人，其中大学（含大专）以上学历69.2万人，占比达到58.2%。根据测算，有40%的大学毕业生在服务外包企业工作2～3年后转向互联网、大数据和人工智能等领域，为数字经济强国建设提供了人才支撑。众包、云外包、平台分包等新模式不断涌现并快速发展，为年轻人特别是大学生提供了灵活就业的新渠道，推动了零工经济等新兴就业形态的发展。

第二，推动制造业与服务业深度融合。制造业服务化、服务外包化已经成为制造业高质量发展的重要趋势，服务外包是促进制造业与服务业相融共生、协同发展的重要方式，推动制造业逐渐由单一生产型向“生产+服务”型转变。先进制造业与现代服务业融合的基础是价值链高度相关，通过服务外包高效配置产业要素，使价值链在开放与合作中实现渗透、延伸与重构。服务外包提供专业化、个性化的服务，促进产业链上游的制造环节延伸扩展到需求分析、技术研发、成果转化，提高产品的技术含量和附加值，丰富产业链下游应用场景，应用于智慧城市、智慧交通、智慧医疗等各种民生领域，拉长制造业产业链。

第三，为服务出口注入新动能。近年来，我国离岸服务外包加快向产业链高端延伸，生物医药研发外包、集成电路设计、系统解决方案等高附加值外包业务增长迅速，成为服务贸易高质量发展的重要推动力。2019年离岸服务外包对服务出口增长的贡献率达到67.4%，对知识密集型服务出口增长的贡献率达到70.9%。

第四，维护全球产业链供应链稳定。新冠肺炎疫情给全球产业链供应链带来前所未有的冲击。疫情发生后，我国在全球范围内率先控制住疫情，实现全产业链复工复产，确保全球产业链供应链不在中国“断链”。2020年上半年，中国企业承接离岸采购外包服务、供应链管理服务执行额分别为6.9亿美元、24.0亿美元，同比增长47.4%、25.8%，确保全球产业链供应链顺畅。

2）服务外包产业竞争优势的提升对策

第一，塑造良好商业环境，提升整体品牌形象。国外客户在选择离岸外包提供商时，遵循的原则是“先选择国家或地区，再选择外包公司”，因此，政府应该考虑大力完善与提升国家和外包基地城市的基础环境及整体形象，进行城市营销。高标准建设服务外包示范城市，优化示范城市布局，开展综合评价和动态调整。一方面，政府应该在外包企业的统一形象、市场宣传方面发挥更大的作用，进一步加大品牌的推广力度；另一方面，政府主导营造良好的知识产权保护环境，进一步完善保护知识产权法规体系，严厉打击各类侵权行为，形成尊重知识产权的氛围。

第二，加快服务外包转型升级。推进服务外包创新发展，培育云外包、众包、平台分包等新模式，积极发展研发、设计、维修、咨询、检验检测等生产性服务外包。鼓励对外发包，助力构建稳定的国际产业链供应链。推动服务外包与制造业融合发展，利用5G、物联网等新兴技术发展数字制造外包。

第三，实施服务外包大企业战略。服务外包企业的规模直接制约着离岸业务的承接能力。以印度为例，其前五大外包公司规模都在5万人以上，其收入占到了印度外包产业的46%。我国应该实施服务外包大企业战略，通过兼并重组等方式重点扶持若干家领头企业，提升这些企业的规模水平，以这些外包龙头企业为中心，形成大外包公司带动中外包公司，中外包公司带动小外包公司的完整的外包生态链，逐渐形成良好的外包生态环境。

第四，加大拓展海外市场，重视国内外包市场。美国是全球最大的离岸发包国，服务外包发包额保持平稳增长。在稳步推进美国市场的同时，还要关注中国香港、日本、新加坡、韩国、德国、中国台湾、英国、法国和瑞士等离岸服务外包业务来源地。重视离岸的外包市场，更要重视国内的外包业务，作为一个正在崛起的大国，我国国内外包市场的潜力可能要远大于我们所能获得的离岸市场的规模，国内市场已经成为国外大型服务外包企业觊觎的目标。

第五，重视技术研发，重视人才培养。我国应增强科研成果向生产力转化的能力，改进人才培养模式，注重实用型软件人才的培养。积极吸引和聘用海外高级人才，鼓励海外留学人员回国创业，鼓励国内外服务外包技术人才通过调动、咨询、讲学、兼职、聘用、技术承包入股、人才租赁、设立研发机构等多种方式长期工作或短期服务，使我国承接外包领域的人才国际化程度得以提高。在发挥劳动力优势的同时，应该重视劳动力的培养和培训，建立适应多种需求层次的职业培训体系，建立起外包服务人才的立体化培养模式，开发大学培训系统、政府培训、职业教育系统、认证系统等，努力培养具备国际视野、英语水平高、文化交流能力和业务能力强的复合型人才。

第六，制定和完善相关政策和法律法规，支持离岸贸易发展。政府应在平衡长短期目标的基础上，灵活地出台相关政策，打造有利于服务外包发展的产业环境。创新金融监管，鼓励银行探索优化业务真实性审核方式，提升审核效率，对真实合规的离岸贸易业务提供优质金融服务。支持在海南自由贸易港、自由贸易试验区以及其他具备条件的地方发展离岸贸易。探索培育一批风险控制能力强、内部合规制度健全的离岸贸易经营主体。推动建立全国性或区域性离岸贸易行业组织。

4.3 服务业的对外开放

我国服务贸易发展的产业基础相对较弱，服务业在GDP增加值中的占比低于世界服务业在世界GDP增加值中的占比，服务贸易在对外贸易中的占比低于全球服务贸易在国际贸易中占比，服务业制度型开放相对不足，服务贸易出口竞争力提升缓慢。因此，应对内深化服务贸易供给侧结构性改革，对外进一步扩大服务业开放，构建以国内大循环为主体、国内国际双循环相互促进的新发展格局，促进贸易大国向贸易强国的转变。

4.3.1 我国服务业的发展

我国的产业类别是按照第一、第二、第三产业进行划分的，根据世界贸易组织对服务业的界定，其大致相当于我国的第三产业，只是建筑与工程服务业在我国被归为第二产业，世界贸易组织将其归为服务业的一个分部门。

我国的服务业经历了一个从小到大、从停滞不前到蓬勃发展的过程。改革开放前，服务业是被当作纯消费行业对待的，服务业的发展非常缓慢；改革开放后，逐步认识到了加快服务业发展对国计民生的重要意义，服务业逐渐驶上了发展的快车道，服务业的总体发展水平进一步提高，规模不断扩大，领域不断拓展。

1）改革开放前的起步时期

我国是一个传统的农业国家，国民经济的发展重心长期以来一直放在农业生产上，存在着重农轻商的观念。1953年开始大规模经济建设，实际是大规模工业建设，重生产、轻流通、更轻服务的小生产观念占据上风，认为服务业不创造价值，只参加社会价值的分配，各行各业支援工业，对服务行业实行抽男补女，服务行业大量缩减，发展受到了限制。如果用第三产业占GDP的比重和第三产业就业占全社会就业总数的比重来衡量服务业发展水平的话，从1952年到1978年，第三产业占GDP的比重反而从28.6%下降到23.7%，第三产业就业占全社会就业总数的比重一直在10%以下，只在1978年占全社会就业总数的12.2%，分别低于同期第一产业的28.1%和70.5%、第二产业的48.2%和17.3%。

2）改革开放后的大发展时期

党的十一届三中全会以后，随着我国经济的快速发展，服务业也跨上了一个崭新的台阶。《中共中央国务院关于加快发展第三产业的决定》指出：从许多国家经济发展规律看，当经济发展到一定水平时，第三产业的发展速度普遍高于第一、第二产业，对于整个国民经济的发展，起了明显的促进作用。我国现在已经进入这个阶段。加快发展第三产业，既可以调整三个产业比例关系、优化国民经济结构，又是缓解经济生活中深层次矛盾和促进经济更快发展的有效途径。1994年我国进行了计划、财税、金融、外汇、外贸以及投资体制等方面的重大改革，推动了各类市场的发育和市场体系的形成，为加快第三产业的发展创造了有利条件。《对外贸易法》《中华人民共和国广告法》《中华人民共和国海商法》《中华人民共和国商业银行法》《中华人民共和国证券法》《中华人民共和国保险法》等一系列法律的相继出台，为我国服务业发展提供了良好的宏观环境和有力的法律保障。

在宏观经济政策和法律环境的引导和保障下，第三产业在第一、第二产业不断发展的基础上规模不断扩大，结构逐步优化，第三产业占GDP的比重和第三产业就业占全社会就业总数的比重均不断上升。

在第三产业中，传统服务行业规模不断扩大，新兴服务行业亦有突破性进展。改革开放为以建筑业、交通运输及仓储、邮电通信、银行、批发和零售贸易、旅游以及餐饮业为主体的传统服务行业注入了新的活力，这些投资少、见效快、盈利多的传统服务行业获得了前所未有的大发展，构成了国内服务业的主体；新兴服务行业如保险、咨询、信息、科技服务与技术贸易、包装、大众传媒等从无到有、从小到大，有了突破性发展。

4.3.2 我国服务业的对外开放

改革开放以来，我国开启了服务业对外开放的历史进程。与我国改革开放的渐进性特征相对应，服务业开放选择了一条试点先行、逐渐加速加力和拓展领域的路径，经历了以“引进来”为主到“引进来”与“走出去”相结合的发展变化，完成了从自主开放到制度开放的转换，其阶段性、梯次型特征十分明显。

1）初期少数领域零星开放阶段（1978—1991）

计划经济时期，我国重视工农业的发展，对服务业在国民经济发展中的地位和作用认识不足；改革开放初期的相当长时间内，服务业仍未被摆放到应有的位置。在开放问题上，服务业初期开放参差不齐，个别领域开放相当早，但是更多领域开放较晚。我国最早的3家中外合资企业其实都归属服务业：第一家是1980年中国民航北京管理局与中国香港航空食品公司合资成立的“北京航空食品公司”，拉开了我国吸引外资的大幕；其次是中美合资的建国饭店，1980年6月开工建设，1982年3月底正式营业；第三是长城饭店，1980年开工，1985年正式竣工营业。餐饮、旅游饭店、以外销为主的房地产开发是这一时期开放的主要领域，旅游饭店是服务业中最早向国际市场开放、最早与国际标准接轨的行业。

随着吸引外资、引进技术和货物进出口的发展，服务进出口的领域越来越宽，相关的货物追加服务、通信、金融、保险、技术服务、经营管理咨询、人员培训等服务进出口也随之迅速发展。

2）中期试点推进阶段（1992—2001）

20世纪80年代以来，伴随着发达国家工业化的实现，世界经济结构加速调整，产业发展明显向服务业倾斜，其对经济发展的贡献迅速超过第一、第二产业，成为推动世界经济发展的“引擎”。顺应世界经济发展这一趋势，我国开始调整产业发展战略，开始将服务业发展摆上重要议程。一是加快服务业和服务贸易发展的法规政策集中出台。1992年6月16日，中共中央、国务院发布《关于加快发展第三产业的决定》，这是我国促进服务业发展的第一个重要文件，提出了加快发展第三产业的13条政策和措施；1997年9月，党的十五大对服务业开放的定调是有步骤地推进服务领域的对外开放。二是参与服务贸易谈判并作出初步承诺。我国作为发展中国家参加了乌拉圭回合谈判，1991年7月，第一次提交初步承诺开价单，对银行、航运、旅游、近海石油勘探、专业服务和广告等6个行业的市场开放作出了初步承诺；1992年10月，又把保险、陆上石油服务、商业零售、建筑工程和计算机服务等领域列入初步承诺开价单；1993年4月，我国又将开价单作了调整，初步承诺开放银行、保险、旅游（酒店、餐馆）等服务市场；1993年9月，再次修改初步承诺开价单，进一步加大服务业对外开放程度，并于同年11月提交了“服务贸易减让表”（草案）；1998年7月，在WTO中国工作组第8次会议上，我国就电信、金融、零售、法律、会计、专业服务领域的开放提出了许多实质性建议。三是试点开放向深度和广度进军，服务贸易进入快速增长期。1991年到2001年，我国大部分服务业都在试点基础上有限度地对外开放。虽然不同服务业门类的开放形式和力度有较大差别，但整体来看服务业市场对外商投资的限制逐步放松，外商以商业存在的方式进入我国服务业市场的部门和领域不断扩大，形成了覆盖金融、保险、交通运输、仓储、建筑业、商业、房地产、科研、教育、卫生、信息咨询等十几个部门的对外开放格局；运输业中的海运运输和速递业务、会计服务业和分销业中的零售业已有很高的开放程度，零售业实际开放程度已超过承诺的初期水平，外资银行进入的数量也在增多。

3）履行承诺开放阶段（2002—2012）

2001年12月20日，国务院办公厅转发国家计委《关于“十五”期间加快发展服务业若干政策措施意见》中指出，加快发展服务业是国民经济持续快速健康发展的重要保障，是提高国际竞争力和国民经济整体素质的有力措施。加入世界贸易组织后，我国加快形成服务业开放发展新战略和新的政策体系，履行承诺逐步形成整体开放的新格局，服务贸易特别是新兴服务贸易部门发展迅猛，内地与港澳服务领域开放合作成为亮点。

在加入世界贸易组织承诺减让表中，对我国各服务行业的市场准入程度作出了规定，表现出我国的服务市场对外开放由有限范围和领域的开放转变为全方位的开放；由以试点为特征的政策主导下的开放转变为法律框架下可预见的开放；由单方面为主的自我开放转变为与世界贸易组织成员间的相互开放。

（1）银行服务

加入时允许外资银行向所有中国客户提供外汇服务；加入后5年内允许外资银行逐步在全国向所有中国客户提供人民币本币业务；允许外资非银行金融机构提供汽车消费信贷。

（2）保险服务

加入时允许设立外资比例不超过50%的合资寿险公司；加入后2年内允许设立独资非寿险公司；加入后3年内取消地域限制；加入后4年内取消强制分保要求；加入后5年内允许设立独资保险经纪公司。

（3）证券服务

加入时允许设立合资证券投资基金管理公司，加入后3年内允许外资比例达到49%；加入后3年内允许设立合资证券公司，外资比例不超过33%，可以从事A股的承销，B股和H股、政府和公司债券的承销与交易基金的发起。

（4）电信服务

在增值电信和寻呼业务方面，加入后2年内取消地域限制，外资比例不超过50%；在基础电信业务方面，移动话音和数据服务在加入后5年内取消地域限制，其他业务在加入后6年内取消地域限制，外资比例不超过49%。所有国际通信业务必须经由中国电信主管部门批准设立的国际通信业务出入口局进行。

（5）分销服务

加入后3年内，取消对外资参与佣金代理及批发服务（盐及烟草除外）和零售服务（烟草除外）的地域、股权、数量限制，取消对外资参与特许经营的所有限制；加入后5年内取消对外资参与分销领域的所有限制。但销售多个供货商提供的不同种类和品牌产品的连锁店，如其分店数量超过30家，且销售粮食、棉花、植物油、食糖、图书、报纸、杂志、药品、农药、农膜、成品油、化肥，则不允许外资控股。

（6）海运服务

加入时允许外资从事班轮运输以及散货、不定期和其他国际运输；允许外资设立注册公司，经营悬挂中国国旗的船队，但外资比例不应超过合营企业注册资本金的49%；海运附属服务以及集装箱堆场服务，允许设立合资企业，允许外资控股；船务代理服务允许设立合资企业，但外资比例不应超过49%。

（7）建筑服务

在建筑及相关工程服务方面，加入时允许设立合营企业，允许外资控股；加入后3年内允许设立外商独资企业，但外资企业的业务范围仅限于4种建筑项目。在房地产服务方面，除高档房地产项目（包括高档公寓和高档写字楼，但不包括豪华饭店）不允许外商独资外，没有其他限制。

高档房地产项目是指单位建筑比同一城市内平均单位建筑成本高两倍以上的房地产项目。

（8）法律和会计服务

在法律服务方面，外国律师事务所可以在北京、上海、广州、深圳、海口、大连、青岛、宁波、烟台、天津、苏州、厦门、珠海、杭州、福州、武汉、成都、沈阳、昆明设立代表处；每一家外国律师事务所在华只能设立一个代表处；加入后1年内，上述地域限制和数量限制将取消；但对外国律师事务所的业务范围以及外国律师事务所在华代表处的代表身份有所限制。

在会计服务方面，加入时允许获得中国主管部门颁发的中国注册会计师执业许可的人在华设立合伙会计师事务所或有限责任会计公司。

4）服务业扩大开放阶段（2013年至今）

十八大以来，我国不断夯实服务业对外开放的基础，全方位融入全球产业链价值链，积极践行自由贸易理念，全面履行服务贸易领域开放承诺，广泛开放服务市场。2013年，在上海设立首个自贸试验区，探索构建相对独立的以扩大服务领域开放为主的服务贸易区域。至2020年，中国自贸试验区扩容至21个，累计向全国复制推广260项制度创新成果。2015年，启动北京市服务业扩大开放综合试点，对标国际先进贸易投资规则，扩大服务业对外开放，推动构建开放型经济新体制。至2020年先后实施3轮试点方案、403项试点任务、35项开放措施，推广6批25项试点成果。2020年，推动海南自由贸易港先行探索，发布《海南自由贸易港建设总体方案》，对接国际高标准经贸规则，培育具有海南特色的合作竞争新优势，对服务贸易实行以“既准入又准营”为基本特征的自由化便利化政策举措，为全球自由贸易港发展注入新活力。2020年9月，习近平主席在2020年中国国际服务贸易交易会全球服务贸易峰会上致辞，提出支持北京打造国家服务业扩大开放综合示范区，国务院已批准示范区工作方案。2016—2020年，先后在天津、上海、海南等28个地区，推进服务贸易创新发展试点，推动放宽服务贸易领域的市场准入限制，打造服务贸易制度创新和服务业开放发展的新平台。

十九大以来，我国进一步扩大服务业对外开放。2020年，发布了《外商投资准入特别管理措施（负面清单）（2020年版）》，外商投资准入负面清单从2017年的63条减至33条。金融领域，提前取消所有外商投资持股比例限制，放开外资保险经纪公司经营范围，不再对合资证券公司业务范围单独设限，大幅度扩大外资银行业务范围，沪深港通每日交易额度限制进一步扩大。电信领域，取消国内多方、存储转发、呼叫中心等增值电信服务外资持股比例限制，将上海自贸试验区电信领域开放政策复制推广至其他自贸试验区。文化娱乐领域，取消电影院建设经营、演出经纪机构须由中方控股的规定，在自贸试验区将设立文艺表演团体由禁止投资改为中方控股，把允许外国投资者在自贸试验区内设立互联网上网服务场所的开放举措推广至全国。人力资源领域，取消了外方投资者出资比例不得低于25%、中方合资者出资比例不得低于51%的规定，取消不得设立外商独资的人力资源服务机构的规定。目前，还在积极推进探索跨境服务贸易负面清单管理制度。

4.3.3 我国服务市场开放的原则

1）坚持国家主权自主与遵守国际规则相结合的原则

服务业现代化是一国经济现代化的重要体现，但与农业、制造业相比较而言，它又具有复杂性和特殊性，因此，服务贸易的对外开放必须坚持国家主权自主原则，对可能危害国家安全的服务部门应禁止对外开放。但是，经济生活的国际化及相互依存、依赖关系的加深，各国普遍遵守的、通行的涉及服务贸易方面的通行规则，我们也应该予以接受、遵守，避免发生服务贸易摩擦，影响我国服务贸易，甚至经济贸易的健康发展。

2）坚持多边与区域经济合作相一致的原则

我国在加入世界贸易组织的议定书中就服务贸易提出了自己的开放清单，同时，在亚太经合组织中，我国也积极努力推进亚太经合组织内部成员间的服务贸易自由化。为了充分维护我国服务贸易的利益，我国在世界贸易组织及亚太经合组织中涉及服务贸易的开放应协调一致。

3）坚持积极稳妥、逐步自由化原则

我国服务业、服务贸易的总体竞争力较弱，但在一些服务贸易领域已具有一定的竞争力，可以对外开放，因此，我们应该遵守《服务贸易总协定》的原则，实行逐步自由化。

4）坚持对外开放与对内开放相结合的原则

在积极对外开放服务业，引进外国先进的技术、设备、管理技能及资金，扩大服务出口的同时，也应认识到服务贸易的自身特性，对不涉及国家安全的服务贸易领域，对国内服务业、制造业的企业甚至个人开放，允许其规范经营，增强我国服务出口的能力。

5）坚持适度保护与公平竞争相结合原则

制造业以及商品出口的发展历史及事实表明，任何产业的过度保护只会制约其发展。对服务业中的幼稚服务部门，特别是对具有战略意义的幼稚服务部门要予以适度保护，放慢开放速度。但要采取切实可行的措施，鼓励国内外市场的公平竞争，避免培养利益集团，从而影响政策制定与决策。

6）坚持产业倾斜与地区均衡发展的原则

服务业对外开放的根本目的不是让出市场，而是发展我国相对落后的服务贸易和服务业，增强其国际竞争力。因此，在服务贸易对外开放过程中，应该考虑服务贸易领域不同部门的竞争力及战略的差异，重点产业重点倾斜；也应该认识到中西部地区服务贸易发展、服务业竞争力的增强对其经济发展的重要战略意义。要扩大中西部地区服务贸易的对外开放，迅速增强其竞争力，不能按地区采取梯度开放政策，否则既有悖于世界贸易组织全国统一实施一国对外经贸政策的要求，也不利于实行全国统一的产业政策。

7）坚持试点与推广相结合的原则

对于暂时不能全面对外开放的敏感服务贸易领域，积极选择有一定代表性的国内不同地区、不同的外国服务贸易提供者进行试点，对外开放，总结经验后在全国范围内普遍实施。

8）坚持具体承诺与普遍遵守相结合的原则

《服务贸易总协定》认识到服务贸易的特殊性，服务市场的对外开放采取的是具体承诺与普遍遵守相结合的方式，同时，在普遍遵守的原则中允许各成员作出例外安排，例如最惠国待遇。然而，对无条件最惠国待遇的例外安排也是有时间限制的，对于超过5年期限的最惠国待遇例外要进行严格审议，最长期限的例外不应超过10年。因而，在拟订我国服务贸易开放进程时应坚持具体承诺，努力创造条件实施无条件最惠国待遇。

4.3.4　我国服务市场开放展望

习近平主席在2020年中国国际服务贸易交易会全球服务贸易峰会上指出，服务业需要开放、透明、包容、非歧视的行业发展生态，需要各国努力减少制约要素流动的“边境上”和“边境后”壁垒，推动跨境互联互通，我国服务业的对外开放将迈向更高水平。

1）深化服务贸易领域改革和开放

我国将坚定不移扩大对外开放，建立健全跨境服务贸易负面清单管理制度，推进服务贸易创新发展试点开放平台建设。出台跨境服务贸易负面清单，积极推动减少跨境服务贸易项下跨境交付、境外消费、自然人移动三种模式的准入限制，推动放宽旅行、医疗、教育、法律、科技服务、文化、金融以及电子商务等服务业领域对境外服务提供者及其服务限制，引入竞争、激发潜能，推动相关领域跨境服务贸易快速发展。

2）进一步降低外资在服务业领域的市场准入限制

加快信息技术服务、科学技术服务、数字服务、医疗、教育、文化和娱乐业等领域对外开放；有序放宽增值电信业务、商务服务、交通运输等领域的外资持股比例，激发现代服务业发展活力。鼓励外资企业参与中国文化、数字服务、中医药等领域特色服务出口基地建设，发展服务贸易新业态新模式。

3）继续主动扩大优质服务进口

我国始终以负责任大国的姿态坚定不移奉行互利共赢的开放战略，乐见各国搭乘中国服务进口的“顺风车”，欢迎各国高质量服务进入更广阔的中国市场，更好地满足中国人民需求，惠及世界人民，增进人类福祉。预计“十四五”规划期间，我国服务进口增速高于全球平均水平，服务进口规模累计有望达2.5万亿美元，占全球比重将超过10%。其中，旅游进口有望突破万亿美元；知识产权使用费，电信、计算机和信息服务，金融服务，保险和养老金服务，其他商业服务等数字服务进口累计将超过1.3万亿美元。

4）更加优化国际化便利化营商环境

营商环境是经济高质量发展的土壤，未来我国将与各国共同营造开放包容的合作环境，共同开创互利共赢的合作局面。继续提升贸易便利化水平，进一步深化“放管服”改革，提高服务贸易整体便利化水平。加快“单一窗口”与民航、港口、铁路以及大数据平台的合作对接，提供全程“一站式”通关物流信息服务。完善签证便利政策，实行人员“一签多行”，放宽外国人才入境短期停留免签时间以及延长停留时间。加快资格互认标准落实，拓宽外籍高端人才来华就业渠道，提升自然人移动的便利化水平。拓宽跨境交付的服务种类和地域范围，鼓励数字技术发展，引领服务贸易模式创新，促进跨境交付服务与数字技术有机结合。

5）继续完善服务贸易法治环境

我国将一如既往地落实全面依法治国基本方略，建立和完善服务贸易相关领域法律体系，为服务贸易高质量发展提供法治保障。促进国内立法与国际服务贸易投资规则的良性互动，积极参与全球数字贸易规则制定，建立健全数字贸易的国内规则。

6）推动服务贸易国际合作

我国将继续致力于完善全球服务贸易合作网络，推动多双边服务贸易规则协调，提升服务贸易自由化水平，促进世界经济包容性增长。中国愿同各国商签服务贸易合作备忘录，加强与拉美国家的服务贸易往来，拓展中日韩在节能环保、科技创新、高端制造、共享经济、医疗养老等重点领域服务贸易的务实合作，推动上合组织成员国服务贸易合作；深化内地与港澳地区服务贸易合作，逐步减少跨境交付和自然人移动的限制。

专栏4-2　　　　现代服务业

国内学术界对现代服务业的内涵和概念没有公认的界定，不同的学者从不同的侧重点阐述了现代服务业的内涵，归纳起来主要有以下几个方面。

一是强调现代服务业是相对于传统服务业而言的。李江帆（2005）认为，现代服务业是相对于商贸、餐饮、交通、运输等传统服务业而言的，主要包括金融保险、不动产业、市场研究、咨询、规划设计、中介、科技、法律、税收、管理、广告等新兴的工商服务业；刘有章、肖腊珍（2004）认为，现代服务业主要是指依托现代信息技术和现代管理理念而发展起来的，为社会提供高质量生活服务和生产服务的国民经济新兴领域；罗海蛟和宋浩（2004）认为，现代服务业是指用现代化的新技术、新业态和新服务方式改造和提升传统服务业的所有相关行业。

二是强调现代服务业可分为消费性服务业和生产性服务业，其核心是生产性服务业。黄繁华（2002）在《经济全球化与现代服务业》一书中将我国现代服务业的内涵界定为两部分：现代生产性服务和现代消费性服务。

三是认为现代服务业是“现代生产性服务业”。来有为（2004）认为，现代服务业又称为“现代生产性服务业”，指为生产、商务活动和政府管理而非直接为最终消费提供的服务。

四是认为服务业正在向生产领域渗透，其范围也逐渐与生产领域相融合。刘志彪（2005）等人认为，现代服务业是从传统制造业的部分环节中分化形成的，是伴随着现代化科学技术而发展起来的。

五是强调现代服务业的基本判别标准。徐国祥（2004）等人给出了现代服务业的基本判别标准：一是与生产过程相结合的服务业，如第三方物流；二是与市场交易过程相结合的服务业，如与企业并购相关的服务业；三是与创新过程相结合的服务业，如风险、投资；四是与信息技术相结合的服务业，如网络调查服务。

根据英国经济学家M.J.Healy和B.W.Llbery的界定，生产性服务业指的是为其他产业提供服务的产业。国内经济学界在生产性服务业的定义上虽然有这样那样的描述，但比较一致的看法是，生产性服务业是围绕企业生产进行的保障性服务，它贯穿于企业生产的上游、中游和下游诸环节；产业范围涵盖金融保险业、现代物流业、技术研发、法律服务、会展服务、广告服务、管理咨询、教育培训、电信与信息技术服务、房地产业、工程设计与维修等。生产性服务的特征是被企业用作生产商品或提供其他服务的生产过程的投入，是纯粹为企业生产而提供的中介服务，其消费过程中会产生更多的产品，向社会提供更多的有效服务。与生活性服务业相比，生产性服务业是一种高智力、高集聚、高辐射、高就业的现代服务产业。因此，生产性服务业是现代服务业的核心与重要组成部分，是经济发展的助推器。

●本章小结

1.改革开放前，我国服务贸易规模很小，贸易范围局限在旅游、货运等方面，有关服务贸易的统计资料几乎是一片空白，服务贸易的开展仅是为了满足当时政治和外交的需要。改革开放后，我国服务贸易取得了明显的进步，服务贸易规模不断扩大，服务贸易结构不断变化，服务贸易方式不断丰富。

2.服务外包包括ITO、BPO、KPO。随着业务范围逐渐扩展，全球服务外包业务正逐渐倾向于将ITO和BPO业务捆绑，以满足企业自身技术和业务的需求；KPO的发展前景可能性是无限的。我国服务外包的发展速度比较快，正处在建立服务外包产业竞争优势的关键阶段，针对我国国情特征，提升服务外包产业的自身承接能力和独特的竞争优势是需要迫切解决的理论研究与产业实践问题。

3.我国服务业经历了一个从小到大、从停滞不前到蓬勃发展的过程，服务业总体发展水平不断提高，规模不断扩大，领域不断拓展。服务业开放选择了一条试点先行、逐渐加速加力和拓展领域的路径，经历了以“引进来”为主到“引进来”与

"走出去"相结合的发展变化，完成了从自主开放到制度开放的转换，其阶段性、梯次型特征十分明显。

●复习思考题

1. 分析我国服务贸易发展的特征。
2. 结合服务外包的内涵分析我国服务外包的发展特点。
3. 分析发展服务外包的作用
4. 分析提升服务外包产业竞争优势的途径。
5. 简述我国服务市场开放原则。
6. 阐析我国服务市场开放前景。

第5章/中国资本流动

学习目标

了解我国利用外资、加工贸易与对外直接投资的发展概况；掌握我国利用外资与对外直接投资的意义及发展前景、我国加工贸易的积极作用；重点掌握我国利用外资的主要方式、加工贸易的发展特点、外商投资管理的法律环境、对外直接投资的风险。

5.1 利用外资与加工贸易

外资对发展中国家经济增长的影响一直是国际投资领域争论较大的一个问题。英国经济学家斯蒂芬等人提出，引进外资对经济影响的范围应当包括技术转移和创新效益、市场结构效益、贸易和国际收支效益、就业和生产率效益以及关联与溢出效益等。美国经济学家罗伯特·格罗斯在1989年将以往文献中提出的评价内容归为五类，即就业效应、国民收入效应、国际收支效应、技术转移效应和产业结构效应。

改革开放后，我国利用外资弥补了国内建设资金的不足，外商直接投资促进了加工贸易的发展。加工贸易是指海关保税监管的一种特殊贸易方式；从本质上讲，加工贸易是从国外进口料件加工复出口的贸易方式，是经济全球化不断深化的结果，是全球产业链不断延伸的结果，也是从事加工贸易企业参与全球分工和竞争的结果。

5.1.1 利用外资的发展

1）利用外资的演变阶段

（1）改革开放至20世纪末的变化

20世纪70年代末，我国开始改革开放，利用外资也几乎同时重新启动。1979年，中外合资的广东光明华侨养猪场、中瑞机械有限公司、福建华侨企业公司等正式批准成立；11月23日，比利时政府对我国贷款9亿比利时法郎（约合3 100万美元）的协议签订，此后，日本、丹麦、科威特、意大利等国政府以及世界银行、联合国农业发展基金会、国际货币基金组织等也向我国提供贷款。两种主要利用外资的形式在我国同时使用，但当时的条件决定了对外借款成为我国利用外资的主要方式。1979—1983年，我国实际利用外资146亿美元，其中对外借款119亿美元，占81.5%，而外商投资不到27亿美元，占18.5%；1991年，在当年吸收的外资中，对外借款仍占近60%。

在改革开放初期，对外借款成为我国利用外资的最主要方式是顺理成章的。当时我国的国民经济到了崩溃的边缘，经济发展水平很低，温饱问题都没有解决，基础设施极为落后，成为制约经济发展的“瓶颈”；并且当时在经济管理体制和运行机制等方面也难以与外商投资融合，外商对我国的改革开放政策仍心存疑虑，因而不具备大规模投资的基本条件，却适合利用国外贷款来加强基础设施建设和进行技术改造。

但改革开放却使情况在短短的10多年内发生了巨大变化。第一，改革使我国经济迸发出了惊人的能量，几年的农村改革就基本解决了温饱问题，国民经济以两位数的高速度增长，国民收入大幅度提高，为外商投资提供了广阔的现实市场；第二，改革也使我国经济结构发生了重大改变，乡镇企业异军突起，个体经济初露锋芒，市场经济成分在国民经济中所占比重日益增加，法治建设明显加强，政府管理经济方式也有所变化，为外商投资提供了适宜的外部环境；第三，投资环境显著改善，基础设施建设有了很大好转，基本可以解决外商投资必需的生产经营条件，劳动力优势、资源优势等得到进一步发挥。

外商直接投资经过整个20世纪80年代的渐进式积累，进入20世纪90年代后快速发展，1991年达到43.66亿美元，1992年实现了惊人的一跳，外商直接投资达到了110.08亿美元，从此超过对外借款而成为我国利用外资最重要的形式，可以说，这是我国利用外资的第一次战略转变。1993—2000年，外商直接投资跳跃式的发展更是令世界瞠目，历年分别为275.15亿美元、337.67亿美元、375.21亿美元、417.26亿美元、452.57亿美元、454.63亿美元、403.19亿美元、407.15亿美元。1979—2000年中国利用外资情况见表5-1。

表5-1　**1979—2000年中国利用外资情况**　单位：亿美元

年份	外商直接投资额	对外借款额	其他外商投资额	实际利用外资额（总计）
1979—1984年	41.04	130.41	10.42	181.87
1985年	19.56	25.06	2.98	47.60
1986年	22.44	50.14	3.70	76.28
1987年	23.14	58.05	3.33	84.52
1988年	31.94	64.87	5.45	102.26
1989年	33.92	62.87	3.81	100.60
1990年	34.87	65.34	2.68	102.89
1991年	43.66	68.88	3.00	115.54

续表

年份	外商直接投资额	对外借款额	其他外商投资额	实际利用外资额（总计）
1992年	110.08	79.11	2.84	192.03
1993年	275.15	111.89	2.56	389.60
1994年	337.67	92.67	1.79	432.13
1995年	375.21	103.27	2.85	481.33
1996年	417.26	126.69	4.10	548.05
1997年	452.57	120.21	71.30	644.08
1998年	454.63	110.00	20.94	585.57
1999年	403.19	102.12	21.28	526.59
2000年	407.15	100.00	86.41	593.56

（2）新世纪的战略转变

经过20多年的改革开放，我国的经济体制、经济结构、法律体系、市场机制、企业制度以及人们的思想观念等都发生了深刻变化，外商直接投资在我国利用外资中占据了绝对主导地位，这为我国实现21世纪利用外资战略的转变奠定了基础。21世纪我国利用外资战略，固然需要对指导方针、战略目标、战略重点、战略措施等进行重新探讨和科学设计，但核心应是尽快实现吸收外商投资战略重心的转移以及吸收外商投资方式的转变，即实现利用外资的第二次战略转变。

第一，利用外资战略重心应从制造业向服务业、农业转变。我国在吸收外商投资中一直强调生产型投资，至今为止，外商投资仍主要集中在工业，服务业中则集中于关联效应较弱的房地产等。金融、电信、流通等服务领域发展水平滞后和开放度较低直接影响到外商投资规模的扩大和水平的提高，成为我国吸收外商投资上档次、上水平的主要阻碍。

此外，作为一个农业大国，农业也应该而且有可能成为我国吸收外商投资的重点领域之一。目前，我国农业吸收外商投资仅占2%左右，与农业在国民经济中的地位极不相称，其根本原因在于某些不适宜的政策措施制约了外资的进入。只要根据我国农业的特点和市场经济规律，进一步开放农产品市场，并采取适当的鼓励政策，农业成为吸收外商投资新的重点领域是完全可能的。

所以，我国利用外资战略调整面临的首要问题就是重心的转移问题，即从以工业为主转向以服务业和农业为主。当然，这一转移不是忽视工业领域的外商投资，而是只有实现这一转移才能更有利于工业领域外商投资水平的提高。

第二，吸收外商投资形式应从传统方式向国际通行方式转变。从吸收外商投资方式来说，我国吸收外商投资以合资、合作、独资为主，此外就是合作开发，近年来又有了股份制、对外发行股票等，但吸收外商投资的方式仍有极大的局限。所以，我国利用外资战略转变的第二个方面就是如何利用国际通行方式引进外资的问题。而要解决这个问题，则需要国内一系列配套改革，如股票市场及产权交易市场等的建立问题、有关法律法规的制定问题、相关中介机构的建设问题，以及与国有资产重组和国有企业改革的衔接问题等。

围绕外商投资重心的转移和方式的转变问题，需要采取一系列的战略措施，如市场经济体系和法律体系的建设、投资管理体制的改革、产业政策的调整、国内市场的开放等。在这些营商环境不断改善的情况下，2020年，我国成功应对新冠肺炎疫情带来的严重冲击，在全球跨国直接投资大幅下降的背景下，全年实际使用外资逆势增长，引资规模创历史新高，不含银行、证券、保险领域实际使用外资1 443.7亿美元，同比增长4.5%。引资结构进一步优化，服务业实际使用外资增长13.9%，占比77.7%；高新技术产业吸收外资增长11.4%，高新技术服务业增长28.5%，其中研发与设计服务、科技成果转化服务、电子商务服务、信息服务分别增长78.8%、52.7%、15.1%和11.6%。主要来源地保持稳定，对华投资前15位国家和地区，投资增长6.4%，占比98%；区域带动作用明显，东部地区吸收外资增长8.9%，占比88.4%。

我国利用外资的第一次战略转变是利用外资主要形式的改变，是在原有体制框架内改革发展的自然结果，在利用外资战略中并没有明确提出，更谈不上实施。而第二次的战略转变，却是利用外资水平如何提高的问题，不可能通过自我发展来实现，因为这次的转变涉及原有体制的根本性问题，非打破体制桎梏不能实现。所以，利用外资第二次战略转变并非单纯的开放问题，更准确地说应是改革的问题。正因如此，这次转变才更具有了面向21世纪的战略意义。2001—2020年中国外商直接投资及增速见表5-2。2001—2019年中国外商直接投资产业及占比见表5-3。

表5-2　**2001—2020年中国外商直接投资及增速**　金额单位：亿美元

年份	实际利用外商直接投资金额	实际利用外商直接投资增速
2001年	468.78	15.1%
2002年	527.43	12.5%
2003年	535.05	1.4%
2004年	606.3	13.3%
2005年	603.25	-0.5%
2006年	658.21	9.1%
2007年	747.68	13.6%
2008年	923.95	23.6%
2009年	900.33	-2.6%
2010年	1 057.35	17.4%

续表

年份	实际利用外商直接投资金额	实际利用外商直接投资增速
2011年	1 160.11	9.7%
2012年	1 117.16	-3.7%
2013年	1 175.86	5.3%
2014年	1 195.62	1.7%
2015年	1 262.67	5.6%
2016年	1 260.01	-0.2%
2017年	1 310.35	4.0%
2018年	1 349.66	3.0%
2019年	1 381.35	2.3%
2020年	1 443.7	4.5%

表5-3　**2001—2019年中国外商直接投资产业及占比**　金额单位：亿美元

年份	第一产业	第一产业占比	第二产业	第二产业占比	第三产业	第三产业资占比
2001年	9	2.2%	348	83.3%	61	14.6%
2002年	10	2.2%	395	83.7%	67	14.2%
2003年	10	2.2%	392	84.2%	63	13.6%
2004年	11	1.8%	455	75.0%	141	23.2%
2005年	7	1.2%	447	74.1%	149	24.7%
2006年	6	1.0%	425	67.5%	199	31.6%
2007年	9	1.2%	429	57.3%	310	41.4%
2008年	12	1.3%	533	57.6%	379	41.1%
2009年	14	1.6%	501	55.6%	385	42.8%
2010年	19	1.8%	539	50.9%	500	47.3%
2011年	20	1.7%	557	48.1%	583	50.2%
2012年	21	1.8%	525	47.0%	572	51.2%
2013年	18	1.5%	496	42.2%	662	56.3%
2014年	15	1.3%	439	36.8%	741	62.0%
2015年	15	1.2%	436	34.5%	811	64.3%
2016年	19	1.5%	402	31.9%	839	66.6%
2017年	11	0.8%	409	31.3%	890	67.9%
2018年	8	0.6%	483	35.8%	858	63.6%
2019年	6	0.4%	423	30.6%	953	69.0%

2）利用外资的作用

第一，有利于弥补国内建设资金的不足。资金流入是衡量外资地位和作用的一个重要指标，因为外资其他方面的作用是以资金的流入为前提的。我国经济技术落后，进行社会主义建设的一个突出问题是资金不足，资金短缺成为制约我国经济增长的一个重要因素，因此，引进建设资金是我国引进外资的目标之一，利用这些资金扩大了我国交通运输建设、港口建设和能源开发的规模，缓和了一大批骨干项目建设资金不足的矛盾，推动了我国建设事业的发展。

第二，有利于引进先进技术，促进产业升级。外商投资带来的先进适用技术，填补了我国许多技术空白，使一些行业的大批产品更新换代，一些老企业因此实现了技术改造和升级。通过利用国外直接投资，引进了不少新技术，改造了老企业，开发了新产品，促进了产品的升级换代。20世纪80年代以前，我国主要是通过技术贸易，以设备进口的方式引进技术，但由于缺乏消化和创新的动力，技术引进陷入了引进—落后—再引进—再落后的恶性循环。外资的进入改变了这种格局，外商参与企业管理，所以引进的技术呈动态发展，技术诀窍和管理方法也随着外资的进入而传入我国。

第三，有利于促进对外贸易和对外经济合作的发展。外商投资企业的产品一般具有适销对路、信息灵通、应变能力强、质量高、交货快、批量小、产量大幅度增长的特点和优势，同时，外资和国际经济有着紧密的联系，外资将外商的各种经济联系，如供销渠道、技术开放市场、信贷关系等带进我国，有力地推动了我国的对外贸易的发展。由于我国实行鼓励出口的政策，外商投资企业产品的出口比率大大高于国内其他企业，外商自营出口占我国出口总额的比重逐年上升，外商投资企业成为我国出口增长的重要源泉。外资企业产品出口增长对我国经济保持较高的增长速度发挥了积极的作用，有力地推动了我国开放型经济的发展。外资企业产品出口的不断扩大，优化了我国出口产品结构，增强了我国商品的国际市场竞争力。

第四，有利于社会主义市场经济的建立和完善。对于由计划经济体制向市场经济体制转变的我国经济而言，外资冲击所带来的市场发育效应起着不可替代的推动作用。我国经济体制市场趋向的改革有相当一部分是首先在对外经济领域开创、成型和立法的，这是由于经济的外向型部分更迫切地与市场经济接轨。在计划经济体制下，统购统销，企业间基本上不存在竞争。外资流入打破了这一个格局。对于大多数投资者而言，固然希望政府提供更多的优惠待遇，但更希望能有一个平等的竞争环境，能建立健全合理的竞争机制。在这种压力下，我国经济各个领域的竞争机制都在建立和完善，市场机制的形成和完善对我国经济发展具有深远影响。

第五，有利于吸收先进的企业经营管理经验。吸收外商直接投资的中外合资经营企业的经营管理是双方共同负责的，这些企业不仅引进了先进技术，也引进了先进的企业管理经验。有的外国投资者本身就是生产经营管理的能手，其投资活动不仅是资金的转移，而且是技术、设备、管理等综合性的转移。例如，外商投资企业的许多设备并不先进，但它们在新产品开发、新产品示范等方面发挥了积极作用，它们更注重商标、广告以及企业内部经营管理方面，在这些方面外商投资企业都起到了很好的示范和激励作用。

第六，有利于扩大就业。外商投资企业的进入使越来越多的人意识到劳动力自由流动在经济发展中的重要作用。外商投资对就业的贡献不仅体现在外商投资企业直接提供的就业机会，还包括通过刺激前后关联产业发展，间接创造的就业机会。国际劳工组织的研究表明，外商投资企业前后关联产业所创造的就业比直接雇用的人数多2～3倍。

第七，有利于提升中国的开放意识，促进现代企业文化的形成。外资投资企业的进入提高了我国企业的竞争意识，更好地帮助中国融入世界潮流。同时外资企业对企业文化的重视渐渐为中国企业所认识，越来越多的中国企业开始学习借鉴外资企业的企业文化，提升企业竞争力，实现企业的可持续发展。

专栏5-1　　“双缺口”模型

关于发展中国家引进外资的必要性与理论动因，一些发展经济学家曾提出过许多很有见地的观点，但从理论发展史的角度来看，影响最大的当属美国学者H.B.钱纳里和A.M.斯特劳特1966年提出的“双缺口”模型。“双缺口”模型的基本思想是：当发展中国家为实现经济发展目标而需要的资源数量与国内的有效供给之间存在着缺口时，引进外资对于弥补这些缺口是必要的，发展中国家引进外资的规模应以其最大缺口为限。“双缺口”模型对于解释发展中国家引进外资的现实必要性与理论动因是非常有说服力的，至今仍对许多发展中国家的引进外资实践发挥着重要的理论指导作用。

“双缺口”模型首先界定了3种不同的经济资源：技能与组织能力、国内储蓄和进口商品与服务。在任何时候，这些经济资源的供给对经济增长的限制都是不同的，这3种资源中的任何一种在经济运行中都可能单独构成对经济发展的制约，这种制约并非在短期内可以解决。与3种经济资源的界定相对应，“双缺口”模型提出了制约一国经济发展的3种约束：第一，技术约束，也称吸收能力约束。由于投资所必需的技术、管理、人才以及投资过程中的其他投入物的匮乏而导致对增加投资所造成的限制，无法有效利用资源。第二，储蓄约束，也称投资约束。由于经济发展通常伴随着投资规模的扩大，发展中国家在这一过程中因经济落后、人均收入水平较低等，常会出现国内储蓄不足以支持投资的扩大的情况，从而制约了经济的发展。第三，外汇约束，也称贸易约束。一国面对变化着的国内外需求而不能对其生产结构进行调整，从而造成了对经济发展的约束；发展中国家最常见的表现是商品和服务进口增长速度快于出口的增长速度，从而没有足够的外汇来进口经济发展所需要的设备、技术和服务。只有克服这3种约束，经济才能发展。

在开放的经济条件下，从国民经济核算基本恒等式（总收入=总需求）入手可得：

总收入（总供给）$Y=C+S+T$

总支出（总需求）$Y=C+I+G+(X-M)$

假设政府收支相抵，即：

$T=G$

整理后可得：

$I-S=M-X$

$I-S$称为储蓄缺口，$M-X$称为外汇缺口。4个变量独立变动，其中，I主要取决于企业行为，S主要取决于私人行为，M主要受国内经济的影响，X主要受国外经济的影响。根据一般均衡理论，只有当这两个缺口相等时，经济才能实现均衡发展。

如果不利用外资，当$I-S>M-X$时，只有减少投资或增加储蓄；当$I-S<M-X$时，只有减少进口或增加出口。两种情况都会影响经济的发展。如果利用外资，当$I-S>M-X$时，以设备转移方式利用外资，增加进口不需要增加出口；当$I-S<M-X$时，利用外资增加投资不需要增加国内储蓄。

5.1.2 利用外资的主要方式

我国利用外资的方式主要有对外借款、外商直接投资、国际证券融资和其他方式等。对外借款包括外国政府贷款、国际金融组织贷款、外国银行贷款、出口信贷、混合贷款等；外商直接投资包括中外合资经营企业、中外合作经营企业、外资企业、中外合作勘探开发、外商投资股份制企业、BOT投资方式等；国际证券融资包括国际债券、国际股票等；其他方式包括国际租赁、补偿贸易和加工装配等。

1）对外借款

我国借用外资起步于1979年，该年12月日本首相大平正芳来访，代表日本政府承诺为我国3个大型项目的建设提供长期低息贷款，拉开了我国借用外资的序幕。我国借用外资包括向外国政府、国际金融组织和国际商业银行借款，前两类借款一般都具有援助性质，贷款的特点是利率比较优惠、使用期较长；国际商业银行贷款属于一般的国际信贷，利息率由市场决定，通常较高，贷款期限也以中短期为主。我国借用外资的发展过程可分为3个阶段：

第一阶段为探索阶段（1979—1983）。由于我国长期与国际资本市场没有业务往来，对各种国际筹资方式不甚不解，因此在这一阶段，主要是了解情况，探索可能，积累经验。该阶段我国外债增长缓慢，债务余额年均增长仅8亿美元左右。这一阶段借用的外资来源比较单一，主要集中于日本、中国香港等少数几个亚洲国家和地区，来自欧美的借款极少；借款中政府贷款所占比重较大，基本采用固定利率；外债币种也主要集中于美元、日元、港币等少数几种货币。

第二阶段为迅速增长阶段（1984—1988）。随着对外开放的深入，我国各种国际借款渠道开通，从1984年起，我国借用外资出现了迅速增长的态势。该阶段借用外资年均增长58.5%，外债余额年均增加72亿美元，比前5年多8倍。我国外债规模迅速增大，到1988年已达400亿美元。在此阶段，我国借用外资的来源多样化，国际金融组织贷款和国际商业贷款增长迅速，来自欧美地区的资金明显增多；由于商业贷款增加，浮动利率在我国外债利率结构中的比重上升；借用外资的币种结构也得到了调整。同时，我国还逐步加强了对借用外资的管理，规定了借用外资的专门窗口机构，颁布了一些政令法规，组建了外债监测机构，在外债的借、用、还各环节上都加强了宏观调控的力度。

第三阶段为相对稳定的发展阶段（1989年以后）。我国借用外资经过前一阶段的迅速增长之后，受国际环境变化、国内调控力度加强等各种因素的影响，出现了增速减缓但逐年都有所增长的相对稳定的发展状态。1989—1990年年均外债增长14.6%，增长速度已远远低于前一阶段的速度。这一阶段，我国借用外资的来源、币种等进一步多样化，国际金融组织对我国的贷款力度也加强了，从1992年开始我国已经成为世界银行的最大贷款国。总之，我国借用外资取得了很大的进展，同时也加强了对外债的监测与管理。

外国政府贷款是指一国政府向另一国政府提供的，具有一定赠予性质的优惠贷款。根据经合组织的有关规定，政府贷款主要用于城市基础设施、环境保护等非营利项目，若用于工业等营利性项目，则贷款总额不得超过200万美元特别提款权。我国利用外国政府贷款始于1979年，目前同日本、德国、法国、西班牙、意大利、加拿大、英国、奥地利、澳大利亚、瑞典、科威特、荷兰、芬兰、丹麦、挪威、瑞士、比利时、韩国、以色列、波兰、俄罗斯、卢森堡等国家建立了政府贷款关系。

国际金融组织分为全球性金融组织和区域性金融组织两类。向我国提供多边贷款的国际金融组织主要是世界银行、国际农业发展基金组织和亚洲开发银行，曾经提供过信贷的有国际货币基金组织。我国作为世界银行创始成员之一，于1980年5月15日恢复了在世界银行的合法席位；世界银行作为我国在国际资本市场融资的一个来源，对帮助我国发展国内资本市场，支持我国经济和社会发展的作用十分明显；但世界银行贷款在我国的混合贷款中软贷款比例逐渐减少，1999年6月30日，世界银行停止对我国的软贷款。国际农业发展基金组织是按照世界粮食会议决议，于1977年12月成立的一个联合国专门机构，专门为发展中国家发展农业，特别强调为加强粮食方面的生产、消除贫困及营养不良这两个基本目标，提供优惠性贷款。我国在1979年加入国际农业发展基金组织，1981年开始的第一个项目是北方草原项目，基本上保持每年一个项目。亚洲开发银行是亚洲、太平洋地区的一个区域性国际金融组织，亚洲开发银行贷款不以营利为目的，而以提供援助为宗旨，向成员提供贷款和技术援助，帮助协调成员在经济、贸易和发展方面的政策，同联合国及其专门机构合作，促进亚太地区经济的增长与发展；我国1986年才开始使用亚洲开发银行贷款，借用亚洲开发银行贷款，不仅为项目建设提供了有效的资金来源，而且为我国对外工程公司和工程咨询公司以及设备出口开辟了新的业务领域，增加了新的投标机会。国际货币基金组织与世界银行一样为联合国的专门机构之一，我国于1980年4月正式开始参加活动，1981年和1986年，我国在出现较大国际收支不平衡的情况下，曾经借用过国际货币基金组织的贷款，对克服我国出现的国际收支逆差，改善宏观经济状况，保持国民经济稳定增长起到了一定的作用。

国际银行贷款是指借款人为支持某一项目，在国际金融市场上向外国银行借入资金。国际银行贷款的特点是贷款利息按国际金融市场利率计算，利率较高；贷款可以自由使用，一般不受贷款银行的限制；贷款方式灵活，手续简便；资金供应充沛，允许借款人选用各种货币。在国际金融市场上筹措资金，按贷款期限长短可分为短期信贷、中期信贷和长期信贷3种。我国对短期的国际银行贷款采取余额管理的办法，对中长期国际银行贷款采取指标控制的办法。

出口信贷是出口国的官方金融机构或商业银行，以优惠利率向本国出口商、进口商银行或进口商提供的信贷。出口信贷是国际贸易中借贷资本运动的形式，第二次世界大战后，随着大型成套设备、高新技术产品出口的迅速发展，出口信贷方式不断更新，具有了鲜明特征。

2）外商直接投资

中华人民共和国成立初期，我国利用外商直接投资可以说有了一定的发展，但是由于当时历史条件的制约，规模和数量十分有限。在1950年和1951年我国曾与苏联、波兰共同投资创办了5家合营企业，这是我国建立的第一批中外合资经营企业。我国与苏联合资创办了中苏石油股份公司、中苏有色及稀有金属股份公司、中苏民用航空股份公司和中苏造船股份公司等4家企业，后来苏方将股份作为贷款转让给中方，提前结束了合作。我国与波兰在1951年合资创办了中波轮船股份公司，经营航运及有关的委托代理业务，此公司原定的合营期限是12年，由于经营状况良好，从成立至今一直保持合作关系并开展经营活动。总的来看，从20世纪50年代中后期到1978年这一时期，由于历史原因我国利用外资处于停滞状态。1978年党的十一届三中全会召开后，我国开始实行改革开放政策，创建于1980年的北京航空食品有限公司（我国第一家中外合作企业）掀开了我国利用外资的新时期。

（1）中外合资经营企业

中外合资经营企业亦称股权式合营企业。《中华人民共和国中外合资经营企业法》[①]规定，中外合资经营企业是指外国公司、企业和其他经济组织或个人经中国政府批准，同中国的公司、企业或其他经济组织在中国境内共同投资举办的企业，合资双方按出资比例分享利润和分担风险及亏损，其中外商的所有权比例通常不低于25%。举办中外合资经营企业有利于引进先进的设备、技术和科学管理知识，有利于培训人才，能够带进一些通过一般的技术引进方式难以获得的先进技术，甚至取得动态技术。与外资企业相比，中外合资经营企业有利于我国大量老企业的技术

---

① 《中华人民共和国外商投资法》实施后，《中华人民共和国中外合资经营企业法》废止，但是中外合资经营企业概念不变。

改造，可以借助对方的销售网络，扩大产品出口。我国法律法规对外商投资举办合资企业在投资领域上限制较少，国家鼓励和允许投资的项目还可以不限制经营期限。

中外合资经营企业的基本特点是合资各方共同投资，共同经营，按各自的出资比例共担风险、共负盈亏。合资各方可以用货币出资，也可以用建筑物、机器设备、场地使用权、工业产权、专有技术出资。各方出资均折算成一定比例，外国合营者的投资比例一般应不低于注册资本的一定百分比。中外合资经营企业的组织方式为有限责任公司，董事会为最高权力机构。随着我国股份制的开展，部分中外合资经营企业采用股份有限公司方式。

（2）中外合作经营企业

中外合作经营企业亦称契约式合营企业，是指外国公司、企业和其他经济组织或个人依据《中华人民共和国中外合作经营企业法》①，同中国的公司、企业或其他经济组织在中国境内共同投资或提供合作条件举办的企业。中外合作者的投资或者提供的合作条件可以是现金、实物、土地使用权、工业产权、非专利技术和其他财产权利。中外合作经营企业一般由外国合作者提供全部或大部分资金，中方提供土地、厂房、可利用的设备和设施，有的也提供一定量的资金。如果中外合作者在合同中约定合作期满时企业的全部资产归中方合作者所有，则外方合作者可以在合作期限内先行回收投资。这一做法，一方面可以解决国内企业缺乏投资来源问题；另一方面对许多急于回收投资的外国投资者具有很大的吸引力。

中外合作经营企业的特点是合作方式较为灵活，它与中外合资经营企业最大的不同在于中外各方的投资一般不折算成出资比例，利润也不按出资比例分配。各方的权利和义务包括投资或提供合作条件、利润或产品的分配、风险和亏损的分担、经营管理的方式和合同终止时财产的归属等项，都在合作各方签订的合同中确定。

（3）外商独资企业

外商独资企业亦称外资企业，是指外国的公司、企业、其他经济组织或个人经中国政府批准，依据《中华人民共和国外资企业法》②，在中国境内设立的全部资本由外国投资者投资的企业。外国投资者的出资可以是自由兑换的外币，也可以是机器设备、工业产权或专有技术等。外资企业的组织形式一般为有限责任公司。设立外资企业必须有利于中国国民经济的发展，并至少符合下列条件之一：采用国际先进技术和设备；产品全部或者大部分出口。

外资企业的特点是：第一，外资企业是依中国法律在中国境内设立的。因此，外资企业与外国企业是两个不同的概念，外国企业是指依照外国法律在国外设立并在该国从事经营活动的企业，它是外国的企业，具有外国的国籍。第

---

① 《中华人民共和国外商投资法》实施后，《中华人民共和国中外合作经营企业法》废止，但是中外合作经营企业概念不变。

② 《中华人民共和国外商投资法》实施后，《中华人民共和国外资企业法》废止，但是外资企业概念不变。

二，外资企业的全部资本归外国投资者所有，因而与中外合资经营企业和中外合作经营企业不同，外资企业相当于外国跨国公司在东道国设立的拥有全部股权的子公司。第三，外资企业是一个独立的实体，它由外国投资者独自投资、独立经营，是独立核算、独立承担法律责任的经济组织。因而，外资企业不同于外国企业的分支机构，后者是外国企业（如总公司）在东道国经许可后设立的一个附属机构，不是一个独立的法律实体，只能以总公司的名义从事活动，并由总公司承担法律责任。

（4）中外合作勘探开发

中外合作勘探开发是指外国公司依据《中华人民共和国对外合作开采海洋石油资源条例》和《中华人民共和国对外合作开采陆上石油资源条例》，同中国的公司合作进行石油资源的勘探开发。合作勘探开发是目前国际上在自然资源领域广泛采用的一种经济合作方式，其最大的特点是高风险、高投入、高收益。我国在石油资源开采领域的对外合作中都采用这种方式。

我国分别于1982年1月和1993年10月颁布了《中华人民共和国对外合作开采海洋石油资源条例》和《中华人民共和国对外合作开采陆上石油资源条例》，明确规定在维护国家主权和经济利益的前提下，允许外国公司参与合作开采我国的石油资源。中外合作开发一般都采用国际招标方式，外国公司可以单独也可以组成集团参与投标。中标者与中方签订石油合作勘探开发合同，确定双方的权利和义务，合同期限一般在30年以内，合作开发合同经对外贸易主管部门批准后生效。整个开发周期一般分为勘探、开发和生产3个阶段。勘探阶段由外方承担全部费用和风险，在勘探期内，如果在合同确定的区域范围内没有发现有开发价值的油气田，则合同即告终止，中方不承担任何补偿责任。如果在合同确定的区域范围内发现有开发价值的油气田，则进入开发阶段，中方可以通过参股的方式（一般不超过51%）与外方共同开发，按双方商定的出资比例共同出资。油田在进入正式生产阶段后，应按法律规定缴纳有关税收和矿区使用费①，中外双方可按合同确定的分油比例以实物方式回收投资与分配利润。当遇到亏损风险时，则由各方分别承担。

在中外合作开采海洋石油资源时，我国政府对自然资源享有永久主权，国家授权中国海洋石油总公司统一负责我国对外合作开采海洋石油的业务，中外合作双方一般是采取非法人式的契约式合营，并不组成一个真正意义上的企业，而是在平等互利的基础上签订石油合同，按照石油合同所规定的权利和义务进行合作，中外双方仍是两个独立的法人，双方之间仅为合同关系。中外合作开采海洋石油资源目前主要是采用风险合同与联合经营相结合的模式，而采用租让制、产品分成合同与承包作业合同这几种模式的较少。国家授权中国石油天然气集团有限公司和中国石油化工集团有限公司统一负责我国对外合作开采陆上石油资源的业务。

---

① 2011年11月1日起，中外合作开采石油资源不再缴纳矿区使用费，依法缴纳资源税。在已约定的合同有效期内，继续按照当时的有关规定缴纳矿区使用费，不缴纳资源税；合同期满后，依法缴纳资源税。

（5）外商投资股份有限公司

外商投资股份有限公司又称外商投资股份制企业，是指依据《中华人民共和国公司法》和有关规定设立，公司全部资本由等额股份构成，股东以其所认购的股份对公司承担责任，公司以全部财产对公司债务承担责任，中外股东共同持有公司股份，外国股东购买并持有的股份占公司注册资本25%以上的企业法人。

外商投资股份有限公司是在我国证券市场不断扩大和企业股份制改革日趋深入的背景下产生的。外商投资股份有限公司与中外合资经营企业、中外合作经营企业和外资企业的相同点是它们都是有限责任性质的企业，并且都是我国利用外商直接投资的有效方式；它们之间的不同点表现在许多方面，如设立方式不同、最低注册资本额要求不同、股权转让要求不同和公开性要求不同等。

（6）BOT投资方式

BOT投资方式有时也称为公共工程特许权。BOT是英文build-operate-transfer的缩写，即建设-经营-转让。典型的BOT方式是指政府同私营机构的项目公司签订合同，由该项目公司承担一个基础设施或公共工程项目的筹资、建造、营运、维修及转让。在双方协定的一个固定期限内（一般为15~20年），项目公司对其筹资建设的项目行使运营权，以便收回对该项目的投资、偿还该项目的债务并赚取利润。协议期满后，项目公司将该项目无偿转让给东道国政府。在BOT投资方式中，项目公司由一个或多个投资者组成，通常包括承包公司和设备供应商等。项目公司以股本投资的方式建立，有时也可以通过发行股票以及吸收少量政府资金入股的方式筹资。BOT项目所需的资金大部分通过项目公司从商业金融渠道获得。BOT项目的运作过程从政府的角度来说一般要经过确定项目、招标准备及要约、评价、谈判；从私营企业的角度来说一般要经过投资前评估、执行、建设、经营、产权移交。BOT投资方式是由土耳其前总理厄扎尔在20世纪80年代土耳其国家私营计划框架工程中首创的，以后被世界各国所认同并广泛采用，自20世纪80年代以来日渐活跃，不论是在欧美发达国家还是在广大发展中国家，都常常采用这种方式建设大型基础项目。例如，英法两国采用这种方式合作建成横穿英吉利海峡连接两国的欧洲隧道。东盟国家也运用BOT投资方式引进了大量的外资参与本国基础设施的建设。

BOT具有以下特点：第一，BOT投资方式的主体一方为东道国政府部门，另一方为私营机构的项目公司，而传统利用外资的方式，其主体一般是企业与企业之间或者政府与政府之间。第二，BOT项目的实施是一项复杂的系统工程，需要金融、贸易、保险、技术引进、工程承包、土地、交通能源、通信、广告等各种行业的相互协调与合作，尤其是东道国政府的强有力支持，是关系到一个BOT项目能否成功的关键，而传统利用外资的方式则没有这么复杂。第三，BOT投资方式下对项目建设方式的选择，一般采用国际招标，而传统利用外资的方式则一般不通过招标。第四，BOT投资方式的资金来源主要是国际金融机构提供的无追索权贷款。采用

BOT投资方式，可以允许政府参股。而传统的利用外资方式，其注册资本以外的贷款，不是无追索权的贷款，同时亦不允许政府投资。第五，BOT投资方式的经营管理通常是在东道国政府的许可范围内，由项目公司按自身的管理模式进行操作，而传统的利用外资方式则按东道国有关法律及双方的约定来进行操作。第六，BOT投资方式合作期满后，项目公司将该项目无偿移交给东道国政府，而传统的利用外资方式，在期满后，外方一般按合同规定将标的转让给东道国企业。

BOT投资方式的适用范围比较广，但主要适用于一国的基础设施和公共部门的建设项目，如电站、高速公路、铁路、桥梁、隧道、港口、机场、钢铁企业、教育、医疗卫生基础设施、环保设施等。这些项目一般工程量大，建设时间长，耗资巨大，关系国计民生，并属于急需项目；而且，这些项目的市场需求一般都较好，能够获得较稳定的收入。

BOT的使用有一系列的演变方式，主要有BOO（build-own-operate），建设-拥有-经营；BOOT（build-own-operate-transfer），建设-拥有-经营-转让；BOOST（build-own-operate-subsidize-transfer），建设-拥有-经营-补贴-转让；BTO（build-transfer-operate），建设-转让-经营；BLT（build-lease-transfer），建设-租赁-转让；BT（build-transfer），建设-转让；BMT（build-manage-transfer），建设-管理-转让。BOT的各种变形方式各有其特点，但它们又都与BOT投资方式有某些相似的地方。

我国运用BOT投资方式引进外资，进行基础设施和基础工业项目建设，这是一条解决建设资金短缺的有效途径。所以BOT投资方式在我国具有广阔的发展前景。从经济学的角度来看，可以把基础设施产业分为四类，即非收益性项目、半收益性项目、收益性非垄断性项目和收益性垄断性项目。后两类项目可以让外商通过BOT投资方式投资经营。

BOT项目融资结构复杂，需要签署的法律文件繁多，因此客观上要求有公正成熟的法律框架体系来保障债权人和投资人的权益。我国对BOT投资发展施行的是先行试点、逐步推开、宏观引导、规范发展的总体策略。从1995年开始试点在能源、交通等领域挑选有条件的项目组织BOT引资方式。1995年12月，我国第一个经国家计委批准的BOT试点项目——广西来宾电厂B厂正式开始对外招标；广西来宾电厂B厂是我国以政府名义与境外投资人的合作，中标者可取得经营权18年。我国的京通高速公路、广东大亚湾沙角火电站、广西来宾电厂二期工程等都是通过BOT投资方式建成的大型基础设施项目。

（7）其他方式

其他方式包括外国公司、金融机构在华设立从事经营活动的分支机构，如分公司、分行等。外国公司或金融机构经批准可在我国境内设立分支机构，从事生产经营活动。外国公司或金融机构属于外国法人，其在我国境内设立的分支机构不具有我国企业法人资格。外国公司或金融机构对其分支机构在我国境内进行的经营活动承担民事责任。外国公司或金融机构的分支机构应当在其名称中标明该外国公司的国籍及责任方式，并应在本机构中置备该外国公司或金融机构的章程。外国公司或金融机构在我国境内设立分支机构，必须在我国境内指定负责该分支机构的代表人或者代理人，并向该分支机构拨付与其所从事的经营活动相适应的营运资金。分公司或分行的经营范围不得超出总公司或总行的经营范围。

3）国际证券融资

国际证券融资是指通过国际证券市场发行各种债务性证券、股票等直接向公众筹措资金。

（1）国际债券

国际债券是指一国政府、金融机构、企业或国际组织，为筹措资金在国际债券市场上以外国货币为面值发行的债券。国际债券的重要特征是发行者和投资者属于不同的国家，筹集的资金来源于国外金融市场。国际债券的发行和交易既可用来平衡发行国的国际收支，也可用来为发行国政府或企业引入资金从事开发和生产。

依发行债券所用货币与发行地点的不同，国际债券又可分为外国债券、欧洲债券和全球债券。外国债券是一国政府、金融机构、工商企业或国际组织在另一国发行的以当地货币计值的债券。欧洲债券是一国政府、金融机构、工商企业或国际组织在国外债券市场上以第三国货币为面值发行的债券。全球债券是指在国际金融市场上同时发行，并可在多国证券交易所同时上市，24小时均可进行交易的债券。

我国发行国际债券开始于1982年1月22日，中国国际信托投资公司在日本债券市场发行100亿日元债券，本次私募债券期限12年，宽限期5年，从1982年1月29日起计息，年利率为8.7%。此后的几年，我国在国际债券市场都很活跃。据统计，中国境内机构海外发行了美元债券、日本债券、欧元债券和港元债券等币种的债券。

（2）国际股票

国际股票投资是国际间接投资的一种形式，是指在股票市场上购买其他国家公司的股票。随着生产国际化和资本国际化的发展，进行国际股票投资已是国际投资的重要形式之一。20世纪90年代以来，我国股份公司通过对外发行股票，开辟了利用外资的新途径。国际股权融资在性质上不同于国际债权融资，它本质上是股票发行人将公司的资产权益和未来的资产权益以标准化交易方式售卖给国际投资人的行为；与此相对应，投资人认购股份的行为本质上是一种直接投资，依此交易，认股人将取得无期限的股东权利，其内容中不仅包括旨在实现资本利益的股东自益权，而且包括旨在控制、监督发行人公司的股东共益权。

国际股票投资的核心是国际股票，目前我国企业发行的国际股票主要有：

①B股

B股是指中国的股份有限公司以人民币标明股票面值，以外币认购和进行交易，在我国境内交易所上市，供投资者购买转让的股票。20世纪90年代初，我国国内证券市场有了较大发展，但还不成熟，在此情况下，我国不具备向境外投资者开放国内证券市场的条件，于是我国企业首先在境内发行以人民币标明面值，专供境外投资者以外汇进行买卖的人民币特种股B股。一方面为企业发展筹集所需资金，另一方面通过逐步开放国内市场，促使各方面条件进一步完善和成熟。

②H股

我国境内注册的股份公司在境外证券交易所发行并挂牌交易的普通股票中，在中国香港联合交易所上市的股票被称为H股股票，在纽约证券交易所上市的股票被称为N股股票。1994年6月，青岛啤酒等9家中资国有企业作为内地第一批企业，在香港联合交易所向境外投资者成功发行了H股股票，共筹集资金15亿美元，从而取得了我国内地企业在境外发行股票零的突破。

③红筹股

红筹股是指最大控股权直接或间接隶属于我国内地有关部门或企业，并在中国香港联合交易所上市的公司发行的股票。由于人们形容中国是红色中国，而中国的国旗又是五星红旗，因此把与中国相联系的上市公司发行的股票称为红筹股。随着内地企业陆续赴港上市，现在有人将红筹股做了更严谨的定义，即必须是母公司在港注册，接受中国香港法律约束的中资企业才称为红筹股，而公司在内地注册，只是借用中国香港资本市场筹资的企业，另称为H股。但一般仍以红筹股广泛地作为在港上市的中资企业的代名词。

④境外上市

国内公司在海外注册一家投资公司，投资控股国内的中资企业，该控股公司在海外申请上市，所筹资金投回控股的中资企业，也称间接上市。

境外上市主要有买壳上市和造壳上市两种。买壳上市是指通过收购另一家已在海外证券市场上市的公司及壳公司的全部或部分股份，取得对上市公司实际的管理权，然后注入本国国内资产和业务，以达到海外间接上市的目的。自1992年首都钢铁收购了中国香港上市公司东荣钢铁51%的股份开始，掀起了我国境内企业境外买壳上市的高潮。造壳上市是指通过在海外注册一家控股公司，对国内希望到境外上市的公司进行控股，以控股公司的名义到海外申请上市，将所筹集到的资金投向国内企业，达到国内企业境外间接上市的目的。1992年，沈阳金杯汽车有限公司的华晨控股在纽约招股上市，华晨控股即为在百慕大注册的沈阳金杯汽车的控股公司。

（3）存托凭证

存托凭证（DR）是在一国证券市场流通的、代表投资者对非本国有价证券所有权的可转让凭证，属公司融资业务范畴的金融衍生工具。存托凭证是为了方便证券跨国交易和结算而设立的原证券的替代形式，所代表的基础证券通常是存在于存托凭证发行和流通国境外、公开交易的普通股股票，有时也代表债券。

存托凭证最早出现在美国，主要以美国存托凭证（ADR）的形式存在，即主要面向美国投资者发行并在美国证券市场交易。ADR是海外公司在美国国内上市集资的一种方式，投资者购买ADR就相当于购买海外公司的股票。如果发行范围不止一个国家，就叫全球存托凭证（GDR）。但从本质上讲，GDR与ADR是一回事。两者都以美元标价，都以同样的标准进行交易和交割，两者股息都以美元支付，而且存托银行提供的服务及有关协议的条款与保证都是一样的。

自20世纪90年代起，我国国有企业开始使用美国存托凭证在美国市场进行融资。2003年，中国人寿保险公司在美国的上市被认为是一个具有里程碑意义的事件。该项目的融资总额高达35亿美元，是当年世界上最大的上市项目。中国人寿的股票由摩根大通以美国存托凭证（ADR）的形式提供给美国的投资者，曾经连续几周成为纽约证券交易所中交易最为活跃的非美国股票。

（4）共同基金

共同基金是由基金管理公司或其他发起人向投资者发行受益凭证，将大众手中的零散资金集中起来，委托具有专业知识和投资经验的专家进行管理和运作，并由信誉良好的金融机构充当所募集资金的信托人或保管人，获得收益按原投资者出资比例分享的一种投资工具。

现代基金起源于19世纪的英国向其殖民地的投资。1868年，英国政府批准成立了“海外及殖民地政府信托基金”，作为一家海外投资实体，它是现代基金的雏形。由于各国的历史习惯不同，对其称谓也不尽相同。美国称为“共同基金”“互惠基金”；英国和中国香港地区称为“单位信托基金”；日本和中国台湾地区称为“证券投资信托”；我国大陆则称为“投资基金”。

4）其他方式

（1）国际租赁

当代的租赁业务一般以金额巨大的机器设备、飞机、船舶和计算机等为租赁对象，以融资为目的的金融租赁占有重要地位。

租赁是指出租人在一定时间内把租赁物租借给承租人使用，承租人分期付给一定租赁费的融资与融物相结合的经济活动。根据租约规定，出租人定期收取租金，收回其全部或部分对租赁物的投资，并保持对租赁物的所有权；承租人通过租金缴纳从而取得租赁物的使用权。国际租赁也称跨国租赁，是指分居不同国家或不同法律体制下的出租人和承租人之间的租赁活动。国际租赁的形式有金融租赁、经营租赁、维修租赁、杠杆租赁、回租租赁、综合性租赁、节税租赁和非节税租赁。

租赁业在工业发达国家和一些发展中国家成为企业进行投融资的重要渠道和设备促销的主要手段之一，租赁业在我国已有悠久历史，我国的现代租赁业起步于改革开放初期，但由于种种原因，这一新兴产业在我国始终未能得到较快发展。

（2）补偿贸易

补偿贸易又称产品返销，是指交易的一方在对方提供信用的基础上，进口设备、技术，然后以该设备、技术所生产的产品分期抵付进口设备、技术的价款及利息。早期的补偿贸易主要用于兴建大型工业企业。我国在20世纪80年代，曾广泛采用补偿贸易方式引进国外先进技术设备，但规模不大，多为小型项目；近年来外商以设备、技术作为直接投资进入我国，故补偿贸易更趋减少。但是，随着我国市场经济的发展，补偿贸易在利用外资、促进销售方面的优越性不容忽视。

采用补偿贸易方式，引进先进的技术设备，同时“以进带出”。利用设备供方的销售能力，进入国外市场，是利用外资的一种有效途径。当前国际经济合作发展迅速，产业转移的范围已突破了劳动密集型产业，延伸至技术密集型和资本密集型产业。我国企业应抓住这一契机，充分利用自身的优势，使得补偿贸易方式在利益分配、市场控制和自主经营上独特的优势为我所用。

（3）对外加工装配

对外加工装配业务是指由外商提供原料、辅助材料、元器件和零部件，中方企业按照外商提出的规格质量和技术标准加工成产品，全部或部分外销，我国企业按约定费用标准向外商收取工缴费的对外经济合作方式。我国现行的对外加工装配业务主要有3种形式，分别是来料加工、来样加工、来件装配。对外加工装配业务分为长期和短期两种形式，加工期1年以上为长期，1年以下为短期。

5.1.3 加工贸易的发展

自1979年我国开始实行“三来一补”的加工贸易政策以来，加工贸易得到了突飞猛进的发展；到20世纪90年代末，加工贸易已经稳居我国出口贸易的半壁江山。随着外贸创新发展步伐的加快，贸易方式进一步优化，新业态新模式蓬勃发展，加工贸易出口比重逐渐减少。

1）加工贸易发展的历程

1978年，广东省承接了第一份来料加工贸易合同，这是我国加工贸易形式的发端。伴随着改革开放的脚步，我国加工贸易的发展经历了从无到有、从小到大的四个阶段。

（1）1978—1985年的“三来一补”阶段

我国的加工贸易起步于“三来一补”。“三来一补”是指来料加工、来件加工、来样加工和补偿贸易。来料加工也被称为对外加工装配业务。广义的来料加工包括来料加工和来件装配，是指由一国客户作为委托方提供一定的原材料、零部件、元器件等，由另一国的被委托方按照对方的要求进行加工装配；成品交由委托方处理，被委托方按照约定收取费用作为报酬。来样加工是指由委托方提供产品式样并负责产品的销售，被委托方按照约定式样加工。补偿贸易是指由委托方提供机器设备，被委托方用应收取的加工费逐步补偿设备费用，最终取得设备所有权。

1979年3月26日，国务院批准颁布了《以进养出试行办法》；同年9月3日，国务院又颁布了《开展对外加工装配和中小型补偿贸易办法》。这两个办法的颁布，标志着我国加工贸易的发展进入了一个有计划有规范的阶段。

《以进养出试行办法》的颁布，提出了我国加工贸易发展的初衷："要引进新技术，进口成套设备……在充分挖掘国内出口货源潜力的同时，积极利用国外原材料和技术，发挥国内生产能力，大力发展以进养出业务，把出口贸易做大做活，增加外汇收入，增强国家的外汇支付能力。"《开展对外加工装配和中小型补偿贸易办法》进一步规范了加工装配贸易的内涵：由外商提供一定的原材料、零部件、元器件，必要时提供某些设备，由我国工厂按照对方的要求进行加工或装配，成品交由对方销售，我方收取工缴费。外商提供设备的价款，我方用工缴费偿还；也可以采取灵活做法，运进的原料和运出的成品，各做各价，分别订立合同，我方赚取差价，用差价偿还设备价款。或者由外贸部门同外商签订合同，承担加工装配业务，然后组织工厂生产，外贸部门同工厂之间按照购销关系办理。中小型补偿贸易主要是针对国家重点的大型补偿贸易项目以外的一般轻纺产品、机电产品、地方中小型矿产品和某些农副产品。《开展对外加工装配和中小型补偿贸易办法》颁布以后，由于有了较为明确的政策指导，来料加工贸易逐渐进入发展轨道。

这一阶段的加工贸易主要集中在珠江三角洲地区。加工贸易的形式主要是"三来一补"，其中以来料加工为主。1980年我国的来料加工总额仅为13.3亿美元，1985年达到了49.1亿美元，增长了2倍多。

（2）1986—1992年的进料加工贸易发展阶段

从1985年起，进料加工贸易进出口增长开始持续超过来料加工的增长。1986—1988年，中央及地方政府先后出台了一系列政策，如《关于加强综合管理促进对外加工装配业务发展的意见》《国务院关于沿海地区发展外向型经济的若干补充规定》等。其中，1986年10月发布的《关于鼓励外商投资的规定》和1987年12月对外经济贸易部发布的《关于抓住有利时机进一步发展来料加工装配等业务的请示》，提出了"大进大出，两头在外"，充分发挥我国劳动密集型行业的比较优势；1992年，《中华人民共和国海关对外商投资企业进出口货物监管和征免税办法》发布，这3个文件规定了以吸引外商投资为主要目的的加工贸易政策，由此我国的加工贸易进入了大发展时期。1989年，进料加工进出口额占全部加工贸易的比重达到53.2%，首次超过了来料加工所占比重。

（3）1993—1999年的加工贸易结构转换阶段

1992年邓小平的南方谈话为改革开放指出了明确的道路，我国改革开放进入了新的阶段。在国际环境方面，20世纪80年代中期以后，美、日大力发展新材料、新能源等高新技术产业，将产业结构重心向高技术化、信息化、服务化方面发展，进一步把劳动、资本密集型产业和部分低附加值的技术密集型产业转移到海外。亚洲"四小龙"等新兴工业化国家或地区通过大量吸收发达国家的投资，承接美、日转移出来的重化工业和微电子等高科技产业，并将劳动密集型产业和一部分资本技术密集型产业转移到东盟和中国。我国借助这一机会，继续了加工贸易良好的发展势头，外商来华投资进入了快速增长时期，1993年，我国首次成为吸引外商直接投资最多的发展中国家，这一地位一直延续着。

在政策指导方面，上海外高桥保税区于1992年3月9日正式投入运营，同年国务院又批准设立了宁波保税区、海口保税区、大连保税区等15个保税区，进一步优化了加工贸易的经营环境。大量从事出口加工的外商投资企业的到来，改变了加工贸易的市场主体结构，也加快了加工贸易出口产品结构的演变。化工、机电、车船及运输设备等产品在加工出口产品中所占的比例持续增加，机电产品出口值占加工贸易出口总值的比例由1993年的15.1%增加到1999年的26.7%；而原本是加工贸易主要出口品的纺织、鞋帽所占比例却不断下降，分别由1993年的28.4%和6.8%下降至1999年的14.9%和5.2%。1999年高新技术产品出口额达到了370.43亿美元，其中加工贸易出口额达到了215.74亿美元，占高新技术产品出口的一半以上，占加工贸易出口比重近20%。这表明，在这一阶段，我国加工贸易的产品结构正在由以劳动密集型为主向劳动密集型和资本、技术密集型并重的方向转变，机电产品和高新技术产品正在逐渐成为主要的出口商品。

尽管在1998年受到亚洲金融危机的影响，当年加工贸易增长率仅为1.9%，但并没有阻碍加工贸易的发展。1999年，我国加工贸易总额为1 844.60亿美元，增长率恢复到6.6%，之后基本保持着高速度增长趋势。

（4）2000年后的加工贸易产品结构升级阶段

20世纪90年代开始，低价电脑兴起，国际IT产业制造链发生了巨大变化，以代工生产为主的中国台湾地区的电子制造业遇到了前所未有的冲击，传统代工生产模式的主要竞争优势是成本、规模、产业聚集等，而这几个方面大陆拥有更大的优势，台湾地区的电子制造产业开始大规模前往大陆投资，主力是IT产业，特别是电脑硬件制造业。我国加入世界贸易组织之后，对外开放转入了体制性开放阶段，开放的步伐、程度都明显加快，外商对中国市场更有信心，对华投资连年增长，加工贸易顺势进入了一个新的发展阶段。

这一时期，台资企业在促进大陆加工贸易生产中起到了突出作用，由最初技术层次很低的电子零组件和消费性电子成品组装逐渐扩展到低价周边设备，如键盘、鼠标等。21世纪初，台湾地区信息产业的主力产品如台式电脑、主机板等开始在大陆大规模投资生产，之后其核心产品如笔记本电脑、液晶显示器、半导体制造业开始向大陆转移。在这样的背景下，我国加工贸易产品结构开始进入高新技术化的新阶段，并带动我国整体出口结构的提升。全球金融危机前的2007年，加工贸易高新技术产品出口额3 478.3亿美元、进口额2 869.9亿美元，进料加工、来料加工分别占我国高新技术产品出口的72.7%和12.6%。2017年，我国高新技术产品出口6 674.4亿美元，其中一般贸易出口占比25.7%，以“三来一补”为代表的加工贸易占比61.8%。2001—2019年中国加工贸易出口与进口占总出口与总进口的比重见表5-4。

表5-4　2001—2019年中国加工贸易出口与进口占总出口与总进口的比重　单位：%

年份	出口占比	进口占比	年份	出口占比	进口占比
2001年	55.4	38.6	2011年	44.0	26.9
2002年	55.3	41.4	2012年	42.1	26.5
2003年	55.2	39.5	2013年	38.9	25.5
2004年	55.3	39.5	2014年	37.8	26.7
2005年	54.7	41.5	2015年	35.1	26.6
2006年	52.7	40.6	2016年	34.1	25.0
2007年	50.7	38.5	2017年	33.5	23.4
2008年	47.2	33.4	2018年	32.1	22.0
2009年	48.8	32.0	2019年	29.4	20.1
2010年	46.9	29.9			

2）加工贸易的基本特点

（1）加工贸易方式以进料加工为主

我国加工贸易早期是以来料加工为主，1980年来料加工进出口额为13.3亿美元，占加工贸易总额的79.8%。随着我国国内市场规模越来越大，开放程度越来越高，外资企业越来越注重兼顾国内、国外两个市场，进料加工在加工贸易总量中所占的比重日益上升。1989年，进料加工进出口额达到192.5亿美元，首次超过来料加工进出口额，占加工贸易进出口总额的53.1%。之后，进料加工迅速发展并取代了来料加工在加工贸易中的主导地位，成为当前我国加工贸易的主要贸易方式。

（2）加工贸易区域分布集中于沿海地区

受到我国对外开放区域空间自沿海向沿江、沿边、内陆渐次推进政策和自然经济条件的影响，东部沿海地区率先迈入经济加速增长阶段，而中西部地区发展相对缓慢。加工贸易的特性是“大进大出”，由此可看出，加工贸易在地区间的发展是极不平衡的。2007年，东部地区、中部地区、西部地区加工贸易进出口总量分别为9 601.4亿美元、166.9亿美元、91.1亿美元。随着中西部地区基础设施和营商环境不断完善，对外开放水平持续提升，承接加工贸易梯度转移取得积极成效，2020年进出口总额5.6万亿元，占全国比重17.5%。

（3）加工贸易主体以外商投资企业为主

我国加工贸易伴随着利用外资的增长而快速发展，其主体呈现出阶段性变化。

加工贸易始于东南沿海地区的对外加工装配活动，早期以国内企业为主，主要是东南沿海地区的乡镇企业。1993年后，外商投资进入快速增长阶段，外商投资企业在加工贸易中的比重逐渐攀升，1994年首次超过一半，达到56.1%，成为我国加工贸易的主要力量。2007年，外资企业加工贸易进出口额为8 311.8亿美元，占加工贸易进出口总额的84.3%，其中外商独资企业加工贸易进出口额远远高于中外合资企业和中外合作企业。随着全球产业竞争格局深度调整，加工贸易承接国际产业转移放慢，产业和订单转出加快，2016年国务院颁布《关于促进加工贸易创新发展的若干意见》，支持外资企业扎根中国，鼓励外资企业在华设立采购中心、分拨中心和结算中心，发展总部经济。

（4）加工贸易产品结构不断提升

我国开展加工贸易的初期，主要以服装、纺织品、鞋帽、玩具等劳动密集型产品为主；20世纪90年代以来，越来越多的外资企业来华从事加工贸易，加工贸易产品结构不断提升。1995年，机电产品加工贸易额占加工贸易总额的28.24%，超过纺织品比重而位居第一；2000年，机电产品加工贸易额占加工贸易总额的比重超过了一半，达到57.3%。但是也要看到，外商投资企业的机电产品在华的增值环节主要仍以劳动密集型为主，加工贸易中机电产品比重的迅速提高也只是外商投资企业将机电产品中劳动密集型生产环节转移到我国的结果。

（5）加工贸易市场结构呈现三角格局

我国加工贸易进口的主要来源地区是日本、东盟、韩国、中国台湾地区和中国香港地区，合计占我国加工贸易进口的比重超过70%；加工贸易出口的主要市场是美国、日本、中国香港地区和欧盟，合计占我国加工贸易出口的比重超过80%，其中对中国香港地区的出口主要是转口到美欧日三大市场。这样，我国的加工贸易市场结构形成了东亚、中国、欧美的三角贸易格局，即中国从日本、韩国、中国台湾及东盟等东亚经济体进口上游料件，在中国完成劳动密集型的增值环节，再经中国香港地区或直接销往欧美，少量返销东亚。这种贸易与收入分配格局是由东亚出口导向的劳动密集型产业跨国转移造成的，但客观上加剧了我国与主要贸易伙伴双边贸易的不平衡。

（6）加工贸易增值率持续提高

加工贸易增值率的高低表明我国参与国际产业分工获益的多寡。加工贸易增值率是指加工贸易出口额减去进口额，再除以加工贸易进口额，也就是加工贸易国内增值与进口料件价值的比值。国内的增值包括国内采用的料件价值，国内物流、仓储等服务环节的价值，加工贸易企业的利润、工人工资、土地租金等。随着国内配套能力的增强，加工贸易在华产业链不断向上下游延伸，加工贸易国内增值率也得到快速提升，但增值率的提升空间仍然巨大，这也是未来加工贸易转型升级的主要内容之一。

3）加工贸易的作用和影响

（1）加工贸易是我国对外开放战略的重要组成部分

我国对外开放初期的主要目标之一是出口创汇，围绕这一目标，我国的开放战略主要在两条主线上展开，一是吸收出口导向型的外商直接投资，二是鼓励本土企业扩大出口。为吸引出口导向型外商直接投资，政府采取了多种措施，其中最为重要的政策措施之一就是加工贸易政策。为达到既保护进口替代部门又使出口导向的外资项目能够低成本运作这一目标，我国实行了加工贸易保税政策，即企业用于复出口的进口料件进口时免征关税和进口环节税。这一政策消除了我国高关税与增值税对使用进口料件的阻碍。随着加工贸易在国内产业增值链条的不断延伸，海关等管理部门不断改进监管，在通关程序、跨关区结转等方面大大提高了便利化程度，使得加工贸易在全国范围内发展起来。

由于实行了加工贸易政策，我国成功地承接了出口导向型的外商直接投资，将外资企业的技术、管理、设备、销售渠道、品牌等方面的优势与我国劳动力、土地成本、基础设施等方面的优势有机结合，使我国迅速成为面向全球的低成本加工制造基地。

（2）加工贸易促进了我国的技术进步和产业升级

外商直接投资在华开展加工贸易，带来了大量的新产品、新技术，从玩具到家电，从手机到芯片，新产品种类繁多，跨越多个制造部门，不少产品和技术填补了国内空白。但在我国从事的加工贸易活动大多仍然处于劳动密集型环节，核心技术仍然依赖于从外部引进。加工贸易企业以面向国际市场为主，在国际竞争压力的推动下，越来越多的企业在我国开展技术研发活动，以持续增强其产品在国际市场的竞争力。我国凭借良好的投资环境、优质的人力资源、相对齐全的研发基础设施，拥有开展高新技术研发的巨大潜力。

加工贸易具有明显的技术外溢效应，也有利于我国的自主创新。一是通过新产品的示范、扩散与竞争，国内企业在模仿外资加工贸易企业的基础上，形成自主创新能力。二是对配套企业的订货要求与技术支持，大大提高国内配套企业的生产、管理与技术水平。三是人员培训与流动，培训增加了劳动力人力资源，特别是骨干管理与研发人员；加工贸易企业人员向本土企业的流动，扩散了研发、管理等多方面的经验。四是加工贸易的发展，推动我国发展起具有国际竞争力的产业集群，为本土企业开展自主创新提供了良好的制造业基础。

（3）加工贸易创造了大量就业机会

经济资源短缺、劳动力相对富余，这是改革开放初期的基本国情。加工贸易从国外引进我国相对短缺的资源、半成品等料件，利用我国丰富的劳动力资源，通过在全国范围内进行资源的优化配置，创造了大量的就业机会。

加工贸易解决的就业对象大多数是农民工，这是我国就业能力最弱的一个群体。农民工从农业部门转移到制造业和相关服务部门，收入成倍增长，这有利于收入分配的合理化；同时，加工贸易用工业文明熏陶了大批农民工，提高了其劳动技能，开阔了视野，更新了理念，提升了我国的人力资源水平。

(4) 加工贸易引领我国贸易结构升级

改革开放之初，我国依赖初级产品出口，制造业的国际竞争力弱。1985年的出口贸易商品结构中，初级产品占50.5%，制成品占49.5%；而2007年的出口贸易商品结构中，初级产品占5.1%，制成品占94.9%。在世界经济形势急剧下滑和国内要素成本上升等因素的影响下，我国制成品出口的增速有所下滑，但我国之所以能够成为一个机电产品出口大国、高新技术产品出口大国，加工贸易发挥了不可替代的突出作用。

5.1.4 提高利用外资质量

为贯彻党的十九届五中全会和中央经济工作会议精神，把握新发展阶段，贯彻新发展理念，构建新发展格局，在保持引资总量基本稳定的基础上着力优结构、提质量，提升引资综合竞争优势，以高水平开放吸引全球优质要素资源。

1）扩大外商投资准入领域

持续放宽外资市场准入，引导外资更好融入国民经济循环。进一步缩减外商投资准入负面清单，持续推进制造业、服务业、农业扩大开放，在更多领域允许外资控股或独资经营，积极引进先进技术、管理经验和商业模式。推动重点领域开放，有序推进电信、互联网、教育、文化、医疗等领域相关业务开放，深入开展服务业扩大开放综合试点示范。稳步推进资本市场对外开放，进一步放宽外国投资者对上市公司战略投资条件。完善鼓励外商投资产业目录，支持外资加大中高端制造、高新技术、传统制造转型升级、现代服务等领域和中西部地区投资，支持外资企业设立全球和区域的地区总部、研发中心，引导外资积极参与新型基础设施建设。

2）健全外商投资管理体制

加快完善新型外资管理体制，提升事中事后监管水平。完善外商投资准入前国民待遇加负面清单管理制度，深入清理负面清单之外的准入限制措施，推动及时修订相关法规规定，严格落实“非禁即入”，确保内外资依法平等进入负面清单之外的领域。健全配套管理制度，深入开展与外商投资法不符的法规文件“立改废”，不断完善与外商投资法相适应的管理制度，进一步巩固和落实外资领域“放管服”改革成果。健全外商投资信息报告制度，完善信息报送系统，优化数据报送流程，强化监督检查机制，采取各类措施保障数据及时、准确、完整。推动部门信息交流共享。

3）创新提升国家级经济技术开发区

加快推进国家级经开区开放创新、科技创新、制度创新，提升对外合作水平、提升经济发展质量，打造绿色园区。发挥开放平台示范带动作用，创新和优化招商引资方式，围绕主导和优势产业开展产业链招商，积极培育战略性新兴产业和先进制造业产业集群，加快形成更具国际竞争力的外资集聚区。推进与海关特殊监管区域功能叠加和优势互补。强化科技创新支撑，加快引进主导产业研发中心、设计中心，提升企业技术创新能力。鼓励有条件的国家级经开区积极打造孵化器、众创空间等新型孵化平台和公共服务平台，促进创新要素集聚。推进体制机制创新，优化完善综合发展水平考核评价办法，强化高质量、绿色、开放发展导向。探索开展碳达峰、碳中和先行示范区试点。推动地方政府加大赋权力度，强化赋权事项承接落实。建立完善跨区域交流和共建共享机制。

4）优化外商投资环境

以规则公开透明、监管公平公正、服务便利高效、依法保护权益为着力点，打造国际一流营商环境。完善利用外资政策体系，聚焦外资企业共性诉求，持续完善外资政策措施，提升外商投资自由化便利化水平。营造内外资企业公平竞争市场环境，落实准入后国民待遇，推动保障外资企业平等享受财税等政策，平等参与政府采购、招投标、标准制定，促进内外资企业公平竞争。依法保护外资企业合法权益，完善外资企业投诉工作机制，推动协调解决外资企业反映的困难和问题。依法平等保护外资企业产权。全面提升外商投资服务，优化更新外商投资指引，为外资企业和外国投资者提供及时有效的投资信息，完善重点外资项目跟踪服务工作机制，提升外商投资便利度。加强外商投资促进工作，推动产业链精准招商，提升招商引资效能。开展跨国公司地方行等活动。发挥好中国国际投资贸易洽谈会、中国中部投资贸易博览会等投资促进平台作用。

5.2　外商投资管理的法律环境

我国对外开放的立法，就是从外商投资立法起步和发展起来的。新旧法律交替，见证了我国外商投资法律制度的与时俱进，彰显了新时代进一步扩大开放、积极促进外商投资的决心和信心。1979年7月1日，第五届全国人大第二次会议通过《中华人民共和国中外合资经营企业法》（以下简称《中外合资经营企业法》），这是我国第一部外资领域的法律；1986年4月12日第六届全国人大第四次会议通过的《中华人民共和国外资企业法》（以下简称《外资企业法》）；1988年4月13日第七届全国人大第一次会议通过的《中华人民共和国中外合作经营企业法》（以下简称《中外合作经营企业法》），“外资三法”奠定了我国利用外资的法律基础。2019年3月15日，第十三届全国人大第二次会议通过《中华人民共和国外商投资法》（以下简称《外商投资法》），成为新时代我国外商投资领域新的基础性法律，为我国更高水平对外开放奠定更坚实的法律根基。

5.2.1 “外资三法”时代的法律环境

1）中外合资经营企业的法律特征

第一，合资经营企业是中国合营者与外国合营者共同设立的企业，是一种由合营双方共同投资、共同经营、共担风险、共负盈亏的企业方式。共同投资是指中外合营各方均应以一定的方式向企业投资，投资方式可以是货币、实物、工业产权、专有技术、场地使用权等。共同经营是指中外合资各方均有参加企业经营管理的权利。共担风险、共负盈亏是指合资企业如盈利由合资各方按出资比例分享；如发生风险、亏损，合资各方应尽力协助企业扭转亏损局面，并承担亏损风险。

第二，合资企业的组织方式为有限责任公司。有限责任实质上有两层含义：一是企业以其全部资产为限对外承担债务责任；二是企业合营各方以其出资额为限对企业承担责任。

第三，合资企业必须经我国政府批准，领取批准证书。在市场监督管理部门注册登记，领取营业执照，取得中国法人地位，并作为纳税义务人按照我国税法的规定按期纳税。

第四，合资企业享有自主经营的权利。《中华人民共和国中外合资经营企业法实施条例》第7条规定，在中国法律、法规和合营企业协议、合同、章程规定的范围内，合营企业有权自主地进行经营管理，各有关部门应给予支持和帮助。

第五，合资各方不论以何种方式出资，均要以同一种货币计算各自的股权，即合资各方的出资，无论是现金、机器设备、技术还是场地使用权，都必须用统一的一种货币来表示，如美元或人民币等。

第六，合资企业的经（合）营期限有的行业要求约定，有的行业不要求约定。合资企业中属于国家鼓励和允许投资的项目，可以约定也可以不约定经营期限；属于国家限制发展的项目，一般要求在合营合同中约定经营期限。约定经营期限的合资企业，合资各方同意延长经营期限的，应在距经营期满6个月前向审批机关提出申请，取得批准。未申请和未经批准延长经营期限的，经营期满时，企业终止。

2）外资企业的法律特征

第一，外资企业的全部资本由外国投资者投资，没有中国投资者的资金参与。外资企业的财产全部归外国投资者所有，经营管理权为外国投资者所掌握，外国投资者享有企业全部利润并独自承担经营风险和亏损。这是外资企业与中外合资经营企业、中外合作经营企业的主要区别。

第二，外国投资者在中国境内的投资、获得的利润和其他合法权益，受中国法律保护。

第三，外资企业的经营期限根据不同行业和企业的具体情况，由外国投资者在设立外资企业的申请书中拟定，经审批机关批准。外资企业需要延长经营期限的，应在距经营期满180天前向审批机关提出延长期限的申请，审批机关在接到申请之日起30天内决定批准或不批准。经批准的，向市场监督管理机关办理变更登记手续。

第四，《外资企业法》及其实施细则对外国投资者的资格、外资企业的设立、出资方式、财务、外汇、税务、劳动管理、企业终止与清算等都作了明确规定。

3）中外合作经营企业的法律特征

第一，组织方式和合作条件。中外合作经营企业可以组成具有法人资格的实体，即有限责任公司；也可以组成非法人的经济实体，即合作各方共同出资或提供合作条件，按照合作企业合同的约定经营管理企业，合作各方对企业的债务承担无限连带责任，企业不具有法人资格。非法人合作企业合作各方提供的合作条件或投资可由合作各方分别所有，也可以共有，由合作企业统一管理和使用，任何一方不得擅自处理。具有法人资格的合作企业设立董事会及经营管理机构，董事会是最高权力机构，决定企业的一切重大问题。不具有法人资格的合作企业设立联合管理委员会，由合作各方派代表组成，代表合作各方共同管理企业。另外，合作企业成立后，经董事会或联合管理委员会一致同意，报原审批机关批准，还可以委托合作一方或第三方经营管理企业。

第二，收益分配和风险承担。作为契约式合作企业，合作各方以各种方式投资，不一定要求作价，也不一定要按各自的出资比例分配收益和承担风险。合作各方可以协商确定各方的出资方式、责任、权利和收益分配等，并将其具体写在合同中。在企业成立后的经营过程中，合作企业有盈余或发生亏损，各方应得的权利和应负的责任均按合同的约定执行。合作企业可采用分配利润、分配产品或合作各方共同商定的其他方式，按合作各方共同商定的分配比例分配收益。

第三，投资回收与合作（营）期限。《中外合作经营企业法》规定："中外合作者在合作企业合同中约定合作期满时合作企业的全部固定资产归中国合作者所有的，可以在合作企业合同中约定外国合作者在合作期限内先行回收投资的办法。"

4）中外合资经营企业与中外合作经营企业的区别

第一，投资方式不同。中外合资经营企业是股权式合营企业，各方的投资物都要折价计算投资比例；而中外合作经营企业是契约式合营企业，各方的投资物一般不折价计算投资比例。

第二，法律依据和法人地位不同。中外合资经营企业的法律依据是《中外合资经营企业法》及其实施条例，合资企业是中国独立的企业法人；中外合作经营企业的法律依据是《中外合作经营企业法》及其实施细则，合作企业可以成为中国独立的企业法人，也可以不成为独立法人。

第三，组织方式和管理方式不同。中外合资经营企业的组织方式是建立董事会作为企业的最高权力机构，董事会任命总经理等高级管理人员，中外双方共同管理；中外合作经营企业的组织方式不尽相同，法人式的合作企业一般成立董事会，非法人式的合作企业一般是成立联合管理委员会，在管理方面，一般是以一方为主，另一方协助，或者是委托第三方管理。

第四，收益分配方式不同。中外合资经营企业按注册资本的比例分配利润和承担亏损与风险；中外合作经营企业按合同规定的比例分配利润或产品以及分担风险和亏损。

第五，合营期满资产处理方式不同。中外合资经营企业期满后按注册资本比例分配资产净值；中外合作经营企业期满后资产净值按合同的规定处理，如果外方在合作期限内已先行回收投资，则资产净值一般无偿归中方所有。

5.2.2 外资法时代的法律环境

2019年3月15日，十三届全国人大二次会议通过的《外商投资法》是我国第一个全面系统的外资立法，自2020年1月1日起施行，是促进外商投资高质量发展的重要举措。2019年12月12日，国务院第74次常务会议通过《中华人民共和国外商投资法实施条例》（以下简称《外商投资法实施条例》）、2019年12月16日最高人民法院审判委员会通过《最高人民法院关于适用〈中华人民共和国外商投资法〉若干问题的解释》。

1）相关名称解释

（1）外商投资

根据《外商投资法》第2条的解释，外商投资是指外国的自然人、企业或者其他组织（以下称外国投资者）直接或者间接在中国境内进行的投资活动，包括外国投资者单独或者与其他投资者共同在中国境内设立外商投资企业；外国投资者取得中国境内企业的股份、股权、财产份额或者其他类似权益；外国投资者单独或者与其他投资者共同在中国境内投资新建项目；法律、行政法规或者国务院规定的其他方式的投资。

（2）外商投资企业

根据《外商投资法》第2条的解释，外商投资企业是指全部或者部分由外国投资者投资，依照中国法律在中国境内经登记注册设立的企业。

（3）准入前国民待遇

根据《外商投资法》第4条的解释，准入前国民待遇是指在投资准入阶段给予外国投资者及其投资不低于本国投资者及其投资的待遇。

（4）负面清单

根据《外商投资法》第4条的解释，负面清单是指国家规定在特定领域对外商投资实施的准入特别管理措施；国家对负面清单之外的外商投资，给予国民待遇。

（5）特殊经济区域

根据《外商投资法实施条例》第10条的解释，特殊经济区域是指经国家批准设立、实行更大力度的对外开放政策措施的特定区域；国家在部分地区实行的外商投资试验性政策措施，经实践证明可行的，根据实际情况在其他地区或者全国范围内推广。

（6）政策承诺

根据《外商投资法实施条例》第27条的解释，政策承诺是指地方各级人民政府及其有关部门在法定权限内，就外国投资者、外商投资企业在本地区投资所适用的支持政策、享受的优惠待遇和便利条件等作出的书面承诺；政策承诺的内容应当符合法律、法规规定。

（7）投资合同

根据《最高人民法院司法解释》第1条的解释，投资合同是指外国投资者即外国的自然人、企业或者其他组织因直接或者间接在中国境内进行投资而形成的相关协议，包括设立外商投资企业合同、股份转让合同、股权转让合同、财产份额或者其他类似权益转让合同、新建项目合同等协议。

2）基本准则

第一，坚持对外开放的基本国策，鼓励外国投资者依法在中国境内投资。

第二，对外商投资实行准入前国民待遇加负面清单管理制度，负面清单由国务院投资主管部门会同商务主管部门等有关部门提出，报国务院发布或者报国务院批准后由投资主管部门、商务主管部门发布。国家根据进一步扩大对外开放和经济社会发展需要，适时调整负面清单。

第三，外国投资者投资外商投资准入负面清单规定禁止投资的领域，投资合同无效；外国投资者投资外商投资准入负面清单规定限制投资的领域，违反限制性准入特别管理措施，投资合同无效；外商投资准入负面清单调整，外国投资者投资不再属于禁止或者限制投资的领域，投资合同有效。

第四，依法保护外国投资者在中国境内的投资、收益和其他合法权益。在中国境内进行投资活动的外国投资者、外商投资企业，应当遵守中国法律法规，不得危害国家安全、损害社会公共利益。

第五，外商投资企业职工依法建立工会组织，开展工会活动，维护职工的合法权益；外商投资企业应当为本企业工会提供必要的活动条件。

第六，中华人民共和国缔结或者参加的国际条约、协定对外国投资者准入待遇有更优惠规定的，可以按照相关规定执行。

第七，任何国家或者地区在投资方面对中华人民共和国采取歧视性的禁止、限制或者其他类似措施的，中华人民共和国可以根据实际情况对该国家或者该地区采取相应的措施。

3）投资促进

第一，外商投资企业依法平等适用国家支持企业发展的各项政策；建立健全外商投资服务体系，为外国投资者和外商投资企业提供法律法规、政策措施、投资项目信息等方面的咨询和服务。

第二，根据需要，设立特殊经济区域，或者在部分地区实行外商投资试验性政策措施，促进外商投资，扩大对外开放。

第三，保障外商投资企业依法平等参与标准制定工作，强化标准制定的信息公开和社会监督，不得专门针对外商投资企业适用高于强制性标准的技术要求。

第四，保障外商投资企业依法通过公平竞争参与政府采购活动；外国投资者和外商投资企业可以依照《中华人民共和国政府采购法》及其实施条例的规定，就政府采购活动事项向采购人、采购代理机构提出询问、质疑，向政府采购监督管理部门投诉。

第五，县级以上地方人民政府可以根据法律、行政法规、地方性法规的规定，在法定权限内制定外商投资促进和便利化政策措施，按照便利、高效、透明的原则，简化办事程序，提高办事效率，优化政务服务，进一步提高外商投资服务水平。

第六，根据国民经济和社会发展需要，有关主管部门应当编制和公布外商投资指引，为外国投资者和外商投资企业提供服务和便利，鼓励和引导外国投资者在特定行业、领域、地区投资。

第七，与其他国家和地区、国际组织建立多边、双边投资促进合作机制，加强投资领域的国际交流与合作。

4）投资保护

第一，对外国投资者的投资原则上不实行征收。在特殊情况下，国家为了公共利益的需要，可以依照法律规定对外国投资者的投资实行征收或者征用；征收、征用应当依照法定程序进行，并及时给予公平、合理的补偿。

第二，外国投资者在中国境内的出资、利润、资本收益、资产处置所得、知识产权许可使用费、依法获得的补偿或者赔偿、清算所得等，可以依法以人民币或者外汇自由汇入、汇出。外商投资企业的外籍职工和中国香港、澳门、台湾地区职工的工资收入和其他合法收入，可以依法自由汇出。

第三，保护外国投资者和外商投资企业的知识产权，保护知识产权权利人和相关权利人的合法权益；推动建立知识产权快速协同保护机制，健全知识产权纠纷多元化解决机制，平等保护外国投资者和外商投资企业的知识产权。鼓励在外商投资过程中基于自愿原则和商业规则开展技术合作；技术合作的条件由投资各方遵循公平原则平等协商确定。

第四，建立外商投资企业投诉工作机制，及时处理外商投资企业或者其投资者反映的问题，协调完善相关政策措施。行政机关及其工作人员对于履行职责过程中知悉的外国投资者、外商投资企业的商业秘密，应当依法予以保密。

第五，外商投资企业可以依法成立和自愿参加商会、协会。商会、协会应当依照法律法规和章程的规定，加强行业自律，及时反映行业诉求，为会员提供信息咨询、宣传培训、市场拓展、经贸交流、权益保护、纠纷处理等方面的服务。

5）投资管理

第一，负面清单规定禁止投资的领域，外国投资者不得投资。负面清单规定限制投资的领域，外国投资者进行投资应当符合负面清单规定的股权要求、高级管理人员要求等限制性准入特别管理措施。外商投资准入负面清单以外的领域，按照内外资一致的原则实施管理。

第二，外商投资需要办理投资项目核准、备案的，按照国家有关规定执行。外国投资者在依法需要取得许可的行业、领域进行投资的，应当依法办理相关许可手续。审核外国投资者的许可申请，不得在许可条件、申请材料、审核环节、审核时限等方面对外国投资者设置歧视性要求。

第三，外商投资企业的组织形式、组织机构及其活动准则，适用《中华人民共和国公司法》《中华人民共和国合伙企业法》等法律的规定。外国投资者并购中国境内企业或者以其他方式参与经营者集中的，依照《中华人民共和国反垄断法》的规定接受经营者集中审查。

第四，建立外商投资信息报告制度，外国投资者或者外商投资企业应当通过企业登记系统以及企业信用信息公示系统向商务主管部门报送投资信息。建立外商投资安全审查制度，对影响或者可能影响国家安全的外商投资进行安全审查。

第五，对外国投资者在中国境内投资银行业、证券业、保险业等金融行业，或者在证券市场、外汇市场等金融市场进行投资的管理，国家另有规定的，依照其规定。

第六，中国香港特别行政区、澳门特别行政区投资者在内地投资，定居在国外的中国公民在中国境内投资，中国台湾地区投资者在大陆投资产生的相关纠纷案件，可以参照适用最高人民法院的司法解释。

6）法律责任

第一，对外国投资者、外商投资企业违反法律、法规的行为，由有关部门依法查处，并按照国家有关规定纳入信用信息系统。外国投资者因赠与、财产分割、企业合并、企业分立等方式取得相应权益所产生的合同纠纷，适用最高人民法院司法解释。

第二，行政机关工作人员在外商投资促进、保护和管理工作中滥用职权、玩忽职守、徇私舞弊的，或者泄露、非法向他人提供履行职责过程中知悉的商业秘密的，依法给予处分；构成犯罪的，依法追究刑事责任。

7）法律适用

《外商投资法》《外商投资法实施条例》《最高人民法院关于适用〈中华人民共和国外商投资法〉若干问题的解释》自2020年1月1日起施行。《中外合资经营企业法》《外资企业法》《中外合作经营企业法》同时废止。

依照《中外合资经营企业法》《外资企业法》《中外合作经营企业法》设立的外

商投资企业，在5年内可以继续保留原企业组织形式等。自2025年1月1日起，对未依法调整组织形式、组织机构等并办理变更登记的现有外商投资企业，市场监督管理部门不予办理其申请的其他登记事项，并将相关情形予以公示。

现有外商投资企业的组织形式、组织机构等依法调整后，原合营、合作各方在合同中约定的股权或者权益转让办法、收益分配办法、剩余财产分配办法等，可以继续按照约定办理。

5.3 对外直接投资

进入21世纪，世界经济的全球化趋势日益明显，国际直接投资及其载体跨国公司的急剧发展，对我国经济的影响力日益扩大，跨国公司业已成为世界经济活动的主体，企业国际化也已成为时代发展的潮流。面对各国跨国公司的挑战和逐步严峻的经营环境，我国企业顺应时代潮流，面向世界，走国际化经营的道路，积极地发展对外投资，在全球范围内最有效地利用各种经营资源，不断提升自己的竞争能力，逐渐成为对外投资大国。

5.3.1 对外直接投资的发展

中华人民共和国成立后的70多年来，我国对外直接投资的发展大体上经历了从无到有、从小到大、从弱到强的6个阶段。

1）初步发展阶段（1949—1978）

从中华人民共和国成立到实行改革开放政策前的30年间，我国企业在国外开展了一些小型的直接投资活动。这期间，为了开拓国际市场，发展与世界各国的贸易往来，各专业外贸总公司先后在巴黎、伦敦、汉堡、东京、纽约等国际大都市设立了国外分支机构，建立了一批贸易企业；与此同时，一些与贸易相关的企业也在国外投资兴办了一批远洋运输和金融等方面的企业。这是继我国政府接管在中国香港的一批中资企业后，国内企业自己到国外投资开办的首批企业。这批国外企业的投资规模普遍较小，多分布在世界上著名的港口和大城市，主要从事贸易活动，基本上属于贸易型的国外投资，为我国对外贸易事业的发展作出了积极的贡献。1954—1978年，我国政府先后向朝鲜、越南、柬埔寨、也门等近70个国家提供了援助，承担项目达1 298项，建成884个大中小型项目，其中投资1亿元以上的项目10个，投资1 000万元以上的项目96个。这些活动并不属于企业对外直接投资范畴，但是这些援助活动为后来企业对外直接投资奠定了基础。

2）进一步发展阶段（1979—1985）

1979年8月13日，国务院颁布了15项改革措施，其中明确规定允许出国办企业，国内企业到国外投资有了较迅速的发展。1979年11月，北京市友谊商业服务总公司与日本东京丸一商事株式会社在东京合资开办了“京和股份有限公司”，这是我国实行改革开放政策后在国外开办的第一家合资经营企业。该企业的主要经营范围是为北京市食品工业企业的更新改造引进技术和设备，在日本开办北京风味餐馆和提供厨师服务等。1980年3月，中国船舶工业总公司、中国租船公司与中国香港环球航运集团等共同投资5 000万美元，合资成立了“国际联合船舶投资有限公司”，总部设在百慕大，在中国香港设立“国际联合船舶代理公司”，从事代理中国船舶及船用设备的进出口和经营国际航运业务，中方占投资的45%，这是当时中方投资额最大的国外合资企业。1979—1985年的7年时间里，我国政府共批准在国外开办非贸易型的合资、合作、独资企业180家，中方投资1.77亿美元。其中，1984年和1985年两年中，国外企业发展较快，共批准开办119家，中方投资1.3亿美元。这些企业分布在40多个国家和地区，涉及的领域主要有资源开发、加工生产装配、承包工程、金融、保险、航运服务和中餐馆等。这批国外企业的建立，对于扩大对外经济合作领域，探索新的合作方式起到了积极的作用。由于这批企业多属于非贸易型企业，因此，这一时期的国外投资标志着我国非贸易型国外投资的起步和发展。

我国的公司、企业和其他经济组织到国外投资开办企业，必须经过我国政府有关部门的审查和批准，并由政府授权的部门对国外合资企业的中方进行管理。1983年以前，设立国外企业由国务院直接审批；从1983年起，国务院授权对外经济贸易部为我国在国外投资开办企业的归口管理部门，并代表国务院行使审批和管理权。据此，对外经济贸易部于1984年5月制定了《中国对外投资开办非贸易性企业的暂行审批程序和管理办法》；1985年2月对此暂行办法进行了修改，并划分了对外经济贸易部与各省、自治区、直辖市和国务院有关部门的审批权限；同年10月，对外经济贸易部于山东烟台召开了全国第一次国外合资企业工作会议，根据会议反映的情况，对外经济贸易部会同有关部门向国务院作了汇报，并就资金筹措、设备材料供应、税收减免、外汇留成和产品返销等有关政策提出了建议。这些建议不久得到了国务院的批准，从而为国外投资的发展创造了有利的国内政策环境。在这个阶段，对外经济贸易部曾根据国务院的指示于1983年对国外企业进行了清理整顿，撤销了一些经营混乱以及效益较差的企业。

3）加快发展阶段（1986—1992）

在这一阶段，我国国外直接投资有了较快的发展，主要表现在投资领域多元化及各类企业展开对外直接投资活动；参与国外投资的国内企业类型增加，不仅对外经贸企业到国外投资，而且工业企业、商贸物资企业、科技企业及金融企业、保险企业等也参与到了国外投资之中；对外直接投资领域进一步拓展，由服务业向工农业生产加工、资源开发、加工装配、医疗卫生等20多个行业延伸。截至1992年年底，国外非贸易型企业达1 360家，国外贸易型企业也达到了相当的规模，总计2 600家左右；贸易型企业和非贸易型企业的中方投资总额达40多亿美元；中方投资规模超过百万美元的项目增多，其中有的项目中方投资超过1亿美元。例如，首钢在秘鲁铁矿项目中投资达1.2亿美元。分布的国家和地区更加广泛，到1992年年底，我国企业已在世界上120多个国家和地区设立了国外企业。

1991年年底，《国务院批转国家计委关于加强海外投资项目管理意见的通知》发布，在对外经济贸易部1985年制定的审批管理办法的基础上，规定国家计委会同对外经济贸易部审批国外投资企业。由于行政管理体制的原因，对外经济贸易部原来对非贸易型国外企业的审批管理与对贸易型国外企业的审批管理是分开进行的，为了对国外投资企业进行统一的审批管理，1993年将两块业务合并。

4）调整发展阶段（1993—1998）

由于整个国民经济发展中存在经济发展过热、投资结构不合理、物价上涨过快等现象，从1993年年中起，国家决定实行经济结构调整，紧缩银根，让过热的经济软着陆。与此相适应，国外投资业务也进入清理和整顿时期，国家主管部门对新的国外投资实行严格控制的审批政策，并对各部门和各地方已开办的国外企业进行重新登记，国外投资业务的发展速度开始放慢。在这6年间，我国对外直接投资为12.78亿美元，批准设立国外企业1 500家左右。

通过对以往国外投资经验教训的总结和对我国企业国际竞争力现实状况的分析，在这一阶段的后期，我国政府提出了发展国外投资的新战略方针：鼓励发展能够发挥我国比较优势的对外投资，更好地利用两个市场、两种资源；组织跨行业、跨部门、跨地区的跨国经营企业集团；在积极扩大出口的同时，要有领导、有步骤地组织和支持一批有实力、有优势的国有企业走出去，到国外办厂，主要是到非洲、中亚、中东、东欧、南美等地投资办厂。新的国外投资战略方针的提出预示着国外投资会出现新一轮快速发展时期。

5）新的较快发展阶段（1999—2007）

从1999年开始，为了推动出口贸易的发展，加快产业结构的调整，向国外转移国内成熟的技术和产业，我国政府提出了鼓励有实力的国内企业到国外投资，通过开展境外加工装配，就地生产就地销售或向周边国家销售，带动国产设备、技术、材料和半成品的出口，扩大对外贸易。上述新的政策措施在“十五”计划中被系统地概括为“走出去”战略。为了加快实施“走出去”战略，对外贸易经济合作部先后向100多家企业颁发了“境外加工贸易企业批准证书”。由境外加工贸易引发的国外投资成为我国国外投资的一个新的增长点，导致国外投资主体、方式和行业结构出现新的变化。仅1999年一年，我国批准设立的国外投资企业有437家，国外投资金额为6.19亿美元，是继20世纪80年代中期和90年代初期两个增长高峰之后开始出现的又一个新的增长高峰。2000年，党的十五届五中全会首次明确提出实施“走出去”战略，2001年“走出去”战略被正式列入国家发展规划，这标志着中国的“走出去”战略真正开始起步。2001年，随着中国加入WTO和对外直接投资政策法规体系逐渐完善，中国对外直接投资进入快速增长阶段。2002—2007年，中国非金融类对外直接投资流量由9.83亿美元上升至248.40亿美元，增加了24.27倍。

联合国贸发会议表示，中国不仅是外国直接投资的主要接收国，而且正逐渐成为资本的输出国。截至2008年年底，我国对外累计直接投资1 839.7亿美元；中央管理企业及沿海地区在对外投资中所占比重较高，跨国并购等投资方式继续发展；从投资的构成来看，投资是多方面的，不仅有资源导向型，也有市场导向型、效率导向型甚至技术导向型；从地区来看，资金主要投向拉丁美洲、亚洲、欧洲、非洲及北美洲。

6）全球金融危机后的快速发展阶段（2008年以后）

2008年全球金融危机爆发后，危机国国内经济萎靡不振，为了抵抗金融危机的影响，各国都推出了数额巨大的投资计划，以刺激需求，这给我国企业对外直接投资带来很大的机会；大部分国家采取了积极的财政货币政策，以降低利率，使货币贬值，刺激经济的恢复，这降低了我国企业对外直接投资的成本；危机国失业率大幅度增加，国内政治压力加大，使贸易保护主义迅速抬头，从而加大了货物贸易的难度，这在客观上要求更多的对外直接投资。据国家统计局资料显示，2008年，我国对外直接投资流量首次突破500亿美元，对外直接投资净额559.1亿美元，其中，非金融类418.6亿美元，金融类140.5亿美元；收购、兼并金额占当期对外直接投资流量的50%。2009年到2012年，我国对外直接投资额由565.3亿美元增长到878.1亿美元，年均增速为15.5%；2013年，我国对外直接投流量为1 078.4亿美元，首次突破1 000亿美元大关；2014年，我国境内投资者共对全球156个国家和地区的6 128家境外企业进行了直接投资，累计实现投资1 231.2亿美元，同比增长14.2%，非金融类对外直接投资首次突破千亿规模；我国的对外直接投资进入高速发展时期。

2019年，在全球经济下行压力加大、贸易投资持续低迷、单边主义和贸易投资保护主义持续蔓延的大变局中，我国对外投资合作取得新成效。全球对外直接投资流量扭转下跌态势，增长至13 137.7亿美元，同比增加33.2%，但规模依然低于2014—2017年的各年水平。我国对外直接投资流量1 369.1亿美元，对全球对外投资流量的贡献度超过10%，继续保持全球第2位。全球对外直接投资存量34.6万亿美元，美国、荷兰、中国为全球对外投资存量规模前3强。我国对外直接投资存量21 988.8亿美元，占全球比重6.4%。在对外直接投资领域方面，我国制造业投资流量为202.4亿美元，同比增长6%，占全部流量的14.8%；服务业投资流量为1 142.3亿美元，同比下降5.9%，占全部流量的83.4%；第一产业投资流量为24.4亿美元，同比减少4.8%，占全部流量的1.8%。我国对外非金融类直接投资中，公有经济控股企业投资流量580.9亿美元，同比增长27%，占比49.7%；非公有经济控股投资流量588.3亿美元，同比下降22.2%，占比50.3%；对外非金融类直接投资存量19 443.5亿美元，国有企业占比50.1%。对外直接投资流向亚洲1 108.4亿美元，同比增长5.1%，占当年流量的比重为80.9%；流向欧洲105.2亿美元，占当年流量的比重为7.7%；流向“一带一路”沿线国家186.9亿美元，占当年流量的比重为13.7%。

2020年，我国对外投资保持平稳健康发展，对外直接投资1 329.4亿美元，同比增长3.3%；其中非金融类直接投资1 101.5亿美元，同比下降0.4%。流向租赁和商务服务、批发和零售、科学研究和专业技术服务、电力生产和供应等领域的投资增长较快，流向租赁和商务服务业的投资417.9亿美元，同比增长17.5%；流向批发和零售业160.7亿美元，同比增长27.8%；流向电力生产和供应、科学研究和专业技术服务的投资分别增长10.3%和18.1%。地方对外投资活跃，地方企业非金融类直接投资807.5亿美元，同比增长16.4%，占同期投资总额的73.3%，其中东部地区同比增长21.8%，广东、上海、浙江位列前3。对“一带一路”沿线国家投资稳步推进，非金融类直接投资177.9亿美元，同比增长18.3%，占同期总额的16.2%。2010—2019年中国对外直接投资流量及全球占比见表5-5。2002—2019年中国对外直接投资存量及增速见表5-6。

表5-5　**2010—2019年中国对外直接投资流量及全球占比**　金额单位：亿美元

年份	流量	增速	全球占比	全球位次
2010年	688.1	21.7%	4.9%	5
2011年	746.5	8.5%	4.8%	6
2012年	878.1	17.6%	6.4%	3
2013年	1 078.4	22.8%	7.8%	3
2014年	1 231.2	14.2%	9.0%	3
2015年	1 456.7	18.3%	8.5%	2
2016年	1 961.5	34.7%	12.7%	2
2017年	1 582.9	−19.3%	9.9%	3
2018年	1 430.4	−9.6%	14.5%	2
2019年	1 369.1	−4.3%	10.4%	2

表5-6　　2002—2019年中国对外直接投资存量及增速　　金额单位：亿美元

年份	对外直接投资存量	增速
2002年	229	——
2003年	332	44.9%
2004年	334	0.6%
2005年	572	71.3%
2006年	750	31.2%
2007年	1 179	57.2%
2008年	1 840	56%
2009年	2 458	33.6%
2010年	3 172	29.1%
2011年	4 248	33.9%
2012年	5 319	25.2%
2013年	6 605	24.2%
2014年	8 826	33.65
2015年	10 979	24.4%
2016年	13 574	23.6%
2017年	18 090	33.3%
2018年	19 823	9.6%
2019年	21 989	10.9%

5.3.2　对外直接投资的作用与特点

1）对外直接投资的作用

对外直接投资的发展会对国内企业和国内经济发展起到积极的推动作用，归纳起来，主要表现在以下几个方面。

第一，利用国外资源，弥补国内资源的不足。我国是一个幅员辽阔的大国，自然资源相对丰富。但是，从另一方面来看，我国人均自然资源占有量比较低，而且有些种类的自然资源国内储量和产量较少，因而国内资源供需的总量和结构矛盾随着经济发展日益突出，要保持国民经济的持续稳定增长，国内现有资源无论是从质量上还是从数量上看，都难以满足经济增长的需要。资源产品通过一般贸易进口，不仅市场供应不稳定，而且价格容易受到国际市场的冲击。所以，通过国外投资，建立稳定的国外资源供应渠道，能开发国外资源为我所用，利用国外资源弥补国内资源短缺。我国在国外开办的林业开发、矿产开采和渔业等投资企业，对满足国内这方面的资源需求已经起到了很好的作用。

第二，充分利用国外资金。到国外办企业所需资金不一定都出自国内，有相当一部分可以在国外筹措，从这个意义上讲，是在境外利用外资。我们可以利用国外庞大的金融机构，完善的金融市场，更自由、更大规模地筹措所需贷款。这种国外投资的方式就是借外国人的钱，在双方认为最理想的投资地区，选择有前景的、预期效益较好的行业，运用双方的优势，兴办企业。运用这种方式，可以缓解企业的资金短缺，开拓国外市场，取得较好的投资收益。例如，中国中信集团有限公司通过国际融资，1986年用1亿美元购买了澳大利亚波特兰炼铝厂10%的股份，这笔资金是由国际上12家银行提供的，期限12年，还清本息后铝厂10%的资产归中信所有。

第三，学习和引进国外先进技术和管理经验，提高企业生产能力和经营管理水平，提高企业竞争力。借助国外投资企业，能以优惠的价格和优质的服务为国内企业引进先进的技术、设备和关键零部件，引进外资，推动国内企业的技术改造，增强国内企业的新产品开发能力和出口供货能力，提高企业的国际竞争力。而且，我方人员还可以通过参与国外投资企业的管理，学到国外一些先进管理经验，促进我国企业管理水平的提高。

第四，扩大出口，推动我国对外贸易的发展。国外投资企业的建立，很重要的一个目的就是要巩固、扩大和开拓国外市场。创办国外投资企业，绕过关税及非关税壁垒，变国内生产国外销售为国外生产国外销售，带动出口的扩大；在国外创办零部件与产品维修服务企业，可以扩大机电仪器产品的出口，巩固和扩大原有市场；生产与消费必须在同一地点、同一时间进行的商品出口，需要通过国外投资来实现；国外投资还可以直接带动国产机械设备、原材料的出口。

第五，有助于实施市场多元化战略。改变我国出口市场过分集中的状况，开辟新的市场，实现出口市场多元化，是保证我国对外经济贸易持续稳定发展的重要条件之一。为此，通过国外投资在新的出口市场所在地建立一些贸易企业和零部件组装与加工企业，扩大我国商品在该区域内的销售。

第六，促进国外工程承包的发展，扩大劳务输出。有些国家规定，国外承包公司只有与本国公司在当地依法登记注册组成合资承包公司，才能在当地开展工程承包业务。我国的国际经济技术合作公司与国外资信好、有经营和业务活动能力的承包商组成合资承包公司或集团公司是一种扩大业务的有效做法。例如，1994年中国辽宁国际经济技术合作公司与突尼斯公司联合出资在突尼斯组建了中国-突尼斯建筑工程合资公司，该公司资本额为40万第纳尔（约合40万美元），中方占49%，突方占51%。根据突尼斯法律，在合资企业中只要突方占51%的资本，该合资公司就有权申请本国建筑许可证，并可以与当地公司享有同样权利，参加非国际性招标项目的投标，承包突尼斯各类建筑工程。这家公司的成立，有利于扩大我国在突尼斯的工程承包业务。通过组建合资工程承包公司或公司集团，可以使双方在资金、人力、技术、信息等方面互为补充，有利于增强竞争能力，提高中标率。

第七，取得一定的经济效益和社会效益。我国在国外设立的大多数企业经营状况良好，取得了一定的经济效益。据商务部统计，国外企业盈利的约占50%，收支平衡的占30%左右，亏损的占近20%。经济效益是从国外投资企业微观角度来讲的，当然也是企业投资最基本、最重要的作用和目标；从国家整体经济发展的宏观角度来讲，国外投资企业的发展还有许多社会效益。

此外，对外直接投资还可以起到充分利用我国加入世界贸易组织后的机遇与权利，巩固和扩大我国对外经济援助的成果，及时了解和把握国际经贸信息与动态，培养跨国经营管理人才等作用。

2）对外直接投资的特点

第一，发展速度较快，平均投资规模逐步扩大，投资主体不断优化。自从我国实行改革开放政策以来，我国对外直接投资就在原来较低的基础上获得了迅速的发展，并已形成一定规模，国外投资企业数量和国外直接投资金额的年均增长率都较高。从投资主体的投资流量增长率来看，中央国家企业的投资增长幅度大大高于地方企业，形成以国家主权基金“中投”为龙头、以国企为排头兵、民营资本奋力冲刺的资本输出“雁阵”“反哺”趋势。

第二，国外投资企业多分布于港澳地区和经济较发达地区，但近年来呈现出多元化趋势。我国国外投资企业虽分布在亚洲、欧洲、北美洲等国家和地区，但从具体国家和地区来看，除港澳地区外，日本、泰国、新加坡、阿拉伯联合酋长国、美国等国家和地区的企业分布较多。总体来看，我国企业国外投资的地区分布呈现出日趋多元化的趋势，投资重点逐渐从港澳地区、北美洲转移到亚太地区、欧洲等国家。

第三，投资领域重点与一般相结合。我国国外投资企业在第一、第二、第三产业中均有分布，投资领域不断拓宽，涉及工业生产加工、服务贸易、资源开发、交通运输、承包劳务、农业与农产品综合开发、旅游餐饮、咨询等多个领域；其中，服务贸易、工业生产加工、农业与农产品综合开发、资源开发等行业相对集中。

第四，投资方式多种多样，但以合资合作居多。我国企业国外直接投资的出资方式越来越多样化，有的以现汇出资，有的以从国外获得贷款出资，有的以国内机械设备等实物出资，还有的以国内的技术专利或专有技术（含劳务）出资。从我国国外投资企业所有权结构来看，与东道国或第三国共同举办的合资与合作企业约占80%。这些国外投资企业分别采用了股份有限公司和有限责任公司的组织形式。从投资方式发展趋势来看，我国对外投资形式日趋多样，跨国并购、股权置换、境外上市、设立研发中心等新的方式不断涌现。

第五，国外投资的推动促进工作由战术型转向战略型。近年来，一些经济发展较快、国外投资起步较早的沿海省市在对以往国外投资经验进行认真总结的基础上，结合自己的比较优势，对国外投资的国别和领域进行认真比较选择，有步骤、有选择地推动和组织当地有实力的企业到国外投资。在推动过程中，使项目相对集中，相互配套，使产品成系列、上规模，从而实现了投资促进工作由战术型向战略型的转变。

5.3.3 对外直接投资的风险

1）对外直接投资风险的内涵

对外直接投资的企业在投资决策和经营活动中必然会遇到由于东道国与本国的政治、经济、法律、文化环境的不同所带来的对自身的发展产生的不确定性，从而对企业的收益产生不利影响。对外直接投资风险是指在一定环境和期限内客观存在的，导致境外投资企业在海外市场上生产经营管理等一系列过程中发生损失的不确定性。

对外直接投资风险具有不确定性和普遍性，受到国际政治经济格局、东道国投资环境、投资者的目标、投资对象的选择、投资者的经营管理水平及投资期限等因素的影响，投资者必须客观、系统地对待风险。

2）对外直接投资风险的类型

对外直接投资的风险种类繁多、情况复杂。我国的对外直接投资尚处于起步阶段，因而作为母国至今还未面临诸如出口、国际收支、国民收入、就业以及产业结构方面的风险，因此，就对外直接投资的企业而言，所面临的投资风险主要有：

第一，国家风险。国家风险是指在对外直接投资活动中，由于东道国国家主权行为或政治因素而给外国投资者造成经济损失的风险，主要包括主权风险与政治风险。

主权风险是指在对外直接投资活动中，由于东道国国家主权行为（东道国从本国利益出发所采取的不受任何外来法律约束的行为）而给外国投资者造成经济损失的风险。政治风险是指在对外直接投资活动中，由于东道国的政治因素而给外国投资者造成经济损失的风险，包括征用与国有化风险、政策法律所产生的风险、转移风险与战争风险。

东道国因种种原因，对外国投资项目实行国有化、征用或没收措施，从而给外国投资者造成经济损失的风险属于征用与国有化风险。东道国为了某种需要，有意或无意地变更政策和法律而给外国投资者造成经济损失的风险属于政策法律所产生的风险。外国投资者在东道国投资所获得的经济利益，由于东道国的外汇管制政策或歧视行为而无法汇到投资母国或东道国境外，从而给外国投资者带来经济损失的风险属于转移风险。由于东道国发生对外战争、国内革命或武装冲突等而使外国投资者蒙受经济损失或实际收益偏离预期收益的风险属于战争风险。

第二，商业风险。商业风险是指除了东道国国家主权和政治因素以外，其他致使外国投资者蒙受经济损失的风险，包括自然风险、外汇风险、利率风险、经营风险及信用风险等。

自然风险是指在对外直接投资活动中，由于意外自然灾害、自然环境的突变等而导致投资者蒙受经济损失的风险。外汇风险是指在东道国进行直接投资的外国投资者以外币定值或衡量的资产与负债、收入与支出，以及未来的经营活动可望产生现金流量的本币价值，因货币汇率的波动而产生损失的风险；外汇风险包括折算风险、交易风险及经济风险。利率风险是指一定时期内，由于利率变化而导致对外直接投资的资产价值发生损失的风险。经营风险是指企业在进行跨国经营时，由于市场条件或生产、管理、决策等给企业带来经济损失的风险；经营风险包括价格风险、产品风险、技术风险、财务风险及人事风险。信用风险是指由于企业的交易对手未能履行应尽的责任，致使企业遭受经济损失的风险。

5.3.4　提升对外投资和经济合作水平

“十四五”规划期间，我国力争双向投资保持世界前列，2021—2025年间的对外直接投资规模预期达到5 500亿美元。必须支持企业参与全球产业链供应链重塑，促进国内外产业协同，引导对外投资合作平稳有序发展，推动中国产品、服务、技术、品牌、标准走出去。

1）创新对外投资方式

坚持企业主体，提高跨国经营能力和水平，打造“中国投资”品牌。优化对外投资结构和布局，加强与亚洲、欧洲国家在传统产业和新兴领域合作。完善境外生产服务网络，加快金融、咨询、会计、法律等生产性服务业国际化发展。鼓励多元化投资方式，以实物投资、股权置换、联合投资、特许经营、小比例投资、初创企业投资、设立联合基金、研发合作等多种方式开展对外投资。高质量建设境外经贸合作区，鼓励借鉴国内开发区和境外先进园区管理经验，创新发展模式，打造一批具有区位优势、产业定位清晰、运营管理先进、生态效应明显、建设效果突出的合作区。创新多方合作方式，推进多双边投资合作机制建设，推动建立涵盖中外方政府部门、中介组织、金融机构、骨干企业的常态化工作机制，与国际机构、跨国公司等加强合作。

2）推动对外承包工程转型升级

推动对外承包工程可持续发展，打造“中国建设”品牌。促进投建营综合发展，鼓励企业以投建营一体化等多种方式开展境外项目建设，引导设计咨询、投融资、工程建设、运营服务的综合发展。创新境外项目投融资方式，鼓励金融机构按照国际规则和市场化原则，提供项目融资，健全多元化融资体系。推动项目可持续发展，引导企业完善合规、安全等管理制度，严守质量和环保标准。推进绿色和新型基础设施项目建设，打造一批质量标准高、综合效益好、各方都欢迎的精品项目。

3）促进对外劳务合作有序发展

不断提升对外劳务合作发展水平。优化对外劳务合作结构，培育海员、空乘、医护、信息服务等劳务竞争优势，形成多层次多领域的外派劳务人员结构。拓展对外劳务合作市场，完善双边劳务合作机制，巩固传统市场，开辟新的劳务合作市场。推动企业与地方政府、大中专院校加强合作，培养高素质外派人员。

4）健全对外投资合作政策和服务体系

健全促进和保障境外投资的法律、政策和服务体系，为企业依法合规开展对外投资合作提供有力保障。健全管理制度，完善对外投资备案报告管理制度、对外承包工程“备案 + 负面清单”管理模式。强化保障服务，完善境外企业和对外投资联络服务平台，加强事中事后监管和风险防范，完善走出去公共服务平台，丰富公共服务产品。支持境外商会提升服务水平，推动境外中资企业商（协）会专业化建设，强化服务功能，维护中资企业合法权益，引导中资企业积极履行社会责任。创新金融政策支持，构建政策性金融和商业性金融协调发展的金融支持体系，发挥保险保障作用，鼓励企业稳妥以人民币开展对外投资合作。

5）增强援外实施综合效应

高质量落实对外援助举措，完善援外执行制度和机制，建立健全援外执行规章制度和协调机制。以优质优价为核心，强化招投标等重点环节管理，完善受援方自建模式执行管理。加强援外执行监管和协调，做好援外项目监督评估。创新援外实施方式，整合优质资源，调动地方及有关单位参与项目实施的积极性，丰富和创新管理方式，推动项目更好落地。增强援外社会效益，高质高效组织实施紧急人道主义援助。办好南南合作与发展学院及援外培训，为发展中国家培养更多人才。实施好医疗卫生、教育、减贫等民生领域援助项目。加强援外执行专业化骨干队伍建设，强化援外执行专职人员配备，提高援外项目一线管理能力，推动在重点国家设立项目管理代表机构。做好援外实施企业资格认定。

专栏5-2　　　　提高资本流动水平的重点举措

（1）提高利用外资质量重点举措

服务业扩大开放综合试点示范：支持北京打造国家服务业扩大开放综合示范区，加大先行先试力度。有序扩大试点范围，支持天津、上海、海南、重庆开展差异化探索，形成“1+N”试点示范布局。分类放宽服务业准入限制，总结推广试点成果，以更高水平开放促进服务业高质量发展。

国家级经济技术开发区：围绕国家级经开区创新提升，推广产业链“链长制”，加大战略性新兴产业引资力度。大力发展研发、检测认证等生产性服务业，推动制造业转型升级。促进国家级经开区相关产业从东部地区积极有序向中西部和东北地区转移。

招商引资效能提升行动：指导各地聚焦重点领域，因地制宜健全“产业链图谱”，建设投资项目信息库，推动招商信息共享。发挥多双边投资促进机制作用，为各地招商引资提供支持。加强要素保障和跟踪服务，推动重点项目落地和建设。

（2）提升对外投资合作水平重点举措

境外经贸合作区：发挥境外经贸合作区平台作用，推动合作区与国内园区协同发展。推动境外经贸合作区绿色发展和数字化转型，积极吸纳当地和相关国家企业共建、入驻合作区。发挥合作区平台作用，推动扩大人民币使用范围。

对外承包工程转型升级行动：鼓励企业以建设–运营–移交（BOT）、政府和社会资本合作（PPP）等方式合作，推动一批投建营项目落地。鼓励设计咨询走出去，加强对外承包工程与外贸、对外投资、援外联动发展，延伸对外承包工程产业链。与相关国家、多边机构开展三方合作。积极开拓国际新型基础设施市场，参与高标准绿色工程建设。

对外投资防风险优环境行动：完善境外企业和对外投资联络服务平台，落实对外投资备案报告制度，健全监测预警和风险评估机制。更好发挥双边投资合作工作组作用，推动商签或升级投资保护协定，提供高质量公共服务产品，优化对外投资环境。

●本章小结

1.20世纪70年代末，伴随着我国改革开放，利用外资也几乎同时重新启动。在改革开放初期，我国利用外资的最主要方式是对外借款；1992年外商投资超过对外借款成为我国利用外资最重要的形式。21世纪我国利用外资战略的核心是实现重心的转移和方式的转变，即实现利用外资的第二次战略转变。外资对发展中国家经济增长的影响一直是国际投资领域争论较大的一个问题，但利用外资确实有利于东道国经济的发展。伴随着改革开放的脚步，我国加工贸易的发展经历了30年的历史，使我国迅速成为面向全球的低成本加工制造基地，促进了我国技术进步和产业升级，创造了大量就业机会，引领我国贸易结构升级。

2.我国对外开放的立法是从外商投资立法起步和发展起来的。新旧法律交替，见证了我国外商投资法律制度的与时俱进，彰显了新时代进一步扩大开放、积极促进外商投资的决心和信心。《外商投资法》是我国第一个全面系统的外资立法，是促进外商投资高质量发展的重要举措。

3.我国对外直接投资发展速度很快，对我国国内企业和国内经济发展起到了积极的推动作用，但国外投资企业管理中存在着很多问题，海外投资也存在着巨大的风险。

●复习思考题

1.分析我国利用外资的发展情况。
2.试述我国利用外资的主要方式。
3.试述我国加工贸易发展的历程。
4.分析我国加工贸易发展的积极作用。
5.阐述我国加工贸易的基本特点。
6.解释外资立法中的相关名词。
7.阐述外资立法的主要内容。
8.试述我国对外直接投资的特点。
9.分析我国对外直接投资的风险种类及防范措施。

第6章/中国对外经济贸易关系

学习目标

了解我国主要的对外经济贸易关系的发展概况、区域贸易体制和多边贸易体制的基本概况；掌握我国主要的对外经济贸易关系发展的现实问题。

6.1 中国与主要经济体的经贸关系

6.1.1 中国与美国的经贸关系

1）中美经贸关系的发展

中美经贸关系源远流长。中华人民共和国成立前，我国是美国的重要出口市场、原料供应地和投资场所。1949年10月1日，中华人民共和国成立之初，中美两国继续保持着贸易关系。1950年，中美两国的贸易额为2.38亿美元，其中美国对我国出口1.43亿美元，我国对美国出口0.95亿美元。但好景不长，1950年，随着中国抗美援朝的开始，两国的经济联系中断，美国甚至把政治上的敌对引申至经济领域，在“巴黎统筹委员会”中成立“中国委员会”扩大对我国禁运的项目。

随着国际形势和中苏关系的变化，中美关系出现了缓和。1972年2月21日至28日，尼克松总统访问中国，与我国领导人商谈关系正常化及两国关心的其他问题，发表了著名的中美《上海公报》。该公报指出：双方把双边贸易看作另一个可以带来互利的领域，并一致认为平等互利的政治关系是符合两国人民的利益的。双方同意为逐步发展两国间的贸易提供便利。作为外交关系的补充，两国经贸合作得到一定发展。但因外交关系尚未正常化，这一时期的经贸合作起伏不定，且贸易额甚小，到1978年年底双边贸易不足10亿美元。

1979年，中美恢复正常外交关系，同年签署了《中美贸易关系协定》，从此“中美关系史上一个新的时代开始了”，两国经贸关系也随之进入了新的发展时期。双边贸易额由建交时的24.5亿美元迅速扩大，1988年双边贸易额超过100亿美元大关，2003年中美双边贸易额首次突破千亿美元，达到1 263亿美元，至2014年中美贸易额达到了5 550亿美元，与建交时相比，增长了225.5倍。2018年，中美货物双边贸易跃升到了6 335亿美元，中方顺差3 233亿美元；服务贸易进出口总额为

1 253亿美元，中方逆差485亿美元。

2019年，据美国商务部统计，美国与中国双边货物进出口额为5 588.7亿美元，下降15.3%；其中，美国对中国货物出口总额为1 066.3亿美元，下降11.3%，占美国出口总额的6.5%，下降0.7个百分点；美国自中国进口4 522.4亿美元，下降16.2%，占美国进口总额的18.1%，下降3.1个百分点；美方贸易逆差3 456.2亿美元，下降17.6%。

2020年，美中双边货物进出口总额为5 828.23亿美元，同比增长0.6%。其中，美国对中国货物出口总额为1 246.49亿美元，同比增长17.1%；美国自中国货物进口总额为4 571.74亿美元，同比下降3.1%；美国对中国货物逆差额为3 325.26亿美元，同比减少9.0%。中国继续保持美国第一大货物贸易伙伴、第三大货物出口目的地、第一大货物进口来源地和第一大货物逆差来源地的地位。

中美双边贸易商品结构向多元化发展，我国对美国出口商品结构大为改善，在继续保持纺织品、服装、鞋类、玩具、石油制品、工艺品等传统商品出口的同时，机电产品已成为对美出口第一的商品，同时光学、钟表、医疗设备、运输设备等产品出口比重也在逐步上升。在进口商品结构方面，也出现了积极的变化，我国从美国进口的机电等技术产品比重迅速增加，技术密集型商品和资源密集型商品进口量也在增大。

2019年，美国对中国出口的主要商品为机电产品、运输设备、化工产品和光学钟表医疗设备，分别出口272.0亿美元、196.5亿美元、131.0亿美元和97.9亿美元，变动幅度分别为0.4%、-29.0%、6.7%和-0.4%，占对中国出口总额的25.5%、18.4%、12.3%和9.2%。运输设备中，航空航天器出口104.6亿美元，下降42.6%；车辆及其零附件出口91.4亿美元，下降2.6%。美国自中国的进口商品以机电产品为主，进口额为2 173.9亿美元，占美国自中国进口总额的48.1%，下降19.0%。其中，电机和电气产品进口1 254.0亿美元，下降17.5%；机械设备进口919.9亿美元，下降21.0%。家具玩具、纺织品及原料和贱金属及制品分别居美国自中国进口商品的第二至第四位，2019年进口额分别为554.1亿美元、372.2亿美元和241.6亿美元，下降14.6%、8.1%和14.2%，占美国自中国进口总额的12.3%、8.2%和5.3%。中国的家具玩具和鞋靴伞等轻工产品占美国进口市场份额的54.6%和53.1%，具有较大竞争优势。中国同时也是美国机电产品、纺织品及原料、贱金属及制品、塑料橡胶和陶瓷玻璃的首位进口来源国。中美进出口商品结构出现的这种多元化发展趋势，符合两国消费者的利益，也为进一步扩大双边贸易奠定了基础。

中美双边合作已发生质的变化，合作内容扩展到经济的各个领域。2018年中国对美直接投资存量394.73亿美元，美国对中国直接投资存量1 165.18亿美元。其中，美国在中国直接投资主要集中在制造业、批发业、金融和保险业；而中国在美国的直接投资则集中在制造业、房地产和仓储业。

2）中美经贸合作的重要领域

近年来，由于美国内政外交实行的政策与做法，导致中美经贸关系对抗性在加大，合作空间在压缩。但中美经贸合作具有互补性，仍然有刚性的市场需求和广阔的合作空间。因此，我们需要从战略高度和现实出发，提出有效的应对措施，使中美两国在相互尊重的基础上寻求共同利益，努力扩大中美经贸合作领域，深化合作程度，加强合作力度。

第一，深化在气候变化领域的合作。中美两国与世界上其他国家合作，共同推动了《巴黎协定》的诞生；中国也明确提出碳达峰、碳中和的目标。因此，在气候变化领域，中美两国有合作的共同方向、共同诉求和共同利益，更应该采取共同行动。

第二，加强基础设施领域的合作。拜登政府提出要加强美国的基础设施建设，在道路、交通、轨道、水库、高铁等方面，中国无疑是美国最好的合作伙伴。

第三，提升能源领域的合作水平。目前美国石油、天然气的日产量已经超过了沙特阿拉伯、俄罗斯，成为世界第一大产油国。据联合国能源署的数据分析，在2040年之前，中国是全球最大的能源进口国。中美两国在能源领域方面的合作空间巨大。

第四，加强供应链、产业链的合作。拜登政府提出美国要在半导体、药品、稀土、新能源电池四个领域建立独立的产业链、供应链，而这几个领域中美之间各有长短。美国受制于中国的关键原材料、关键零部件，中国也受制于美国的关键零部件和关键原材料。中美进行产业链的互补和链接，实现成本最小化、收益最大化，这对中国有利、对美国有利，对世界各国都有利。

建立平等、对等的关系，基于联合国宪章和国际法的基本原则，坚持不冲突，不对抗，相互尊重、互利共赢，推动双方经贸关系行稳致远，不仅符合中美两国的共同利益，也符合世界各国的共同利益和愿望。

3）美国对华技术出口管制

（1）美国出口管制政策体系的调整

在大国竞争背景下，美国将出口管制作为战略化经济策略，以打压中国技术发展，但该策略并非为中国量身定做。美国的出口管制政策体系的形成可追溯至第一次世界大战期间，一个多世纪来不断变化调整。

美国最早于第一次世界大战期间颁布了《敌国贸易法》，规定美国总统在国家处于战争或其他紧急状态期间，有权调整与敌对国家之间的贸易关系。此后该法与其他一些相关法律几经修改。如今，只要美国总统认为符合美国的国家利益，就有权宣布对其他国家实行《敌国贸易法》；美国财政部可根据该法律，制定《外国资产管理条例》，冻结相关国家资产并禁止金融交易。1949年年底，美国杜鲁门政府联合了英、法等国秘密成立了“巴黎统筹委员会”（简称“巴统”），其目的之一是限制社会主义国家进口先进的军事技术设备和原材料。1979年，美国出台了

《1979年出口管理法》，该法案提出将对造成潜在军事威胁的出口行为进行管制；其中第744部分即为大众所熟知的实体清单，该清单由美国商务部工业与安全局发布，清单中的人士、企业需要获得美国安全局颁布的许可执照，才能够向其出口及转让一些特殊物品。1996年的《瓦森纳协议》的主要目标之一是补充和增强现有的武器和军民两用物品控制制度。《1979年出口管理法》规定美国商务部工业与安全局管理美国的军民两用物品以及软件和技术的出口、再出口的条例于2001年失效，美国商务部工业与安全局制定《出口管制条例》管控军民两用物品和敏感度低的军用物品的出口和再出口。2018年7月，在对《出口管制条例》进行更新的基础上，通过《出口管制改革法案》，为国防法的一部分，该法案将出口多边管制和军民两用物品管制合并，进一步对军民两用新兴和基础技术的出口进行限制，并为美国商务部工业与安全局提供了永久性法定授权。2021年，美国商务部再次修改《出口管制条例》，修改后的条例以“人权”等为理由，将22个中国大陆实体和1名中国大陆个人列入“实体清单”，并于2021年7月12日生效。

从1917年到现在，美国出口管制政策体系不断演变，从《敌国贸易法》到“巴统”、《瓦森纳协议》，再到《1979年出口管理法》《出口管制条例》，政策不断修订，技术出口管制的针对对象与涉及范围不断调整变化，但是服务于美国国家战略、防止先进技术扩散、防止其他国家的武器技术进步的初衷没有改变。

（2）美国对华技术出口管制战略化倾向

美国明确将中国列为“战略竞争对手”，认为中国是其“首要威胁”。在经济领域，除了利用传统的关税工具打压中国外，还加强了对中国的技术出口管制。2021年6月美国参议院通过《2021年美国创新和竞争法案》，昭示着中美科技竞争日渐激烈，美国对华技术出口管制的战略化倾向日渐明显，针对“中国制造2025”和“军民融合”战略。

一方面，美国商务部工业与安全局依据《出口管制改革法案》出台一系列技术限制清单。2020年12月，美中经济与安全审查委员会（US-China Economic and Security Review Commission，USCC）发布报告，称这些技术清单和“中国制造2025”中提及的优先发展领域几乎重合。这些技术清单包括生物制药和高科技医疗器械、新一代IT集成电路、太空与航空、海事设备和高科技船舶、高端计算机、先进铁路运输装备、先进监控技术、新能源及节能汽车能源设备等。另一方面，具有“军民融合”性质的中方实体成为美国出口管制的对象。2015年中国政府将“军民融合”上升为国家战略，强调“科技兴军”。美国前助理国务卿克里斯托弗·福特称中国“军民融合”战略是美国乃至全世界“最重要的安全隐患之一”。2018年8月1日被列入美国“实体清单”中的44个中方实体中，有29个参与我国“军民融合”战略。上述实体，除科研院校和国有企业，大部分都是具有军品认证资格的民营企业，所从事的领域包括航空航天、光纤技术、集成电路、精密仪器、核技术、高新材料等，这些领域也都涉及军民两用科技。

（3）美国对华技术出口管制特征

美国对华技术出口管制范围扩大化、措施多元化。据统计，1999—2017年，列入“实体清单”的中国机构数目增长缓慢，而2018—2020年，分别有44家、62家和37家中国机构被纳入“实体清单”，美国对华出口管制呈现出范围扩大化、措施金融化的特点。2019年被纳入“实体清单”的机构统计中，华为及华为关联公司机构主体均记为华为一家。

第一，美国对华出口管制范围扩大化。一方面，美国调整并扩大对华技术出口管制的技术领域。2018年前，美国对华科技遏制的主战场集中在航空航天领域。从2018年起，“实体清单”中添加了大量的电子通信、信息安全、互联网等具备广泛产业化应用前景的高技术机构。2018年8月，美国政府签署《出口管制改革法案》，增列了14种不属于《1950年国防产品法》的新兴和基础技术，涵盖人工智能、量子信息等。另一方面，美国深化技术出口管制方式，实现对关键技术的闭环保护。一是限制第三方对华再出口；二是严控外方投资，禁止中方通过收购或投资美国公司来获得美方的领先技术及知识产权；三是提高中国进口商品关税，降低中方国际贸易收入和外汇储备，进而打击中方对外收购和投资实力。

第二，美国对华出口管制措施多元化。为了应对中国“军民融合”战略，除了对军民两用核心技术的出口加以管制，美国总统还通过签署行政令的方式直接在投资上加以限制，管制措施愈发多元化。2020年11月，特朗普签署行政令，禁止美国投资者向美国政府认定的31家中国涉军企业购买证券；2021年初，特朗普在离任之际签署行政令，将原有行政令中的31家中国涉军企业扩至44家，并要求美国投资者在相关公司被美国政府认定为中国涉军企业后的365天内抛售所有已购证券；2021年6月3日，拜登以“应对中国军工企业威胁”为由，签署了名为“应对为中华人民共和国某些公司提供资金支持的证券投资所产生的威胁”的行政令，将华为公司、中国航天科技集团有限公司等59家中国企业列入投资“黑名单”，禁止美国人与名单所列公司进行投资交易。

（4）美国对华技术出口管制趋势

美国对华技术出口管制对中美双方既是机遇，又是挑战。2021年3月，拜登签署发布《重塑美国优势——国家安全战略临时指南》，明确指出中国是美国当前面对的有能力利用经济、外交、军事和技术手段“长期挑战”现有国际秩序的唯一竞争对手；4月13日，美国中情局提交的《2021年度威胁评估报告》，对2021年美国面临的主要威胁进行了列举和分析，将中国放在首位；4月21日，美国参议院外交关系委员会通过《2021年战略竞争法案》，要求美国政府采取与中国进行全面“战略竞争”政策，建议动员美国所有战略、经济和外交手段来制定“印太”战略，使华盛顿能够真正面对“中国对美国国家和经济安全构成的挑战”；4月30日，美国贸易代表办公室发布《2021年特别301报告》，中国仍在其“重点观察名单”之中。

对中美双方而言，出口技术管制既是挑战，也是机遇。对美国来说，对华出口管制模糊了其国内利益和对外政策的边界，将更多利益相关者牵扯其中，国内争议较大。有美方人士指出，出口管制影响了美国自身的市场份额、在全球供应链的地位以及新核心技术的合作研发，认为出口管制更像是短暂的战术打击，而非长期的宏观战略规划，对美国国内创新和长期发展不利。对中国而言，美国对华出口管制对中国制造造成了一定程度的打击，但从长期看，美国的出口管制可能会加速中国技术的本土化，加强中国的科技自主性。

6.1.2 中国与日本的经贸关系

1）中日经贸关系的发展

中日两国是一衣带水的邻邦，贸易往来有着悠久的历史。中日经贸关系在我国对外经贸关系中占有重要地位，双方互为重要的经贸合作伙伴。中华人民共和国成立后，中日贸易是以民间贸易为基础逐步发展起来的，经历了20世纪50年代的民间协定贸易时期，60年代的友好贸易和备忘录贸易时期。在此期间，由于受两国关系非正常化的影响，双边贸易规模很小，1950—1971年，中日贸易额累计只有63.7亿美元，交易的种类也很有限，主要是肉类、农副产品、化学产品、冶金产品等。

1972年中日邦交正常化以来，两国政府都十分重视发展睦邻友好关系和经济合作关系。1978年，两国政府在《中日联合声明》的基础上缔结了《中日和平友好条约》，用法律形式巩固了两国关系的政治基础。1983年两国政府首脑互访，确立了发展两国关系的基本原则是和平友好、平等互利、相互信赖、长期稳定。和平友好，有《中日和平友好条约》作保证，深得两国人心；平等互利，是发展两国经贸关系的准则；相互信赖，是引导两个不同社会制度的国家携手通往21世纪和世世代代友好下去的指导思想；长期稳定，一方面是指不管世界上出现任何风云变幻，中日关系都可以长期稳定，另一方面是指在经济合作上，两国存在着相互补充的必要性和可能性。1984年，两国领导人再次互访，双方一致同意把中日友好关系推向21世纪，并成立了中日友好21世纪委员会。1998年，江泽民主席访日期间，中日两国表明要建立“致力于和平与发展的友好合作伙伴关系”。所有这一切，为平衡扩大双边贸易和全面深入地开展技术合作奠定了良好的政治基础，而双边经贸关系的发展也促进两国政治关系的进一步发展。中日双边经贸合作进入了“政府主导、官民并举”时期，1972—1978年为双边贸易扩大期，1979—2000年为全面经贸合作期，2001—2009年为经贸合作深化期，2010年至今为经贸关系转型期。

中日两国经济处于不同的发展阶段，这为两国经济贸易合作提供了广泛的可能性。日本在资金、人才和技术等促进经济发展的基本要素方面有优势，拥有从应用技术到尖端技术的各种层次的先进技术，制造业技术在世界上遥遥领先；我国整体资源丰富，地大物博，但总体的科学技术水平比较落后。中日双边贸易结构由“垂直分工”逐渐向一定程度的“水平分工”发展。20世纪90年代前，中日贸易长期呈“垂直分工”形态，我国主要向日本出口原油、煤炭等资源和农副产品，以换取日本的机械设备、汽车、家电、钢材等。进入90年代后逐渐向“水平分工”形态发展，工业制成品出口占我国对日出口的比重持续上升。

从20世纪80年代开始，两国的经贸关系已经从单纯的商品贸易扩大到包括货物贸易、技术贸易、相互投资、政府资金合作的全面经济合作，如加工贸易，综合性的长期补偿贸易，石油、煤炭等领域里的合作开发等。两国政府于1978年2月签订的中日长期贸易协议，在历时13年期满以后，1990年12月在东京续签，根据协议进行的进出口约占中日贸易总额的40%左右，该协议对中日贸易长期稳定发展起着十分重要的作用。此外，两国政府还先后签订了海运、航空、渔业、商标保护、科技合作、投资保护等有关协定，为进一步发展双边经贸提供了有利条件。

双边资金合作与双边贸易关系一样，构成中日经贸关系的另一重要领域。中日官方资金合作的主体是日本对中国政府开发援助（ODA）；日本对中国ODA包括日元贷款、无偿资金援助和技术合作3种方式，其中日元贷款占据主体地位。日本对中国ODA自1979年启动后，规模不断扩大，不仅成为中日官方资金合作的主体，而且在中日双边经贸关系中的地位也不断提高，对中日双边经贸关系发展发挥了重要促进作用。日本是发达国家中向中国提供政府援助资金最多的国家，但以2001年10月的《对华经济协助计划》为标志，日本政府对中国ODA政策进行了大幅度调整，援助规模开始大幅度缩小。中日民间投资却保持着迅速增长的势头，中日民间投资关系的主体是日本企业对华直接投资。20世纪80年代中期以后，日本对华直接投资开始出现迅速增长的势头。日本扩大对华投资带动了双边贸易，中日双边贸易与日本对华直接投资发展趋势基本一致，形成了中日贸易与投资的良性互动。同时，近年中日民间投资合作还出现了许多新的方式，如我国企业开始探索对日投资的途径、开始着手在日本上市、日本金融机构扩大对华贷款等。

中日两国是全球第二、第三大经济体，中日经贸合作的规模也随着两国经济总量的增长而扩大。从贸易规模来看，与改革开放初期相比，中日贸易额增长了30多倍。2018年，双边进出口贸易总额3 276.6亿美元，同比增长8.1%；2019年，双边进出口贸易总额3 150.0亿美元，同比下降3.9%；2020年，双边进出口贸易总额达3 175.38亿美元，同比增长0.8%。2018—2020年，中日双边贸易总额连续3年突破3 000亿美元；日本是中国第四大贸易伙伴和第二大贸易对象国，中国是日本最大贸易伙伴，中日贸易额分别占中国和日本对外贸易总额的7%和20%以上。从贸易结构来看，海关编码第84章（核反应堆、锅炉、机器、机械器具及其零件）、第85章（电机、电气设备及其零件等）、第87章（车辆及其零件、附件，但铁道及电车道车辆除外）、第90章（光学、照相、电影、计量、检验、医疗或外科用仪器及设备、精密仪器及设备，上述物品的零件、附件）、第39章（塑料及其制品）是中国从日本进口的前五大商品；第85章（电机、电气设备及其零件等）、第84章（核反应堆、锅炉、机器、机械器具及其零件）、第61章（针织或钩编的服装及衣着附件）是中国出口日本的主要商品；整体来看，机械器具、化学产品、贱金属、运输设备、纺织相关产品是中日双边贸易主要产品。从投资来看，中日两国双向投资格局日渐形成，截至2018年，中国实际利用日本外资1 119.8亿美元，在中国累计利用外资国别中排名第一；中国在日本的投资总体规模较小，但其增长速度相对较快，截至2017年，中国对日本非金融类直接投资存量为34.8亿美元，主要涉及制造业、进出口贸易、能源和矿产等产业。2019年，日本在华新设企业1 000家，同比增加20.8%，实际使用金额37.2亿美元，下降2.0%；中国对日本全行业直接投资2.7亿美元，承包工程完成营业额3.6亿美元，向日新派出技能实习生41 324人，同比增长4.6%。

2）促进中日经贸关系发展的主要因素

中日经贸合作的扩大与中国改革开放政策的实施密切联动，没有改革开放和中国的和平崛起，如此巨大规模的中日经贸合作根本无从谈起。除了中国自身经济发展的原因外，中日经贸合作的互补性与互惠互利性也是重要原因。

（1）中日经贸关系的互补性

中日自然禀赋和生产禀赋上的差异决定了两国在技术、资金、劳动力成本、市场容量等方面存在各自的比较优势，由于比较优势不同，中日之间在产业结构和贸易结构等方面均存在一定的互补性，而互补性又成为双边经贸依赖关系的基础。

中日邦交正常化以前，两国经贸关系的互补性主要体现为商品贸易互通有无，交换各自经济社会所急需的物资原料。从当时中日贸易的商品构成来看，中国向日本出口的主要是初级农产品和矿产资源，如粮食、肉类、煤炭、铁矿石、盐等；而日本向中国出口的主要是机械设备、各类钢材、化工原料、纤维制品以及我国经济发展所急需的化肥、农药、农业机械、钢材及通信零件等商品。

中日邦交正常化后，由于两国经济交往中政治障碍消失，中日经贸关系的互补性得到了更为充分的显示，由过去单纯的商品互补，逐渐扩大到了资金、技术、能源与市场开发等方面的广泛合作。中国开始大规模引进日本的技术、设备并利用日本大量的资金，对日制成品的出口，带有很强的加工贸易性质；日本则大量利用我国的资源，开拓中国市场。

20世纪90年代，中国经济高速增长，而日本则因为泡沫经济崩溃而陷入经济低迷期，中日经贸合作中的互补关系逐渐从贸易领域扩展至直接投资领域，贸易和投资密切联动，互补关系进一步深化，加工产品在中日贸易中所占比率逐渐过半。随着中国企业技术水平的提高，中日互补关系进入了高层次的互补阶段，在高端产品领域处于垂直分工状态。

进入21世纪以后，中日双方的经贸合作仍然存在互补关系，学者的研究结果表明，在2002年中国和日本对美出口产品中，20%左右的产品处于相互竞争状态，

80%左右的产品处于互补状态，中日之间的竞争领域有所扩展。在经济全球化的大背景下，资源在世界范围内合理配置，在国际生产网络中，日本处于供应链条的上游，中国仍处于供应链条的中游和下游，中日之间的互补性仍然存在。

（2）中日经贸关系的互惠互利性

互惠互利也是中日经贸合作健康发展的重要驱动力。在改革开放初期，我国通过扩大对日出口，获取了经济建设急需的外汇；从日本进口先进技术与装备，保障和推动了改革开放事业的进程。20世纪80年代初，日本从中国进口大量的煤炭，缓解了日本的能源紧张局面；从中国大量进口农产品、原材料等初级产品保障了其工业生产的原材料供给；对中国的成套设备的大量出口，消解了过剩产能，给日本带来了巨大的利益。随着中国经济的迅速增长，日本对华贸易也迅速扩大，中国对日本经济的影响也越来越大，在日本经济陷入长期低迷后，不断扩大的对华贸易成为支撑日本经济正常运转不可或缺的因素。

中日双边的相互投资也同样给双方带来了巨大利益。日本对华直接投资的扩大，不仅为中国带来资金，也带来了先进的技术和现代化管理经验，提升了我国产品的技术含量、产品质量和国际竞争力。特别是在中国资金技术极其短缺的改革开放初期，其边际效用更大。进入21世纪以后，我国积极扩大内需，大力发展第三产业，这一时期日本对华直接投资也逐步向研发、流通、餐饮以及金融、证券、保险等高端服务业倾斜。日本企业在中国大量投资消解了日本国内的过剩生产能力，延长了日本产品、技术的生命周期，促进了其产业结构的升级，在华日资企业大部分都获得了丰厚的投资回报。据日方统计，日本在华投资企业的利润高于日本对全球投资的平均利润。

中国企业对日直接投资获得日本企业的先进技术和知名品牌，学习日本先进的管理经验，通过利用被并购企业的国际销售渠道扩展产品销售网络，提高了中国企业的竞争力和知名度，也扩大了产品销量，获得了预期的回报。中国企业并购日本濒临破产的企业，保障了原企业职工的就业和收入，为日本地方经济振兴作出了贡献。

中日经贸关系发展的历史证明，中日贸易合作给中日双方都带来了巨大的经济利益。基于这种互惠互利性与互补性的结合，中日经贸合作实现了长期的良性循环。

3）中日经贸合作发展的重点

（1）拓展重点领域务实合作

在中国经济高质量发展的大背景下，节能环保、高端制造、医疗养老、物流等领域的多样性服务消费需求不断增长；日本在相关领域拥有先进技术、成熟产品和运营经验，日本企业能够发挥优势，加大投入力度，巩固和扩大对华合作。同时用好中国扩大进口、推动贸易平衡的政策红利，在坚定不移做好传统贸易的同时，积极利用跨境电商等新模式，不断发掘中国消费者喜爱的新产品，推动日本对华出口继续增长。

（2）开展第三方市场和创新合作

中日两国经济各具优势、互补性强，开展第三方市场合作为两国务实合作开辟了新路径，不仅对两国有利，也会给周边国家及合作的第三方带来机遇，为促进本地区繁荣和世界经济稳定作出新贡献。两国开展第三方市场合作潜力巨大、前景广阔，将成为中日务实合作的新支柱。2017年以来，两国领导人就开展第三方市场合作达成共识，双方遵循“企业主体、市场运作、政府引导、互信互利”原则，创新开放共赢合作模式，加强在第三方市场基础设施、新兴产业、国际物流、节能环保、医疗保健、地区开发等领域的合作；推进境外经贸合作产业园区等建设，搭建更多贸易促进平台；发挥两国经济团体和贸易促进机构作用，为两国企业合作牵线搭桥。

（3）深化财政金融领域合作

中国将加快金融体制改革作为深化经济关键领域改革的重点任务，积极推进金融业对外开放。日本在金融改革、资本市场建设、防范金融风险、加强金融监管等方面具有丰富经验。深化财政金融领域务实合作，提升财政金融合作水平，将为两国在经贸、投资领域合作提供支持。2018年5月，李克强总理访日期间，双方就尽早签署本币互换协议达成原则共识，中方同意给予日方2 000亿元人民币合格境外机构投资者（RQFII）额度，支持日本金融机构积极通过RQFII投资中国资本市场，并对在东京设立人民币清算行持积极态度；10月安倍首相访华期间，中国人民银行与日本银行签署双边本币互换协议，协议规模为2 000亿元人民币（约合3.4万亿日元）；双方还签署了在日本建立人民币清算安排的备忘录，授权中国银行东京分行担任日本人民币业务清算行。

（4）加强地方和民间合作

地方和民间合作是中日经贸合作的重要内容，以民促官、以地方促中央是中日经贸合作的优良传统。目前两国拥有超过250对友好城市，随着双边关系的改善，两国地方间交往日益频繁。中国政府建设“雄安新区”，深化京津冀协同发展，推进粤港澳大湾区建设，实施新一轮东北振兴、西部大开发等战略；日本政府也提出“地方创生”政策，振兴地方经济。日本相关经验可为中国所用，中国的建设也将为日本企业提供新的机遇。双方应加强地方政府及民间交流，探讨战略对接可能性。

（5）加强区域和多边合作

保护主义成为影响全球经济健康稳定发展的不确定性因素，中日两国同为自由贸易的受益者和支持者，在反对保护主义、维护多边贸易体制方面拥有共同立场。2018年5月，中日韩三国领导人会议时隔两年半重启，三国向外界发出了共同捍卫自由贸易和多边体系的强有力声音，共同推进中日韩合作和东亚经济一体化，努力尽早达成全面、高水平和互惠的中日韩自贸协定。

6.1.3 中国与欧盟的经贸关系

1）中欧经贸关系的发展

欧洲联盟是世界上最为发达的区域性经济集团，其成员国范围是不断扩大的。1952年8月，法国、联邦德国、意大利、荷兰、比利时、卢森堡6国组建了欧洲煤钢共同体，1958年1月该6国成立了欧洲经济共同体，1967年7月，欧洲经济共同体与欧洲原子能共同体、欧洲煤钢共同体的主要机构合并，统称为欧洲共同体（以下简称“欧共体”）。1973年英国、爱尔兰、丹麦加入欧共体，1981年希腊加入欧共体，1986年西班牙、葡萄牙加入欧共体，欧共体成员国增加到了12个。1993年11月，“马斯特里赫特条约”正式生效，欧洲联盟（以下简称“欧盟”）正式诞生。1995年，芬兰、奥地利、瑞典加入欧盟；2004年5月1日，中东欧的波兰、匈牙利、捷克、斯洛伐克、立陶宛、拉脱维亚、爱沙尼亚、斯洛文尼亚、塞浦路斯和马耳他10国加入欧盟；2007年1月1日，保加利亚、罗马尼亚正式成为欧盟大家庭中的一员；克罗地亚于2013年7月1日正式成为欧盟第28个成员国。

中欧经贸关系历经了2 000多年的发展，可以追溯到“丝绸之路”。远在汉唐时期，由于丝绸之路的联系，我国和中东欧国家就已经建立了良好的贸易关系。我国的瓷器、丝绸等贸易商品不断地输往中东欧国家，有些还远销西欧各国。近代的西欧资本主义国家用坚船利炮打开了我国的大门，对我国进行了无情的掠夺。

中华人民共和国成立之初，由于政治上的原因，我国与西欧国家的经贸往来均为民间形式，而且数量和规模都十分小。在中欧建交之前，欧共体的个别成员就与我国进行经贸交往，但规模始终停留在较小的水平上。20世纪五六十年代贸易额在5亿埃居左右，到1970年还不足10亿埃居。直到1975年我国与欧共体建交，双方的经济贸易往来才有了突飞猛进的发展。1978年和1985年分别签订了两个贸易经济协定；1978年，欧共体确定给我国出口产品最惠国待遇；1980年1月1日我国出口产品可以享受普惠制待遇；1985年双方贸易额突破100亿埃居。1985年后，中欧进出口额每年均有较大增长，尤其在1998年我国进出口增长出现大幅度下滑时，我国对欧盟的商品贸易却呈现出较强的增长势头。2004年，欧盟实现了历史上规模最大的第五次扩大，我国与欧盟双边经贸关系在近年来持续、快速发展的基础上，实现了历史性突破，欧盟超过美、日成为我国最大的贸易伙伴，我国是欧盟第二大贸易伙伴；据中方统计，2004年中欧贸易额为1 772.8亿美元，2005年突破2 000亿美元，达到2 173.1亿美元。2007年和2013年欧盟扩容后，中欧贸易额2007年突破3 000亿美元，达到3 561.5亿美元，2014年达到6 151.4亿美元。

德国、英国（2021年1月1日，英国正式退出欧盟关税同盟和单一市场)、荷兰、法国和意大利是我国在欧盟区内的主要贸易伙伴，中欧关系走稳走实，中欧经贸合作成果丰硕。2019年，中欧双边贸易额为4.86万亿元人民币，增长速度达到8%；中国在欧盟直接投资设立的企业超过3 200家，雇用外方员工近26万人，覆盖了欧盟的所有成员国。2020年，在欧盟前十大货物贸易伙伴中，中国是唯一实现贸易双向增长的贸易伙伴，中欧进出口额4.5万亿元，同比增长5.3%；其中，欧盟对华出口增长2.2%，进口增长5.6%。欧盟出口到中国的前五大类产品中，均有机电产品，表明中国对欧洲市场的机电产品进口需求旺盛；从中国进口的前五大类产品中，均有机电产品，其次是贱金属及制品。据中国国铁集团统计，2020年中欧班列开行同比增长50%，达到12 406列，首破“万列”大关，为稳定国际供应链、产业链，助力中欧经贸关系发展发挥了重要作用。

欧盟一直是我国重要的外资来源地，欧盟对华投资部门分布广，多为我国特别需要的部门或产业，如汽车、电子、制药业、零售商业等。此外，投资项目较大，技术含量高，芬兰诺基亚、法国雪铁龙、荷兰皇家飞利浦等都为耳熟能详的欧洲公司。欧盟也一直是我国引进技术的主要来源地，英国、法国、德国、意大利等都是发达资本主义国家，工业化程度高，技术水平先进；德国的无机化学和石油化工技术居世界领先地位，法国的航空航天技术仅次于美、俄，电子工业发达，电子显微镜、半导体激光器、光导纤维等享誉世界。我国作为发展中国家，一直是技术的净进口国。中欧双方还在农业、科技、环保、通信、司法、人才培训、发展援助等领域开展了广泛的合作，中欧双方在经贸混委会下建立了经贸、环保、能源三个工作组，科技指导委员会采用中欧信息社会、知识产权、贸易政策、竞争政策和纺织品贸易对话机制，使上述领域的合作机制化。

中欧双方历经7年35轮谈判，2020年12月30日，宣布完成投资协定谈判，这是中欧经贸史上一项平衡的、高水平的、互利共赢的双边协定。平衡体现在中欧双方在协定中都作出开放承诺，同时也注重保留必要的监管权；高水平体现在谈判成果丰富，涵盖市场准入承诺、公平竞争规则、可持续发展和争端解决四方面，涉及领域远远超越传统双边投资范围；互利共赢体现在双方都拿出了高水平和互惠的市场准入承诺，中方首次明确国有企业行为义务和补贴透明规则，所有规则均双向适用，惠及中欧双方企业乃至全球企业。

2011年启动的中欧地理标志协定谈判，历经8年22轮正式谈判和上百次非正式磋商，双方于2020年9月14日正式签署《中欧地理标志协定》，2021年3月1日起正式生效。这是一项全面的、高水平的协定，全面在于受到该协定保护的地理标志数量众多、种类丰富。中欧依据协定分两个阶段互认550个久负盛名、家喻户晓的地理标志，如我国的绍兴酒、六安瓜片、安溪铁观音，欧洲的香槟、巴伐利亚啤酒、帕尔玛火腿等，种类不仅涉及酒类、茶叶、农产品、食品等，还涉及代表中国传统文化的宣纸、蜀锦等中国特色地理标志。高水平表现在保护待遇高，双方纳入协定的地理标志不仅可在对方获得高水平保护，还可使用对方的地理标志，这一规定不但有利于相关产品开拓市场，也可有效阻止假冒和伪造地理标志产品。

2）中欧投资协定[①]的意义与挑战

（1）中欧投资协定的意义

中欧经贸关系是世界上最重要的双边经贸关系之一，中欧达成平衡、高水平、互利共赢的投资协定，使双边经贸合作制度保障进一步完善，双方商品、资金等要素流动更加稳定顺畅，有望形成紧密的投资循环，带来更大的收益。

第一，有助于开拓更便利、安全的欧盟市场。这一协定包含了市场准入与投资保护条款，这势必会提升中国企业在欧投资经营的确定性与安全性；中国企业不仅可以开拓更广阔的市场空间，也能享受更加公平公正的待遇。在此基础上，中国企业可以更好地统筹国内国际两个市场，进行更合理的产业链布局；并在获取相关技术、品牌和营销渠道的基础上，全面提升企业的核心竞争力。

第二，有助于提升利用欧盟外资水平。服务业的开放是中欧投资协定的一大亮点，涉及金融服务、环境服务、建筑服务、医疗卫生、生物技术、商业服务等领域，欧方对华投资的空间进一步拓展，势必激发包括欧盟企业在内的全球企业对华新一轮投资高潮，这也将提升我国服务业水平、助力服务强国建设。

第三，有助于促进贸易投资自由化便利化。通过中欧投资协定，中国第一次以负面清单的形式在国际协定中就包括服务业在内的所有行业作出强有力的开放承诺，不仅制造业的开放可以"媲美"欧盟市场的开放水平，而且在服务业领域，除了视听服务、航空运输服务及与航空运输相关的一些辅助性服务、政府服务之外，都被纳入开放范围。考虑到世界贸易组织有关服务业准入"最惠国待遇"的原则，中欧投资协定关于服务业开放的条款未来可能适用于所有外资企业。从这个意义来说，协定将为全球贸易和投资自由化便利化作出积极贡献。

（2）中欧投资协定的潜在风险与挑战

中欧投资协定对标国际高水平经贸规则，涉及的市场开放水平之高、规则约束之严、与多边贸易体制改革关系之紧密，对我国政府、企业等行为体带来全新挑战。

第一，对我国各级政府行政行为提出更高标准。我国东部沿海地区在对外开放的行政管理方面已经走在合规的前沿。但由于发展和开放的不平衡，不少地区在落实协定的行政能力、地方性政策的合规性和通报义务的履行、审批和监管的透明度、可预测性、便利化程度方面还有大量工作要做。同时，我国在协定中的不少开放承诺已在国内自贸试验区进行了压力测试，但也有一些领域，如私立医院、新能源汽车、云计算等是首次对外开放，将面临不少压力。

第二，市场开放度提升带来的外资冲击风险。中欧投资协定所包含的市场准入条款势必在相当程度上提升中国市场开放度。在欧方具有相对优势的金融保险、健康医疗、智能制造等行业，外资开放度的提升会直接冲击中国企业的市场发展空

① 中欧投资协定即"中欧全面投资协定"，是中国与欧盟发达国家签订的双边投资协定，于2020年12月签署；2021年5月，欧洲议会通过了《冻结中欧投资协定批准程序》，中止了中欧投资协定。

间，甚至可能造成中国相关企业短期的经营困难。

第三，可持续发展、竞争中性等条款带来的规范性压力。涉及环保和劳工等议题的可持续发展条款是中欧投资协定的重要内容，这些条款一旦生效，会给中国政府和企业带来一系列新的规范性约束。政府机构需要对劳动保障、环境保护领域的法律规范进行适应性调整，以契合协定内容；相关企业需要依据这些规范调整企业规章制度并升级相关技术设备。

3）中欧经贸关系展望

中欧经济深度合作有利于共享彼此优势，提振世界经济，有利于维护世界贸易组织多边贸易体制权威性、代表性，有利于增进欧盟成员国与中国的团结与信任，在竞争中走向双赢。

第一，中欧经贸领域合作大于分歧。中欧经贸关系虽然受中美关系影响，但美国很难与欧盟在遏制中国层面形成机制性的联盟。欧盟虽然在政治上、意识形态上与美国相同，但在经贸关系上，欧盟与美国在贸易规则和国家利益层面上的分歧甚至超过欧盟与中国的分歧，有其独立的国家利益。在数字服务税、反垄断、汽车贸易等领域欧盟与美国已形成世纪之争，其分歧难以弥合。美国不是欧盟最大贸易伙伴，欧洲经贸的重心在中国。中欧在机械制造、汽车零部件、化工、金融、环保、航空、医药等领域有广泛的合作。

第二，中欧贸易在全球贸易中的重要性不断提升。2020年中国经济总量占世界经济的比重超过17%，欧盟经济总量占全球经济总量的21.8%，中欧是推动全球经济复苏的主要力量。中欧在贸易领域存在重大共同利益，在维护多边主义和自由贸易、支持经济全球化等方面持有共同立场，中欧加强经贸合作，将进一步发挥“双引擎”作用，提升中欧贸易在全球经济中的重要作用，以有力的经贸合作推动世界经济加快复苏，以实际行动维护世界多边贸易体系。

第三，中欧贸易合作推动中欧在更多领域达成共识。除经贸领域外，中欧在全球新冠病毒防控、气候变化、可持续发展、安全问题、民粹主义抬头、自然资源短缺等全球问题中也持有相似立场。中欧经贸上的相互依存无疑会对双方政治安全关系产生传导，成为制约安全关系恶化和紧张的平衡器。中欧在环境与气候、数字领域、世卫组织等层面开展深度高层对话，打造中欧绿色合作伙伴、数字合作伙伴关系。

中欧深度经贸合作有利于中国与欧盟国家在全球产业链、价值链、全球规则体系和全球治理行动中确保相互依存，从而推动构建以合作、协调、稳定为基调的新型中欧关系，并以经贸合作带动全方位合作。

6.1.4 中国与东盟的经贸关系

1）中国与东盟经贸关系的发展

东盟国家都是我国的友好近邻。1961年7月31日，马来亚（现马来西亚）、菲律宾和泰国在曼谷成立了东南亚联盟；1967年8月7日至8日，印度尼西亚、泰国、新加坡、菲律宾四国外长和马来西亚副总理在曼谷举行会议，发表了《曼谷宣言》，正式宣告东南亚国家联盟成立；同月28日至29日，马来西亚、泰国、菲律宾三国在吉隆坡举行部长级会议，决定由东南亚国家联盟取代东南亚联盟。1984年文莱加入，该六国被称为东盟老成员。1995年越南加入，1997年老挝和缅甸加入，1999年柬埔寨加入，该四国被称为东盟新成员。巴布亚新几内亚是东盟的观察员国。

1975年，我国正式承认东盟的存在。1978年11月，邓小平访问东盟三国泰国、马来西亚、新加坡。访问期间，邓小平强调中国政府和人民愿意加强和发展同东盟国家的友好关系，建立经贸和科技交往。1985年7月，我国同印度尼西亚签署了"谅解备忘录"，恢复了长期中断的直接贸易。1988年11月，李鹏总理在访问泰国期间宣布了中国政府建立、恢复和发展同东盟国家关系的四项原则。1990—1991年，我国先后与印度尼西亚复交，与新加坡和文莱建交。1991年7月19日，钱其琛外长应邀第一次参加了在吉隆坡举行的第24届东盟外长会议，开始与东盟对话。1997年12月，江泽民主席与东盟国家领导人实现首次非正式会晤并发表联合声明，确定建立中国与东盟面向21世纪的睦邻互信伙伴关系，为双边关系全面和深入发展指明了方向。2003年10月，我国政府宣布加入《东南亚友好合作条约》，并与东盟签署了建立"面向和平与繁荣的战略伙伴关系"的联合宣言。

20世纪80年代，我国与东盟关系平稳发展，经贸合作不断扩大，但南沙群岛领土主权纠纷成为双边关系的难题。我国政府提出"搁置争议，共同开发"的和平解决倡议，为稳定双边关系创造了条件。自1990年以来，我国与东盟经贸关系发展非常迅速。1991—2001年的10年间，我国与东盟的进出口贸易额年均递增20.4%，超过我国与其他国家贸易额的增长速度，也高于我国总体进出口的增长速度；货物贸易进出口额从1991年的79亿美元增长到2001年的416亿美元。

2002年11月，我国与东盟签署了《中国-东盟全面经济合作框架协议》，决定到2010年建成中国-东盟自由贸易区；《中国-东盟全面经济合作框架协议》是我国与东盟全面经济合作的里程碑，标志着我国与东盟的经贸合作进入了崭新的历史阶段。2004年中国-东盟自由贸易区计划全面启动，双边贸易额实现历史性的跨越，达到1 059亿美元，提前一年实现了双方领导人确定的2005年双边贸易额达到1 000亿美元的目标。2010年中国-东盟自由贸易区正式建成，数千种商品和服务贸易壁垒被取消，中国-东盟自由贸易区成为按人口计算的世界最大的自由贸易区，这对我国与东盟双边贸易的发展起到极大的促进作用。2010年，我国与东盟的进出口总额达到2 927.76亿美元，同比增长37.4%，中国东盟贸易额占到我国同期贸易总额的9.8%。

2015年11月，双方签署《中国-东盟自贸区升级议定书》，该协议于2019年10月全面生效。伴随中国-东盟自贸区建成和升级，双边贸易投资自由化便利化进程加快，双边经贸关系强度显著提升。2010—2019年，中国与东盟双边货物贸易占中国对外货物贸易总额的比重从10%上升到14%。2020年，中国与东盟的贸易额达到4.74万亿元，同比增长7%；东盟成为中国最大贸易伙伴，中国则连续12年保持东盟第一大贸易伙伴地位。

从贸易结构来看，中国与东盟的互补性贸易结构不断巩固。随着国内市场消费需求的进一步扩大，中国对东盟金属矿及矿砂、农产品进口需求旺盛，中国在东盟出口市场中的地位显著提升。2010—2018年，在东盟初级产品出口中，中国市场份额从23%上升到29%；在东盟消费品出口中，中国市场份额从5%翻倍至10%。作为区域经济一体化实践的重要典范，中国-东盟自贸区建设和升级对推动东亚区域经济一体化具有激励和示范作用。

从国别结构看，在中国与东盟建立对话关系初期，新加坡、印度尼西亚和马来西亚是东盟成员国中对中国贸易规模排名前3的国家，1996年3国占东盟对华贸易总额的比重分别约为34.7%、17.5%和17.1%。2011年，中国与东盟建立对话关系20周年时，马来西亚一跃成为与中国贸易规模最大的东盟成员国，占东盟对华进出口额的比重为24.8%，泰国和新加坡分列第2位和第3位，所占比重分别为17.8%和17.5%。此后，越南异军突起，与中国的贸易规模飞速增长。到2020年，越南对华贸易额占东盟对华贸易总额的比重已高达28.1%，在东盟成员国中稳居第1位，马来西亚和泰国以19.2%和14.4%的比重分别位列第2位和第3位。

我国与东盟国家地理位置相邻，文化背景相似，东盟国家成为我国吸引外资的重要地区之一，也逐步成为我国企业对外直接投资的重要地区之一，同时是我国企业开展承包劳务合作的主要目的地。根据商务部的统计，2014年中国与东盟的双向投资额累计约为1 300亿美元。其中，中国企业累计在东盟国家投资总额为352.1亿美元，2014年新增非金融类直接投资58.8亿美元，同比增长2.5%；东盟国家累计来华投资917.4亿美元，其中，2014年新增直接投资63亿美元，同比下降24.53%。近年来随着中国对东盟直接投资额的快速增长，双向直接投资存量逐步趋向均衡。截至2020年末，中国在东盟区域内的直接投资存量约为1 266.8亿美元，东盟在中国的直接投资存量约为1 325.6亿美元，双边直接投资存量超过2 500亿美元。分行业来看，中国对东盟的直接投资正从建筑业、金融业、批发零售业和商务服务业逐步向能源和制造业转移，反映出东盟正从中国重要的商品市场逐步转变成中国产业转移的重要目的地；东盟对中国的直接投资，则主要集中在制造业、租赁和商务服务业以及房地产业。

2016年9月，双方发表《中国-东盟产能合作联合声明》，明确了双方的利益融合点和理念共识，为推进国际产能合作奠定基础。中国与东盟国家之间的产能合作涵盖基础设施建设、传统制造业、跨境电商、信息技术和金融服务等众多领域。截至2021年6月底，中国企业在东盟国家开展工程承包合作累计完成营业额接近3 500亿美元。

2）中国与东盟经贸合作的新挑战

第一，美国等域外国家频繁搅局，增加双方经贸合作的不确定性。中国与东盟由政治互信助推经贸合作，经贸共赢又进一步夯实双方政治互信的基础。近年来，美国将中国视为“主要竞争对手”，联合“盟友”采取各类政经手段遏制中国的发展。处于中美大国竞争环境下的东盟各国势必成为美国制约中国发展的重要抓手，美国等域外国家恶意炒作中国与东盟部分成员国间的领海争端等问题，通过胁迫、拉拢等手段干扰中国与东盟经贸合作大局，对双边的经贸合作和东盟的平稳发展都产生了负面影响。

第二，双方贸易不平衡有持续迹象，贸易结构有待优化。在中国与东盟建立对话关系初期，中国与东盟贸易基本保持平衡，中国每年对东盟的贸易逆差占双边贸易总额的比例在10%以内。进入新世纪，东盟对华出口增速始终快于中国对东盟的出口增速，中国对东盟的贸易逆差大部分年份占双方贸易总额的比重都在10%以上，只在2008年和2009年受全球经济危机的影响双边进出口贸易基本平衡。部分东盟国家对近年来持续的对华贸易逆差不满，认为其会导致国内资源外流和就业水平下降，甚至认为中国才是中国-东盟自贸区的真正受益者。

第三，双边投资不平衡加剧，各成员国对华经贸合作增速不一。与中国和东盟双向贸易持续增长不同，中国和东盟在双向投资领域的不平衡问题有加剧趋势。20世纪90年代初期，中国实际利用的东盟直接投资额大于中国对东盟的直接投资额，这种情况一直持续到2013年。2014年中国对东盟的直接投资首次超过东盟对华直接投资，且长期保持这一态势。中国对东盟各成员国直接投资的国别分布相对较为均衡，而东盟对中国的直接投资则基本完全来自新加坡。东盟各成员国与中国贸易投资的增速存在差异，影响双方的整体经贸合作。

第四，东盟各国的经济差异和政治不稳定，制约了东盟一体化进程并影响中国与东盟经贸合作。受经济基础、地理位置和资源禀赋等因素的影响，东盟内部各成员国之间的经济发展极不平衡，各国经济规模和收入水平的巨大差异，严重制约了东盟一体化的进程，各成员国利益关切迥异，中国很难用统一的标准和规则与所有东盟成员国展开经贸合作，大大降低了双方合作的效率。此外，部分东盟国家处于经济转型时期，国内政局动荡不安，政府不得不将主要精力用于解决国内社会问题，延缓了东盟经济一体化进程，同时也严重影响来自中国等外国投资者的信心，对中国与相关国家的全面经贸合作带来阴霾。

3）中国与东盟经贸合作的新举措

第一，提升战略互信，为双方务实经贸合作奠定坚实基础。中国应坚持“双轨”原则，既要强化同东盟的双边经贸合作，扩展双边贸易投资渠道，也要强化与东盟在区域全面经济伙伴关系协定（Regional Comprehensive Economic Partnership，RCEP）、WTO等多边框架下的经贸合作，继续支持东盟在东亚经济合作中的中心地位，在“中国-东盟2030年愿景”的指导下，不断扩展与东盟的多边合作机制，助推中国与东盟国家共同发展。同时，中国和东盟还应在尊重彼此文化和社会价值多样性的基础上，深化双方人文交流合作，提高中国与东盟各国民众之间的相互理解和信任程度。

第二，扩大开放水平，鼓励中资企业对东盟投资，携手改善贸易结构。中国在构建新发展格局的过程中，依托中国-东盟自贸区升级版和RCEP，通过加快削减各种关税和非关税壁垒，缩短通关时间，提高贸易便利化水平等方式，为东盟商品进入中国市场创造更优良的条件。中国-东盟博览会和中国国际进口博览会等一系列商品博览会，也将继续为东盟商品进入中国市场搭建桥梁。

中国和东盟还应共同努力创造更好的投资环境，激励中资企业加大对东盟的直接投资，尤其是产业链和供应链上游相关环节的投资力度，实现当地产业和价值链的优化升级，提高东盟出口产品的附加值，增加对华出口规模，丰富对华出口商品种类，有助于实现双边贸易的平衡发展。中国与东盟双方还应抓住数字经济这一发展机遇，深入挖掘产品价值，运用技术手段加强商品的可贸易性，创造更多满足双方需求的产品和服务，增强双方经贸合作的质量。

第三，深化抗疫和减贫合作，缩小区域发展差距，促进地区均衡发展。新冠肺炎疫情对全球经济和区域经济影响的长久性和复杂性可能超出预期，其广泛的传播性决定了世界各国必须携手共同应对。中国在抗疫上取得阶段性成功，成为2020年唯一实现正增长的世界主要经济体，疫苗、检测试剂等医疗物资和生活、生产物资的供应能力恢复，应与东盟进一步深化抗疫合作，早日实现区域经济的恢复与增长。

贫困问题仍是制约东盟欠发达成员国经济发展的重要问题。中国和东盟应利用好双边和多边交流平台和机制，积极开展减贫的合作研究，制定具体的减贫合作规划。中国可与东盟发达成员国合作，继续加大对东盟欠发达成员国的支持力度，提供资金、技术和设备援助，共同建设更多的基础设施和惠民项目，充分发挥次区域合作在缩小区域发展差距上的重要作用。

第四，加强基础设施互联互通，提高区域经济一体化水平。互联互通是贸易、投资、人员自由流动的前提，不仅是促进区域内经济增长所必备的条件，更是提高中国与东盟经济一体化程度的重要渠道。互联互通不仅包括交通基础设施的“硬联通”，更包括规章制度、标准和政策的“软联通”，“软联通”与“硬联通”相辅相成，互促互进。

在“硬联通”方面，中国应进一步鼓励中国企业加大“走出去”的步伐，充分发挥自身技术优势和资金优势，积极参与东盟各国基础设施的建设和融资，加强港口、铁路、公路、能源、网络通信等基础设施的互联互通。双方应鼓励亚洲基础设施投资银行、亚洲开发银行等信贷机构为东盟数字经济和新能源经济等新型基础设施提供融资支持，并充分发挥私人资本的作用。同时双方应继续推进次区域合作机制下持续加强的互联互通合作，落实互联互通再联通倡议。在“软联通”方面，双方应共同搭建沟通平台，东盟各国设立的“东盟互联互通总体规划2025”国家联络中心可将中国包括在内，共享互联互通计划下的最新信息。

6.2　中国与主要区域合作机构的关系

6.2.1　中国与APEC的关系

亚太经济合作组织（Asia-Pacific Economic Cooperation，APEC）自1989年成立以来，在推动地区贸易和投资自由化、便利化，加强成员间经济技术合作等方面发挥了不可替代的作用。我国加入APEC以来，始终本着积极参与、求同存异、推动合作的精神，积极参加亚太经济的合作进程，在APEC中扮演着日益重要的角色，发挥着越来越大的作用。

1）APEC的特点

亚太地区经济合作问题最早是在20世纪60年代初由日本民间人士提出的。20世纪80年代，国际形势因冷战结束而趋向缓和，世界经济全球化、贸易投资自由化和区域集团化的趋势渐成潮流。1989年11月5日至7日，澳大利亚、美国、加拿大、日本、韩国、新西兰和东盟6国在澳大利亚首都堪培拉举行亚太经济合作会议首届部长级会议，标志着亚太经济合作会议的成立。1993年1月，亚太经合秘书处在新加坡成立，负责该组织的日常事务性工作。1993年6月正式改名为亚太经济合作组织。

经过多年的发展，APEC形成了领导人非正式会议、部长级会议、高官会、委员会和专题工作组、秘书处等多个层次的工作机制。亚太地区各国经济发展水平差异很大，既有世界上最发达的工业国家，也有经济已发展到相当水平的新兴工业化国家和地区，还有一般的发展中国家和最不发达的国家；各国的社会结构很不一致，政治、经济制度也不相同；国家大小、自然资源分布和国力强弱悬殊，大、中、小国并存；各国的政治、经济、军事实力呈不对称结构；各国的文化背景、宗教信仰存在着差异；各国之间还存在着一些历史遗留的疑虑和问题等。这些因素给亚太地区经济一体化带来了较大的困难，也使亚太地区的经济合作出现了全新的特点。

第一，广泛性。APEC的21个成员，就地理位置来说，遍及北美、南美、东亚和大洋洲；就经济发展水平来说，既有发达的工业国家，又有发展中国家；就社会政治制度而言，既有资本主义国家，又有社会主义国家；就宗教信仰而言，既有基督教国家，又有佛教国家；就文化而言，既有西方文化，又有东方文化。成员的复杂多样性是APEC存在的基础，也是制定一切纲领所要优先考虑的前提。

第二，松散性。亚太地区的经济合作采取松散的形式，即非正式的形式，容易把各成员之间的共同点汇集起来，撇开分歧和矛盾，培养和创造相互信任，缓解或消除紧张关系。亚太地区的经济合作，早在20世纪70年代和80年代，就通过民间接触解决了一些超国家的问题。1989年以来的APEC会议是采用一种避开一切分歧的实用主义的行动方式，不谈任何成员的资格、机构，有约束力的决议，邀请有关各成员的外交部长、贸易部长，就自发进行的经济一体化和合作建立一个协商和协调的场所。这种非制度化和非正式性是APEC的一个特点。

第三，开放性。亚太地区大多数国家和地区都是从实行出口导向政策发展起来的，相对开放的国际贸易体系是这些国家和地区经济发展必不可少的外部条件。亚太地区绝大多数成员主张亚太经济合作应该是开放性的，非排他性的，在加强本地区经济合作的同时，不应对外设置贸易壁垒，不应损害与区外国家的联系。APEC主张对内对外都要开放，这是APEC与其他经济贸易集团的区别。

第四，渐进性。亚太地区各国间存在的巨大差异决定了区内经济合作具有渐进性，不可能在短期内形成类似欧盟或者北美自由贸易区那样的经济一体化组织，而是需要经过先易后难、先初级后高级的渐进的、长期的发展过程。如1994年APEC领导人非正式会议发表的《茂物宣言》宣布，在亚太地区实现自由、开放的贸易与投资的长远目标；发达成员将不迟于2010年、发展中成员将不迟于2020年实现这一目标；APEC成员应进一步减少相互间的贸易和投资壁垒，促进贸易、服务、资本的自由流动。

第五，多层次性。亚太地区的特殊性决定其区域一体化建设是一项极为艰巨的工作，只能采取多层次、多形式的合作方式。在整个区域层次上，APEC会议作为官方的论坛和合作机构，将逐步成熟，成为协商、协调各国、各地区经济政策的主渠道。在次区域层次上，地域相近、业已存在较多经济联系和具有共同利益的国家和地区可以开展实质性的合作。这种次区域性多边合作形式多样、灵活性强，在亚太地区一体化进程中居十分重要的地位，如东亚地区的“10+1”“10+3”合作机制。在次区域性的双边合作上，亚太各国、各地区可以在区域化经济合作的框架内，进一步加强双边合作，发展经贸联系，如日本与新加坡签署的“新时代经济合作伙伴关系协定”，正在酝酿或谈判中的中国-新西兰自由贸易协定等。由此可见，亚太地区多层次、多形式的区域经济合作体系正在形成，每个国家或地区均可以成为一个或数个次区域合作组织的成员，参与多种形式的合作进程。

2）中国在APEC中的作用

我国作为APEC最大的发展中成员及最具有经济潜力和活力的成员，对APEC的进程起着有益的推动作用和建设性作用。

第一，推动亚太地区的经济增长。我国自1991年参加APEC后，就一直以积极的姿态投身到区域合作的组织与活动中。30多年中，我国经济的长足进步为亚太经济的发展注入了生机和活力。国际著名投资银行雷曼兄弟公司发布了一份名为《中国：洞悉经济实况，掌握无限商机》的中国专题报告，其全球首席经济学家莱夫利恩宣称，根据该调查报告的预测，中国经济规模在2030年会成为仅次于美国的世界第二大经济体。2010年中国成为世界第二大经济体，我国经济的增长是亚太经济持续增长的重要推动力，将在亚太和世界的经济和贸易交往中发挥着更大的作用。

第二，推动贸易和投资自由化。在1994年茂物会议上，江泽民主席提出亚太经济未来发展的五项原则：相互尊重、协商一致，循序渐进、稳步发展，相互开放、不搞排他，广泛合作、互利互惠，缩小差距、共同繁荣；并明确指出，我国赞成APEC把贸易投资自由化作为一个长远的目标，赞成制定适当的时间表。在1995年大阪会议上，我国承诺从1996年4月1日开始，将4 900个税目商品的平均关税从35.9%降到23%，降幅为35%；取消170项进口商品的配额许可证制度。在1997年温哥华会议上，我国在APEC单边行动计划中承诺，2000年前确定审查所有非关税措施，逐步减少非关税措施，并确保非关税措施透明度；2010年前进一步减少非关税措施；2020年前取消所有不符合WTO的非关税措施。我国采取的措施是APEC所有成员中最引人注目的，我国的参与、合作和支持，积极地推动了APEC的贸易投资自由化。

第三，促进经济技术合作。APEC的经济技术合作不同于其他的国际或地区组织，它是以彼此平等、互惠互利、协商一致、自愿参加和力所能及为原则的，它突破了传统的“发展援助”模式。我国是加强APEC内部经济技术合作的积极倡导者和坚定的支持者，并期望从加强合作中获益。在1997年温哥华会议上，江泽民主席指出，经济技术合作和贸易投资自由化是相辅相成、紧密结合的，科技合作应是亚太经济合作的重要内容和优先领域。在1998年吉隆坡会议上，江泽民主席赞赏东道主马来西亚领导人主持制定的《走向21世纪的亚太经合组织科技产业合作议程》，并宣布中国政府提供1 000万美元设立“中国亚太经合组织科技产业合作基金”，用于资助中国同其他APEC成员在科技等领域的合作。在2001年上海会议上，我国提出要加强以人力资源能力建设为核心的经济技术合作，使之与贸易投资自由化平衡发展。在2003年曼谷会议上，胡锦涛主席代表我国政府提出科技创新倡议，希望就促进亚太地区科技创新制定指导原则；作为启动项目，我国于2004年2月在北京举办了有关科技中介机构发展问题的高级研讨会。

第四，保障APEC的顺利发展。APEC的生命力在于在承认和保持多样性的前提下开展多种形式、多种方式和多种速度的地区合作，推动贸易投资自由化，加强经济技术合作，保持地区的长期稳定发展和各成员的共同繁荣。我国坚持APEC的组织非机制化、功能非指令化、方式非条约化，对于缓和APEC发展进程中的矛盾，保证APEC沿着一条现实和可行的道路发展起到重要的作用。早在1993年的西雅图会议上，江泽民主席就提出APEC“相互尊重、平等互利、彼此开放、共同繁荣”的区域经济合作指导原则。针对亚太地区的新形势和多样性特点，在1995年的大阪会议上，我国提出APEC应该发展成为一个具有鲜明亚太地区特色的经济合作组织，要把世界和亚太经济的持续发展作为合作的根本目标，要为发展中成员经济持续增长创造有利的外部条件，要坚持自主自愿原则，要尊重差别，恰当把握贸易投资自由化的合理速度，要实行贸易投资自由化与经济技术合作并重的方针。2004年是APEC成立15周年，在圣地亚哥会议上，胡锦涛主席回首过去，展望未来，认为APEC要坚持经济合作为主的方向，坚持独特的合作方式，坚持循序渐进的前进道路，坚持与时俱进的改革精神，始终保持APEC的生命力。

3）中国参与APEC的原则立场

第一，坚持贸易自由化和措施便利化自愿的原则。APEC成员的经济发展水平、经济体制和文化背景千差万别，经济利益的侧重点也不尽相同，保持自愿、协商一致、自主性原则，可以较好地保护发展中成员的利益；当然，自愿和自主并不是放任自流或自行其是，要有协调和承诺。因此，我国支持“协调的单边主义”和“共同承担义务”并行。

第二，坚持行动议程和市场开放安排灵活性的原则。APEC成员之间发展水平和内部的情况差别很大，尽管在贸易投资自由化的进程上区别了发达成员和发展中成员的进度，但在具体事件和部门安排选择上还需要灵活性。可比性体现在与各自水平和能力相适应的进展幅度上；灵活性应该体现在时间表的范围内，各成员可以根据自己的实际情况按照“轻重”和“易难”灵活安排。当然，灵活性的前提是APEC成员要承担和完成承诺和义务。

第三，坚持“两个轮子”一起转的原则。APEC是亚太地区众多经济体的经济合作组织，经济技术合作与贸易投资自由化是并行不悖、不可或缺的两个有机组成部分。我国始终坚持把贸易投资自由化与经济技术合作放在同等重要的位置平衡发展，坚持贸易投资自由化与经济技术合作“两个轮子”一起转的原则，真正追求“缩小各成员间经济差距”。

第四，坚持实行非歧视原则。非歧视原则是关系到APEC如何贯彻平等原则的大问题，而美国出于其自身利益考虑，坚持双重标准，对其优势部门如服务贸易、投资、知识产权、政府采购等实行非歧视原则，对其竞争力不强的商品贸易则不实行非歧视原则。虽经激烈较量，大阪会议在《行动议程》中写上了“APEC将努力在各成员间实行非歧视原则”的字句，但还没有全面反映我国的立场，这项原则仍有待完善。

6.2.2 中国与SCO的关系

上海合作组织（Shanghai Cooperation Organization，SCO）是世界政治多极化和经济全球化的产物，是保障地区安全和加快地区经济合作的产物，是21世纪诞生的第一个区域性多边合作组织，也是第一个由我国倡导建立的，并以我国城市命名的政府间国际组织。SCO区域合作职能的不断完善，在欧亚地区乃至整个国际社会的影响力也在不断扩大，成为世界政治、经济生活中重要的地区性合作组织之一。

1）SCO的特点

苏联解体后，中亚各国纷纷独立，历史遗留的边界问题成为中国与中亚邻国的主要问题。为加强边境地区的信任和裁军，中国、俄罗斯、哈萨克斯坦、吉尔吉斯斯坦、塔吉克斯坦五国元首于1996年和1997年先后在上海和莫斯科举行会晤，签署了《关于在边境地区加强军事领域信任的协定》和《关于在边境地区相互裁减军事力量的协定》。此后，这一年度会晤形式被固定下来，会晤内容也由加强边境地区信任逐步扩大到五国在政治、安全、外交、经贸等各个领域的互利合作。2000年杜尚别峰会时，乌兹别克斯坦总统应邀以主席国客人身份与会。由于五国元首首次会晤在上海举行，因此这一合作机制后来被冠以“上海五国”的称谓。

2001年6月，“上海五国”诞生一周年之际，五国元首再次聚首上海，乌兹别克斯坦总统正式参加了此次会晤。六国领导人签署了《上海合作组织成立宣言》，宣布为更有效地共同利用机遇和应对新挑战与威胁，提升相互合作层次和水平，六国决定在“上海五国”机制基础上成立上海合作组织。2001年9月，上海合作组织政府首脑在哈萨克斯坦阿拉木图举行首次会谈。2002年6月，SCO成员元首在圣彼得堡会晤，并签署了《上海合作组织宪章》，标志着新组织从国际法意义上得以真正建立。

SCO是历史上第一个由中国倡导，在中国成立，用中国城市命名的地区合作组织，是欧亚大陆最大的地区合作组织，具有与其他地区组织不同的特点。

第一，SCO是一个以安全为先行的多边合作组织。苏联解体后，民族分裂主义、宗教极端主义和国际恐怖主义在中亚地区抬头，并与地区外各种政治势力和极端势力相勾结，对有关国家及欧亚地区的稳定构成严重威胁。在此背景下，五国元首开始就地区严峻的安全形势进行磋商，决定采取必要的应对措施。1999年，五国元首在比什凯克会晤中正式提出了采取联合行动“打击民族分裂主义、宗教极端主义和国际恐怖主义”三股势力的问题。在杜尚别会晤时，五国元首再次重申了“联合打击对地区安全、稳定和发展构成主要威胁的民族分裂主义、国际恐怖主义和宗教极端主义，以及非法贩运武器毒品和非法移民等犯罪活动”的决心。六国元首在上海签署的《打击恐怖主义、分裂主义和极端主义上海公约》，使六国打击“三股势力”的工作法律化、制度化，目的是建立一个安全、稳定、和平的环境，为发展其他领域的合作创造条件。

第二，SCO是不结盟的、不针对其他国家和其他国际组织的、开放性的地区合作组织。所谓不结盟，就是成员方之间结伴而不结盟；所谓不针对其他国家和其他国际组织，就是不视其他国家和其他国际组织为对手和敌人，争取同它们发展良好的关系；所谓开放性，就是这一组织敞开大门，可以在条件成熟和协商一致的基础上吸收认同本组织宗旨和原则的有关国家为新成员；同时，积极稳妥地与其他国家及有关国际和地区组织开展各种形式的对话、交流与合作。

第三，SCO是一个贯穿着“上海精神”的地区多边合作组织。“上海精神”是

"上海五国"在其发展过程中逐步培育和形成的，其核心就是"互利、互信、平等、协商、尊重多种文明、谋求共同发展"。实践证明，本着这一精神，可以通过平等协商，和平解决彼此间的歧义和可能出现的各种问题；可以在相互尊重独立、主权和领土完整、互不干涉内政、互不使用或威胁使用武力的基础上建立睦邻友好的关系；可以在平等互利的基础上发展双边和多边经贸合作，促进共同发展。

第四，SCO倡导新型的安全观、新型的国家关系和新型的区域合作模式。新型的安全观的内涵就是相互信任、裁军与合作；新型的国家关系的核心就是结伴而不结盟；新型的区域合作模式的特点就是大小国家一律平等、共同倡导、安全先行和互利协作。

第五，SCO是中国和俄罗斯两个结成了战略协作伙伴关系的大国一起参加并起重要作用的地区合作组织。"上海五国"进程的顺利发展得益于中俄两国间卓有成效的合作，SCO的成立也与中俄团结协作密切相关。中俄在SCO范围内的合作是两国战略协作伙伴关系的重要组成部分，今后中俄将继续与其他成员方一起共同努力推动SCO的健康发展。

2）SCO区域经济合作

（1）SCO区域经济合作的优势

SCO自成立之日起，就将经济合作和安全合作作为推动组织向前发展的"两个轮子"。在SCO框架内开展区域经济合作具有五大优势。

第一，市场规模可观，发展潜力巨大。SCO六国总面积3 017万平方千米，占欧亚大陆面积的3/5，占世界人口的1/4。目前，区域内的经济总规模约为3万亿美元，对外贸易总额约为1.8万亿美元，市场消费能力超过了1.5万亿美元。而且，近年来各成员方的经济都保持了较快的发展速度，展示出了巨大的发展潜力。

第二，经济结构各有所长，产业优势互补。SCO各成员方发展各有所长，有的具备强大的工业基础和科技实力，有的培育了较强的生产能力，有的蕴藏着丰富的资源，有的积极构建交通枢纽。这些优势的有效结合将产生巨大的经济效益和社会效益，推动各国社会、经济迅猛发展，造福各国人民。

第三，各国经济联系密切，相互依存程度提高。中国是其他成员方的重要贸易伙伴，在区域内的投资规模迅速扩大。哈萨克斯坦、塔吉克斯坦、吉尔吉斯斯坦和乌兹别克斯坦在区域内的贸易额都占到了本国对外贸易额的1/3甚至更多。本地区已成为成员方经济保持持续稳定健康增长的重要依托，逐步成为各方投资的热点。

第四，地理位置毗邻，传统友谊深厚。SCO成员方间不可替代的地缘优势、经过岁月洗礼的传统友谊，将使推进区域经济合作的努力，产生事半功倍的效果。

第五，发展目标已经明确，合作平台日益完善。SCO各成员方已经就区域经济合作的近期目标、中期目标和长远目标达成共识，围绕发展目标，成员方的经贸部长会议机制已经建立，各专业工作组的良好运作，银行间联合体和实业家委员会的成功启动，为合作搭建了多元化的平台。区域经济合作从建机制、签文件的初创阶段，转到落实项目、尽快见效的全面务实合作的新时期。

（2）SCO区域经济合作的目标

《上海合作组织成立宣言》中已经包括了开展区域经济合作的内容，随着《上海合作组织成员国政府间关于开展区域经济合作的基本目标和方向及启动贸易和投资便利化进程的备忘录》《上海合作组织成员国多边经贸合作纲要》等纲领性文件的先后签署，经贸合作在成员方合作中的重要地位不断得到加强和提高。2004年9月通过的《关于〈上海合作组织成员国多边经贸合作纲要〉落实措施计划》，进一步将经贸合作推向了具体实施阶段。

根据《上海合作组织成员国多边经贸合作纲要》及其落实措施计划，SCO区域经济合作具有三个阶段性目标：一是短期目标，即积极推动贸易投资便利化进程，确定共同感兴趣的经贸合作优先领域和示范合作项目并付诸实施；二是中期目标，即在2010年之前共同努力制定稳定的、可预见的和透明的规则和程序，实施贸易投资便利化；三是长期目标，即在2020年之前将致力于在互利基础上最大效益地利用区域资源，为贸易投资创造有利条件，以逐步实现货物、资本、服务和技术的自由流动。

2019年9月，SCO经贸部长会议讨论了区域经济合作的现状和前景，强调在贸易投资、交通物流、旅游、农业、工业、能源、信息通信技术、区域发展、科技、生态环保等领域加强协作的迫切性和重要性，通过新版《上海合作组织成员国多边经贸合作纲要》，作为2020—2035年推动区域经济合作在新时代取得新发展的纲领性指导文件，决心采取切实行动，推动各领域务实合作，早日取得新成效。

2020年11月峰会上，各国元首决定在SCO框架内进一步深化合作，推动安全、贸易与经济、人文领域的切实协作，加强政治对话，维护SCO国家的稳定，提高经贸合作效率。

为实现上述目标，SCO成员方协商共同立场，确定互利的经济和科技合作的途径；在WTO框架内相互协作，支持正在申请加入WTO的成员方；根据各成员方国内法律，为保证经营主体生产活动的平等机会而创造条件；制定经济合作的共同专项规划和投资项目，促进建立良好的投资环境；提高贸易和投资政策的透明度，就该领域法律法规进行信息交流；发展本地区各国银行间合作和金融信贷关系；就利用和进一步发展交通运输和通信领域现有基础设施进行合作；以公认的国际标准和规则为基础，在商品标准和合格评定方面开展合作；完善海关程序；在各国国际义务框架内逐步消除相互贸易中的关税和非关税壁垒。

根据《上海合作组织成员国政府间关于开展区域经济合作的基本目标和方向及启动贸易和投资便利化进程的备忘录》，能源、交通运输、电信、农业、旅游、银行信贷、水利和环境保护领域，以及促进中小企业实体间的直接交流为经济合作的主要方向。

(3) SCO区域经济合作的模式

《上海合作组织成员国多边经贸合作纲要》明确提出，SCO区域经济合作的模式采取自由贸易区的模式。

第一，促进区域内贸易的增长。SCO某些成员方目前仍保持了较高的关税水平，许多产品的贸易数量限制仍然存在，反倾销等双边贸易纠纷时有发生。自由贸易区建立后，通过消除关税和非关税壁垒，形成区域性的统一市场，加强区域内商品、劳务、技术、资本等生产要素的自由流动，可以在很大程度上降低相互之间的交易成本，从而加深成员方在经济上的相互依赖程度，提高区域内贸易规模和比重，提升整体生产效率。

第二，刺激投资。区域经济合作会形成投资创造效应，即区域经济合作对外国直接投资流入的刺激，使世界其他国家对区域内国家的直接投资和区域内成员方之间的直接投资迅速增加。实行区域经济合作的国家间贸易壁垒被取消后，商品在成员方之间的流动性大大增强，从而扩大了市场空间，这一方面给区域内的生产企业直接带来规模经济效益，使其以更低的企业成本获得更高的利润；另一方面一些跨国公司非常注重区域经济合作引起的市场的扩大和需求的增加，投资于一体化组织内部，占领有利的市场地位，以期获取新增的市场份额。SCO建成自由贸易区后，广阔的市场、丰富的资源、自由开放的贸易投资环境，均可为区内区外资金的流动创造有利的条件。

第三，促进技术交流与合作。SCO成员方间在技术上各有优势，自由贸易区的建立将促进生产要素的流动，通过技术交流与合作，实现生产要素的有机结合，有利于各成员方产业结构的调整与升级。如俄罗斯在航天航空、海洋、核技术、船舶制造、遥感遥测、特种冶金等高技术领域居世界领先地位，中亚国家在有色金属冶炼、提纯等技术上处于世界领先水平；中亚成员方在精细化工、轻工业、食品和纺织业等行业比较薄弱，而中国在石化制品、食品、畜产品、轻纺织品、药品等领域恰好可以弥补中亚各国的不足，形成优势互补。SCO自由贸易区建立后，通过区域内经济技术合作，一方面能够提高生产要素的质量和供应量，另一方面能够促进生产要素在区域内部和世界范围内的合理流动，增加社会福利，使各成员方生产要素结合达到最优状态。

第四，提升SCO在国际经济格局中的地位。区域经济合作仍将是未来世界经济发展的一个主要趋势，欧盟、北美自由贸易区、亚太经济合作蓬勃发展，在SCO框架下建立自由贸易区，随着贸易规模的扩大、投资的增加，必将为区域内各国创造更多的就业机会，促进各国经济的发展，由此将促进区域整体经济水平的提高，对外用同一种声音讲话，提升本组织在国际经济格局中的地位，为各国经济发展赢得更为有利的外部环境。同时，SCO的六个成员方都是发展中国家，在一定程度上代表广大发展中国家的利益，因此，SCO经济实力的增强，将会对国际经济新秩序的建立产生一定影响。

3）SCO对中国的意义

（1）从地缘政治与地缘经济的角度来看，中国需要SCO

现代世界政治与经济的一大特点是其地缘性，相邻的国家和地区通过合作组成一个比较紧密的组织，用一个声音讲话已经成为一种极为普遍的现象，地区大国可以利用地缘政治发挥世界大国的影响，尤其是在经济事务中更为明显。中俄两国是世界上非常重要的国家，一个是世界人口最多，中国的人口已经超过了14亿人；一个是世界版图第一，俄罗斯拥有1 700万平方千米的土地。在国际事务中，这两个相邻国家的作用都不可小觑，双方都会有独立的看法，这种独立的看法有时没有矛盾，有时会有很大的冲突。通过SCO构筑沟通的渠道和交流的平台，可以利用地缘政治和地缘经济发挥世界大国的影响。如中俄两国在SCO框架内联合进行反对恐怖主义军事演习，取得了很好的效果。

（2）从经济发展保障的角度来看，中国需要SCO

从我国的角度来看，实现SCO的区域经济一体化，有利于实现周边关系的稳定和和平，有利于解决经济发展中资源、市场等要素的不足问题，有利于为我国企业对外投资提供重要选择，有利于回避各种贸易集团可能带来的贸易转移效应的影响。从资源禀赋看，里海地区被探明有着丰富的石油资源，而SCO中坐落在里海沿岸的俄罗斯和哈萨克斯坦是排在世界前列的石油储量大国。根据国际能源署的分析，2020年我国石油需求80%依赖进口。我国与SCO其他成员方在能源上的差异展示了两者经济合作的巨大潜力；由于地缘上的优势，我国显然需要中亚地区的石油和天然气。SCO对华石油出口在中国石油贸易中占据越来越重要的地位。上合组织的石油出口对中国举足轻重，对于中国稳定石油进口，分散石油进口来源，促进石油供应安全起到非常重要的作用。

（3）从西部大开发战略的角度来看，中国需要SCO

SCO的其他五个成员方，可以分为两种类型：一种是能源密集型国家，如俄罗斯、哈萨克斯坦；另一种是典型的农业国，如吉尔吉斯斯坦、塔吉克斯坦、乌兹别克斯坦，但这三个国家的能源存量也非常大。这些国家的能源走向一直流向欧洲和美国。中国和日本都是能源净进口国，SCO成立后，其成员方的能源输出开始由西向东进行调整，我国的西部地区可以看作这些国家能源东输的大陆桥。同时，就中亚四国来讲，其经济结构与我国西部很相似，我国实行西部大开发战略，对整个中亚地区也起到了促进作用；中亚是一个未被充分开发的消费市场，我国新疆维吾尔自治区作为欧亚大陆中心的商品集散地和民族特色市场，为中亚国家提供了不断吸纳其产品的巨大潜力。

6.2.3　中国与BRICS的关系

金砖国家（BRICS）最初是指巴西、俄罗斯、印度和中国四个成长前景看好的新兴市场国家。这一概念由美国高盛公司于2003年提出。2006年9月，上述四国外长在联合国大会期间举行首次外长会晤，此后每年依例举行。2009年6月，“金砖四国”领导人在俄罗斯举行首次正式会晤，金砖国家合作机制正式启动。2010年12月，南非正式加入后，这一合作机制由最初的“金砖四国”变为“金砖五国”，金砖国家合作机制建设伴随着务实合作不断健全完善。

1）BRICS合作的发展

金砖国家合作是世界经济发展、国际格局变迁、全球治理体系改革的客观要求和必然结果。金砖国家合作机制的建立，旨在提高金砖国家及新兴市场国家和发展中国家在国际机构中的发言权和代表性，推动构建开放、包容、共享、均衡的经济全球化，建立公平、公正、平等、民主、更具代表性的国际秩序，促进金砖国家及新兴市场国家和发展中国家经济发展。

2017年，金砖国家领导人厦门会晤期间，习近平主席提出了“金砖+”的概念，意在通过金砖国家同其他发展中大国和发展中国家组织进行对话，建立更广泛的伙伴关系，扩大金砖的“朋友圈”，把金砖合作打造成为当今世界最有影响力的南南合作平台。截至2018年年初，金砖国家已经建立60多项合作机制，涵盖经贸、金融、农业、教育、科技、文化、智库等多个领域。金砖国家合作打破了世界经济由发达国家长久主导的格局，给发展中国家的经济合作和共同发展开辟了可行之路，有力撬动了国际秩序的转型与改革，也为建立新型国际关系进行了有益探索。其间，金砖国家对世界经济增长的贡献率超过50%，对全球减贫的贡献率达到近80%。金砖国家人口占世界42%，经济总量占全球24%，货物贸易额占全球18%，服务贸易额占全球13%，吸引外资额占全球25%，在国际货币基金组织和世界银行的投票权分别达到14.84%和13.39%。这不仅给金砖国家人民带来切实的利益和获得感，亦提高了新兴市场国家和发展中国家在全球事务中的代表性和话语权。金砖国家合作已经成为世界经济发展的重要推手、国际力量格局变迁的重要变量、全球治理体系变革的重要动因。

2）BRICS机制化合作的基本特点

金砖国家合作启动以来，机制化建设日臻完善，基本形成了以领导人会晤为引领，以外长会晤、安全事务高级代表会议、经贸部长会议等为支撑，以智库理事会和工商理事会为平台的全方位、多层次、多领域的合作框架体系，金砖合作呈现出鲜明特点。

第一，平等相待、求同存异的方式。金砖五国均为地区大国，且存在历史、文化、传统、经济、国情等差异，合作中难免有不同看法甚至分歧。金砖合作机制从开始就坚持开放、包容、合作、共赢的金砖精神，凡事成员间商量着办。各国始终坚持相互尊重彼此发展道路和发展模式，相互理解和照顾彼此，坚持开放包容，致力相互增进战略沟通。这些原则已成为金砖合作的宝贵财富，也是金砖合作机制能在逆境中不断前行的力量源泉，五国在国际舞台上发出“金砖声音”、提出“金砖方案”。

第二，循序渐进、积极务实的态度。务实合作是金砖国家合作机制的根基，五国坚持求真务实，循序渐进推进多元合作，力避沦为清谈馆，力求建成行动队。2017年金砖国家领导人厦门会晤，五国领导人指出，经济务实合作一直是金砖国家合作的基础，强调贸易投资、制造业和矿业加工、基础设施互联互通、资金融通、科技创新、信息通信技术合作等为优先领域，以此提高金砖国家经济互补性和多样性。根据《金砖国家经济伙伴战略2025》的中期规划，合作领域不断拓宽，涵盖政策协调、贸易与投资便利化、财政金融和货币合作、农业与基建、科教文卫等领域。金砖国家开发银行和金砖国家应急储备安排的建立，使金砖合作机制由虚向实推进，为基础设施建设和互联互通以及可持续发展搭起融资平台，为完善全球经济治理、构建国际金融安全网等作出有益探索。

第三，胸怀天下、立己达人的气魄。金砖合作不仅符合新兴市场国家和发展中国家的共同利益，而且有利于建设一个持久和平、共同繁荣的世界。金砖国家坚持"对话而不对抗，结伴而不结盟"准则，在实现自身发展的同时，与其他发展中国家共享发展机遇。正如习近平主席所强调，"金砖国家超越了政治和军事结盟的老套路，建立了结伴不结盟的新关系；超越了以意识形态划线的老思维，走出了相互尊重、共同进步的新道路；超越了你输我赢、赢者通吃的老观念，实践了互惠互利、合作共赢的新理念"。金砖合作理念契合国际关系民主化趋势，有利于推动开放、包容、共享、均衡的经济全球化，顺应和平发展、合作共赢的时代潮流。

3）金砖合作机制的新挑战

面对新冠肺炎疫情的影响和冲击，金砖合作机制面临南北差距再次拉大、国际关系异常紧张复杂、力量格局加速调整、国际秩序加速变迁的新挑战。西方舆论大肆宣扬所谓的"金砖不纯""金砖失色"等谬论，短期内金砖国家发展明显分化，一些国家正遭遇严峻挑战。

第一，发展呈高债务、高赤字、高失业趋势。疫情背景下，为刺激经济，各国尤其美国采取了前所未有的宽松货币和财政政策，财政赤字一路飙升，债务余额空前膨胀，失业率居高不下，严重影响疫后经济复苏的持续性。经济复苏乏力反过来影响到就业恢复和居民收入增加，不利于社会和政治稳定。金砖国家中的巴西、南非已陷入此类恶性循环。

第二，复苏呈分化态势，南北差距再次扩大。疫情冲击下的世界经济复苏呈K形，发达经济体明显好于新兴市场国家和发展中国家，南北贫富差距再次拉大。抗疫过程中，发达国家不仅拥有疫苗、先进的医疗水平等优势，且通过强大财政货币政策进行空前纾困，经济开始呈V形强劲反弹。金砖国家等新兴市场国家和发展中国家缺少疫苗，无力做到有效医卫防护；更缺乏财力支持，经济复苏异常艰难。依赖国际贸易、旅游业、劳务输出、大宗商品出口和外资的国家，经济深度衰退，发展困难重重。世界银行预期，2030年全球贫困率仍将维持在7%左右，联合国2030

年可持续发展议程的目标恐难实现。

第三，疫情尾部风险显现。慷慨纾困使发达国家尤其是美国的流动性空前宽松，全球大宗商品价格飙升，加之报复性消费，美国通胀率频频爆表，美联储不得不考虑缩表，美元由贬转升，资本加速回流美国。尾部风险正在显现，新兴市场国家和发展中国家的资金加速外逃，通胀率快速上升，政府匆忙加息，经济复苏或被中断。

第四，国际关系高度紧张，发展环境明显恶化。新冠肺炎疫情威胁人类生命安全和身体健康，百年变局加剧美国等既得利益集团忧心霸权地位不保。它们在病毒溯源问题上做文章，对外转嫁抗疫不力引发的国内矛盾，将溯源问题政治化、污名化。本应作为全球公共产品进行国际合作研发、生产和公平分配的新冠疫苗，这些国家采取保护主义政策，阻止疫苗出口，使新兴市场国家和发展中国家很难得到应急疫苗；甚至以疫苗签证限制入境，将世界分隔成“疫苗区”和“非疫苗区”，使全球发展环境更加复杂。

4）新形势下金砖合作机制化的基本路径

世界政治多极化、国际关系民主化、经济全球化依然是大势所趋，和平与发展仍是时代主题，霸权主义和强权政治无法改变历史大势。新形势下，金砖国家要更有力地发出“金砖声音”，贡献“金砖方案”。

第一，以金砖国家新工业革命伙伴关系为抓手，全面提升务实合作的含金量。疫情倒逼人们将生产、生活、创新、治理方式向互联化、数字化和智能化转型，加速新科技革命和产业变革进程，为金砖国家经济转型、产业升级、科技创新带来千载难逢的发展机遇。数字产业化和产业数字化将使颠覆性技术层出不穷，给金砖国家经济发展注入新动能和新活力。在中国倡议下，金砖国家一致同意将“建设金砖国家新工业革命伙伴关系”写入《约翰内斯堡宣言》。

2020年，金砖国家领导人视频峰会上，习近平主席宣布，中方将在厦门建立金砖国家新工业革命伙伴关系创新基地，开展政策协调、人才培养、项目开发等领域合作，欢迎金砖国家积极参与。厦门金砖国家新工业革命伙伴关系创新基地已正式落成，为金砖国家政府与企业及企业之间交流合作搭起平台，推动技术、标准、产品交流合作，畅通供应链、产业链、数据链、人才链循环，推动实施一批新工业革命领域示范项目，为促进金砖机制内科技产业务实合作聚人气、促交流、助发展。

根据中国科学技术交流中心《金砖国家综合创新竞争力发展报告（2020）》的数据，截至2019年底，金砖国家对高新技术的研发投入大于全球总投入的六分之一；高新技术产品出口额超6万亿美元，占比超全球总量四分之一；科技期刊论文发表量逾60万篇，占比超全球总量四分之一。这些数据表明，金砖国家在新工业革命领域发展潜力巨大，创新发展应成为金砖合作机制化的重要抓手。

第二，以“金砖+”扩大朋友圈，建立起更广泛的全球发展伙伴关系。金砖合作的战略意义远超五国范畴，其不仅代表新兴市场国家和发展中国家利益，更是当今世界唯一具有全球影响力的南南合作机制。因此，金砖国家需要向所有新兴市场国家和发展中国家敞开胸怀，扩大朋友圈，提升新兴市场国家和发展中国家在全球治理中的影响力和话语权。

在全球治理中，最欠缺的是南南合作。“金砖+”应该成为后疫情时代全球治理改革和世界经济转型的重要补充和有效推动。“金砖+”覆盖亚非拉致力于促进经济发展和现代化的发展中国家，国际社会将此视作金砖朋友圈进一步扩大的重要指标。通过“金砖+”机制，在有机融合欧亚经济联盟、南方共同市场、南部非洲发展共同体、南亚区域合作联盟、东盟等现有区域合作机制的基础上，建立定期对话机制，加强彼此合作，更好抵御外部冲击。“金砖+”可探索与联合国开发计划署、世界卫生组织、世界粮食计划署、世界银行、国际货币基金组织等国际机构建立合作关系并加强对话沟通。

第三，强化人文交流合作，夯实金砖合作机制化的民间基础。作为“三轮驱动”之一的人文交流，是金砖合作不可或缺的重要内容，更是金砖机制行稳致远的必要支撑。金砖国家领导人峰会通过的《厦门宣言》强调，人文交流合作对促进发展并增进金砖国家人民相互了解、友谊与合作有重要意义。

文化多样性是金砖合作机制的宝贵财富，加强文化交流互鉴将促进金砖合作机制的可持续发展。金砖国家应深化文化、教育、科技、体育、卫生、媒体机构、地方政府等领域合作，打造金砖国家合作的第三支柱，巩固金砖伙伴关系的民意基础。金砖五国都是发展中地区大国，历史悠久，文化底蕴深厚，人文交流潜力巨大。交流互鉴，增信释疑，“三轮驱动”才能使金砖合作机制更合理、更稳定，凝聚力更强。长期加强地方政府、智库、文化、教育、体育、旅游、宗教、青年、妇女等方面的交流，对增进“金砖友谊”往往能起到水滴石穿的作用，有利于夯实伙伴关系的民间基础。

6.2.4　中国与RCEP的关系

区域全面经济伙伴关系协定是由东南亚国家联盟十国发起，由中国、日本、韩国、澳大利亚、新西兰等与东盟有自由贸易协定的五国共同参加的高级自由贸易协定，2022年1月1日正式生效。此协议也向其他外部经济体开放，旨在通过削减关税及非关税壁垒，建立统一的自由贸易市场。

1）RCEP的意义

RCEP是全球最大的自由贸易区。RCEP涵盖约35亿人，占全球总人口数的30%；GDP总和超过26万亿美元，占全球总量的1/3。出口总额达5.2万亿美元，占全球总量约30%。与欧盟及北美自贸区相比，RCEP包含了知识产权、数字贸易、金融、电信等新议题，包容性更强，发展潜力更大，紧跟全球贸易发展趋势。RCEP的签署，意味着亚洲拥有了可以与欧盟及北美自贸区等相抗衡的经济体。

第一，RCEP将显著提升东亚区域经济一体化水平。RCEP正式生效是东亚区域经济一体化新的重大进展，将大幅优化域内整体营商环境，明显降低企业利用自贸协定的制度性成本，进一步提升自贸协定带来的贸易创造效应。RCEP还将通过加大对发展中经济体和最不发达经济体的经济和技术援助，逐步弥合成员间发展水平差异，有力促进区域协调均衡发展，推动建立开放型区域经济一体化发展新格局。

第二，RCEP将促进区域内贸易投资大幅增长。协定生效后，已核准成员之间90%以上的货物贸易将最终实现零关税，且主要是立刻降税到零和10年内降税到零，这意味着各国将在较短时间内兑现货物贸易自由化承诺。伴随着原产地规则、海关程序、检验检疫、技术标准等货物规则落地实施，关税削减和非关税壁垒的取消将产生叠加效应，显著增强成员间贸易联系。服务贸易领域，各国在RCEP项下的开放水平都显著高于各自“10+1”协定，涵盖金融、电信、交通、旅游、教育等多个重要领域，并将在生效6年内全面转为负面清单，进一步提升开放水平。投资领域，各成员对非服务业投资采用负面清单方式作出了高质量承诺，清单之外不得新增限制，同时加强了投资保护水平，有利于区域内各国企业相互扩大投资，也有利于中国企业“走出去”。

第三，RCEP将巩固和促进区域产业链、供应链和价值链的融合。RCEP成员之间经济结构高度互补，域内资本要素、技术要素、劳动力要素齐全。RCEP使成员国间货物、服务、投资等领域市场准入进一步放宽，原产地规则、海关程序、检验检疫、技术标准等实现统一，建立了高水平的知识产权、电子商务、政府采购、竞争和贸易救济等规则，这将为各国企业打造稳定、自由、便利和互联互通的优质营商环境。RCEP生效后，将推动域内经济要素自由流动，强化成员间生产分工合作，拉动区域内消费市场扩容升级，实现区域内产业链、供应链和价值链的进一步巩固和发展。

第四，RCEP将有力提振各成员国对疫后经济增长的信心。RCEP成员国共同推动协定如期生效，对外发出反对单边主义和贸易保护主义、支持自由贸易和维护多边贸易体制的强烈信号，将进一步提振成员国携手实现疫后经济复苏的信心与决心。RCEP全面生效后，将带动全球近三分之一的经济体量形成统一的超大规模市场，发展空间极为广阔，将为区域乃至全球经济增长注入强劲动力。

2）RCEP条款的主要内容

RCEP协定由序言、20个章节以及货物贸易、服务贸易、投资和自然人临时移动承诺表组成，主要包括货物贸易、原产地规则、贸易救济、服务贸易、投资、电子商务、政府采购等。

（1）市场准入承诺

第一，货物贸易。15个缔约方之间以两两出价的方式对货物贸易自由化作出安排，协定生效后区域内90%以上的货物贸易将最终实现零关税，且主要是立刻降税到零和10年内降税到零，使RCEP自贸区有望在较短时间兑现所有货物贸易自由化承诺。

第二，服务贸易。服务包括商业服务，通信服务，建筑及有关工程服务，销售服务，教育服务，环境服务，金融服务，健康与社会服务，与旅游有关的服务，娱乐、文化与体育服务，运输服务等。

15个缔约方均作出了高于原“10+1”自贸协定水平的开放承诺，中方服务贸易开放承诺服务部门数量，在加入世界贸易组织承诺约100个部门的基础上，新增研发、管理咨询、制造业相关服务、空运等22个部门；提高金融、法律、建筑、海运等37个部门的承诺水平。其他成员在中方重点关注的建筑、医疗、房地产、金融、运输等服务部门都作出了高水平的开放承诺。

第三，投资。15个缔约方均采用负面清单方式对制造业、农业、林业、渔业、采矿业等5个非服务业领域投资作出较高水平开放承诺，大大提高了各方政策透明度。

第四，自然人流动便利。各方承诺对区域内各国的投资者、公司内部流动人员、合同服务提供者、随行配偶及家属等各类商业人员，在符合条件的情况下，可获得一定居留期限，享受签证便利，开展各种贸易投资活动。而且适用范围扩展至服务提供者以外的投资者、随行配偶及家属等跨境流动，总体水平均大大提高。

（2）提升营商环境规则

第一，知识产权领域。涵盖著作权、商标、地理标志、专利、外观设计、遗传资源、传统知识和民间文艺等广泛内容，兼顾各国不同发展水平，显著提高区域知识产权保护水平。

第二，电子商务领域。规定电子认证和签名、在线消费者保护、在线个人信息保护、网络安全、跨境电子方式信息传输等条款，在亚太达成范围全面、水平较高的诸边电子商务规则。

第三，贸易救济领域。在世界贸易组织规则基础上，对反倾销、反补贴、保障措施作出详细规定；在自贸协定中纳入“禁止归零”条款，以“最佳时间”清单方式显著提高反倾销和反补贴调查技术水平和透明度。

第四，竞争领域。促进反垄断、消费者保护等领域达到较高水平。

第五，政府采购领域。在诸边协定中纳入政府采购规则，就积极开展政府采购信息交流合作、提供技术援助、加强能力建设达成共识。

（3）原产地规则

原产地累积被称为RCEP货物贸易领域最亮眼的成果，RCEP规定三种条件可以视为原产货物。

第一，在一个缔约方完全获得或者生产的货物。

第二，在一个缔约方仅使用来自一个或者一个以上缔约方的原材料生产的货物。

第三，在一个缔约方使用非原产材料生产，并且符合产品特定原产地规则所列的适用要求的货物。

（4）提升贸易便利化规定

在货物贸易便利化方面，RCEP各成员还就海关程序、检验检疫、技术标准等达成了一系列高水平的规则。

第一，海关程序和贸易便利化措施。简化了海关通关手续，采取预裁定、抵达前处理、信息技术运用等提升海关效率的高效管理手段。在可能情况下，对快运货物、易腐货物等争取实现货物抵达后6小时内放行。

第二，卫生和植物卫生措施以及标准。为保护人类、动物或植物的生命和健康制定一系列措施，并确保这些措施尽可能不对贸易造成限制，不对其他成员构成不合理歧视。

第三，技术法规和合格评定程序。推动各方在承认标准、技术法规和合格评定程序中减少不必要的技术性贸易壁垒。

（5）服务贸易和投资规则

第一，金融服务。引入新金融服务、自律组织、金融信息转移和处理等规则，就金融监督透明度作出了高水平承诺。

第二，电信服务贸易。在现有的“10+1”协定电信附件基础上，在监管方法、国际海底电缆系统、网络元素非捆绑、电杆、管线和管网的接入、国际移动漫游、技术选择的灵活性等方面建立了相应的规则。

第三，专业服务。加强有关承认专业资格机构的对话，鼓励各方就共同关心的专业服务的资质、许可或注册进行磋商，鼓励各方在教育、考试、经验、行为和道德规范、专业发展及在认证、执业范围、消费者保护等领域制定互相接受的专业标准和准则。

第四，服务投资。对“10+1”投资协定整合和升级，明确公平公正待遇、征收、外汇转移、损失补偿等投资保护条款，争端预防和外商投诉的协调解决等投资便利化条款。

（6）区域经贸合作规则

第一，中小企业。充分共享与中小企业发展有关的信息，包括相关贸易和投资领域的法规，交流中小企业参与协定的经验，推动区域内中小企业从协定中获得更多利益，促进中小企业融入区域的产业共赢。

第二，经济技术合作。缔约方将实施技术援助和能力建设项目，促进包容、有效与高效地实施和利用协定的所有领域；照顾最不发达成员国的发展需要，促进各方充分利用协定发展本国经济。

3）RCEP对中国的意义

（1）RCEP在政治上能从多个层面助力我国的国际战略落实

第一，我国倡导建立贸易多边主义，建设开放型世界经济，构建人类命运共同体。RCEP的签署和中国的积极参与，向世界宣示中国坚持对外开放、建设开放型世界经济，构建人类命运共同体的努力和决心。

第二，有利于推动全球经济重心东移，突破西方贸易封锁和经济遏制。当前世界的主要经济圈是北美经济圈和欧洲经济圈；RCEP实施后，将使亚洲经济区更具活力，可以预见全球的经济重心将会东移，也为我国应对美国的贸易“围剿”提供了充分的回旋空间。

第三，有力推动海上丝绸之路建设。借助RCEP搭建的自由贸易平台，为海上丝绸之路建设创造良好的外部推进条件，吸引更多的沿线国家和当地企业以更大的力度加入“一带一路”倡议的合作中，有效扩展海上丝绸之路的地区影响力和经济贡献度。

第四，为人民币“走出去”提供新的机会。亚太地区要形成统一化的产业圈，除了要具备足够支撑地区发展的基础市场和广袤资源，还必须拥有较为完整的制造业体系，在此基础上还需要建成相对独立的金融体系。

第五，有利于构建我国国内国际双循环的经济发展体系。RCEP可使整个区域内部更好地循环起来，增强了国内国际两个市场、两种资源的连通性，使中国更加有效地融入全球产业链、供应链，促进了国内国际双循环畅通。

（2）RCEP在经济上有利于开拓我国更广阔的发展空间

第一，RCEP生效将推动中国与东盟合作迈上新台阶。伴随着原产地规则、海关程序、检验检疫、技术标准等货物规则落地实施，关税削减和非关税壁垒的取消将产生叠加效应，显著增强我国与东盟成员间的贸易联系。

第二，RCEP将带来区域内贸易投资大幅增长。从体量来看，我国GDP占到了RCEP全体成员国的54.54%，拥有数量最多的中产阶级以及规模最大的外汇储备。协定生效后，已核准成员之间90%以上的货物贸易将最终实现零关税，必将出现更高水平的开放、更大的市场、更完善的政策，将催生更多新发展机遇和潜力，对我国商贸对外投资非常有利。

第三，RCEP能促进我国外向营商环境的升级和完善。各国在RCEP项下的开放水平都显著高于各自“10+1”协定，涵盖金融、电信、交通、旅游、教育等多个重要领域，并将在生效6年内全面转为负面清单，进一步提升开放水平。各成员承诺清单之外不得新增限制，加强了投资保护，有利于区域内各国企业相互扩大投资，也有利于中国企业“走出去”。

第四，RCEP有助于我国产业技术创新以及价值链的优化升级。在主要由发达国家占据支配地位的全球价值链体系中，我国在许多方面被牢牢困在产业链和价值链的低端，产业技术的快速迭代升级必然地会触动位于价值链顶端的既得利益群体的“奶酪”，致使其通过各种方式联合阻挠我国优势产业的全球布局。RCEP的达成，必将加速中日韩自贸区谈判进程，中日韩三大经济体组成一个更高水平的自贸区，国际产业分工体系也会发生较大的变化。

6.2.5 中国与CPTPP的关系

全面与进步跨太平洋伙伴关系协定（Comprehensive and Progressive Agreement for Trans-Pacific Partnership，CPTPP）是美国退出跨太平洋伙伴关系协定后该协定的新名字。2017年11月11日，启动跨太平洋伙伴关系协定（Trans-Pacific Partnership Agreement，TPP）谈判的11个亚太国家共同发布了一份联合声明，宣布已经就新的协议达成了基础性的重要共识；2018年3月8日，11国代表在智利首都圣地亚哥签署协定；2018年12月30日，CPTPP正式生效；2020年11月20日，习近平主席表示中国将积极考虑加入CPTPP；2020年12月8日，韩国总统文在寅表示考虑加入CPTPP。2021年9月16日，中国正式提出申请加入CPTPP，表示将深度参与绿色低碳、数字经济等国际合作，积极推进CPTPP。

1）CPTPP的演变

致力于高水平贸易自由化的四个国家智利、新西兰、新加坡和文莱于2005年达成的区域性经贸协定，简称P4协定。2009年11月美国奥巴马政府高调宣布参与TPP谈判，随后澳大利亚、日本、加拿大、韩国等其他7个国家先后加入谈判。2016年2月TPP12个谈判方在新西兰奥克兰正式签署协定文本，TPP也成为奥巴马执政期间最重要的经贸领域成果。2017年1月，特朗普签署行政命令，宣布美国正式退出TPP。TPP余下的11个成员在搁置了协定的部分条款后，签署了CPTPP，该协议在通过各方立法机构的批准后于2018年12月30日正式生效。

TPP协定被誉为“21世纪的贸易协定”，它为以全球价值链为基础的新商业规则与纪律设立了一个基准，具有高目标、高标准、新规则的特点。第一，TPP协定在货物贸易、服务贸易以及商务人士流动领域大幅度消减壁垒，实现了零关税、零壁垒、零补贴“三零”方式的全面和更高水平的市场准入。第二，TPP协定在服务贸易、投资、政府采购等领域采取“清单”准入或活动列明方式，尤其是在投资领域实施“准入前国民待遇+负面清单”模式。第三，TPP协定提供了更强有力的争端解决机制，尤其是在投资领域引入了中立而透明的投资者-国家争端解决机制(ISDS)。第四，TPP协定为应对创新、供应链贸易、数字经济、可持续发展、中小企业等新挑战与新议题，引入了大量“规制融合”类的新条款与规则，以促进成员之间国内监管的协调与一致性。

TPP协定对全球经济治理与亚太区域一体化具有巨大而深远的影响，同时也体现出很强的两面性。一方面，它将贸易协定的重心由传统的以市场准入为主的“边境措施”转移到新的以规制协调为主的“边境内措施”，创新性地制定了一整套基于全球价值链、以规制一体化为核心、实现放松管制与为公共政策目标加强监管之间平衡的“新一代”国际贸易规则体系；另一方面，TPP也是一个带“牙齿”的协定，随着愈发重视深层结构性问题的协调，它体现出很强的对国内体制的侵略性，从而使成员方能够保留的国内政策空间越来越少。

与TPP相比，CPTPP协议保留了目的宗旨、基本框架和主要内容，搁置了具有争议的22项条款内容，主要涵盖投资、海关监管和贸易便利化、服务贸易、金融服务、电信、政府采购、知识产权、环境、反腐败等议题，其中涉及投资和知识产权议题的较多。“暂停”条款大多是在TPP谈判时由美国提出的“深度一体化”与“横向”议题，美国对这些以规制融合为核心的“边界内措施”（即“第二代贸易政策”）高度重视，促使贸易规则的“现代化”一直是其工作的重点，但对其他成员方来说实施难度或争议较大。因此，CPTPP虽是一个“瘦身”的TPP，但依然是目前全球最高开放水平与最高规则标准的贸易与投资协定，代表了未来多边贸易体制发展的方向与趋势。

2）中国加入CPTPP的外部环境前瞻

CPTPP的成员资格向世界任何国家或地区开放，除中国外，英国、韩国等已经表示有兴趣加入CPTPP。拜登在竞选期间曾多次提到要重返CPTPP，但也表示，如果美国重返CPTPP，就必须修改现有CPTPP的一些协定条款。

拜登政府加入CPTPP有其动机与因素：

第一，拜登希望恢复美国在全球与区域经贸体制中的领导力。拜登在竞选中一直在传达着一个连贯的信息，即美国要在制定贸易和投资规则方面重新获得全球领导地位，美国要重新回到亚太地区的主导角色，他希望通过合作行动与传统盟友建立更加密切的关系。因此，重返CPTPP成为拜登重拾多边主义与区域主义的一个重要抓手。

第二，CPTPP现有成员的积极推动与拉拢。一些成员尤其是日本多次公开强调CPTPP的“开放性”，并希望美国能够早日重返CPTPP。日本和新加坡在2021年和2022年分别担任CPTPP主席国，它们都是热衷CPTPP扩容的成员方，可以预见在其领导下将持续推动美国的再加入。此外，为了使美国早日回归，现有CPTPP成员可能会接受让步或进一步改革要求，例如在数字贸易、劳工、环境与气候变化问题上，以使该协议对拜登政府具有吸引力。

第三，RCEP协定签署使美国感到被排斥于亚太经济一体化外的巨大压力。RCEP最重要的条款之一区域原产地规则为从15个成员国集团内而不是从区域外采购零部件提供关税优惠。这使美国公司感到被“歧视性”地排斥于亚洲供应链体系之外。

第四，美国与CPTPP一些主要成员针对中国的战略考虑。重返CPTPP将有助于加强美国在亚太地区的经济和战略利益，遏制中国日益增长的主导地位，尤其是应对中国近年来通过RCEP、“一带一路”及双边自由贸易协定扩大在该地区影响力的努力。甚至已有建议将其更名为“国际伙伴关系全面协议”（Comprehensive Agreement for International Partnership，CAIP），通过该协定促使市场导向的国家加入到一个共同认可的高标准全球市场原则、制度与规则框架中来，并作出共同承诺，作为与中国模式和倡议相抗衡的首选。

拜登政府未来重返CPTPP也会面临挑战与障碍。

第一，美国国内贸易的政治限制。共和党多数议员反对CPTPP协定，在民主党内部也有反对的强烈声音，尤其是工会力量的怀疑或公然反对，他们认为该协议的劳动和环境义务不充分，执行不力。因此，美国加入CPTPP必须要满足上述国内关注的诉求与利益，而且还要加上对保护美国产业和劳工有利的条款。此外，共和党还可能会提出更高的"要价"，以阻止拜登政府重返CPTPP。

第二，要对CPTPP的部分议题进行重新谈判。CPTPP搁置了早期达成TPP协议中具有争议的条款内容，而这些内容恰恰是美国所强调的高标准规则，也反映了美国核心的政策理念与商业利益所在。与现有CPTPP成员进行重新谈判也将是一个不简单的过程。

第三，扩大新协议的范围。美国商界和智库提议新协定应涵盖数字治理、供应链弹性和外国投资审查等新兴问题，增加或扩展有关劳工、环境、数字贸易、货币政策和金融服务的章节内容，增加关于贸易和气候变化的新章节，其中包括鼓励开发和分配可再生能源、禁止化石燃料补贴以及促进合作的绿色增长倡议，以减少温室气体排放。这些也将增加谈判的难度与不确定性。

总之，美国拜登政府重返CPTPP不但将加剧亚太区域经济一体化的复杂格局，与RCEP形成新的规则竞争关系，更重要的是将进一步强化CPTPP协定中与公平贸易和国内监管一致化有关的规则，特别是对竞争、环境和劳工标准的监督与相应权利的执行，这将对未来中美关系乃至中国加入的可能性产生极其重要的影响。

3）中国加入CPTPP的国内改革前瞻

中国是否加入CPTPP最终取决于自身的战略与利益，"坚持实施更大范围、更宽领域、更深层次对外开放"是中国的既定目标，因此，中国应保持定力，以我为主，夯实国内改革基础，寻求加入机遇。如果条件成熟，可积极加入CPTPP；如果条件不利，也仍持续深化自主性的对外开放。

第一，对CPTPP协定中的条款与规则制定差别性的应对策略。对电子商务、中小企业等议题，与中国发展战略和政策重点相符，应主动引领与推进；对贸易便利化、投资、透明度等议题，国内已有较好的实施基础，可以积极接受并有序推进；对知识产权、竞争政策、政府采购、规制一体化、环境、反腐败等议题，达到高标准实施有一定难度，但与国内深化改革需要总体相一致，可以接受并持续改进与提高；对劳工标准、补贴、国有企业、ISDS、数据流动等议题，暂时不能接受，但可以循序渐进探索改革。

第二，在现有的基础上继续细化和深化与高标准、高水平和高质量相符的市场准入与规制融合改革。健全外商投资准入前国民待遇加负面清单管理制度，进一步缩减外资准入负面清单，落实准入后国民待遇，促进内外资企业公平竞争；建立健全跨境服务贸易负面清单管理制度；深入推进金融、电信、专业服务等关键服务领域开放；分类推进国有企业改革，实现"竞争中立"制度；深入研究CPTPP条款与规则，仔细解构与分析相关议题的关键要素，实现从已具备成熟条件的分项上取得进展与突破。

第三，积极发挥中国自贸试验区/自贸港的制度创新功能，对CPTPP协定的部分规则进行压力测试和风险测试。自贸试验区要充分发挥“为国家试制度”的特色功能，成为中国最高水平开放形态的样板、践行国际经贸新规则的综合试验田以及推动制度型开放的政策高地。应主动适应国际经贸规则重构新趋势，赋予自贸试验区更大改革自主权，在区内积极开展创新性制度的先行先试，深化首创性、集成化、差别化改革探索，建立与国际接轨的监管标准和规范制度，并积极复制推广制度创新成果。尤其是稳步推进海南自由贸易港建设，打造贸易自由便利、投资自由便利、跨境资金流动自由便利、人员流动自由便利、运输来往自由便利和数据安全有序流动的高水平开放政策体系，建立中国特色自由贸易港政策和制度体系。

第四，研究在未来谈判中最大限度地设置红线、底线和寻求弹性承诺，有效保护本国核心利益。CPTPP的贸易新规则以正向一体化为主，通过主动引入共同的政策去除边境内壁垒，实现国家间政策的深度协调，这要求缔约方在一定程度上让渡部分管辖裁量权。因此，中国应努力做好风险评估，以设置例外条款、争取豁免权、争取较长过渡期、实施贸易救济等形式弱化约束力太强的规则，回避目前尚无法接受的承诺与规则。例如，在实行投资市场准入负面清单时，可就敏感领域采取禁止进入或限制市场主体资质、股权比例、经营范围、经营业态、商业模式、空间布局等管理措施；在国有企业领域，可使用例外清单列明服务于国家战略、保障国家安全和国民经济运行、发展前瞻性战略性产业以及承担重大专项任务的国有企业，并保证其中国有资本控股地位；在政府采购领域，可通过双边磋商与谈判严控中央和次中央级别采购开放实体，同时为敏感产业的国有机构争取永久或一定期限的争端豁免权；在金融、电信、知识产权、劳工、环境等领域，可要求获得更长的过渡期以便统筹规划、分步执行、逐步满足国际协定中的相关要求；在投资者-国家争端解决问题上，明确要求先穷尽国内法律救济后方可向第三方仲裁机构提起诉讼。

6.2.6　中国与DEPA的关系

《数字经济伙伴关系协定》(Digital Economy Partnership Agreement，DEPA）是新加坡、新西兰和智利于2020年6月12日通过网络签署的数字贸易协定，旨在加强彼此之间的数字贸易合作并建立相关规范，这是全球第一份专门针对数字经济、数字贸易合作的国际协定。2021年10月30日，习近平主席在二十国集团领导人峰会上提出“中国高度重视数字经济国际合作，已经决定申请加入《数字经济伙伴关系协定》，愿同各方合力推动数字经济健康有序发展。”11月1日，中方向DEPA保存方新西兰正式提出申请加入DEPA。尽管目前为止还未在创始三国中全面生效，DEPA已经吸引了不少国家的注意。DEPA为亚太合作开辟了新领域，中国的加入必将推动DEPA路线图的加速落实，促进成员间在货物贸易、服务贸易、知识产权以及投资等领域的深度合作与长足发展。

1）DEPA核心条款解读

DEPA的最大优势在于其开放性，协定被设计成“模块化”的诸边贸易协定，以便未来的参与者选择最适合成员特定情况的协议条款，也可以随着贸易政策和电子商务的发展而修改。协定由16个主题模块构成，包括商业和贸易便利化、处理数字产品及相关问题、数据问题、更广阔的信任环境、商业和消费者信任、数字身份、新兴趋势和技术、创新和数字经济、中小企业合作、数字包容、透明度和争端解决等。

（1）数字身份（Digital Identity）

DEPA明确认识到数字身份是数字经济的重要组成部分，并要求各国促进在个人和公司数字身份方面的合作，确保安全性。数字身份方面的合作以互认数字身份为目标，以增强区域和全球的连通性为导向，促进各个体系之间的互操作性。DEPA要求未来的各国致力于有关数字身份的政策和法规、技术实施和安全标准方面的专业合作，从而为数字身份领域的跨境合作打下坚实基础。

（2）无纸化贸易（Paperless Trade）

DEPA通过要求缔约方提供电子版本的贸易管理文件来促进无纸化贸易，从而提升贸易管理程序的有效性，电子版本的贸易管理文件的效力与纸质文件相同。通过DEPA，新加坡、智利和新西兰的海关当局将通过连接各自国家的单一窗口并启用可互操作的跨境网络，履行WTO《贸易便利化协定》项下义务。DEPA协定还将促进海关清关电子贸易文件和B2B交易的使用并实现交换。

（3）电子发票（E-Invoicing）

DEPA要求缔约方在电子发票系统内进行合作，从而促进了DEPA地区跨境使用电子发票。DEPA鼓励各国对其国内电子发票系统采用类似PEPPOL（Pan-European Public Procurement On-Line）的国际标准，使从事国际业务的企业能够通过跨境的互操作系统更轻松地进行交易。企业可以缩短发票处理时间并可能更快地付款，通过数字化节省大量成本，从而提升商业交易的效率、准确性和可靠性。随着越来越多的国家采用类似的标准，这将促进跨境互操作性并简化买卖双方之间处理付款请求的程序。

（4）金融科技和电子支付（Fintech and E-payment）

DEPA认识到支付技术正在发展，要求各国及时公布电子支付的法规，考虑国际公认的电子支付标准，从而促进透明度和公平的竞争环境。DEPA同意促进金融科技领域公司之间的合作，促进针对商业领域的金融科技解决方案的开发，并鼓励缔约方在金融科技领域进行创业人才的合作。DEPA还同意通过提出非歧视、透明和促进性的规则，为金融科技的发展创造一个有利的环境。同时，支付系统的信任和安全也很重要，因此DEPA允许在特殊情况下进行监管，以应对国际收支危机。

（5）数字产品（Digital Products）

DEPA的数字产品模块基本承袭了CPTPP协定的所有内容，并进一步确认了DEPA缔约方在处理数字产品和相关问题方面的承诺水平。随着数字经济继续扩展到尚未想象到的领域，对数字产品的非歧视原则可能对企业至关重要。DEPA确认企业将不会面临数字产品的歧视问题，并承诺保障数字产品的国民待遇和最惠国待遇，从而增加了确定性，降低了风险。

（6）个人信息保护（Personal Information Protection）

DEPA的个人信息是指“包括数据在内的有关已识别或可识别自然人的任何信息”。随着企业跨境进行电子交易，个人数据正在作为交易的一部分进行传输，各国在处理此类数据方面有不同的政策和法规。DEPA强调了个人信息保护的重要性，DEPA还制定了加强保护个人信息的框架与原则，包括透明度、目的规范、使用限制、收集限制、个人参与、数据质量和问责制等。DEPA要求缔约方在国内建立一个与这些原则相匹配的框架。DEPA缔约方将建立机制，以促进各国保护个人信息法律之间的兼容性和互操作性，比如对企业采取数据信任标记和认证框架，从而向消费者表明该企业已经制定了良好的数据管理规范并且值得信赖。

（7）跨境数据流动（Cross-border Data Flows）

DEPA认识到数据支持社会福利和推动企业创新的潜力，DEPA允许在新加坡、智利和新西兰开展业务的企业跨边界更无缝地传输信息，并确保它们符合必要的法规。DEPA成员坚持现有的CPTPP承诺，允许数据跨边界自由流动。DEPA有利于营造一个良好的营商环境，使企业无论身在何处都可以为客户提供服务，尤其是通过新的业务模型以及数字产品和服务。

（8）政府数据公开（Open Government Data）

DEPA展望数据创新的未来，为数据共享项目的未来工作设定框架。DEPA协定缔约方可以探索扩大访问和使用公开政府数据的方式，从而为企业尤其是中小企业创造新的机会，这包括共同确定可使用开放数据集尤其是具有全球价值的数据集以促进技术转让、人才培养和部门的创新。DEPA各方应努力实现政府数据的公开，鼓励基于开放数据集开发新产品和服务。DEPA同样鼓励以在线可用的标准化公共许可证形式使用和开发开放数据许可模型，并允许所有人出于法律允许的目的自由访问、使用修改和共享开放数据。

（9）数据创新和监管沙盒（Data Innovation and Regulatory Sandboxes）

DEPA通过促进跨境数据驱动型创新以促进新产品和服务的开发，支持私营部门数据创新并弥补政策差距，同时与技术和商业模式的新发展保持同步。通过DEPA，新加坡、智利和新西兰将致力于在数据监管沙盒上进行协作，以创建安全的环境，企业可以在与政府协商后进行创新。金融科技监管沙盒使金融机构和金融科技参与者能够在可信的数据共享环境中，在明确的空间和持续时间内，尝试创新的金融产品或服务，从而促进竞争和高效的开放市场。

(10) 人工智能(AI)

DEPA促进采用道德规范的“AI治理框架”,该框架以各国同意为原则,要求AI治理和道德原则达成共识,并建立对跨境使用AI系统的信任。DEPA还将确保缔约方的“AI治理框架”在国际上保持一致,并促进各国在司法管辖区合理采用和使用AI技术。

(11) 网络安全(Cyber security)

DEPA包括一项关于网络安全的条款,即促进安全的数字贸易以实现全球繁荣,并提高计算机安全事件的响应能力,识别和减轻电子网络的恶意入侵或传播恶意代码带来的影响,促进网络安全领域的劳动力发展。虽然DEPA在网络安全问题上没有具体的规则,但DEPA缔约方将随着新领域的出现继续考虑这一问题,并要求各国政府相互合作。

(12) 数字包容性(Digital Inclusivity)

DEPA承认包容性在数字经济中的重要性,希望扩大和促进数字经济机会,并致力于确保所有人,包括妇女、原住民、穷人和残疾人都能参与数字经济并从中受益。DEPA通过共享最佳实践和制订促进数字参与的联合计划,改善和消除其参与数字经济的障碍,加强文化和民间联系,并促进与数字包容性相关的合作。

(13) 争端解决(Dispute Settlement)

DEPA包含争端解决条款,以应对数字贸易领域争端解决条款普遍不适用的问题,DEPA致力于为解决政府间的争端提供有效、公平和透明的程序,争端解决的程序细节已经加入了正式签署的文本,争端解决条款包括协商、调解和仲裁程序,有效缓解了数字经济领域争端解决程序缺失的现状。

2) DEPA的独特意义

数字经济是指以数字技术和计算技术为核心和基础的经济,其内容涵盖了所有由网络和其他数字通信技术支持的商业、经济、社会、文化等活动。2020年,数字经济规模分列前三位的依次是美国、中国、德国,其中中国数字经济规模达到6万亿美元,占GDP比重达38.8%,并保持了9.7%的增长速度,成为引领全球数字经济创新的重要策源地。由于缺少全球性规则和一致性监管方案,数字经济的发展遇到很多壁垒和挑战。在全球数字经济规则的竞争中,“联盟化”趋势取代了“全球化”,各主要成员利用自己的实力和优势,组建自己的数字经济技术共同体。

一方面,美国、中国、德国各有不同的数字经济发展诉求与治理重点,在多个领域存在明显差异。美国侧重支持数据自由流动、反对服务器和数据本土化的模式;欧盟地区更为强调隐私保护、知识产权和消费者保护的模式;中国则更加强调数字主权的治理模式。DEPA的发起国新加坡、新西兰和智利三国,并非传统意义上的数字经济大国,这使得该协议能够提供全新的“第四方视角”,这也成为吸引别国寻求加入、求同存异的一大原因。

另一方面,DEPA的出现或是国际数字治理领域新趋势的缩影,在现有贸易和投资协定之外，单独提出关于数字经济、数字贸易的联盟化协定。从全球层面来看，WTO近年来也在推动数字领域的国际规则制定，包括中国在内的76个WTO成员于2019年发表了电子商务联合声明，但距离达成诸边协定与国际规则“遥遥无期”。在全球数字治理领域的竞争与合作中，“联盟化”趋势似乎取代了“全球化”，“专门化”未来或将取代“融合化”，DEPA作为专门针对数字治理领域的首次尝试值得关注。

CPTPP的前身TPP就是由新西兰、新加坡、智利三国与文莱共同起草、发起的，可见新西兰、新加坡和智利这三个国家推动国际经贸规则形成的能力不可低估。

3）中国为何申请加入DEPA

（1）顺应全球数字经济、数字贸易发展的需要

在科技变革日新月异的汹涌浪潮下，数据作为新型生产要素，已经成为一种关键的战略性资源。根据美国布鲁金斯学会测算，全球数据跨境流动对全球GDP增长的推动作用已经超过贸易和投资。随着各国数字经济不断发展、全球数字贸易不断深化，数据跨境流动、数据网络安全、个人隐私保护、数字税收、反垄断等一系列问题日渐凸显，亟须全球性的规则和标准来协调治理，但目前相关领域的规则制定明显滞后。在此背景下，作为全球首个数字治理领域的重要规则安排，DEPA不仅具有开创性意义，还具有较大潜力。

我国申请加入DEPA，顺应了全球数字经济发展大潮，也顺应了我国在数字治理领域逐渐与国际接轨的需要。中国申请加入DEPA不仅符合中国深化国内改革、扩大高水平对外开放的方向，更加有助于中国在新发展格局下与各成员国加强在数字经济领域的合作，促进创新、可持续发展。

（2）提升数字经济、数字贸易治理水平的需要

近年来，我国积极推进数字经济与数字贸易发展，相关领域的技术研发、应用创新、设施建设都已十分活跃，成为全球数字化发展不可或缺的一部分。但我国数字经济、数字贸易发展仍面临一些问题，如数字资源分布不均衡、数字经济与实体经济融合程度相对较低、数字治理体系不清晰不健全等。如何针对数字经济与数字贸易领域进行有效治理，保障数字经济稳步增长，成为眼下我国亟须应对的挑战。

与CPTPP、DEPA相比，我国的开放水平和规则标准还存在一定的差距与差异。申请加入DEPA，也是顺应了我国提升数字经济、数字贸易治理水平的需要。对标高标准经贸规则，能够倒逼我国加快数字经济领域建章立制的步伐，有助于我国在数字贸易方面提升与国际对接的效率，进一步拓展我国数字贸易的发展空间，进而带动我国外贸转型升级。

（3）扩大全球数字治理领域话语权的需要

近年来，双边、多边自贸协定尤其是针对数字经济、数字贸易领域的区域协定

频频问世，日欧经济伙伴关系协定、日美数字贸易协定、CPTPP、美墨加协定、新加坡-澳大利亚数字经济协议陆续生效。这一方面显示了当前世界各国对于加强跨国协作与参与国际治理的迫切需求，另一方面也反映了各主要经济体力争全球数字治理主导权的紧张趋势。

如何统筹中国企业海外布局的发展与安全，如何确保中国在全球数字经济发展浪潮中的地位，如何发挥我国超大规模国内市场和海量数据优势，已经成为摆在我国面前的关键课题。大量中国企业谋求海外发展，成为我国数字经济"走出去"的关键环节。在复杂的国际形势下，许多企业由于合规冲突或规则不确定性而受到了不同程度的阻碍，在海外遇到了加强合规与权益保障等方面的问题。对此现象，我国一方面需要加强对这些企业的海外合规指引，另一方面也要维护中国数字经济企业平台海外发展的相关利益。参与双边、多边的规则安排，比如DEPA、CPTPP等，正是顺应了这种发展需求。

6.3 中国与世界贸易组织的关系

世界贸易组织（WTO）是世界上唯一处理国与国之间贸易规则的国际组织，被称为"经济联合国"，其前身是关税与贸易总协定（GATT）。2001年11月11日，中国加入世界贸易组织议定书在多哈正式签署，这标志着历经15年从"复关"到"入世"的漫长谈判结束了，中国正式加入了世界贸易组织。

对中国来说，加入世界贸易组织使中国的贸易环境大大改善，在更大范围内获得了基于规则保护、更稳定的贸易最惠国待遇，出口产品面临更低的关税障碍和非关税壁垒，围绕贸易争端的解决有了基于多边规则的可预见性。由于世界贸易组织规则的约束，通过修改大量国内法律法规，我国国内涉及经济和市场管制的制度和规则变得更加公开透明并符合国际惯例，营商环境得到相当程度的改善并日益国际化。

为了履行中国的对外承诺，中国政府做了大量工作，实施了大量改革开放的实质性举措，所有承诺全部履行完毕。中国清理了2 300多部法律法规和部门规章，使中国的市场准入条件更加透明和规范；按照承诺逐步削减进口关税，除农产品按谈判结果实施关税配额制度外，进口配额等非关税壁垒也相应取消；服务贸易领域，特别是金融、电信、分销、运输等重要部门，开放水平已接近发达国家。

中国对外贸易获得了大发展，货物进出口总额从2002年的6 208亿美元增加到2020年的44 670亿美元，年均增长11.6%，累计货物贸易顺差达到5.16万亿美元。投资环境大大改善，吸引了大量外国直接投资进入，中国的产业体系也由于营商环境的改善以及与国际规则和惯例的接轨越来越深地融入国际产业链，成为国际制造体系的重要组成部分，中国成为全球最大、门类最齐全的制造业大国。2002—2020年，我国累计利用外国直接投资超过了1.4万亿美元，外商投资企业的产业分布和企业结构更加多样化；金融领域的市场准入更加开放，外资控股的金融机构数量和领域都在增加；外资通过在中国的商业存在、技术引进、技术转让、技术培训、技术研发等不同方式，为中国的产业升级和技术进步作出了积极贡献。

6.3.1　中国与GATT关系回顾

1）原始发起国与缔约情况（1947—1950）

1947年4月至10月，当时的中国政府应邀参加了在日内瓦举行的、由联合国经济及社会理事会召开的国际贸易与就业会议第二届筹委会。会议期间，中国与美国、英国、法国等18个国家进行了关税减让谈判，达成了关税减让协议，参加了拟订GATT规程的工作，并就672个税则号列中的188个税号商品作了减让，这次谈判实际上就是GATT的第一轮多边关税减让谈判。同年10月30日，各参加国签署了《关税与贸易总协定临时适用议定书》。1948年3月，当时的中国政府又签署了联合国国际贸易与就业会议的最后文件；1948年4月21日，按照《关税与贸易总协定临时适用议定书》第3条和第4条乙项所定规程，当时的中国政府作为最后文件签字国之一签署了该议定书；5月21日，议定书签署后第30天，中国成为GATT原始缔约方之一。

1949年4月至8月，当时的中国政府派员参加了在法国安纳西举行的GATT缔约方大会，参加了第二轮多边关税减让谈判，并与新加入谈判的6个成员举行了关税减让谈判。在第二轮多边关税减让谈判中，当时的中国又对66个税号的商品作了减让。

1949年10月，中华人民共和国成立。1950年3月6日，台湾当局通过它的“常驻联合国代表”以“中华民国”的名义照会联合国秘书长，决定退出GATT。次日，联合国秘书长致函GATT执行秘书长（1965年改称“总干事”），答复台湾当局“外交部长”退出于1950年5月5日生效，并电致各缔约方作了通报，当时的捷克代表曾对台湾当局退出的法律效力提出了质疑。台湾当局退出后不久，与中国进行过关税减让谈判的国家按照GATT第27条的规定，先后撤回了对中国所作出的关税减让。

2）中华人民共和国成立后与GATT的关系（1950—1981）

中华人民共和国成立初期，国际环境险恶异常，因受到美国肇始的经济封锁，我国无法有效地参加GATT的各项活动，我国与GATT的关系长期中断。另外，由于对GATT缺乏了解，恢复GATT的缔约方地位又未对一系列复杂的权利义务问题进行系统全面的分析研究，所以我国政府未就GATT问题发表过看法。

1965年1月，台湾当局申请加入GATT，窃据了“观察员”地位，列席了GATT缔约方第22届大会。

1971年10月，中华人民共和国在联合国的合法席位得到恢复，GATT旋即取消了台湾当局的“观察员”资格。嗣后，我国又相继成为联合国贸发会议和GATT下属机构国际贸易中心的成员，由此逐步恢复了与GATT的联系。1980年8月，我国代表投票选举了GATT总干事邓克尔；1980—1981年，我国先后三次派员参加了GATT举办的商业政策讲习班；1981年，我国列席了GATT纺织品委员会主持的第三个国际纺织品贸易协议的谈判会议。

3）以观察员身份参加多边谈判（1982—1986）

1982年11月，在不损害缔约方地位的前提下，我国首次派出代表团以观察员身份列席GATT第38届缔约方大会，并与GATT秘书处就中国恢复在GATT缔约方席位等法律问题交换了意见。而后，我国政府代表列席了历届缔约方大会及特别会议。1984年1月18日，我国政府正式签署第三个国际纺织品贸易协议，并成为GATT纺织品委员会的正式成员。同年11月，我国又申请并获准列席GATT理事会及其下属机构会议，并参加各项有关活动。

1986年3月，在GATT总干事邓克尔应邀来华访问后不久，中英联合联络小组根据1984年签订的中英两国政府《关于香港问题的联合声明》第3条第6项中“香港特别行政区将保持自由港和独立关税地区的地位”声明，就中国香港在GATT中的地位问题达成协议，即由中英两国政府联合发表声明，根据GATT第26条第5款丙项，中国香港成为GATT的一个缔约方。1986年4月23日，根据上述协议条款，中国香港正式成为GATT的第95个缔约方。

6.3.2 中国恢复GATT地位与加入WTO

1）我国恢复GATT地位的历史经过（1986—1995）

1986年7月11日，中国政府正式照会GATT秘书处总干事，要求恢复GATT缔约方地位，并提出了复关的三项基本原则：我国要求恢复缔约方地位，而非重新加入；以发展中国家的身份恢复，并承担与我国经济贸易水平相适应的义务；以关税减让为承诺条件，而非承担每年增加一定比例的进口义务。

1986年9月15日至20日，GATT部长级缔约方大会在乌拉圭埃斯特角城举行，乌拉圭回合谈判开始。我国政府派团出席会议，并从此成为乌拉圭回合全面参加方。

1987年2月13日，我国政府向GATT秘书处递交了《中国对外贸易制度备忘录》，供缔约方审议。

1987年3月4日，GATT中国工作组成立。

1987年10月22日，GATT中国工作组第一次会议在日内瓦举行。

1988年2月23日至24日，GATT中国工作组第二次会议在日内瓦举行，开始审议中国对外贸易制度。

1989年5月24日至28日，中美第五轮中国复关问题双边磋商在北京举行，磋商取得实质性进展，复关谈判有望在1989年年底结束。

1992年10月10日，达成《中美市场准入谅解备忘录》，美国承诺“坚定地支持中国取得GATT缔约方地位”。

1992年10月21日至23日，GATT中国工作组第十一次会议在日内瓦举行。会议决定结束对中国对外贸易制度的审议，转入市场准入的实质性谈判阶段。

1994年4月12日至15日，GATT部长级会议在摩洛哥的马拉喀什举行，正式结束乌拉圭回合谈判。我国政府代表签署了《乌拉圭回合多边贸易谈判结果最后文件》。

1994年11月28日至12月19日，中国代表团在日内瓦就市场准入和议定书与缔约方谈判，谈判未能达成协议。

1994年12月20日，GATT中国工作组第十九次会议在日内瓦举行。由于少数缔约方漫天要价，无理阻挠，致使我国复关谈判未能达成协议。

1995年5月7日至19日，受GATT中国工作组主席邀请，我国代表团赴日内瓦与缔约方恢复中国复关和加入WTO的双边谈判。此次磋商被西方媒体称为“试水”谈判。

1995年6月3日，WTO总理事会接受中国申请，我国成为该组织观察员。

2）我国加入WTO的历史经过（1995—2001）

1995年11月，我国政府照会WTO总干事鲁杰罗，把中国复关工作组更名为中国“入世”工作组，中国的复关谈判转变为“入世”谈判；与此同时，台湾当局也照会WTO把GATT中国台北问题组更名为WTO中国台北工作组。

1995年11月28日，美国向中国递交了一份“关于中国加入WTO的非正式文件”，即所谓的“交通图”，罗列了对我国加入WTO的28项要求。

1996年3月22日，WTO中国工作组第一次正式会议在日内瓦举行。

1997年8月4日至6日，我国与新西兰签署了WTO市场准入谈判的双边协议，新西兰是第一个与我国结束双边谈判的西方国家（此前，我国已与匈牙利签署了协议）。

1997年8月26日，我国与韩国在汉城（现首尔）就加入WTO问题达成双边协议。

1998年6月17日，江泽民主席提出加入WTO的三原则：WTO是一个国际性组织，没有中国的参加是不完整的；中国毫无疑问要作为一个发展中国家加入WTO；中国加入WTO是以权利与义务平衡为原则的。

1999年4月10日，朱镕基总理访美期间中美签署了《中美农业合作协议》，并就我国加入WTO发表联合声明，美国承诺“坚定地支持中国于1999年加入WTO”。

1999年5月8日，北约轰炸中国驻南斯拉夫联盟共和国大使馆，中美加入WTO双边谈判中断。

1999年9月6日，中美恢复谈判。

1999年9月9日至13日，中美两国在亚太经济合作组织领导人非正式会议期间恢复WTO双边谈判。

1999年11月10日至15日，中美两国就中国加入WTO问题在北京举行了谈判，15日双方达成双边协议。

1999年11月26日，我国与加拿大结束了关于中国加入WTO的双边谈判。

2000年5月15日至19日，我国与欧盟就中国加入WTO问题在北京举行谈判，19日双方达成协议。

2000年6月19日至23日，WTO中国工作组第十次会议在日内瓦举行，谈判重点转移到多边起草中国加入WTO的法律文件——加入议定书和工作组报告书。

2001年6月28日至7月4日，WTO中国工作组第十七次会议在日内瓦举行，此次会议完成了中国加入WTO多边文件的起草工作。

2001年9月13日，我国与墨西哥结束了加入WTO的双边谈判，至此我国全部完成了与WTO成员的双边市场准入谈判。

2001年9月12日至17日，WTO中国工作组第十八次会议在日内瓦举行，会议逐项通过了《中国加入工作组报告书》、《中华人民共和国加入议定书》、《货物贸易减让表》草案和《服务贸易具体承诺减让表》，并决定将这些文件提交WTO总理事会审议，会议通过了中国加入WTO的所有法律文件。

2001年11月10日，在多哈召开的WTO第四次部长级会议上，一致表决同意接受中国加入WTO。

2001年12月11日，我国正式加入WTO，成为WTO的第143个成员。

3）中国加入WTO的意义

加入WTO是我国面对世界多极化、经济全球化和科学技术突飞猛进的国际形势，从我国国内进一步改革开放的需要出发，高瞻远瞩，审时度势，作出的重大战略决策。加入WTO，是我国改革开放和现代化建设的历史必然，标志着我国的对外开放进入了新的阶段，有利于我国社会主义市场经济体制的建立和完善，有利于我国国际地位的提高，有利于我国对外经济贸易环境的改善。

WTO的原则、规则和各项协定所代表的是一个完整的多边贸易法律体系，这一体系对世界贸易的运行和发展起着重要的规范作用。我国加入WTO，可以通过正式成员的资格，享受多边谈判的成果；可以通过参与国际贸易规则的制定，维护自身权益；可以通过开放自身市场，吸引境外投资，并获得进入其他国家市场的机会；可以通过多边争端解决机制，公正、平等地解决贸易争端。

WTO是以规则为基础的国际组织，它的一些基本原则，如非歧视、透明度、公平竞争、开放市场等，都是建立在市场经济基础上的。根据这些原则，各成员又通过谈判确定了许多具体的规则。这些基本原则和具体规则，很多是我国在建立和完善社会主义市场经济体制过程中需要采纳或借鉴的。因此，遵守WTO的基本原则和具体规则，有利于推进我国的改革开放进程，有利于我国社会主义市场经济体制的建立和完善。

我国是世界上最大的发展中国家，社会生产力还不发达，经济发展水平也不平衡，这是国际上公认的事实，这也决定了我国只能以发展中国家的身份加入WTO，享受不同于发达国家的差别和优惠待遇。经过谈判，发达成员最终同意“以灵活务实的态度解决中国的发展中国家地位问题”；我国在谈判中承诺遵守规则，履行义务，享受发展中国家的过渡期和相应的权利。在多边和双边谈判中，我国始终坚持权利与义务平衡的原则，努力使谈判结果不与我国法律的基本原则相违背，不与我国的社会、政治制度相抵触；努力使我国所作的承诺与WTO的原则和规则相一致，与我国建立和完善社会主义市场经济体制的需要相一致，与我国经济发展水平和产业承受能力相一致。我国加入WTO的最终谈判结果，符合WTO的规则和我国经济发展的水平，我国的基本权利得到了保障，并实现了权利与义务的平衡。

6.3.3　中国加入WTO的基本权利与义务

我国加入WTO的法律文件包括《关于中华人民共和国加入的决定》、《中华人民共和国加入议定书》及其附件、《中国加入工作组报告书》，议定书是确定我国加入WTO的权利与义务的法律文件，工作组报告书记录和说明整个加入谈判的情况，也包括部分承诺，与议定书具有内在的统一性，具有与议定书同等的法律效力。作为WTO成员，我国的权利与义务不仅体现在议定书和工作组报告书中，也全面地反映在WTO现行的各项协定中；此外，WTO成员在WTO各项协定中所承担的义务和承诺都是我国应当享受的权利。

1）我国加入WTO的基本权利

（1）享受非歧视待遇

加入WTO后，我国可以充分享受多边无条件的最惠国待遇和国民待遇，即非歧视待遇。“入世”前双边贸易中受到的一些不公正待遇将会被取消或逐步取消。如根据《中华人民共和国加入议定书》附件7的规定，欧盟、阿根廷、匈牙利、墨西哥、波兰、斯洛伐克、土耳其等对我国出口产品实施的与WTO规则不符的数量限制、反倾销措施、保障措施等将在我国加入WTO后5～6年内取消；根据WTO《纺织品与服装协议》的规定，发达国家的纺织品配额在2005年1月1日取消，我国可以充分享受WTO纺织品一体化的成果；美国、欧盟等在反倾销问题上对我国使用的“非市场经济国家”标准将在规定期限内取消。

（2）全面参与多边贸易体制

加入WTO前，我国作为观察员参与多边贸易体制，所能发挥的作用受到诸多限制。加入WTO后，我国可以充分享受正式成员的权利，其中包括：全面参与WTO各理事会和委员会的所有正式和非正式会议，维护我国的经济利益；全面参与贸易政策审议，对美、欧、日、加等重要贸易伙伴的贸易政策进行质询和监督，敦促其他WTO成员履行多边义务；在其他WTO成员对我国采取反倾销、反补贴和保障措施时，可以在多边框架下进行双边磋商，增加解决问题的渠道；充分利用WTO争端解决机制处理双边贸易争端，避免某些双边贸易机制对我国的不利影响；全面参与新一轮多边贸易谈判，参与制定多边贸易规则，维护我国的经济利益；对于现在或将来与我国有重要贸易关系的申请加入方，将要求与其进行双边谈判，并通过多边谈判解决一些双边贸易中的问题，包括促其取消对我国产品实施的不符合

WTO规则的贸易限制措施、扩大我国出口产品和服务的市场准入机会和创造更为优惠的投资环境等，从而为我国产品和服务扩大出口创造更多的机会。

（3）享受发展中国家权利

除一般WTO成员所能享受的权利外，我国作为发展中国家还将享受WTO各项协定规定的特殊和差别待遇。如我国通过谈判，获得了对农业提供占农业生产总值8.5%“黄箱补贴”的权利，补贴的基期采用相关年份，而不是固定年份，使我国今后的农业国内支持有继续增长的空间；涉及补贴与反补贴措施、保障措施等问题，享受协定规定的发展中国家待遇，包括在补贴方面享受发展中国家微量允许标准（即在该标准下其他成员不得对我国采取反补贴措施）和在保障措施方面享受10年的保障措施使用期；在争端解决中，有权要求WTO秘书处提供法律援助；在采用国际标准方面，可以根据经济发展水平拥有一定的灵活性等。

（4）获得市场开放和法规修改的过渡期

为了使我国相关产业在加入WTO后获得调整和适应的时间和缓冲期，并对有关的法律和法规进行必要的调整，经过谈判，我国在市场开放和遵守规则方面获得了过渡期。如在放开贸易权的问题上，享有3年的过渡期；逐步取消400多项产品的数量限制，包括进口配额、许可证、特定招标等；服务贸易的市场开放在加入后1～6年内逐步实施；在纠正一些与国民待遇不相符的措施方面，包括针对进口药品、酒类和化学品等的规定，保留1年的过渡期，以修改相关法规；对于进口香烟实施特殊许可证方面，我国有2年的过渡期修改相关法规，以实行国民待遇。

（5）保留国营贸易体制

WTO允许通过谈判保留进口国营贸易。为使我国在加入WTO后保留对进口的合法调控手段，我国在谈判中要求对重要商品的进口继续实行国营贸易管理。经过谈判，我国保留了粮食、棉花、植物油、食糖、原油、成品油、化肥和烟草等8种关系国计民生的大宗产品的国营贸易管理，即由我国政府指定的少数公司专营。同时，参照我国实际进口情况，对非国营贸易企业进口的数量作了规定。

（6）有条件、有步骤地开放服务贸易领域

加入WTO后，外资企业在我国设立商业机构，需要依据我国外资管理的法律和法规进行审批。经过谈判，我国保留了对重要的服务贸易部门的管理和控制权。加入WTO后，我国将根据WTO的规定以及我国法律和法规的规定，依法进行管理和审批，有条件、有步骤地开放服务贸易市场，以便在市场开放过程中确保国家经济安全。如在电信领域，不允许外方控股，所有国际长途业务必须通过中方电信管理当局控制的出入口局进行；在音像服务领域，不允许外资公司在中国生产音像制品，只允许成立中外合作企业销售我国主管机关审查过的音像产品，以保证我国政府对文化市场的管理权；在分销服务领域，对一些敏感的重要产品如烟草、盐、粮食、棉花、植物油、食糖、图书、报纸、杂志、药品、农药、农膜、成品油、化肥和其他指定经营产品不允许外资经营，超过30家分店的连锁店不允许外资控股等。

（7）对国内产业提供WTO规则允许的补贴

经过谈判，我国保留了对国内产业和地区进行与WTO有关规则相符的补贴权利。

（8）保留国家定价和政府指导价的权利

经过谈判，我国保留了对重要的产品及服务实施国家定价和政府指导价的权利。

（9）保留征收出口税的权利

为矿产和自然资源提供必要的保护，经过谈判，我国保留了对80多种产品征收出口税的权利。

（10）保留对进出口商品进行法定检验的权利

经过谈判，我国保留了对进出口商品进行检验的权利。

2）我国加入WTO的基本义务

（1）遵守非歧视原则

非歧视原则是WTO最基本的原则，包括最惠国待遇原则和国民待遇原则。我国在加入WTO前对与我国签订双边优惠贸易协定的国家实施了双边最惠国待遇，因此加入法律文件中有关非歧视原则的问题主要是指对进口产品的国民待遇问题。国民待遇原则要求进口货物在关税、国内税等方面所享受的待遇不低于国内同类产品。实行国民待遇实际上是要体现平等竞争原则，这与我国改革开放和建立社会主义市场经济的目标是一致的。目前，除个别情况外，我国已基本上实现了对进口产品实行国民待遇原则。我国承诺在进口货物、关税、国内税等方面，给予外国产品的待遇不低于国产同类产品的待遇，并对目前仍在实施的与国民待遇原则不符的做法和政策进行必要的修改和调整。

（2）贸易政策的统一实施

WTO要求其成员实施统一的贸易政策。《中华人民共和国对外贸易法》规定，对外贸易法适用于对外贸易以及与对外贸易有关的知识产权保护；对外贸易是指货物进出口、技术进出口和服务进出口；国家实行统一的对外贸易制度，鼓励发展对外贸易，维护公平、自由的对外贸易秩序。据此，我国已经确定了实施统一的贸易政策的原则，承诺在整个中国关税领土内实施统一贸易政策。

（3）贸易政策的透明度

透明度是WTO的又一项基本原则。根据这一原则，各成员必须公布有关贸易的法律、法规和部门规章。实施和遵守透明度原则，有利于在我国建立公平、公开的市场竞争环境。实际上，我国从1991年开始已经逐步做到了对外公布涉及贸易的法律、法规和部门规章；据此，我国承诺履行WTO透明度原则。

（4）为当事人提供司法审查的机会

WTO要求其成员在有关法律、法规、司法决定和行政决定方面，为当事人提供上诉、要求司法审查、复审的机会。在贸易投资领域提供司法审查的机会有利于进一步改善我国的贸易投资环境，《中华人民共和国行政诉讼法》对司法审查已经有明确规定。据此，我国承诺了在与《中华人民共和国行政诉讼法》规定不冲突的情况下，履行有关司法审查的义务。

（5）逐步放开贸易权

根据议定书的规定，我国在加入WTO三年后，取消贸易权审批制，所有在中国的企业经过登记后都可以获得贸易权，但国营贸易和指定经营产品除外；这种贸易权仅指进口和出口权利，并不包括在国内销售产品的权利，国内销售产品的权利是通过服务贸易的谈判决定的。我国2004年7月1日实施的《对外贸易法》已经放宽了经营者资格，对贸易权由审批制改为登记制。

（6）遵守WTO关于国营贸易的规定

我国承诺遵守有关国营贸易的规定，国营贸易公司按照商业考虑经营，并履行有关通知义务；在保留国营贸易体制的同时，允许一定比例的进口由非国营贸易公司经营；植物油包括豆油、棕榈油、菜子油等的国营贸易管理在2006年1月1日取消。

（7）逐步取消非关税措施

我国承诺按照WTO的规定，对400多项产品实施的非关税措施在2005年1月1日前取消，并承诺今后除非符合WTO规定，否则不再增加或实施任何新的非关税措施。

（8）不再实行出口补贴

我国承诺遵照WTO《补贴与反补贴措施协定》的规定，取消协定禁止的出口补贴，并通知该协定允许的其他补贴项目。

（9）实施《与贸易有关的投资措施协定》

我国承诺加入WTO后实施《与贸易有关的投资措施协定》，取消贸易和外汇平衡要求、当地含量要求、技术转让要求等与贸易有关的投资措施。根据大多数WTO成员的通行做法，承诺在法律、法规和部门规章中不强制规定出口实绩要求和技术转让要求，由投资双方通过谈判商定。

（10）接受特殊保障条款

中国“入世”后12年内，如中国出口产品激增对WTO成员内部市场造成紊乱，双方应磋商解决。在磋商中，双方一致认为应采取必要行动时，中国应采取补救措施。如磋商未果，该WTO成员只能在补救冲击所必须的范围内，对中方撤销减让或限制进口。

（11）接受过渡性审议

我国加入WTO后8年内，WTO相关委员会将对中国和成员履行WTO义务和实施加入WTO谈判所作承诺的情况进行年度审议，在第10年完全终止审议。中方有权就其他成员履行义务的情况向委员会提出质疑，要求WTO成员履行承诺。

6.3.4　中国参与并完善国际贸易体制

中国加入世界贸易组织20年来的发展，中国与世界的关系、中国与西方的关系、中国与邻国及地区的关系相应发生了改变，这些关系的改变对多边贸易体制、区域自由贸易体制与双边自由贸易和投资体制，以及经济全球化进程都带来新的影响和挑战。在新冠肺炎疫情后百年未有之大变局的复杂背景下，如何构建国与国之间稳定有序的经贸关系，依然是影响国与国之间政治关系的经济基础或“压舱石”，是构建人类命运共同体无法回避的话题和挑战，值得深入思考。

20多年来，中国在世界贸易组织中从规则接受者成长为规则制定的重要参与者，深度参与多哈回合、渔业补贴等多边谈判，单独提出或联署100多份提案，特别是为促成信息技术产品扩围和贸易便利化协定达成作出实质性贡献。中国也是争端解决机制的“守夜人”，参与相关诉讼近200起，并在上诉机构瘫痪后，与欧盟等数十个成员组建多方临时上诉仲裁安排，向所有成员开放，努力维护世界贸易组织争端解决双层审理机制。

世界贸易组织体制的核心是谋求基于自由市场经济体制的全球自由贸易和公平竞争，这一多边体制为维护全球自由贸易制定了基本规则、争端解决机制和监督机制，是第二次世界大战后美国主导的国际秩序的支柱之一。随着全球化的不断深入，贸易规模不断扩大和贸易不平衡格局的演变，这一体制的规则性缺陷和低效率日益显现，改革完善的呼声日益高涨。多哈回合谈判20多年，未取得任何议题的实质性进展，区域性自由贸易协定越来越成为一些国家解决问题的替代性选择。但《全面与进步跨太平洋伙伴关系协定》《跨大西洋贸易与投资伙伴关系协定》《区域全面经济伙伴关系协定》等区域自贸协定，不仅覆盖的区域范围不同，涉及的自由贸易领域和标准也有所不同，需要未来世界贸易组织改革的多边谈判积极进展。考虑到多边贸易体制的重要性，中国需要有系统的分析、策略和立场，在一些特殊议题上可以考虑在多边一致性和诸边一致性方面作出选择，以便更好地参与、改进、维护更加合理有效的多边自由贸易体制。

6.4　中国“一带一路”倡议与建设

“一带一路”（The Belt and Road，B&R）是“丝绸之路经济带”和“21世纪海上丝绸之路”的简称。“一带一路”建设是我国在新的历史条件下实行全方位对外开放的重大举措、推行互利共赢的重要平台，是中国向世界提供的一项国际公共产品，是对现有国际机制的补充和完善。

2013年9月和10月，中国国家主席习近平在出访哈萨克斯坦和印度尼西亚时先后提出共建“丝绸之路经济带”和“21世纪海上丝绸之路”的重大倡议。“一带一路”倡议充分依靠中国与有关国家既有的双多边机制，借助既有的、行之有效的区域合作平台，借用古代丝绸之路的历史符号，高举和平发展的旗帜，积极发展与沿线国家的经济合作伙伴关系，共同打造政治互信、经济融合、文化包容的利益共同体、命运共同体和责任共同体。

6.4.1 "一带一路"倡议的基本内涵

"一带一路"倡议自提出以来不断拓展合作区域与领域，尝试与探索新的合作模式，使之得以丰富、发展与完善，但其初衷与原则却始终如一，这是认知与理解"一带一路"倡议的基点与关键。

1）开放性、包容性区域合作倡议

"一带一路"倡议是开放性、包容性区域合作倡议，而非排他性、封闭性的中国"小圈子"。当今世界是一个开放的世界，开放带来进步，封闭导致落后，只有开放才能发现机遇、抓住用好机遇、主动创造机遇，才能实现国家的奋斗目标。"一带一路"倡议就是要把世界的机遇转变为中国的机遇，把中国的机遇转变为世界的机遇。正是基于这种认知与愿景，"一带一路"倡议以开放为导向，冀望通过加强交通、能源和网络等基础设施的互联互通建设，促进经济要素有序自由流动、资源高效配置和市场深度融合，开展更大范围、更高水平、更深层次的区域合作，打造开放、包容、均衡、普惠的区域经济合作架构，以此来解决经济增长和平衡问题。这意味着"一带一路"倡议是一个多元开放包容的合作性倡议，开放包容性特征是其区别于其他区域性经济倡议的一个突出特点。

2）务实合作平台

"一带一路"倡议是务实合作平台，而非中国的地缘政治工具。"和平合作、开放包容、互学互鉴、互利共赢"的丝路精神成为人类共有的历史财富，"一带一路"倡议就是秉承这一精神与原则提出的重要倡议。通过加强相关国家间的全方位多层面交流合作，充分发掘与发挥各国的发展潜力与比较优势，彼此形成了互利共赢的区域利益共同体、命运共同体和责任共同体，各国是平等的参与者、贡献者、受益者。平等是"一带一路"建设的关键基础，平等包容的合作有助于国际合作真正"落地生根"。同时，"一带一路"建设离不开和平安宁的国际环境和地区环境，和平是"一带一路"建设的本质属性，也是保障其顺利推进所不可或缺的重要因素。

3）共商共建共享的联动发展倡议

"一带一路"倡议是共商共建共享的联动发展倡议，而非中国的对外援助计划。"一带一路"建设是在双边或多边联动基础上通过具体项目加以推进的，是在进行充分政策沟通、战略对接以及市场运作后形成的发展倡议与规划。"一带一路"建设的核心主体与支撑力量是企业，根本方法是遵循市场规律，并通过市场化运作模式来实现参与各方的利益诉求，政府在其中发挥构建平台、创立机制、政策引导等指向性、服务性功能。

4）对现有机制的对接与互补

“一带一路”倡议是对现有机制的对接与互补，而非替代。“一带一路”建设的相关国家要素禀赋各异，比较优势差异明显，互补性很强。有的国家能源资源富集但开发力度不够，有的国家劳动力充裕但就业岗位不足，有的国家市场空间广阔但产业基础薄弱，有的国家基础设施建设需求旺盛但资金紧缺。我国优势产业越来越多，基础设施建设经验丰富，装备制造能力强、质量好、性价比高，具备资金、技术、人才、管理等综合优势，为中国与其他“一带一路”倡议参与方实现产业对接与优势互补提供了现实需要与重大机遇。“一带一路”倡议的核心内容就是要促进基础设施建设和互联互通，对接各国政策和发展战略，以便深化务实合作，促进协调联动发展，实现共同繁荣。

5）促进人文交流的桥梁

“一带一路”建设是促进人文交流的桥梁，而非触发文明冲突的引线。“一带一路”倡议跨越不同区域、不同文化、不同宗教信仰，但它带来的不是文明冲突，而是各文明间的交流互鉴。“一带一路”倡议在推进基础设施建设，加强产能合作与发展战略对接的同时，也将“民心相通”作为工作重心之一。通过弘扬丝绸之路精神，开展智力丝绸之路、健康丝绸之路等建设，在科学、教育、文化、卫生、民间交往等各领域广泛开展合作，“一带一路”建设民意基础更为坚实，社会根基更加牢固。“一带一路”建设就是要以文明交流超越文明隔阂，以文明互鉴超越文明冲突，以文明共存超越文明优越，为相关国家民众加强交流、增进理解搭起了新的桥梁，为不同文化和文明加强对话、交流互鉴织就了新的纽带，推动各国相互理解、相互尊重、相互信任。

6.4.2　“一带一路”倡议的重要意义

1）探寻后危机时代的全球经济增长之道

“一带一路”倡议是在后金融危机时代，作为世界经济增长火车头的中国，将自身的产能优势、技术与资金优势、经验与模式优势转化为市场与合作优势，实行全方位开放的一大创新。通过“一带一路”建设共同分享中国改革发展红利、中国发展的经验和教训。中国将着力推动沿线国家间实现合作与对话，建立更加平等均衡的新型全球发展伙伴关系，夯实世界经济长期稳定发展的基础。

2）实现全球化再平衡

传统全球化由海而起，由海而生，沿海地区、海洋国家先发展起来，陆上国家、内地则较落后，形成巨大的贫富差距。“一带一路”倡议鼓励向西开放，带动西部开发以及中亚、蒙古国等内陆国家和地区的开发，在国际社会推行全球化的包容性发展理念；同时，“一带一路”倡议是中国主动向西推广中国优质产能和比较优势产业，将使沿途、沿岸国家首先获益，也改变了历史上中亚等丝绸之路沿途地带只是作为东西方贸易、文化交流的过道而成为发展“洼地”的面貌。这就超越了欧洲人所开创的全球化造成的贫富差距、地区发展不平衡，推动建立持久和平、普遍安全、共同繁荣的和谐世界，推动全球再平衡。

3）开创21世纪地区合作新模式

中国改革开放是当今世界最大的创新，“一带一路”倡议作为全方位对外开放战略，正在实践经济走廊理论、经济带理论、21世纪的国际合作理论等创新经济发展理论、区域合作理论、全球化理论。“一带一路”倡议强调共商、共建、共享原则，超越了马歇尔计划、对外援助以及走出去战略，给21世纪的国际合作带来新的理念。中俄蒙经济走廊、新亚欧大陆桥、中国-中亚经济走廊、孟中印缅经济走廊、中国-中南半岛经济走廊等，以经济增长极辐射周边，超越了传统发展经济学理论。

4）开启我国经济高质量发展新征程

“一带一路”建设是实现内外联动发展的世纪工程。随着我国同沿线各国和国际组织合作协议的逐步落实，我国的装备、技术、投资、标准将进一步走进和融入世界，国内的经济发展和转型升级也将迎来更为广阔的空间。“一带一路”建设同长江经济带、京津冀协同发展等区域发展战略紧密结合，为引领我国经济实现高质量发展、打造东中西部联动发展新局面注入强劲动力。

6.4.3 共建“一带一路”前景展望

当今世界正处于百年未有之大变局，和平、发展、合作仍是时代潮流。展望未来，共建“一带一路”既面临诸多问题和挑战，更充满前所未有的机遇和发展前景。

1）和平之路

共建“一带一路”主张建设相互尊重、公平正义、合作共赢的新型国际关系，打造对话不对抗、结伴不结盟的伙伴关系。各国应尊重彼此主权、尊严、领土完整，尊重彼此发展道路和社会制度，尊重彼此核心利益和重大关切。

和平安全是推进共建“一带一路”的基本前提和保证。各国需树立共同、综合、合作、可持续的安全观，营造共建共享的安全格局。要着力化解冲突，坚持政治解决；要着力斡旋调解，坚持公道正义；要着力推进反恐，标本兼治，消除贫困落后和社会不公。各国需摒弃冷战思维、零和游戏和强权政治，坚决反对恐怖主义、分裂主义、极端主义。在涉及国家主权、领土完整、安全稳定等重大核心利益问题上给予相互支持。坚持以对话解决争端、以协商化解分歧，增进合作互信，减少相互猜疑。各国需深化在网络安全、打击跨国犯罪、打击贩毒、打击“三股势力”、联合执法、安全保卫等方面的合作，为区域经济发展和人民安居乐业营造良好环境。

中国始终是维护地区和世界和平、促进共同发展的坚定力量。中国坚持走和平发展道路，坚定奉行独立自主的和平外交政策，尊重各国人民自主选择的发展道路和奉行的内外政策，决不干涉各国内政，不把自己的意志强加给对方，不把本国利益凌驾于他国利益之上。为保证共建“一带一路”顺利推进，中国愿同沿线各国共同构建争端解决机制，共建安全风险预警防控机制，共同制定应急处置工作机制。一旦发生纠纷，当事方能够坐下来就相互利益关切沟通交流，对话而不是对抗，不但为共建“一带一路”营造良好发展环境，而且共同推动建设各国彼此尊重核心利益、和平解决分歧的和谐世界。

2）繁荣之路

发展是解决一切问题的总钥匙，共建“一带一路”聚焦发展这个根本性问题，释放各国发展潜力，实现经济融合、发展联动、成果共享。共建“一带一路”顺应世界多极化、经济全球化、文化多样化、社会信息化的潮流，致力于维护全球自由贸易体系和开放型世界经济。

沿线国家市场规模和资源禀赋各有优势，互补性强，潜力巨大，合作前景广阔。各国需在充分照顾各方利益和关切基础上，凝聚共识，将共识转化为行动，按照战略对接、规划对接、平台对接、项目对接的工作思路，形成更多可视性成果，实现优势互补，促进共同繁荣发展。

共建“一带一路”将继续把互联互通作为重点，聚焦关键通道、关键节点、关键项目，着力推进公路、铁路、港口、航空、航天、油气管道、电力、网络通信等领域合作，与各国共同推动陆、海、天、网四位一体的互联互通。中国愿意与各国共建“一带一路”空间信息走廊。深化与沿线国家在经贸领域的互利共赢，扩大双多边投资贸易规模。深入开展产业合作，共同办好经贸、产业合作园区。抓住新工业革命的发展新机遇，培育新动能、新业态，保持经济增长活力。

3）开放之路

共建“一带一路”以开放为导向，坚持普惠共赢，打造开放型合作平台，推动形成开放型世界经济。不管处于何种政治体制、地域环境、发展阶段、文化背景，都可以加入“一带一路”倡议朋友圈，共商共建共享，实现合作共赢。

中国支持、维护和加强基于规则的开放、透明、包容、非歧视的多边贸易体制，促进贸易投资自由化、便利化，与沿线国家共建高标准自由贸易区，推动经济全球化健康发展。同时，共建“一带一路”也着力解决发展失衡、治理困境、数字鸿沟、分配差距等问题，让世界各国的发展机会更加均等，让发展成果由各国人民共享。

在共建“一带一路”过程中，中国开放的大门只会越开越大，中国愿为世界各国带来共同发展新机遇，与各国积极发展符合自身国情的开放型经济，共同携手向着构建人类命运共同体的目标不断迈进。

4）绿色之路

共建“一带一路”践行绿色发展理念，倡导绿色、低碳、循环、可持续的生产生活方式，致力于加强生态环保合作，防范生态环境风险，增进沿线各国政府、企业和公众的绿色共识及相互理解与支持，共同实现2030年可持续发展目标。

沿线各国需坚持环境友好，努力将生态文明和绿色发展理念全面融入经贸合作，形成生态环保与经贸合作相辅相成的良好绿色发展格局。各国需不断开拓生产发展、生活富裕、生态良好的文明发展道路。开展节能减排合作，共同应对气候变化。制定落实生态环保合作支持政策，加强生态系统保护和修复。探索发展绿色金融，将环境保护、生态治理有机融入现代金融体系。

中国愿与沿线各国开展生态环境保护合作，将努力与更多国家签署建设绿色丝绸之路的合作文件，扩大“一带一路”绿色发展国际联盟，建设“一带一路”可持续城市联盟。建设一批绿色产业合作示范基地、绿色技术交流与转移基地、技术示范推广基地、科技园区等国际绿色产业合作平台，打造“一带一路”绿色供应链平台，开展国家公园建设合作交流，与沿线各国一道保护好我们共同拥有的家园。

5）创新之路

创新是推动发展的重要力量。共建“一带一路”需向创新要动力。21世纪以来，全球科技创新进入空前密集活跃时期，新一轮科技革命和产业变革正在重构全球创新版图、重塑全球经济结构。共建“一带一路”为大部分处于工业化初中级阶段的国家平等合理融入全球产业链和价值链提供了新契机。随着各类要素资源在沿线国家之间的共享、流动和重新组合，各国可以利用各自比较优势，着眼于技术前沿应用研究、高技术产品研发和转化，不断将创新驱动发展推向前进。共建“一带一路”将成为沿线国家创新发展的新平台，成为沿线国家实现跨越式发展的驱动力，成为世界经济发展的新动能。中国与沿线国家之间的联动发展、合作应对挑战，已经并还将使不同国家、不同阶层、不同人群在开放型世界经济发展中共享经济全球化的成果。

数字经济是继农业经济、工业经济之后的主要经济形态。当今世界正在经历一场更大范围、更深层次的科技革命和产业变革，现代信息技术不断取得突破，数字经济蓬勃发展，各国利益更加紧密相连。共建“一带一路”坚持创新驱动发展，与各方加强在人工智能、纳米技术、量子计算机等前沿领域合作，推动大数据、云计算、智慧城市建设，连接成21世纪的数字丝绸之路。通过沿线国家青年科学家来华从事短期科研工作以及培训沿线国家科技和管理人员等方式，形成多层次、多元化的科技人文交流机制。通过共建国家级联合科研平台，深化长期稳定的科技创新合作机制，提升沿线国家的科技创新能力。构建“一带一路”技术转移协作网络，促进区域创新一体化发展。知识产权是创新驱动发展的基本保障，沿线国家应尊重知识产权，推动更加有效地保护和使用知识产权，构建高水平知识产权保护体系。

6）文明之路

共建“一带一路”推动文明交流超越文明隔阂、文明互鉴超越文明冲突、文明共存超越文明优越，使各国相互理解、相互尊重、相互信任。“一带一路”倡议深厚的文明底蕴、包容的文化理念，为沿线国家相向而行、互学互鉴提供了平台，促进了不同国家、不同文化、不同历史背景人群的深入交流，使人类超越民族、文化、制度、宗教，在新的高度上感应、融合、相通，共同推进构建人类命运共同体。共建“一带一路”推动沿线国家在教育、科技、文化、卫生、体育、媒体、旅游等领域开展广泛合作，促进政党、青年、社会组织、智库、妇女、地方交流协同并进，初步形成了和而不同、多元一体的文明共荣发展态势。

中国愿与沿线国家和有关国际组织共同推动建立多层次人文合作机制，搭建更多合作平台，开辟更多合作渠道。推动教育合作，扩大互派留学生规模，提升合作办学水平。建设好“一带一路”国际智库合作委员会和“一带一路”新闻合作联盟。继续开展历史文化遗产保护、文物援外合作、联合考古合作，推进博物馆交流合作，联合打造具有丝绸之路特色的旅游产品。加强政党、民间组织往来，密切妇女、青年等群体交流，促进包容发展。

7）廉洁之路

廉洁是共建“一带一路”的道德“底线”和法律“红线”。沿线国家需协力打造廉洁高效的现代营商环境，加强对“一带一路”建设项目的监督管理和风险防控，建立规范透明的公共资源交易流程。在项目招投标、施工建设、运营管理等过程中严格遵守相关法律法规，消除权力寻租空间，构建良性市场秩序。各国应加强反腐败国际交流合作，以《联合国反腐败公约》等国际公约和相关双边条约为基础开展司法执法合作，推进双边引渡条约、司法协助协定的签订与履行，构筑更加紧密便捷的司法执法合作网络。各国需推动企业加强自律意识，构建合规管理体系，培育廉洁文化，防控廉洁风险，坚决抵制商业贿赂行为。政府、企业、国际社会三方需共同努力，采取有效措施，建立拒绝腐败分子入境、腐败资产返还等合作机制，通力协作斩断腐败链条、构筑反腐败防线。

中国愿与各国一道完善反腐败法治体系和机制建设，不断改善营商环境，持续打击商业贿赂行为。深化与沿线国家反腐败法律法规对接，深化反腐败务实合作。加强对“走出去”企业廉洁教育培训，强化企业合规经营管理。中国愿与沿线国家共同努力，把“一带一路”建设成为廉洁之路。

政治多极化、经济全球化、文化多样化和社会信息化潮流不可逆转，各国间的联系和依存日益加深，但也面临诸多共同挑战。“一带一路”倡议顺应历史大潮，所体现的价值观和发展观不仅符合全球构建人类命运共同体的内在要求，更符合沿线国家人民渴望共享发展机遇、创造美好生活的强烈愿望和热切期待。

共建“一带一路”是一项史无前例的跨国界、跨洲际开放的重大合作行动，必将推动开放型世界经济的发展，必将使新时代我国全面对外开放的道路越走越宽广。随着“一带一路”建设伟大实践的推进，中国发展更高质量的开放型经济、主动参与开放型世界经济的新格局正在形成，为实现构建人类命运共同体的美好愿景作出新的、更大的贡献。

●本章小结

1.中华人民共和国成立前，我国是美国的重要出口市场、原料供应地和投资场所；中华人民共和国成立之初，中美两国继续保持着贸易关系；随着中国抗美援朝战争的开始，两国的经济联系中断；1979年，中美恢复正常外交关系，两国经贸关系也随之进入了新的发展时期。中日经贸关系在我国对外经贸关系中占有重要地位，双方互为重要的经贸合作伙伴；中日经贸发展中存在着不少问题，但是不断前进是两国经贸关系发展的主要方向。中欧经贸关系的发展可以追溯到“丝绸之路”，历经了两千年的发展；展望未来，中国市场潜力的进一步发挥，为中欧经贸关系的进一步发展提供了更加良好的条件。2010年中国-东盟自由贸易区的正式建成，对双边贸易的发展起到极大促进作用，中国与东盟各国应本着立足友好，积极沟通，充分交流，探讨创新的原则，努力实现共赢。

2.我国作为APEC最大的发展中成员及最具有经济潜力和活力的成员，对APEC的进程起着有益的推动作用和建设性作用。SCO是第一个由我国倡导建立的、并以我国城市命名的政府间国际组织，从地缘政治与地缘经济、经济发展保障、西部大开发战略的角度来看，中国需要SCO。BRICS是指5个成长前景看好的新兴市场国家，“金砖+”意把金砖合作打造成为当今世界最有影响力的南南合作平台；金砖国家已经建立涵盖经贸、金融、农业、教育、科技、文化、智库等多个领域的合作机制，打破了世界经济由发达国家长久主导的格局。RCEP是全球最大的自由贸易区，在政治上能从多个层面助力我国的国际战略落实，在经济上有利于开拓我国更广阔的发展空间。2021年，我国正式提出申请加入CPTPP，CPTPP是目前全球最高开放水平与最高规则标准的贸易与投资协定，代表了未来多边贸易体制发展的方向与趋势。DEPA是新加坡、新西兰和智利于2020年通过网络签署的数字贸易协定，是全球第一份专门针对数字经济、数字贸易合作的国际协定；2021年我国决定申请加入，必将推动DEPA路线图的加速落实，促进成员间在货物贸易、服务贸易、知识产权以及投资等领域的深度合作与长足发展。

3.WTO是世界上唯一处理国与国之间贸易规则的多边组织，我国加入WTO，为我国的改革和发展注入了新的活力，经济的发展进入了一个新阶段。我国是世界上最大的发展中国家，WTO的发达成员以灵活务实的态度解决我国的发展中国家地位问题；在多边和双边谈判中，我国始终坚持权利与义务平衡的原则，履行义务，享受权利。在WTO谈判中，我国在发展中国家之间、在发展中国家和发达国家之间，发挥着平衡、桥梁、建设性作用。

4.“一带一路”倡议是我国在新的历史条件下实行全方位对外开放的重大举措、推行互利共赢的重要平台，是中国向世界提供的一项国际公共产品，是对现有国际机制的补充和完善。共建“一带一路”是一项史无前例的跨国界、跨洲际开放的重大合作行动，必将推动开放型世界经济的发展，必将使新时代我国全面对外开放的道路越走越宽广。

●复习思考题

1.分析我国与主要经济体的经贸关系。
2.分析我国与区域机构或协定的关系。
3.分析我国与世界贸易组织的关系。
4.分析我国“一带一路”倡议的意义。

主要参考文献

图书类

[1] 倪月菊，马盈盈，王芳．中国对外贸易报告（2019—2020）[M]．北京：中国社会科学出版社，2021.

[2] 唐晓华，等．我国先进制造业发展战略研究 [M]．北京：经济科学出版社，2020.

[3] 袁金星．制造业与高技术服务业融合发展研究 [M]．北京：社会科学文献出版社，2019.

[4] 王绍媛，施锦芳．中国对外贸易 [M]．4版.大连：东北财经大学出版社，2016.

[5] 迟福林．转型抉择2020：中国经济转型升级的趋势与挑战 [M]．北京：中国经济出版社，2015.

[6] 金立群，林毅夫，等．"一带一路"引领中国 [M]．北京：中国文史出版社，2015.

[7] 王喜文.中国制造2025解读：从工业大国到工业强国 [M]．北京：机械工业出版社，2015.

[8] 罗宁．21世纪资本布局：从资本流动看未来金融趋势和经济格局 [M]．北京：人民邮电出版社，2014.

[9] 王绍媛，蓝天．国际服务贸易 [M]．2版.大连：东北财经大学出版社，2013.

[10] 徐家力．知识产权保护研究——从传统到现代 [M]．上海：上海交通大学出版社，2013.

[11] 董志勇．开放条件下的中国资本流动与货币政策 [M]．北京：北京大学出版社，2010.

[12] 邵渭洪，孙敏．国际服务贸易理论与政策 [M]．上海：上海财经大学出版社，2010.

[13] 黄晓玲．中国对外贸易概论 [M]．2版.北京：对外经济贸易大学出版社，2009.

[14] 李兵．对外直接投资贸易效应研究 [M]．北京：经济科学出版社，2009.

[15] 王跃生，陶涛. 国际资本流动：机制、趋势与对策 [M]. 北京：中国发展出版社，2009.

[16] 傅自应. 中国对外贸易三十年 [M]. 北京：中国财政经济出版社，2008.

[17] 谢百三. 中国当代经济政策及其理论 [M]. 北京：北京大学出版社，2001.

[18] 黄建忠. 中国对外贸易概论 [M]. 2版.北京：高等教育出版社，2007.

[19] 王珏. 贸易与资本流动：理论范式与中国的实践 [M]. 北京：中国经济出版社，2007.

[20] 吕进中. 中国外汇制度变迁 [M]. 北京：中国金融出版社，2006.

[21] 李钢，李俊. 迈向贸易强国——中国外经贸战略的深化与升级 [M]. 北京：人民出版社，2006.

[22] 唐海燕. 中国对外贸易概论 [M]. 上海：立信会计出版社，2002.

[23] 陈宪. 国际服务贸易 [M]. 上海：立信会计出版社，1995

[24] 廖庆薪，廖力平. 现代中国对外贸易概论 [M]. 3版. 广州：中山大学出版社，2000.

[25] 郭金龙. 经济增长方式转变的国际比较 [M]. 北京：中国发展出版社，2000.

[26] 李扣庆，等. 新中国贸易思想史 [M]. 上海：上海财经大学出版社，1999.

[27] 刘丽娟，徐进亮. 原产地规则——产生、运用及改革 [M]. 北京：中国经济出版社，1998.

期刊类

[1] 盛斌.中国、CPTPP和国际经贸新规则 [J]. 中国经济评论，2021（4）.

[2] 陈凤英.全球治理视角下的金砖合作机制化趋势 [J]. 当代世界，2021（10）.

[3] 张莉.中国知识产权保护形成国际合作新格局 [J]. 中国对外贸易，2021（5）.

[4] 陈新.大变局下中欧全面投资协定的多重意义 [J]. 人民论坛，2021（7）.

[5] 张礼卿.人民币汇率形成机制改革：主要经验与前景展望 [J]. 中国外汇，2021（13）.

《世界经济》《国际经济评论》《国际贸易》《国际贸易问题》《国际经贸探索》《中国工业经济》等期刊.

报告类

[1] 知识产权强国建设纲要（2021—2035年）

[2]“十四五”商务发展规划
[3]“十四五”对外贸易高质量发展规划
[4] 中国对外贸易形势报告（2021年春季）
[5] 中国服务进口报告2020
[6] 中国服务贸易行业发展研究报告（2020）
[7] 中国对外投资合作发展报告2020

网站类

中华人民共和国商务部、国家统计局、中华人民共和国海关总署、外汇管理局、国研网、WTO、OECD、UNCTAD等网站。

附录　中华人民共和国对外贸易法

2004年4月6日第十届全国人民代表大会常务委员会第八次会议修订；2016年11月7日第十二届全国人民代表大会常务委员会第二十四次会议修订，自公布之日起施行。

目录

第一章　总　则

第一条　为了扩大对外开放，发展对外贸易，维护对外贸易秩序，保护对外贸易经营者的合法权益，促进社会主义市场经济的健康发展，制定本法。

第二条　本法适用于对外贸易以及与对外贸易有关的知识产权保护。

本法所称对外贸易，是指货物进出口、技术进出口和国际服务贸易。

第三条　国务院对外贸易主管部门依照本法主管全国对外贸易工作。

第四条　国家实行统一的对外贸易制度，鼓励发展对外贸易，维护公平、自由的对外贸易秩序。

第五条　中华人民共和国根据平等互利的原则，促进和发展同其他国家和地区的贸易关系，缔结或者参加关税同盟协定、自由贸易区协定等区域经济贸易协定，参加区域经济组织。

第六条　中华人民共和国在对外贸易方面根据所缔结或者参加的国际条约、协定，给予其他缔约方、参加方最惠国待遇、国民待遇等待遇，或者根据互惠、对等原则给予对方最惠国待遇、国民待遇等待遇。

第七条　任何国家或者地区在贸易方面对中华人民共和国采取歧视性的禁止、限制或者其他类似措施的，中华人民共和国可以根据实际情况对该国家或者该地区采取相应的措施。

第二章　对外贸易经营者

第八条　本法所称对外贸易经营者，是指依法办理工商登记或者其他执业手续，依照本法和其他有关法律、行政法规的规定从事对外贸易经营活动的法人、其他组织或者个人。

第九条　从事货物进出口或者技术进出口的对外贸易经营者，应当向国务院对外贸易主管部门或者其委托的机构办理备案登记；但是，法律、行政法规和国务院对外贸易主管部门规定不需要备案登记的除外。备案登记的具体办法由国务院对外贸易主管部门规定。对外贸易经营者未按照规定办理备案登记的，海关不予办理进出口货物的报关验放手续。

第十条　从事国际服务贸易，应当遵守本法和其他有关法律、行政法规的规定。

从事对外劳务合作的单位，应当具备相应的资质。具体办法由国务院规定。

第十一条　国家可以对部分货物的进出口实行国营贸易管理。实行国营贸易管理货物的进出口业务只能由经授权的企业经营；但是，国家允许部分数量的国营贸易管理货物的进出口业务由非授权企业经营的除外。实行国营贸易管理的货物和经授权经营企业的目录，由国务院对外贸易主管部门会同国务院其他有关部门确定、调整并公布。

违反本条第一款规定，擅自进出口实行国营贸易管理的货物的，海关不予放行。

第十二条　对外贸易经营者可以接受他人的委托，在经营范围内代为办理对外贸易业务。

第十三条　对外贸易经营者应当按照国务院对外贸易主管部门或者国务院其他有关部门依法作出的规定，向有关部门提交与其对外贸易经营活动有关的文件及资料。有关部门应当为提供者保守商业秘密。

第三章　货物进出口与技术进出口

第十四条　国家准许货物与技术的自由进出口。但是，法律、行政法规另有规定的除外。

第十五条　国务院对外贸易主管部门基于监测进出口情况的需要，可以对部分自由进出口的货物实行进出口自动许可并公布其目录。

实行自动许可的进出口货物，收货人、发货人在办理海关报关手续前提出自动许可申请的，国务院对外贸易主管部门或者其委托的机构应当予以许可；未办理自动许可手续的，海关不予放行。

进出口属于自由进出口的技术，应当向国务院对外贸易主管部门或者其委托的机构办理合同备案登记。

第十六条　国家基于下列原因，可以限制或者禁止有关货物、技术的进口或者出口：

（一）为维护国家安全、社会公共利益或者公共道德，需要限制或者禁止进口或者出口的；

（二）为保护人的健康或者安全，保护动物、植物的生命或者健康，保护环境，需要限制或者禁止进口或者出口的；

（三）为实施与黄金或者白银进出口有关的措施，需要限制或者禁止进口或者出口的；

（四）国内供应短缺或者为有效保护可能用竭的自然资源，需要限制或者禁止出口的；

（五）输往国家或者地区的市场容量有限，需要限制出口的；

（六）出口经营秩序出现严重混乱，需要限制出口的；

（七）为建立或者加快建立国内特定产业，需要限制进口的；

（八）对任何形式的农业、牧业、渔业产品有必要限制进口的；

（九）为保障国家国际金融地位和国际收支平衡，需要限制进口的；

（十）依照法律、行政法规的规定，其他需要限制或者禁止进口或者出口的；

（十一）根据我国缔结或者参加的国际条约、协定的规定，其他需要限制或者禁止进口或者出口的。

第十七条　国家对与裂变、聚变物质或者衍生此类物质的物质有关的货物、技术进出口，以及与武器、弹药或者其他军用物资有关的进出口，可以采取任何必要的措施，维护国家安全。

在战时或者为维护国际和平与安全，国家在货物、技术进出口方面可以采取任何必要的措施。

第十八条　国务院对外贸易主管部门会同国务院其他有关部门，依照本法第十六条和第十七条的规定，制定、调整并公布限制或者禁止进出口的货物、技术目录。

国务院对外贸易主管部门或者由其会同国务院其他有关部门，经国务院批准，可以在本法第十六条和第十七条规定的范围内，临时决定限制或者禁止前款规定目录以外的特定货物、技术的进口或者出口。

第十九条　国家对限制进口或者出口的货物，实行配额、许可证等方式管理；对限制进口或者出口的技术，实行许可证管理。

实行配额、许可证管理的货物、技术，应当按照国务院规定经国务院对外贸易主管部门或者经其会同国务院其他有关部门许可，方可进口或者出口。

国家对部分进口货物可以实行关税配额管理。

第二十条　进出口货物配额、关税配额，由国务院对外贸易主管部门或者国务院其他有关部门在各自的职责范围内，按照公开、公平、公正和效益的原则进行分配。具体办法由国务院规定。

第二十一条　国家实行统一的商品合格评定制度，根据有关法律、行政法规的规定，对进出口商品进行认证、检验、检疫。

第二十二条　国家对进出口货物进行原产地管理。具体办法由国务院规定。

第二十三条　对文物和野生动物、植物及其产品等，其他法律、行政法规有禁止或者限制进出口规定的，依照有关法律、行政法规的规定执行。

第四章　国际服务贸易

第二十四条　中华人民共和国在国际服务贸易方面根据所缔结或者参加的国际条约、协定中所作的承诺，给予其他缔约方、参加方市场准入和国民待遇。

第二十五条　国务院对外贸易主管部门和国务院其他有关部门，依照本法和其他有关法律、行政法规的规定，对国际服务贸易进行管理。

第二十六条　国家基于下列原因，可以限制或者禁止有关的国际服务贸易：

（一）为维护国家安全、社会公共利益或者公共道德，需要限制或者禁止的；

（二）为保护人的健康或者安全，保护动物、植物的生命或者健康，保护环境，需要限制或者禁止的；

（三）为建立或者加快建立国内特定服务产业，需要限制的；

（四）为保障国家外汇收支平衡，需要限制的；

（五）依照法律、行政法规的规定，其他需要限制或者禁止的；

（六）根据我国缔结或者参加的国际条约、协定的规定，其他需要限制或者禁止的。

第二十七条　国家对与军事有关的国际服务贸易，以及与裂变、聚变物质或者衍生此类物质的物质有关的国际服务贸易，可以采取任何必要的措施，维护国家安全。

在战时或者为维护国际和平与安全，国家在国际服务贸易方面可以采取任何必要的措施。

第二十八条　国务院对外贸易主管部门会同国务院其他有关部门，依照本法第二十六条、第二十七条和其他有关法律、行政法规的规定，制定、调整并公布国际服务贸易市场准入目录。

第五章　与对外贸易有关的知识产权保护

第二十九条　国家依照有关知识产权的法律、行政法规，保护与对外贸易有关的知识产权。

进口货物侵犯知识产权，并危害对外贸易秩序的，国务院对外贸易主管部门可以采取在一定期限内禁止侵权人生产、销售的有关货物进口等措施。

第三十条　知识产权权利人有阻止被许可人对许可合同中的知识产权的有效性提出质疑、进行强制性一揽子许可、在许可合同中规定排他性返授条件等行为之一，并危害对外贸易公平竞争秩序的，国务院对外贸易主管部门可以采取必要的措施消除危害。

第三十一条　其他国家或者地区在知识产权保护方面未给予中华人民共和国的法人、其他组织或者个人国民待遇，或者不能对来源于中华人民共和国的货物、技术或者服务提供充分有效的知识产权保护的，国务院对外贸易主管部门可以依照本法和其他有关法律、行政法规的规定，并根据中华人民共和国缔结或者参加的国际条约、协定，对与该国家或者该地区的贸易采取必要的措施。

第六章　对外贸易秩序

第三十二条　在对外贸易经营活动中，不得违反有关反垄断的法律、行政法规的规定实施垄断行为。

在对外贸易经营活动中实施垄断行为，危害市场公平竞争的，依照有关反垄断的法律、行政法规的规定处理。有前款违法行为，并危害对外贸易秩序的，国务院对外贸易主管部门可以采取必要的措施消除危害。

第三十三条　在对外贸易经营活动中，不得实施以不正当的低价销售商品、串通投标、发布虚假广告、进行商业贿赂等不正当竞争行为。

在对外贸易经营活动中实施不正当竞争行为的，依照有关反不正当竞争的法律、行政法规的规定处理。

有前款违法行为，并危害对外贸易秩序的，国务院对外贸易主管部门可以采取禁止该经营者有关货物、技术进出口等措施消除危害。

第三十四条　在对外贸易活动中，不得有下列行为：

（一）伪造、变造进出口货物原产地标记，伪造、变造或者买卖进出口货物原产地证书、进出口许可证、进出口配额证明或者其他进出口证明文件；

（二）骗取出口退税；

（三）走私；

（四）逃避法律、行政法规规定的认证、检验、检疫；

（五）违反法律、行政法规规定的其他行为。

第三十五条　对外贸易经营者在对外贸易经营活动中，应当遵守国家有关外汇管理的规定。

第三十六条　违反本法规定，危害对外贸易秩序的，国务院对外贸易主管部门可以向社会公告。

第七章　对外贸易调查

第三十七条　为了维护对外贸易秩序，国务院对外贸易主管部门可以自行或者会同国务院其他有关部门，依照法律、行政法规的规定对下列事项进行调查：

（一）货物进出口、技术进出口、国际服务贸易对国内产业及其竞争力的影响；

（二）有关国家或者地区的贸易壁垒；

（三）为确定是否应当依法采取反倾销、反补贴或者保障措施等对外贸易救济措施，需要调查的事项；

（四）规避对外贸易救济措施的行为；

（五）对外贸易中有关国家安全利益的事项；

（六）为执行本法第七条、第二十九条第二款、第三十条、第三十一条、第三十二条第三款、第三十三条第三款的规定，需要调查的事项；

（七）其他影响对外贸易秩序，需要调查的事项。

第三十八条　启动对外贸易调查，由国务院对外贸易主管部门发布公告。

调查可以采取书面问卷、召开听证会、实地调查、委托调查等方式进行。

国务院对外贸易主管部门根据调查结果，提出调查报告或者作出处理裁定，并发布公告。

第三十九条　有关单位和个人应当对对外贸易调查给予配合、协助。

国务院对外贸易主管部门和国务院其他有关部门及其工作人员进行对外贸易调查，对知悉的国家秘密和商业秘密负有保密义务。

第八章　对外贸易救济

第四十条　国家根据对外贸易调查结果，可以采取适当的对外贸易救济措施。

第四十一条　其他国家或者地区的产品以低于正常价值的倾销方式进入我国市场，对已建立的国内产业造成实质损害或者产生实质损害威胁，或者对建立国内产业造成实质阻碍的，国家可以采取反倾销措施，消除或者减轻这种损害或者损害的威胁或者阻碍。

第四十二条　其他国家或者地区的产品以低于正常价值出口至第三国市场，对我国已建立的国内产业造成实质损害或者产生实质损害威胁，或者对我国建立国内产业造成实质阻碍的，应国内产业的申请，国务院对外贸易主管部门可以与该第三国政府进行磋商，要求其采取适当的措施。

第四十三条　进口的产品直接或者间接地接受出口国家或者地区给予的任何形式的专向性补贴，对已建立的国内产业造成实质损害或者产生实质损害威胁，或者对建立国内产业造成实质阻碍的，国家可以采取反补贴措施，消除或者减轻这种损害或者损害的威胁或者阻碍。

第四十四条 因进口产品数量大量增加，对生产同类产品或者与其直接竞争的产品的国内产业造成严重损害或者严重损害威胁的，国家可以采取必要的保障措施，消除或者减轻这种损害或者损害的威胁，并可以对该产业提供必要的支持。

第四十五条 因其他国家或者地区的服务提供者向我国提供的服务增加，对提供同类服务或者与其直接竞争的服务的国内产业造成损害或者产生损害威胁的，国家可以采取必要的救济措施，消除或者减轻这种损害或者损害的威胁。

第四十六条 因第三国限制进口而导致某种产品进入我国市场的数量大量增加，对已建立的国内产业造成损害或者产生损害威胁，或者对建立国内产业造成阻碍的，国家可以采取必要的救济措施，限制该产品进口。

第四十七条 与中华人民共和国缔结或者共同参加经济贸易条约、协定的国家或者地区，违反条约、协定的规定，使中华人民共和国根据该条约、协定享有的利益丧失或者受损，或者阻碍条约、协定目标实现的，中华人民共和国政府有权要求有关国家或者地区政府采取适当的补救措施，并可以根据有关条约、协定中止或者终止履行相关义务。

第四十八条 国务院对外贸易主管部门依照本法和其他有关法律的规定，进行对外贸易的双边或者多边磋商、谈判和争端的解决。

第四十九条 国务院对外贸易主管部门和国务院其他有关部门应当建立货物进出口、技术进出口和国际服务贸易的预警应急机制，应对对外贸易中的突发和异常情况，维护国家经济安全。

第五十条 国家对规避本法规定的对外贸易救济措施的行为，可以采取必要的反规避措施。

第九章 对外贸易促进

第五十一条 国家制定对外贸易发展战略，建立和完善对外贸易促进机制。

第五十二条 国家根据对外贸易发展的需要，建立和完善为对外贸易服务的金融机构，设立对外贸易发展基金、风险基金。

第五十三条 国家通过进出口信贷、出口信用保险、出口退税及其他促进对外贸易的方式，发展对外贸易。

第五十四条 国家建立对外贸易公共信息服务体系，向对外贸易经营者和其他社会公众提供信息服务。

第五十五条 国家采取措施鼓励对外贸易经营者开拓国际市场，采取对外投资、对外工程承包和对外劳务合作等多种形式，发展对外贸易。

第五十六条 对外贸易经营者可以依法成立和参加有关协会、商会。

有关协会、商会应当遵守法律、行政法规，按照章程对其成员提供与对外贸易有关的生产、营销、信息、培训等方面的服务，发挥协调和自律作用，依法提出有关对外贸易救济措施的申请，维护成员和行业的利益，向政府有关部门反映成员有关对外贸易的建议，开展对外贸易促进活动。

第五十七条　中国国际贸易促进组织按照章程开展对外联系，举办展览，提供信息、咨询服务和其他对外贸易促进活动。

第五十八条　国家扶持和促进中小企业开展对外贸易。

第五十九条　国家扶持和促进民族自治地方和经济不发达地区发展对外贸易。

第十章　法律责任

第六十条　违反本法第十一条规定，未经授权擅自进出口实行国营贸易管理的货物的，国务院对外贸易主管部门或者国务院其他有关部门可以处五万元以下罚款；情节严重的，可以自行政处罚决定生效之日起三年内，不受理违法行为人从事国营贸易管理货物进出口业务的申请，或者撤销已给予其从事其他国营贸易管理货物进出口的授权。

第六十一条　进出口属于禁止进出口的货物的，或者未经许可擅自进出口属于限制进出口的货物的，由海关依照有关法律、行政法规的规定处理、处罚；构成犯罪的，依法追究刑事责任。

进出口属于禁止进出口的技术的，或者未经许可擅自进出口属于限制进出口的技术的，依照有关法律、行政法规的规定处理、处罚；法律、行政法规没有规定的，由国务院对外贸易主管部门责令改正，没收违法所得，并处违法所得一倍以上五倍以下罚款，没有违法所得或者违法所得不足一万元的，处一万元以上五万元以下罚款；构成犯罪的，依法追究刑事责任。

自前两款规定的行政处罚决定生效之日或者刑事处罚判决生效之日起，国务院对外贸易主管部门或者国务院其他有关部门可以在三年内不受理违法行为人提出的进出口配额或者许可证的申请，或者禁止违法行为人在一年以上三年以下的期限内从事有关货物或者技术的进出口经营活动。

第六十二条　从事属于禁止的国际服务贸易的，或者未经许可擅自从事属于限制的国际服务贸易的，依照有关法律、行政法规的规定处罚；法律、行政法规没有规定的，由国务院对外贸易主管部门责令改正，没收违法所得，并处违法所得一倍以上五倍以下罚款，没有违法所得或者违法所得不足一万元的，处一万元以上五万元以下罚款；构成犯罪的，依法追究刑事责任。

国务院对外贸易主管部门可以禁止违法行为人自前款规定的行政处罚决定生效之日或者刑事处罚判决生效之日起一年以上三年以下的期限内从事有关的国际服务贸易经营活动。

第六十三条　违反本法第三十四条规定，依照有关法律、行政法规的规定处罚；构成犯罪的，依法追究刑事责任。

国务院对外贸易主管部门可以禁止违法行为人自前款规定的行政处罚决定生效之日或者刑事处罚判决生效之日起一年以上三年以下的期限内从事有关的对外贸易经营活动。

第六十四条　依照本法第六十一条至第六十三条规定被禁止从事有关对外贸易经营活动的，在禁止期限内，海关根据国务院对外贸易主管部门依法作出的禁止决定，对该对外贸易经营者的有关进出口货物不予办理报关验放手续，外汇管理部门或者外汇指定银行不予办理有关结汇、售汇手续。

第六十五条　依照本法负责对外贸易管理工作的部门的工作人员玩忽职守、徇私舞弊或者滥用职权，构成犯罪的，依法追究刑事责任；尚不构成犯罪的，依法给予行政处分。

依照本法负责对外贸易管理工作的部门的工作人员利用职务上的便利，索取他人财物，或者非法收受他人财物为他人谋取利益，构成犯罪的，依法追究刑事责任；尚不构成犯罪的，依法给予行政处分。

第六十六条　对外贸易经营活动当事人对依照本法负责对外贸易管理工作的部门作出的具体行政行为不服的，可以依法申请行政复议或者向人民法院提起行政诉讼。

第十一章　附则

第六十七条　与军品、裂变和聚变物质或者衍生此类物质的物质有关的对外贸易管理以及文化产品的进出口管理，法律、行政法规另有规定的，依照其规定。

第六十八条　国家对边境地区与接壤国家边境地区之间的贸易以及边民互市贸易，采取灵活措施，给予优惠和便利。具体办法由国务院规定。

第六十九条　中华人民共和国的单独关税区不适用本法。

第七十条　本法自2004年7月1日起施行。